우리 말글의 갈길

정재도의 말글강좌

지식산업사

우리 말글의 갈길 – 정재도의 말글강좌 –

초판 1쇄 인쇄 2004. 2. 2
초판 1쇄 발행 2004. 2. 7

지은이   정재도
펴낸이   김경희
펴낸곳   (주)지식산업사
주소   서울시 종로구 통의동 35-18
전화   (02)734-1978(대)
팩스   (02)720-7900
인터넷   한글문패 지식산업사
           영문문패 www.jisik.co.kr
전자우편   jsp@jisik.co.kr, jisikco@chollian.net

등록번호   1-363
등록날짜   1969. 5. 8

ⓒ 정재도, 2004
ISBN 89-423-4032-6 03710

책값 23,000원

이 책을 읽고 지은이에게 문의하고자 하는 이는
지식산업사 전자우편으로 연락 바랍니다.

책을 내면서

  자기가 좋아하는 부문은 잘 아는 사람이라도, 아무것도 아닌 눈앞의 하찮은 말글은 잘 모르는 수가 있다. 더구나 말글은 워낙 범위가 넓기에 종잡을 수가 없기도 할 것이다.

  이 책에 실린 글들은 1970년대부터 서른 남짓 해에 걸쳐 발표한 것들이다. 그 가운데 1994년 6월 15일부터 1997년 12월 26일까지 《포스코》에 일주일에 한 번씩 178회에 걸쳐 '정재도의 말글 강좌'라는 제목으로 연재한 것이 대부분이며, 그 뒤에 써 보탠 것도 있다.

  그 동안 수십 군데에서 같은 것과 다른 것을 청탁받아 썼던 것들도 있어 중복된 부분도 있을 수 있다. 더구나 바꾸인 말글 규정이 하도 어지러워, 앞 것이 틀리고 뒷 것이 옳은 것만도 아니어서, 또 언제 바꾸일지 몰라 어느 한쪽으로 통일할 수 없는 것도 있다. ('일러두기'를 볼 것)

  원고 청탁서에 대개 고등학교 학생들이 이해할 수 있는 수준으로 써 달라고 하므로 되도록 전문적인 용어는 피했다.

  이 책 내용은 〈낱말 상식〉·〈바로잡기〉·〈말다듬기〉·〈뜻 다른 말〉·〈말글 산책〉의 다섯 갈래로 나누었다. 그리고 항간에 나와 있는 참고서 같은 해설책들이 다룬 이론적인 것들은 다루지 아니하고, 청탁받은 대로 우리들 일상 생활 주변, 주로 신문·방송에서 잘못 쓰이는 것들을 다루었다.

그럼에도, 사회 일반 말글살이는 거칠어지고 말글 규정은 잘못으로 치닫고, 사전들은 혼란스럽게 부채질하여, 아무리 바로잡으려 해도 잘 고쳐지지 않는다.

고수부지 → 강턱　노견 → 길섶　　선착장 → 나루　　　　역할 → 구실
연륙교 → 섬다리　육교 → 구름다리　윤중제 → 방죽·섬둑　입장 → 처지

위와 같이 바꾸어 써야 하는 말들이 아직도 그대로 쓰이고 있다.

말글살이가 이렇게 혼탁하고 어지러우면, 그 말글을 쓰는 사람들도 혼탁하고 어지러울 것이다. 아무렇게나 써도 된다는 잘못된 생각을 버리고 올바른 말글을 쓰게 되기를 바라는 마음 간절하다.

이 책 제목은 1965년에 펴낸 《국어의 갈길》과 서로 통한다. 그 제목은 노산 이은상 선생의 의견을 따라 정한 것이다. "우리 국어는 우리가 쓰는 것, 어떤 문제나 우리를 표준으로"라는 믿음으로 쓴 때문이다.

이번에 펴내는 이 책도 잘못된 말글을 바로잡아 씀으로써 느즈러진 겨레 얼을 바른 길로 이끄는 길라잡이가 되기를 바라고 지었다. 그래서 제목을 《우리 말글의 갈길》이라고 했다. 지금은 어지럽지만, 장차 우리 말글이 중심이 되는 세상이 올 것이 아니겠는가!

끝으로, 이 책을 내는 데 관심을 가지고 출판을 맡아 주신 지식산업사 김경희 사장님과 교정을 맡아 주신 김창무 님께 고맙다는 인사를 드린다.

2003년 4월 20일

지은이 씀

〔붙임〕

《포스코》에 발표한 것도 《국어 사전 바로잡기》(첫째판 1999. 6. 5. 고침판 2001. 5. 3.)에서 다룬, ‘글字, 육교 (陸橋)’ 따위는 그대로 두었지만, 다음과 같은 것들은 여기서는 다루지 아니하였다(묶음표 안의 한자도 잘못된 것이다).

고생(苦生), 汩沒, 驅迫, 窟, 꿀꿀이, 男便, 눈깜작이, 닐리리, 답습(踏襲), 동서(同壻), 두루마리, 망령(妄靈), 몽고(蒙古), 보패(寶貝), 복개, 사돈(査頓), 書房(西方), ‘셈술말’ 과 ‘셈낱말’ 의 어울림, 手巾, 野壇法席, 억울(抑鬱), 오뚝이, 穩全, 왈자(曰字, 曰者), 日字, 潺潺, 長短, 猖披, 치매(癡呆), 칼자, 虎視耽耽

또 땅이름에 관한 것은 다음 기회에 쓰려고 제쳐놓았다.

일러두기

사전에 잘못된 것들이 많아 사람들이 틀리게 알고 있는 것들이 있다. 특히 1988년에 고친 지금의 말글 규정은 다시 고치지 않으면 따를 수 없는 것들도 있다. 사전과 말글 규정대로 따르지 못하고 달리 적게 된 것들 가운데 몇 가지를 보기로 들어 둔다.

ㄱ. 글자: 《큰사전》(한글학회, 1957), 북한 《조선말대사전》(1992) 들에는 '글자'로 다루고, 《국어대사전》(민중서관, 1961), 《표준국어대사전》(국어연구원, 1999) 들에는 '글字'로 잘못 다루었다.

'글짜'의 '-짜'는 '날짜, 대짜, 알짜, 정짜, 통짜' 들의 '-짜'다. '글짜'는 "글을 적는 것"이란 뜻이다. 따라서 '글짜'로 적어야 한다.

ㄴ. 꿀꿀이: '날라리'와 같은 유형이므로 '꿀꾸리'로 적어야 한다. '깜박이, 눈깜작이, 껄떡이, 쌕쌕이, 오뚝이' 들도 마찬가지이다.

ㄷ. 으레·케케묵다: '콩케팥케, 오례(쌀), 차례, 계면굿(계면놀이), 계면돌다, 계수, 계시, 계시다, 계집, 곕시다, 물계, 비계, 청계, 핑계' 들과 같은 유형인데, '으레·케케묵다'만 '레·케'로 하는 것은 어린애 장난 같다. 따라서 '으례, 케케묵다'로 적어야 한다.

ㄹ. 무늬: '늬'를 '니나노(타령), 니그로, 니스, 니트, 머니, 소니, 허니문' 들의 '니'와 같이 적어야 한다. '보늬, 오늬, 하늬'도 마찬가지이다. '늴리리, 닁큼'도 '닐리리, 닝큼'으로 해야 한다.

'어듸, 오듸, 잔듸'는 '어디, 오디, 잔디'로 바뀐 지 오래다.

ㅁ. 괴다·고이다: 뜻이 다르므로 겹수 표준말로 할 수 없다.

'꾀다 / 꼬이다, 쐬다 / 쏘이다, 쬐다 / 쪼이다'도 마찬가지이다. 다만 '죄다 / 조이다'는 된다.

ㅂ. 돌: ‘돐’은 ‘돌’과 구별되므로 없애서는 안 된다. 옛부터 뜻에 따라
　　　 구별해서 쓰던 것을 혼동하기 쉽다고 ‘돐’을 없애 버렸다. 조상
　　　 들의 얼이 서린 문화유산을 버리면 천벌을 받는다.

ㅅ. 둘째: ‘둘째’와 ‘두째’는 다른 말이다. 서울 사투리로 ‘둘째’라고 한
　　　 다고 ‘두째’를 없애서는 안 된다. ‘세째, 네째’도 마찬가지이다.

ㅇ. 독일: ‘도이칠란트’를 줄여서 ‘도이치’라고도 하는데, 일본에서
　　　 ‘도이쓰’라 하고, 한자로 ‘獨逸’로 적는다. 우리는 그것을 멋도
　　　 모르고 우리 한자음으로 ‘독일’이라고 하여 쓰고 있다. 따라서
　　　 ‘도이치’로 한다. ‘불란서’도 ‘프랑스’로 적는다.

ㅈ. 중국말 적기: 지금 말글 규정의 외래어 표기법에 된소리를 적지 않
　　　 도록 되어 있다. 따라서 중국 ‘鸚哥[잉꺼]’를 ‘잉거’로 적기로 했는
　　　 데, 중국에서 “오빠”를 뜻하는 ‘哥哥’를 [꺼꺼]라고 읽지 [거거]라
　　　 고 하면 통하지 않는다. 交[쟈오]와 朝[자오]가 다른 말인데도, 둘
　　　 다 자오라고 적는 것도 잘못이다.

ㅊ. 일본말 적기: ‘조오카(增加)’와 ‘죠카(序歌)’가 다른데도, 둘 다 ‘조
　　　 카’로 적는 것은 잘못이다.

ㅋ. 띄어쓰기: ‘-(으)ㄹ 만하다, -(느·으·이)ㄴ 양하다, -(느·으·이)ㄴ·
　　　 ㄹ 듯싶다’를 ‘-(으)ㄹ 만 하다, -(느·으·이)ㄴ 양 하다, -(느·
　　　 으·이)ㄴ·ㄹ 듯 싶다’로 한다.
　　　　 ‘-이니만큼’이 준 ‘-인만큼’은 붙여 적는다.

〔붙임〕
대개 각 항목 끝에 출처(낸 데와 날짜)를 밝혔으나, 언제 어디다 냈는지 모르는 것과 근래에 써 보탠 것에는 밝
히지 않았다.

차 례

2. 바로잡기 • 117

3. 말다듬기 • 235

4. 뜻 다른 말 · 335

5. 말글 산책 • 415

1. 낱말 상식

　'즈봉' 이란 말이 일본에서 생겼고, 프랑스말 '쥐퐁' 이 변한 것이란 사실은 아는데, 일본 사람들조차 어떻게 해서 그리 되었는지는 모른다.

　또한 우리가 살고 있는 곳이 아시아의 한국 서울인 것은 알지만, '아시아, 한국, 서울' 이란 말의 뜻을 아는 사람은 많지 않다.

　'게이트' 나 '십팔번' 이란 말도 자주 쓰이는 말인데, 그 유래를 아는 사람이 있기는 하나 많지는 않다.

　이처럼 우리가 흔히 쓰는 말들의 뜻이나 유래는 알 것 같으면서도 확실하게 알기가 쉽지 않다.

　일본을 거쳐서 들어온 말 가운데에서 일본말이 아닌 것까지 일본말로 처리하는 사전도 있다. '잉꼬, 짬뽕' 들이 우리 국어 사전에 대개 일본말로 소개되어 있으나, 우선 말의 짜임새부터 일본말이 아니다. 실제로 일본에서는 그 말들을 《외래어사전》에서 외래말로 소개하고 있다.

우리말에 나타난 조상들의 슬기

우리는 갖가지 어려운 고비를 슬기롭게 헤쳐 나온 으뜸 겨레다. 세계에서 가장 뛰어난 한글, 김치, 태권도, 사물놀이 들 여러 우리 것이 세계화하고 있는 것도 우연이 아니다. 지금도 둘로 갈라진 보잘것없는 땅덩이로, 굵은 나라들과 당당히 맞서, 앞선 대열에 끼여 보겠다고 안간힘을 쓰고 있다. 그토록 소중한 겨레의 슬기가 우리 조상들이 만들어 쓴 우리말에 뚜렷이 나타나 있다.

1. 우리에게는 '곰' 사상이 있다

'곰'은 "으뜸, 거룩하다, 크다, 좋다" 따위 뜻의 말이다. 우리는 그와 같은 사상을 가진 뛰어난 겨레다. (다음 항 "우리 조상들의 '곰' 사상"을 볼 것)

2. 우리 나라는 '한'이다 ('韓', '駻'이 아니다). (〈낱말 상식〉 끝 항목 "'한'이란 말의 뜻"을 볼 것)

'한'의 뜻 가운데 '크다'의 '크'를 다음과 같이 나타낸다.

- 큰: 큰 스님, 큰 스승, 큰 잔치, 큰 골, 큰 사랑.
- 가: 가라(가락, 가야), 가라쿠니(韓國의 옛날 일본 읽기).
- 거: 거서간, 거슬한(신라 왕이름), 거발성(부여를 중국에서 일컫는 말).
- 고: 고구려, 고려, 고왕(대조영).
- 구: 구두래(부여 구교리 나루), 구려, 구달산(구월산).
- 광: 광릉(조선 때 '한성'의 딴이름), 광대리, 광덕리.
- 대: 대낮(한낮), 대번(한 번), 대보름.
- 태: 태대각간(신라 최고 벼슬), 태황제(고종), 태백(한밝).

3. 우리는 '붉'을 좋아한다

'붉'은 '빛, 눈, 귀, 사리, 전망, 날… 따위가 환하다'로 '광명'을 뜻하는데, 다음과 같이 나타난다.

- 밝: 밝다, 새밝(고구려 주몽의 왕이름 '東明').
- 박: 박(朴), 박달재, 박석고개(박=밝, 석=石=돌=달).
- 발: 발라(밝은 땅 ; '나주'의 옛이름), 발해(밝은 아침).
- 백: 하백(하=해, 박=밝 ; 주몽의 외할아버지), 백제(밝잦), 백두산(밝마루산.

   '불함산'이라고도 하는데, 그 '불'도 '밝'과 통한다).

- 배: 배달(밝달), 배고개, 배천(황해도 '白川').
- 벌: 벌판, 벌고개, 벌말(평촌).
- 붉: 붉은 누리, 붉은 사람(붉은=밝은). 불구내(혁거세).
- 불: 불빛, 불미(말한 때 '나주'), 해부루(주몽의 할아버지).

4. 우리는 '스'를 좋아한다.

'스'는 '으뜸, 동쪽, 크다, 새롭다, 비롯하다' 따위 뜻의 말인데, 다음과 같이 나타난다.

- 사: 사라, 사로(신라), 사벌, 사불('상주'의 옛이름).
- 새: 샛별(明星), 새재, 새라(신라), 새벌(東京).
- 서: 서(라)벌(경주, 신라), 서울(큰 마을), 서방(새 사람).
- 소: 소벌(돌산고허촌장), 소부리(부여), 송악(松[송]의 뜻 "솔"과 嶽[악]의

   뜻 "멧부리"의 '부리'를 따서 솔부리 → 소부리: 개성).

- 시: 시라(신라), 시포('은진'의 옛이름).

5. 우리는 '물'을 좋아한다

'물'은 '으뜸, 위, 높다, 크다' 따위 뜻인데, 다음과 같이 나타난다.

- 말: 말벌(큰 벌), 말한(큰 한), 말골(충청도 '한산'의 옛이름).

- 마: 마홀('포천'의 옛이름), 맛돌(완주군 화산면 승처리), 맛들(경북 안동시 용상동에 있는 마을).
- 마라: 마라도(남제주군 대정면 가파리 가파섬 남쪽).
- 마로: 마로(대로: 고구려 벼슬이름), 거칠마로(신라 장군).
- 마루: 한마루(大兄: 고구려 벼슬이름), 용마루.
- 마리: 마리지(막리지: 고구려 벼슬이름), 마리한(마립간: 신라 왕이름).
- 머리: 머리산(강화도: 마리산).

우리는 '곰, 훈, 붉, 스, 물 …' 사상을 가졌다. 그 사상을 종합하여 보면, '으뜸, 거룩하다, 높다, 크다, 좋다, 하늘, 우두머리, 바르다, 하나, 같다, 한창, 밝다, 동쪽, 새롭다, 비롯하다, 위 …' 들들 다 좋은 뜻이다.

우리 조상들의 '곰' 사상

　우리 겨레는 스스로 선민 사상을 가지고 있었던 것 같다. 요새 말로 엘리트 의식이다. 이 세상에서 가장 훌륭한 겨레라고 생각했던 것이다.

　엉뚱한 생각 같지만 엉뚱하다고만 볼 수 없다. 옛날 우리 둘레에 가지가지 겨레가 나타났다가 없어졌다. 그 가운데에는 우리보다 훨씬 큰 나라를 이룩한 겨레도 있다. 그런 나라들이 없어진 데 견주면, 우리 나라는 비록 나라 땅이 좁아졌을망정 없어지지 않고 남아 있다. 남아 있을 뿐 아니라, 그나마 두 동강이 나 가지고도 앞선 대열에 끼이겠다고 안간힘을 쓰고 있다.

　중국과 왜구의 여러 차례에 걸친 침노에도 굽히지 않고, 하마터면 일본에 먹힐 뻔 한 일도 있었지만, 고조선, 삼한, 삼국, 신라, 고려, 조선, 한국으로 이어져 내려온다. 조선 말기에 일제 침략이 있었으나 그것을 한사코 마다고 하면서, 사전을 편찬하고 맞춤법을 제정하고 표준말을 사정하는 한편, 나라 안에서는 광주 학생 의거, 삼일 독립 선언 들, 끊임없이 목숨을 바치어 독립 운동을 펼치고, 나라 밖에다 임시 정부를 세워, 독립군을 마련해서 일제에 항거하여 마침내 나라를 도로 찾았다.

　우리는 남보다 땅도 좁고 가난하고, 무슨 특별한 무기 같은 것도 없으면서, 독립 나라를 유지한다. 그 힘이 우리 겨레의 선민 사상이다. 그 사상이 '곰' 사상이다. 곰 사상을 가진 우리 겨레는 절대로 망하지 않는다.

　그러면 곰 사상이란 어떤 사상인가. 곰은 가장 큰 것, 가장 거룩한 것, 가장 신성한 것, 가장 좋은 것, 통틀어 으뜸이라는 뜻의 말로 여겼다. 곰 사상은 그러한 사상이다.

　곰의 홀소리는 흔히 '아래아'라고 하지만 '아'와는 다른 소리다. 그리고 지금은 그런 소리가 없다(제주도 말의 일부에 그 흔적이 남아 있는 것 같다).

그 소리는 '아, 어, 오, 으, 이' 들이 함께 섞여 있는 소리다. 그래서 곰이 '감, 검, 곰, 금, 김' 들로 바뀌었다.

■ 감

왕을 '상(上)'이라고도 한다. 왕이 살아 있을 때에 들떼놓고(꼭 집어 바로 말하지 않고) 부르는 말이다. 곧, 높은 어른이라는 말이다. 우리 겨레는 '상'이라고 부르는 것만으로는 만족하지 않았다. 그래서, '상' 중에서도 으뜸가는 상이라야 한다고 '상감'이라고 했다. 이 '감'은 '대감, 영감'이라는 말에도 쓰인다. 이 경우 한자로 '監'이라고 쓰기도 하지마는, 그것은 음이 감일 뿐이지, 그 글짜의 뜻과는 아무 관계도 없다. 가마메(부산), 가마실(창녕 부곡), 개마(고원)도 '감'이 변한 말이다.

■ 검

우리 단군 할아버지는 왕이다. 그 왕이 다른 나라 왕이 아니라, 우리 왕이기 때문에, 보통 왕이 아니고 왕 가운데서도 으뜸가는 왕이어야 한다고 왕에다가 '검'을 붙여서 '왕검'이라고 했다. 그것을 한자로 '儉'자를 쓰지마는 그것도 소리만 같을 뿐이지, 그 글짜의 뜻과는 아무 관계도 없다. 한배검(단군), 검잣(평양의 옛이름), 검개(김포)도 '검'의 곁낱말이다.

■ 곰

우리 나라 세우기 신화에는 곰이 처녀로 변하여 단군을 낳았다고 되어 있지마는, 그것은 신화일 뿐, 실은 멀쩡한 처녀였다. 그러나, 처녀는 처녀라도 보통 처녀가 아니라, 처녀 가운데서도 으뜸가는 처녀라고 '곰녀'라고 했다. 그 곰은 동물의 곰이 아니고, 곰이 바뀌어 만들어진 말 '곰'이다. 이 곰녀의 자손인 우리 겨레는 곰 겨레인데, 그 곰이라는 소리가 '고마'로 바뀌어 우리는 '고마 겨레'다. 우리말의 '고맙다'라는 말은, '고마'

에 '-압다'가 붙어 된 말이다. '놀라'에 '-압다'가 붙어 '놀랍다'로 된 것
과 같다. 그러니까 '고맙다'는 말은 우리 '겨레답다'는 뜻이다. 나이 많은
할아버지들이, 자기와 아무 관계도 없는 사람이 좋은 일을 해도, "고마운
일이다"라고 감탄하는 것은 그런 까닭이다. 곰나루(고마나루), 고마성(공주)
도 '곰'의 겹낱말이다.

■ 금

　'임'은 보고 싶고 그리운 사람이다. 우리 조상들은 왕을 임이라고 했
다. 충신들이 '우리 님'이라고 한 그 '님'은 '임'의 옛말인데, 그 경우에는
왕이란 뜻이다. 그런데, 임은 임이라도 그냥 보통 임이 아니고, 임 가운데
에서도 으뜸가는 임이라고 하여, 임에 '금'을 붙여 '임금'이라고 했다. 금
와(동부여 해부루왕의 수양아들, 주몽의 아버지), 금강도 '금'의 곁낱말이다.

■ 김

　경기도 서쪽 한강 어귀에 있어, 물 좋고 맛있는 쌀이 나서 거룩한 땅
이라는 뜻의 '곰개'라고 하던 것을 고구려 때에는 '검개(黔浦)', 신라 경
덕왕 때에는 '금개(金浦)'라고 하였다가, 뒤에 금이 안 난다고 '김개'라고
하여 지금의 '김포'로 이어지고 있다. 김수로(곰마로), 김해도 '김'의 겹낱
말이다.

1988. 7.《편지》

일본에서 쓰이는 '검'

'검'은 우리 나라 말이지만, 일본에서 오히려 더 많이 쓰이고 있다. 일본에서는 '가마, 가모, 가무이, 가미, 게마, 고마, 구마, 기미 …' 들로 변하여 쓰이는데, 그 쓰임은 다음과 같다.

▪ 가마

오카야마현 동남부 아카이와군 구마야마쵸(熊山町) 서부에는 '가마' 마을이 있고, '가마강(江)'이 흐른다. 후쿠오카현 동남부의 고개 이름 '가마(嘉麻)'는 1886년까지는 군 이름이었다. 도시 이름으로 '가마쿠라(鎌倉)', '가마에(蒲江)', '가마이시(釜石)' 들이 있다는 것은 잘 아는 터이다.

▪ 가모

'가모(加茂)'는 야마가타현 쓰루오카시 서북부 마을, 지바현 이치하라시 남부 마을, 고오치현 다카오카군 사카와 동부 마을, 기후현 동남부군과 마을, 오카야마현 도마타군의 강, 골짜기, 마을 들의 이름이고, '가모(賀茂)'도 교오토시의 중북부에 있는 강, 시즈오카현의 동남부 이즈 반섬의 남부에 있는 군과 마을의 이름으로 쓰이고 있다.

▪ 가무이

홋카이도에 '가무이(神居 · 神威)'라는 이름이 붙는 못, 산봉우리, 곶 들이 있다. 가와카미군에 있는 '가무이누부리'도 우리말이다.

▪ 가미

일본 국어 사전에 "① (上) 위, 존귀(왕), 높은 신분, 고관, 우두머리, 주

인, 남의 아내, 윗자리, ② (神) 영혼, 하느님, 신성한 존재, 왕, 무서운 존
재, ③ (髮) 머리털, ④ (守) 장관. ⑤ (雷) 우레”라고 풀이되어 있는데, 우리
‘곰’의 뜻과 공통된 점이 많다.

땅이름에도 ‘가미(上·神·可美·加美)’가 들어가는 곳이 규우슈 구마모토
의 구루메 가까이의 사가현에 있는 ‘가미미네(上峰)’를 비롯하여 239군데
나 있다(이 자료는 일본 제국서원에서 펴낸 《Pocket Atlas of Japan》을 따른
것이다). ‘가미(加美)’는 미야기현 군 이름, 효오고현 다카군(多可郡) 정(町) 이
름, 오카야마현, 구메군(久米郡)의 마을이름이다. 그리고 ‘가미(香美)’는 시즈
오카현 하마나군의 마을이름이며, ‘가미이치(上市)’는 나라현에 있고, ‘가
미야강(紙屋江)’은 교오토시 서북부에 있는 강이다.

일본에서는 적기는 한자로 적더라도 읽기는 일본말로 읽는다. 따라서
우리말이 건너간 것은 우리말로 읽는데, 우리는 우리말을 한자로 옮겨 적
으면, 그 음으로만 읽고 우리말로는 읽지 않는다. 보기를 들면, ‘곰곶’ 또
는 이것이 변한 ‘감곶이’를 그 뜻으로 옮겨 ‘神串’이라고 적고 일본에서
는 ‘가미쿠시’라고 우리말로 읽는데, 우리는 우리말을 버리고 한자음인
‘신관’이라고만 읽는다.

▪ 게마

오오사카에 ‘게마(毛馬)’, 아키타현에 ‘게마나이(毛馬內)’가 있다. 이것
은 우리 ‘개마 고원’의 ‘개마’와 같은 것이다.

▪ 고마

일본 국어 사전에 “① 고구려, 또는 고구려에서 온 귀화인, ② 고려, 또
는 고려에서 건너온 것. 하쿠라이(舶來) 물건이란 뜻의 말”이라고 풀이하
고 있다.

액막이로 신사·신전 앞에 놓은 해태 같은 한 쌍의 들짐승을 ‘고마이
누(狛犬)’라고 한다. 이 밖에 ‘고마우토(高麗人), 고마쟈쿠(高麗尺), 고마누

리(高麗塗), 고마네즈미(高麗鼠), 고마보코(高麗鉾), 고마니시키(高麗錦)'들
도 있다.

'고마'가 들어간 땅이름도 가나가와 쪽 도오쿄에 가까운 '고마에(拍江市)'를 비롯하여 31개나 있다. 5세기 무렵부터 조선 땅에서 무리지어 건너가 자리잡은 곳이 지금의 도오쿄오 서남부에 있는 고마에시(狛江市)이며, 사이타마현 이루마군 서부의 옛날 '고마무라(高麗村)'는 서기 716년 조선 사람들이 몰려가서, 그 지방 사람들에게 종이 만들고 베 짜는 기술을 보급한 곳이다. 일본에는 '고마'라는 말이 붙은 도시, 농촌, 산, 강, 다리 들이 많이 있다.

▪ 구마

일본 국문학자 아라이(新井白石)는 "백제 말에 '곰'을 '구마'라고 하는데, 이제 '곰'이라고 하는 음은 '구마'라는 음이 변한 것"이라고 했다. 오규우(荻生徂來)도 "'구마'는 조선의 '고모'가 변한 것이다"라고 했다. 다니카와(谷川士淸)도 "일설에, 니혼쇼키(일본서기)의 熊川을 '구마나레'라고 읽는 것은 한국말이기 때문일 것으로, 지금은 '구무'라고 한다"고 했다.

일본 국어 사전에 "구마(熊): ① 동물의 곰, ② 굳세고 거칠고 무섭고 큼을 이르는 말"이라고 되어 있다. 그리고 그 쓰임에 다음과 같은 것들이 있다.

- 구마카시(熊樫): 구마는 잎이 큼을 아름답게 일컫는 말.
- 구마게라(熊啄木鳥): 큰 딱따구리.
- 구마제미(熊蟬): 일본 매미 가운데 가장 큰 매미.
- 구마타카(熊鷹): 큰 매.
- 구마네즈미(熊鼠): 큰 집쥐.
- 구마바치(熊蜂): 어리호박벌.

'구마'가 熊으로 적혀 있어도 그 뜻은 크다는 말이다. 그 유래가 다음 말들로 증명된다.

- 구마가이(熊谷): 조선 시대에 만든 밑이 깊고 큰 공기.
- 구마히모로기(熊神籬): 神의 몸이 드러나지 않게 덮어 싸는 물건, 신라 왕자 아마노히보코(天日槍)가 가져왔다고 한다(이 히모로기가 일본 신사나 신궁의 기원이라고 한다).

땅이름에도 '구마(熊·球磨·隈)'라는 말이 들어가는 것들이 규우슈 구마모토(熊本)를 비롯하여 26개나 있다. '구마모토'는 규우슈 중서부에 있는 현, 시, 거리, 들, 공항 들의 이름이며, '구마(球磨)'도 군, 마을, 강 들의 이름에 쓰인다. 또한 후쿠시마현 이나와시로호(湖) 동남쪽에는 '구마도(隈戶)'가 있다.

▪ 구메

'구메(久米)'는 나라현 가시와라시, 오카야마현 중부에 있는 군, 마을 이름에, 또 도오쿄오의 히가시무라야마시 남부에 있는 강 이름, 오키나와에 있는 섬, 공항 이름에 쓰이고 있다.

▪ 기미

"① 지배하는 사람(군주·주인), ② 남녀가 서로를 부르는 높임말"인데, '오오키미(大君)'는 "왕, 주군"이란 뜻이다.

'기미(君·紀見)'라는 말이 들어가는 땅이름은 히로시마 북부 '기미다(君田)'를 비롯하여 4개가 있다.

'기미다(君田)'는 히로시마현 북부 후타미군에 있는 마을 이름이고, '기미(紀見) 고개'는 오오사카와 와카야마현의 경계에 있다.

이상 일본 땅이름 자료는 일본 제국서원에서 펴낸 《*Pocket Atlas of Japan*》을 따랐으니, 더 자세한 지도에는 보다 많은 우리말로 된 땅이름이 있을 것이다.

일본에 건너간 '가라'와 '가야'

옛날 낙동강 유역에 있었던 '가라(加羅, 伽羅, 迦羅, 駕洛, 加良)'와 '가야(加耶, 伽耶, 伽倻)'라는 나라이름은 일본에 살아 있으며, 우리보다 더 널리 쓰고 있다.

■ 가라

규우슈우 미야자키현과 가고시마현 사이에 있는 기리시마 산달의 주봉이 '가라쿠니다케(韓國岳)'이며, 일본에서 한국과 가장 가까운 곳이 쓰시마의 최북단인데, 그 곳 이름이 '가라미사키(韓崎)'이다.

후쿠오카시 서부 하카타만 서안에 '가라토마리'가 있는데, 韓泊, 韓亭, 唐泊 들로 적고, 효오고현을 비롯하여 그런 이름인 곳이 여러 군데 있다.

사가현 서북부 '가라쓰(唐津)'라는 곳에도 도시, 항구, 철도, 탄전, 만(灣) 들의 이름으로 '가라'라는 말이 두루 쓰이고 있다.

이 '가라쓰'는 우리 충청남도 당진군 당진포의 유래와 같은 이유로 붙은 이름이다. 다만, 우리 당진(唐津)에는 당나라 사람이 왔고, 일본 가라쓰에는 가라(韓) 사람들이 갔다는 것이 다르다.

'가라'가 들어가는 땅이름은 그 밖에도 후쿠오카현 가라노사토(鄕), 가고시마현 가라미나토(港), 교오토 가라하시(橋), 미에현 가라스(香良洲), 효오고현 가라니노시마(島), 나라시 가라쓰코노이케(池) 들 수십 군데에 흩어져 쓰이고 있다.

■ 가야

가야가 들어가는 땅이름은 후쿠오카현 서북부 이토지마군 시마마치에 있는 가야산(可也山)을 비롯하여, 오키나와현 이시가키섬과 이리오모테섬 사이에 있는 가야마시마(嘉彌眞島) 들이 있다.

특히 '가라'는 땅이름만이 아니고 일반말에도 많이 쓰인다. 오오노(大野晉)라는 사람은 "가라는 원뜻이 한 겨레붙이인데, 옛 조선말 가라(현대 한국말 겨레)가 말밑이고, 한겨레의 "특질, 지위, 신분, 품위, 바탕, 됨됨이, 무니('무늬'는 잘못), 몸집" 따위 뜻으로 쓰인다"고 말했다.

《대한화사전》〔모로하시(諸橋轍次) 지음〕에서 '唐'자 풀이를 보면 "옛날 조선의 남단에 있던 나라, 그 가라라는 말이 삼한을 부르게 되었고, 또 중국 및 여러 외국까지도 부르게 되었다"고 되어 있다.

그리고 일본 국어 사전에는 다음 말들이 올라 있다.

가라쿠니	가라카키	가라코	가라코토	가라비토
가라고모	가라고로모	가라비쓰	가라카누치	가라아이
가라이누	가라우메	가라쿠레나이	가라사에즈리	가라노카미
가라메노코	가라야쓰코	이에가라	가미카라	가무카라
구니가라	고토가라	지세쓰가라	시마가라	즈가라
데가라	도모가라	바쇼가라	히토가라	히가라
메이가라	야가라			

우리가 왜말이라고 하는 미가라(身柄: one's social position)가 일본에서는 도리어 한국말이라고 여기고 있다. 가라를 일본에서 '唐, 韓, 辛, 族, 胞, 柄' 들 여러 가지로 적는 것을 보아도 일본말이 아님을 알 수 있다.

우리는 우리말을 일본에 빼앗겨서 모르는 것일까? 그나저나 뺏기지 않은 말도 잊어 가고 있으니 걱정이다.

'갈매기살'은 '돼지고기'

"갈매기 고기를 먹다니, 갈매기에 살이 얼마나 붙어 있다고 그걸 먹나? 그런데 맛은 어떨까?"

한때 서울에서 흔히 듣던 말이다. 이제는 우리 나라 전역에서 '갈매기살'이라고 써 붙인 대폿집을 많이 볼 수 있지만, 아직도 갈매기살이 무엇인지 모르면서 그냥 먹는 이도 많을 것이다.

이 갈매기살 요리는 원래 마포가 원조라고 하는데, 아마도 마포에서 퍼져 나간 음식인 듯 하다. 우리가 잘 아는 '주물럭'이라는 불고기 구이도 마포가 원조라고 한다. 갈매기살도 불고기구이의 한 가지인데, 쇠고기 같은 맛을 가진 담백한 돼지고기이다. 돼지고기가 어째서 갈매기살이라는 이름으로 변했을까? 돼지고기, 쇠고기 하듯이 갈매기고기라 하지 않고 왜 갈매기살이라고 할까?

1985년 여름, 땅이름 학회 임원들이 갈매기살을 눈으로 확인하기 위해 대폿집을 찾아가 봤다. 갈매기살을 구워서 소주를 마시고 있는데, 바깥주인이 자전거에 고기를 싣고 들어왔다.

"갈매기 좀 봅시다" 했더니 '웬 봉창 두드리는 소리냐?' 하는 눈치다.

그러나 주인은 사연을 듣고, 갈매기살을 들어 보여 주었다. 너덜너덜 헤어진 보자기 같은 고기때기였다.

"보자기같이 생겼는데, 처음부터 그렇게 생긴 겁니까?"

"예."

"그 갈매기가 돼지의 어느 부분이오?"

"돼지 가슴과 배 사이에 있답니다."

"아하, 보자기같이 생겼는데 가슴과 배 사이에 있다면 횡격막이군요."

그 부위라면 '안창고기'인데 갈매기살이라니 궁금증이 더욱 커진다. 어째서 횡격막이 갈매기일까?

20여 년 전까지만 해도, 학교 교과서에 횡격막이 '가로막'으로 되어 있었다. 그렇다면 가로막과 갈매기는 연관이 있는 것이 아닐까?

'가로막살'이라는 말이 있다. 가로막을 이루는 살(고기)이다. 그리고 이 '가로막살'은 '가로막이살'과 같은 말이고, '가로막의 살'이라고도 할 수 있다. 그렇다면, 여기서 '가로막살'이 '갈매기살'로 변하는 과정을 알아 보자.

가로막살 → 가로막이살 → 갈막이살 → 갈마기살 → 갈매기살

가로막살 → 가로막의 살 → 가로마기살 → 갈마기살 → 갈매기살

'가로막살'을 '가로막이살'과 '가로막의 살'이라고 하는 것은, 쉽게 말하면 홍길동이 사는 집을 '길동이집'과 '길동의 집'이라고 하는 경우와 같다.

위와 같은 과정을 거쳐 정착한 '갈매기살'은, 1992년 1월 20일에 펴낸 《우리말 큰사전》 첫쨋권에도 올라 있다.

1994. 12. 8. 《포스코》

'게이트'란 말

2001년 들어 우리 나라에 숱한 '게이트'가 쏟아졌다.

김○○게이트   신○○게이트   윤○○게이트   이○○게이트   진○○게이트

이처럼 쓰이는 '게이트'가 무슨 말인지, 또한 옳게 쓰이는 것인지 궁금하다고 뒷공론이 많았다.

그래서, 그 말의 참모습을 자세히 알아 보니, 그 근원은 미국 제38대 대통령 선거를 앞두고 있던 1972년 6월 17일에, 닉슨 재선 위원회가 워터게이트 빌딩 안의 민주당 대통령 후보 사무실을 도청하려다가 닉슨 대통령이 그 스캔들에 휘말리어, 1974년 8월 8일에 권좌에서 물러나게 된 것에서 시작되었다.

사실, 그 '게이트'라는 말은 "문"이란 뜻으로, 승마에서 문 모양의 장애물, 경마에서 출발 전까지 말을 가두어 두는 곳, 비행장 건물에서 비행기 타러 가는 문 들을 가리키는데, 한편으로는 '게이트 볼, 게이트 웨이, 게이트 키퍼, 게이트 펄스, 게이트 회로' 따위에도 쓰인다.

그러고 보니, 무슨무슨 '게이트'라고 하여, '스캔들'이나 '사건' 또는 '추문'이라는 말 따위가 쓰일 자리에, 엉뚱하게도 한낱 건물 이름에서 딴 '게이트'란 말이 쓰이는 것이다.

웃어야 할지 울어야 할지.

'고구려'는 '크크리'다

우리 나라는 1897년부터 1910년까지 '大한帝國'이었다. 45년에 나라를 되찾고 48년부터는 '大한民國'이라고 한다. 그 '大한'은 '한한(크고 큰)'이다. '大'를 우리말 말조각 '대'로 해도 마찬가지다. 무엇이 그리 크다고 '큰큰 나라'란 말인가? 아니다. 참으로 컸다.

'高句麗'를 중국 전한 역사책《한서》에는 '高駒麗'라고 적었는데,《한국한자어사전》(1992)을 보면, "高麗(《구당서》·《신당서》), 高離 · 槀離 · 豪離(《삼국지》), 句高麗(《고려사》), 句麗(《삼국사기》·《대동운부군옥》)"라고도 적었다고 돼 있다.

'高 · 槀 · 句 · 豪 · 高句 · 高駒 · 句高'가 똑같다는 것이다. 어째서 '고 · 구 · 호 · 고구 · 구고'가 똑같을까? 한자의 뜻으로는 같지 않다. 그럼 무얼까? 소리다. 그 소리는 '크(大)'라야 설득력이 있다.

《일본외래어사전》(1915)에도 "고오리[ko-pur》ko-eul》kol] 郡, … ko는 오늘날 조선말 khu와 통하며, 大의 뜻이다"라고 되어 있다. '고'가 'khu'와 통한다고 한 것은 '고'가 '크'라는 것이다. 따라서 '고'와 같은 '구, 호'들도 '크'의 취음이다. 그렇다면 '고구'와 '구고'는 '크크'가 된다.

한편,《신자전》(1915)에 "麗[리]: … 高麗: 우리 나라 이름, 고리 나라 …"라 했다. '麗'가 나라이름에 쓰일 때에는 음이 [리]라는 것이다. 이 음은 일본에 살아 있다. 일본에서는 우리가 '고구려'라 하는 것을 제대로 '고쿠리'라고 한다. '離'는 뜻과는 상관없이 음 [리]를 나타내기 위해 쓰인 것이다.

그러므로 '고리 · 호리'는 '크리'고, '고구리 · 구고리'는 '크크리(큰큰 나라)'로 '한한國'과 같다.

‘公州’ 란 말의 유래와 뜻

‘공주’란 말에 관한 유래는 두 가지로 전해 온다.

그 하나는 ‘공산성’이 있기 때문에 붙은 이름이라는 것이다. ‘공산’은 공주의 진산이다. 산 모양이 ‘公’자를 닮아서 ‘公山’이라고 한다고 한다.

또 하나는 백제 때 ‘곰나루’를 ‘곰내’ 또는 ‘웅천(熊川)’이라고 했는데, 후기신라 서기 757년(경덕왕 16년)에 ‘川’을 ‘州’로 하여 ‘곰주’ 또는 ‘웅주(熊州)’라고 하다가, 서기 940년(고려 태조 23년)에 ‘곰’을 ‘公’으로 바꾸어 ‘公州’라고 했다는 것이다.

‘공주’의 옛이름 ‘곰나루’는 ‘ᄀᆞᆷᄂᆞ르(ᄀᆞᆷ나루)’가 ‘고마ᄂᆞ르→고마나루→곰나루’와 같이 변하여 만들어진 말이다.

《삼국사기》를 보면, 백제본기 문주왕 원년(서기 475년) 조에 “고구려가 쳐들어와 개로왕이 죽고, 문주왕이 뒤를 이어 10월에 도읍을 한산에서 ‘곰나루’로 옮겼다”고 했다.

《일본서기》 권14를 보면, 그 이듬해인 유우랴쿠왕 21년(서기 476년) 조에 “3월에 왕이, 백제가 고구려에게 무너졌다는 말을 듣고, ‘고마나리’를 문주왕에게 주어 그 나라를 구해 일으켰다”고 되어 있다.

‘곰나루’의 뜻을 알아 보자. 진단학회 《한국사》 제1권 총설 ‘민족의 구성’ 난에서, “고마, 개마는 上, 大, 神, 神聖을 뜻하는 국어의 ‘ᄀᆞᆷ, 검, 금’, 일본말의 ‘가미, 가무’, 아이누말의 ‘가무이’와 같은 말”이라고 한 것으로 보아, ‘ᄀᆞᆷ’이 ‘감, 검, 곰, 금, 김, 가마, 개마, 고마, 구마, 기미 …’ 들로 변했다는 것을 알 수 있다. 그러므로 ‘ᄀᆞᆷ나루(곰나루)’는 “큰 나루, 거룩한 나루”라는 뜻이다.

'구다라'는 '구두래'

백제의 서울이었던 충청남도 부여군 부여읍에 구교리라는 마을이 있다. 그 지방에서는 '구두래'라고 한다. 또 구교리에서 은산면으로 건너가는 나루가 '구두래나루'다. 한편, 이 '구두래'란 말 때문에 일본 사람들이 '백제'를 '구다라'라고 하게 되었다.

'구다라'의 말밑에 대한 일본의 연구와 우리의 연구를 알아 보자.

일본 맨처음의 한화(漢和) 사전인 《와묘오루이쥬쇼오》(和名類聚鈔 ; 서기 931~938년에 만듦. 향찰식 적기로 풀이함)에 "攝津國百濟(久太良)郡"이라고 하여 百濟의 음을 '구다라(久太良)'라고 밝혀 놓았다. 그 말밑을 무엇으로 보았을까?

1. 일본 측 연구

- '구'는 크다는 뜻, '다라'는 마을의 뜻. - 국문학자 三品彰英
- 맥나라(貊國)란 뜻인 바쿠다라(貊山)의 준말. - 국어사전 《大言海》
- 百殘(=백제)은 '박덜'이므로 그 '박덜'의 일본음 '하쿠다라'의 준말. - 국문학자 金澤庄三郎
- 단군의 九月山이 '구달'이니 그 가나 적기가 '구다라'다. - 국문학자 金澤庄三郎
- 가쿠라(樂浪)가 변한 말인 듯. - 국문학자 松岡靜雄
- 고다라(小多羅)일까? - 일본말 모음 《雅言考》
- 백제 사람들을 고오치 久多羅郡에 살게 해서. - 갈래사전 《和訓類林》

그 밖에도 요즘 일본 사람들은 '구다라'의 말밑을 바로 百濟(=伯濟)로 보고, '구'는 하쿠(伯)의 하가 줄어진 것이라 하고, 濟는 건너니까 '나루' 이니, 나루는 나라로, 나라가 다라로 변한 것으로 여기고 있는데, 이 말밑 캐기는 후대에 와서 한 것이어서, 처음 가져다 쓴 '구두래'를 몰랐기 때문에 그렇게 한 것이다.

2. 우리 측 연구

첫째로, 우리 땅이름에는 크다는 뜻의 한자가 가장 많이 쓰인다.

뜻으로는 大(보기: 大川), 德(보기: 德山), 長(보기: 長城), 廣(보기: 廣州) 들이 쓰이고, 소리로는 漢(보기: 漢江), 韓(보기: 韓山) 들이 쓰인다. 뜻과 소리가 '大 → 竹(보기: 大洞 → 竹洞)'처럼 바뀐 것들도 있다.

두째로, 한자 뜻과는 상관없이 소리가 '가, 거, 고, 구'인 한자들이 크다는 뜻으로 쓰이기도 한다. 加(보기: 加達 ; 김해의 옛이름), 居(보기: 居寧 ; 남원의 옛이름), 固(보기: 固城), 句(보기: 句麗) 들이 그것이다. 실제로 전라남도 곡성군 古達면 古達리를 古月이라고도 하니, 고달(古月)이나 구달(九月)의 '고, 구'는 한자 뜻과는 상관없이 크다는 뜻을 나타내는 소리로 쓰인 것이다.

세째로, 우리 땅이름에는 '달'도 많이 쓰인다. "산, 들, 땅, 마을"이란 뜻이다. 《대동여지도》에 보면 박달산만도 영흥, 안변, 양덕, 안동, 영풍, 군위, 영동, 고성 … 들에 있다. 단군의 '아사달'의 '달'도 그것이다.

네째로, '달'의 원말은 '들'이다. 이 들이 변한 다른 말들 '들, 돌'이 뒷들(北坪: 북쪽 땅), 손돌(窄梁: 좁은 목) 들처럼 쓰이는 것을 보아, '구달'도 큰 땅 또는 큰 마을이라는 뜻으로 쓰인 말이다.

다섯째로, 《삼국유사》에 시비수 언덕의 구들돌(堗石)에서 의자왕이 왕흥사(王興寺) 부처에게 예를 드렸다 했다. 또 민간 전설에는 의자왕이 낚시할 때 그 바위에 앉았다고 한다. 그 구들돌이 있는 곳이어서 '구드래'라고 하는 것이다.

여섯째로, 충청남도 부여군 부여읍 구교리를 그 곳에서는 '구두래'라고 한다. 그 마을 가게 이름들을 보면, 구두래, 구드레, 구두레, 구드래 들로 적고 있어서 통일이 되어 있지 않다. 그 까닭은 본디꼴이 ‘구둘’이기 때문이다.

일곱째로, ‘구둘’이 변한 ‘구두래’나 ‘구드레’가 일본 사람들에게는 그들의 음운 따라 ‘구도라’나 ‘구도레’로 들렸을 것이다. ‘구도레’로 들렸더라도 홀소리 조화로 ‘구도라’가 되었을 것이고, 소리내기 편하게 ‘구다라’로 변했음직도 하다.

여덟째로, ‘구다라’의 말밑은 부여읍 구교리의 본디이름인 ‘구둘’이다. 그 곳이 백제와 일본을 오가는 교통의 요충 땅이며, 근거 땅이었으니, 그 곳 땅이름이 사람들의 입에 묻어 간 것이다. 요즘 일본 사람들은 그 사정을 모르고 직접 ‘백제’에서 ‘구다라’를 찾고 있는 형편이다.

'나다, 들다'와 '달, 들, 돌'

'나다'와 '들다'는 어려운 말도 아니고, 흔히 쓰이는 말이다.

사람이 살아 가느라면 때와 곳을 따라 좋든 좋지 않든 어떤 버릇이 생기기 마련이다. 그런 버릇이 마치 나면서부터 지니는 성격처럼 되어 간다는 뜻으로 '든버릇 난버릇'이라는 말이 있다.

'난거지 든부자'는 겉으로 보기에는 지지리도 못나고 보잘것없는 거지꼴이지마는, 사실인즉 남부럽지 않게, 실속 있이 사는 경우를 이른다.

'난부자 든거지'라고 하면 겉으로 보기에는 흥청망청 마치 남부럽지 않은 부자 같으나, 사실인즉 먼지만 부연 빈털터리로 실속이 하나도 없이 거지와 다름이 없는 경우다.

'든부자 난거지'라는 말은 집안 살림은 남 모르게 실속 있이 넉넉하여 남부러울 것이 없건마는, 겉으로 보기에는 그런 상황이 나타나지 않아 마치 거지같이 가난하게 보이는 경우에 하는 말이다.

'든거지 난부자'라는 말은 집안 살림이 실속 없이 가난하여 곤란하고 걱정스러운데도 불구하고, 겉으로 보기에는 아주 넉넉하여 남부럽지 않게 부자인 양 행세하는 경우에 쓰인다.

'난번'은 번이 났다는 뜻인데, 번은 당직이나, 당직을 마치고 나오는 차례라는 뜻이고, 반대로 '든번'은 당직을 맡아 근무하러 들어가는 차례라는 말이다.

여자가 밖에 나가면 '나들이' 간다고 하지마는, 몇 해 전에 바오로 교황이 우리 나라에 왔을 때에도 '교황 서울 나들이'라고들 했다.

나들이할 때 입는 옷이나 신을 '난벌'이라고 하며, 집 안에서만 입는 옷이나 신는 신을 '든벌'이라고 한다. 그러니까, 넥타이 매고, 양복 입고,

모자 쓰고, 오버코트 입고, 구두 신고 나서는 매무새는 '난벌' 차림이고, 평상복이나 잠옷 바람에 실내화를 신은 차림은 '든벌'이라 하는 것이다.

침모가 주인 집에 들어가 있지 않고, 자기 집에서 요즘 파출부처럼 다니면 '난침모'라 하였다. 그것은 일반적인 이야기고, 침모 중에도 바느질은 잘 하는데, 올데갈데 없는 사람도 있어, 아예 주인집에 들어가, 먹고 자면서 바느질을 해 주는 경우도 있다. 이런 침모를 '든침모'라고 한다.

거리에 자동차가 많아져서 주차장을 마련해 놓고 있다. 그러나 주차장을 마련할 때의 자동차 수와 몇 년 지난 뒤의 자동차 수가 같지 않다. 차가 많아져서 그 주차장에 다 둘 수 없게 되는 것이다. 이런 경우처럼, 정해 놓은 범위가 있는데도 좁거나 다른 사정으로 그 범위 밖에 차를 세우는 일이 있다. 그럴 때 그 범위(주차장) 밖의 곳을 '난밭'이라고 한다.

요즘 날씨 예보를 들어 보면, "먼바다 물결이 높겠습니다"라고 하는 말을 들을 수 있는데, 틀린 말은 아니고, 한자로 된 원해(遠海)를 뜻으로 푼 말이다. 그보다는 우리말에 뭍에서 멀리 떨어져 있는 넓은 바다를 뜻하는 '난바다'라고 하는 말이 있다. 그러니까 '먼바다'는 '난바다'의 풀이쯤 되는 말이다. 그렇다면, 너른 들, 곧 광야는 '난들'이고, 출입구는 '나들문'이겠다.

길이 여러 갈래로 통하는 곳을 '난달'이라고 한다. '달'이라는 말은 단군 신화에 나오는 '아사달', 대구의 옛이름 '달구벌', 전국 각곳에 있는 '새달(新月)', 영흥, 안변, 양덕, 안동, 영풍, 군위, 영동, 고성 등지에 있는 '박달산' 들의 말에 들어 있다. 산이나 땅 또는 마을이라는 뜻이다. '고맷들(叫馬坪), 뒷들(北坪)'의 '들'과 한 뿌리의 말이고, '손돌목', '울돌목' 하는 '돌'과도 한 뿌리다.

산이 많이 있는 곳을 '산달'이라고 한다. 볕이 잘 드는 곳을 '양달'이라 하고, 볕이 잘 안 들어 그늘진 곳을 '응달'이라고 하는 것은 잘들 알고 있을 것이다.

1986. 7. 《오는정 가는정》

왜 '네덜런드'와 '화란'이 같을까

홀란트(Holland)는 네덜런드 말 hal(낮음) 또는 holt(숲)라는 말과 land가 어울려 만들어진 말로, '낮은 나라' 또는 '숲의 나라'라는 뜻이라고 한다.

그 홀란트가 이웃 작은 나라들을 합쳐 1581년에 '네데를란트(Nederland)'를 이루었다. Nederland는 'Low land(낮은 나라)'라는 뜻이다. 네덜런드는 바닷면보다 낮은 곳이 많기 때문이다. '네데를란트'가 된 뒤에도, 처음의 중심 세력이었던 '홀란트'가 속칭으로 남게 되었다.

'네데를란트'를 영국식으로 '네더를런드' 또는 '네덜런드(Netherland)'라고 한다. 이 '네덜런드'가 지금 국제 이름으로 되어 있다.

한편, 1543년에 포르투갈 배가 일본 규우슈 남단 다네가시마에 표착했는데, 포르투갈 사람들은 Holland를 포르투갈식으로 '올란다'라고 했다. 'Woodyland(숲의 나라)'라는 뜻이다. 그래서 일본에서는 지금까지 '오란다'가 쓰인다.

Holland는 영국식 발음으로 '홀런드', 스페인식 이름으로 '올란다(Hollanda)', 프랑스식 이름으로 '올랑드(Hollande)'라고 한다. 중국에서는 영국식 발음을 받아들여 '和蘭'이라고 적는데, 그 발음은 '허란, 후란, 훠란' 들이다.

우리 나라에서는 한때 일본의 영향으로 '오란다'라고 하다가, 중국식 和蘭을 우리 한자음으로 '화란'이라고 하기 때문에 '네덜런드'와 '화란'이 같은 말이 되었는데, 인제는 '네덜란드'를 쓰고 있다.

'도우미'와 '지킴이'

1993년 대전 엑스포 때 나타나 퍼지기 시작한 '도우미'가 인제는 일반화했다. 1999년에 나온 《표준국어대사전》(국립국어연구원)에도 다음과 같이 올라 있다.

"도우미: 행사 안내를 맡거나 남에게 봉사하는 요원."

한편 '지킴이'도 올라 있는데, 아래와 같이 되어 있다.

"지킴이: ① 한 집이나 마을, 공동 구역을 지켜 주는 신(神). 집 지킴이에는 터주신, 조왕신 들이 있고, 마을 지킴이에는 장승과 짐대 따위가 있다. ② '관리자'의 다른 일컬음."

'도우미'와 '지킴이'는 낱말의 됨됨이가 똑같은 경운데, 그 적기가 다르다. '도움이'라야 한다고 하는 주장도 있다.

절충을 해 본다. '미'는 여자고 '비'는 남자다. '도우미'는 여자, '도우비'는 남자, '도우미'와 '도우비'를 아울러서 '도움이'라고 한다.

'도움미'의 준말이 '도우미'고, '도움비'의 준말이 '도우비'라고 하면 안 될 것도 없다. (《말다듬기》 편의 "'하코비(運び)'는 '나르미'"를 볼 것)

'동경'이란 곳은 어딜까?

'동경'과 '도오쿄오' 가운데 어느 것이 옳으냐고 말썽이 되고 있다. 이것은 일본에 있는 '東京'만을 두고 하는 이야기다.

'외래말 적기'의 동양 땅이름 적기 부분에 "일본 땅이름 가운데 한국 한자음으로 읽는 관용이 있는 것은 이를 허용한다. 東京, 도쿄, 동경 …"이라고 잘못해 놓았다. '東京'이라는 곳은 한 군데에만 있는 것이 아니다. 한국과 일본, 중국, 베트남 들 여러 곳에 있는데, '새벌, 동경, 도오쿄오, 뚱징, 통킹' 들 여러 가지로 소리내어 쓴다.

'새벌'이라고 하면, 처용가 '새벌 밝은 달에(東京明期月良)'의 '새벌(東京)'로서, 새라(新羅)의 서울인 지금의 경주다.

'동경'이라고 하면 고려 때에 둔 '남경(서울)', '중경(개성)', '서경(평양)' 들과 함께 네 서울의 하나인, 역시 지금의 경주다.

'도오쿄오'라고 하면, 일본 정부가 도쿠가와 막부로부터 정권을 돌려받고 나서, 그 때의 일본 서울 이름인 '에도(江戶)'를 고친 이름이다.

'뚱징'이라고 하면, 발해 선왕 때 둔 다섯 징(五京)의 하나로, 지금의 만주 지방 닝안(寧安)의 서남쪽 약 40km 지점에 있던 룽위안부(龍原府)다. 그리고 중국 후한 때 루오양(洛陽), 진(晉) 때 벤저우(汴州), 송(宋) 때 카이펑(開封), 요(遼) 때 랴오양성(遼陽城) 들을 '뚱징'이라고 일컫기도 했다.

'통킹'이라고 하면, 인도차이나 반섬의 동북부 지방 이름인데, 북베트남의 중심부 하노이(河內)의 다른 이름이었다.

이와 같이 '東京'은 때와 곳에 따라 다르게 읽힌다.

1996. 1. 4. 《포스코》

남의 땅 동쪽 나라 '동국'이라니

　고려 때 동경(경주), 서경(평양), 남경(서울), 중경(개성) 들처럼 땅이름에 방향을 나타내는 '동·서·남·북·중'을 이용하기도 한다.

　'해동'이라는 말은 '발해'의 동쪽 나라라는 뜻으로 우리가 만든 말이어서 중국에나 일본에는 그런 말이 없다.

　'동방'은 '동국'과 같은 말인데, 동쪽 나라를 뜻하는 '동국'은 어디의 동쪽 나라라는 말인가. 중국의 동쪽 나라란다. 자기 나라 이름을 다른 나라의 동쪽 나라라고 하는 나라도 있나 보다. 끔찍하지만, 이처럼 '동방'은 '중원'의 동쪽에 있는 오랑캐 나라를 뜻하는 데다가, 여기서의 '중원'은 1995년 1월에 충청북도 충주시로 편입된 중원군(우리 나라 한복판)의 '중원'이 아니다. 중국을 세계의 '중원'이라고 착각하는 중국 사람들이 생각하는 '중원'인 것이다. 그런데 우리는 그것에 홀려, 우리 스스로 '동국'이라 하고 '대동'이라고까지 하고 있는 것이다.

　신선이 사는 곳을 '靑丘(푸른 언덕)'라고 하는데, 이 '푸른 언덕'은 동쪽 빛깔이 푸르므로 동쪽 나라인 우리 나라를 가리킨다. 그러나 우리 나라에서는 공자의 이름이 '丘'이므로 죄스러워서 그것을 못 쓰고 '邱'자를 쓰기도 한다. 지극 정성이다. 중국의 지배를 받던 것을 부끄러움이 아니라 자랑으로 여기는 종살이 생각이다.

　'한나라(여기에서 한은 '韓'이나 '駻'이 아니라 순 우리말 '한'이다)'라는 우리 나라 이름이 있는데도, 그것을 엉뚱한 한자로 만들어 쓰고, 그것도 모자라서 남의 땅 동쪽 나라라고 나라이름을 붙이는 우리는 어느 나라 종속국 백성들인가. (〈낱말 상식〉 편 "'한반도'는 우리 나라를 낮추는 말"을 볼 것)

'들'과 '등(等)'

어떤 말들 다음에나 뒤에 붙어서 쓰이는 '들'과 '등(等)'에 관해서는 안 해도 될 수고를 하고 있는 것 같다.

'들'은 다음과 같이 쓰인다.

첫째, 여러 사물을 벌일 때 그것들을 모두 가리키거나, 그 밖에 더 있다거나, 그것들을 한정함을 나타내는 말로 "쌀, 보리, 수수, 밀 들은 곡식이다"처럼 쓰인다.

둘째, 주체가 여럿임을 나타낼 때, "학생들이 공부를 하고 있다, 학생이 공부들을 하고 있다, 학생이 공부를 하고들 있다, 학생이 공부를 하고 있다들"처럼 쓰인다.

세째, 겹수임을 나타낼 때, "그들, 사람들, 일들"처럼 쓰인다.

'등(等)'은 본디 '等'의 '竹'은 대나무 조각 책, '寺'는 관청으로, 벼슬아치가 법도를 고르게 한대서, 물건을 갈무리하여 가지런히 한다는 뜻인데, 그것이 변하여 다음과 같이 쓰인다.

첫째, 그 밖에도 더 있음을 나타낼 때의 쓰임은 '들'의 첫째 쓰임과 같으므로 굳이 쓸 필요가 없다. 다만, "바람 불고 비 오는 등 날씨가 고르지 않다"에서처럼 '-는' 다음에만 '들'이 안 쓰이고 '등'이 쓰인다.

둘째, 등급이나 석차를 나타낼 때에 "1등, 2등, 3등"처럼 쓰인다.

세째, 겹수 한자말로 한문에 "我等·余等·吾等(우리), 汝等(너희), 君等(그대들), 此等(이들), 彼等(저들)" 들처럼 쓰이기도 하나, 우리 말글에서는 그럴 필요가 없다.

'명태'에 관한 이름들

17세기 중엽, 함경북도 명천군(明川郡)에 사는 고기잡이 태(太)씨가 주낙(줄낚시)으로 잡아 온 고기 이름을 '명천 사는 태씨가 잡은 고기'라서 '명태어(明太魚)'라고 했다고 한다. 그것을 줄여서 '명태'라고 한다.

고려 말엽부터 써 오던 '북어'라는 말은, 강원도, 경기도 이남에서 "북쪽에서 나는 고기"라는 뜻으로 써 오던 말인데, 마른 명태라는 뜻으로 '북고어'와 함께 쓰이게 되었다. 이 밖에도 마른 명태를 부르는 말로 '건명태, 건태'가 생겼다.

얼린 명태는 '동명태, 동태'라 하고 얼리지 않은 명태는 '생태, 선태'라고 하는데, '태어'라는 말은 19세기에 서유구(徐有榘)라는 사람이 지었다고 한다.

그 밖에도 다음과 같은 것들이 있다.

망태(그물로 잡은 명태)	조태 · 낚시태(낚은 명태)
막물태(맨 나중 고기철에 잡은 명태)	강태(강원도에서 잡은 명태)
간태(강원도 간성에서 잡은 명태)	북양태(일본 북해도에서 잡은 명태)
원양태(난바다, 곧 원양에서 잡아 온 명태)	

함경도에서는 음력 시월 보름께 앞바다에 몰려오는 명태를 '은어받이', 동짓달 보름께 몰려오는 명태를 '동지받이', 섣달에 몰려오는 명태를 '섣달받이'라고 한다.

잡히는 때에 따라서는 다음과 같이 부른다.

일태   이태   삼태   사태   오태   춘태

또 크기에 따라서는 다음과 같이 부른다.

왜태   대태   중태   소태   아기태·애태

명태를 강원도 높은 산에서 산바람에 완전히 얼려 말려서, 얼부풀어 더덕처럼 마른 것이 '더덕북어'인데, 빛이 누르고 살이 연하다. 이것을 흔히 '황태'라고도 하고, '노랑태'라고도 한다.

덕장에서 말릴 때 너무 추워 껍질이 하얗게 바래면 '백태', 따뜻해서 물기가 한꺼번에 빠지면 '깡태', 검은 빛이 나면 '북태'인데, 낮은 데에서 말리면 '바닥태'가 된다.

'노가리'는 명태 새끼인데, 말려서 대폿집 안줏감으로 구워 먹는다.

명태를 반쯤 덜 말린 것을 '코다리'라고 하는데, 경상북도 영덕 지방에서 명태를 동해에서 잡아다 얼려, 낮에는 녹이고 밤에는 얼리고 하여 바닷바람에 반쯤 덜 말린 것은 '얼치'라고 한다.

‘못미처’라는 말도 있다

있는 말도 없는 줄 여기고 잘 안 쓰는 수가 있다.

‘길처’라는 말은 “가는 길 중간의 어떤 곳 언저리”라는 뜻인데, “그 길처에 사과밭이 있다”처럼 쓰인다. 이 ‘길처’의 ‘-처’는 ‘處’가 연상되기도 하여 ‘쳐’와는 헷갈리지 않는다.

우리는 이미 ‘미처’라는 말이 “아직 거기까지 미치도록”이란 뜻으로 “미처 몰랐다”처럼 쓰이는 것을 알고 있다. 그리고 그와 비슷한 모양의 말이 다음과 같이 쓰인다.

‘내처(어떤 일에 잇달아)’라는 말이 “걸은 김에 내처 걸었다”처럼 쓰인다.

‘대미처(그 즉시로)’라는 말이 “내가 오자 대미처 그도 왔다”처럼 쓰인다.

‘되처(되짚어서)’라는 말이 “되처 물어보다”처럼 쓰인다.

‘뒤미처(그 뒤에 잇달아 곧)’라는 말이 “내가 떠나자 뒤미처 그가 찾아왔다”처럼 쓰인다.

‘재처(이내 몰아쳐)’라는 말이 “재처 묻다”처럼 쓰인다.

‘잼처’라는 말은 ‘되처’라는 말과 같다.

그 ‘내처, 대미처, 되처, 뒤미처, 재처, 잼처’들의 ‘-처’도 별로 틀리지 않게 쓰이는 것 같다.

다만, 그 가운데에서 ‘재처’만은 ‘재우쳐(빨리 몰아치거나 재촉하여)’의 준말 ‘재쳐’와 헷갈릴 수가 있다. 그렇다고 해도 ‘재처’와 ‘재우쳐’는 다른 말이다.

“재처 또 물어 본다”, “재우쳐 일을 빨리 끝내다”처럼, 쓰이는 자리가 다른 것이다.

여기서 그와 비슷한 모양의 말 하나를 떠올려 본다. “가는 길 어떤 곳에 가까운 이쪽"이란 뜻으로 '못미처'라는 말이 있을 것 같다는 것이다. 그리하여 "서울에서 가느라면, 한밭(대전) '못미처'에 새여울나루(신탄진)가 있다"처럼 쓰일 수 있다.

물론 '못 미쳐(미치지 못하여)'라는 말도 있어서 "내 힘이 네 힘에 못 미쳐 너를 따를 수 없다"처럼 쓰인다.

국어 사전에 없다고 맞는 말을 안 쓰면 그 말은 없어지고 만다.

'못미처'는 사전에 없으나 없다 말고 살려 써 보자.

1996. 2. 1. 《포스코》

‘미역감다’의 말밑

　‘미역감다’의 말밑은 한자말 ‘목욕감다(목욕ㄱ다 –《월인천강지곡》)’라는 것이 통설이다.

　‘목욕’에서 ‘목’의 ‘ㄱ’이 탈락하고 남은 ‘모’와 ‘욕’이 어울려 ‘모욕’이 된다(‘모욕ㄱ다 –《구급간이방》’의 ‘모욕’이라는 말은 실제로 쓰이기도 한다).

　‘모욕’의 ‘모’와 ‘욕’의 첫소리 ‘이’가 어울려 ‘모이’가 되고, ‘모이’가 줄어 ‘뫼’가 되고(뫼욕ㄱ다 –《동국신속삼강행실도》), 그 ‘뫼’가 ‘메’로 변하여 다시 ‘미’로 변한다.

　그 변한 ‘미’와 ‘욕’이 어울려 ‘미욕’이 되는데, ‘욕’이 ‘이’ 다음에서 홀소리 조화로 ‘역’으로 변하여 ‘미역’이 되는 것이다.

　그러니, 변한 말 ‘미역감다’의 원말은 ‘목욕감다’가 된다. 그러나 ‘목욕하다’라고는 해도 ‘목욕감다’라고는 잘 안 하니 미심쩍다.

　말밑을 꼭 한자말에서만 찾을 것이 아니라, 될 수 있으면 우리말에서 찾아 보자.

　‘물’이 ‘무’로 줄어드는 것은 다들 잘 안다.

무날	무넘기	무논	무대	무삶이	무색
무소	무쇠	무수기	무수리	무쉬	무자맥질
무자위	무자이	무저울	…		

　그러나, ‘물’이 ‘미’로 변하는 것은 잘 모를 수도 있다.

　물의 옛말이 ‘믈’인데, ‘믈’의 ‘ㄹ’이 ‘ㅣ’로 변하여 ‘믜’가 되고, ‘믜’

는 ‘미’가 되는 것이다. 그러한 말에 ‘미나리(水芹·水英)’, ‘미세기(밀물·썰물)’ 들이 있다.

‘물’이 ‘미’로 변하여 쓰이는 것은 우리 나라에서보다는 아래과 같이 일본에서 더 많이 볼 수 있다.

“미즈: … 조선말 물(일본음: [무루])에서 ….” -《일본국어대사전》(소학관)

“미(水): 미즈(물)의 준말(보기: 水門, 垂水).” - 일본 국어 사전《광사림》

“미: ‘미즈’와 같음(보기: 미기와, 미나모토, 다루미).” - 일본 국어 사전《광사원》

“미(조선말 mil의 준말) …” -《외래어사전》(가토가와 책점)

‘물녘’이 ‘미역’으로 변하는 상황을 살펴보았다. ‘녘’의 옛말 ‘녁’이 ‘역’으로 변한 것은, ‘녀름’이 ‘여름’으로 변하고 ‘녀믜다’가 ‘여미다’로 변한 것으로 보아 당연하다. 그래서 ‘물녘’과 ‘감다(머리나 몸을 물에 담가 씻다)’가 어울려 ‘물녘에서 감다 → 물녘 감다 → 미역감다’처럼 변하는 것이다.

이처럼 ‘미역감다’의 말밑으로 ‘목욕감다’보다는 ‘물녘감다’가 더 가깝지만, 장차 어느 쪽으로 기울는지는 알 수 없다. 어쨌든 말밑을 한자말에서만 찾으려고 하지 말고, 되도록이면 우리말에서도 찾아 보기를 바라지마는, 둘레의 생각들이 달라 실제로는 쉬운 일이 아니다.

‘바쇼, 다치바’의 ‘바’는 우리말

왜말 장소(場所)와 입장(立場)을 일본에서는 ‘바쇼’와 ‘다치바’라 하고, 이 밖에도 ‘바아이(場合: 경우), 노리바(乘場: 타는 곳), 아시바(足場: 발판)’들이 있어, 우리가 옛날 가르쳐 준 대로 장(場)을 ‘바’라고 읽는다는 것을 알 수 있다. 우리는 ‘바(본디 所·場의 뜻)’를 일 또는 방법이라는 뜻으로, ‘(어찌)할 바, (몸)둘 바(를 모른다)’ 들처럼 쓰고, 일본에서는 곳, 데, 마당, 자리, 경우 따위 뜻으로 더 많이 쓴다.

‘바’라는 말은 히말라야 산달 동쪽 지방 — 시킴을 중심으로 한 서쪽(네팔 동부), 동쪽(부탄 서부), 남쪽(벵골 서북부 다질링) 어름 — 에서 쓰이는 렙차 말에도 들어 있고, 몽골과 만주에서도 쓰인다. 그것을 우리만 ‘장(場)’이라고 얼토당토않은 껍데기 소리로 쓴다. 더구나, ‘장의 이론’, ‘교육의 장’ 따위 새로 생기는 말까지 ‘바’를 쓰지 않고 ‘장’을 쓴다.

물체간에 작용하는 힘을 전달시켜 주는 공간을 ‘바(field)’라고 하는데, 그 ‘바’에는 탄성체 안의 버틸심(응력)의 바, 전자(電磁) 바, 만유 인력의 바 들이 있다.

‘바의 이론(Field theory)’이라는 말이 있다. 전자력, 핵력, 중력 들이 ‘바’를 통하여 작용한다고 생각하는 이론이다. 바의 이론에는 전자 바의 이론, 핵력 바의 이론 들이 있다. 이 ‘바’나 ‘바의 이론’도 일반적으로 ‘장’이나 ‘장의 이론’이라고 하는데, ‘마당 이론’으로 통하는 것 같다.

장소(바쇼)를 곳이나 처소로, 입장(다치바)을 처지나 설 바로 다듬어 씀은 물론이고, ‘장’을 ‘바’로 되찾아 써야 마땅하다. (〈말글 산책〉 편 “한국말과 일본말의 역사 고리”를 볼 것)

1992. 4. 3. 《한겨레》

'벌초'는 풀 베고, '사초'는 떼 입혀

무덤의 흙바닥이 드러나 있는 데에 떼를 입히는 일을 '사초'라고도 하고 '사토'라고도 한다. 자손들이 사초를 하면, 조상은 '사초 잡수신다'고 한다. 오래되거나 허물어진 무덤의 떼를 갈아 입히는 일을 '사초갈이'라고도 하고 '개사초'라고도 한다. 사초는 흔히 한식날에 한다.

중국 춘추 시대에 개자추라는 어진 선비가 있었다. 진나라 문공이 망명한 때 19년을 모셨으나, 문공이 돌아와서 모른 체 하므로 면산에 들어가 숨었다. 뒤에 문공이 뉘우치고 불렀으나 산에서 나오지 않으므로, 나오라고 산에 불을 질렀다. 그래도 나오지 않고 끝내 타 죽었다.

이 개자추가 죽은 날이 동지로부터 1백 5일째 되는 날인데, 불을 금하고 찬 음식을 먹는다고 하여 그 날을 '한식'이라고 한다.

겨울이 지나고 봄이 되어 한식날이 돌아오면, 사람들이 산소를 찾아가 제사를 지내고 사초를 하는 등 손질을 한다.

이런 때 무덤의 떼를 잘 입혀 잘 보살피는 일을 '금화사초'라고 한다. 여름에 풀이 자라서 무덤을 덮으면 추석 전날에 '벌초'를 한다.

'벌초사래'라는 말도 있는데, 묘지기가 벌초하는 삯으로 부쳐먹는 논밭을 말하고, 벌초하는데도 불을 조심하고, 잡초를 베고, 풀을 깎는 일은 '금화벌초'다.

'참초'라는 말이 있는데 '참초제근'의 준말이다. '참초제근'은 무덤과 상관없이 "풀을 베고 뿌리를 없앤다"는 뜻이다. 흔히 "걱정이나 재앙이 될 만 한 일은 아주 그 뿌리를 뽑아야 한다"고 할 경우에 쓰인다.

1996. 9. 19. 《포스코》

'보는방' 이야기

1970년대 중반의 일이다. 지금은 돌아가시고 안 계시지만 이원수·김영일·정인섭·장수철 여러분을 모시고 말다듬기 일을 한 적이 있었다.

하루는 일을 마치고 헤어지기가 아쉬워, 종로 뒷길 단성사 옆 골목 어느 대폿집에 들어갔다.

너른 방 한쪽 위에 선반 같은 다락단(방 중간에 이층처럼 만들어 놓은 곳)이 있어 마치 이층처럼 보이는 곳이었다. 위아래층이 툭 터져 있어서 손님들이 서로 바라볼 수 있게 되어 있었다.

그 다락단으로 올라가라고 했다. 올라가려다 말고 "주인장, 화장실이 어디요?" 하고 우리는 물었다. 오랜 시간 일을 하고 나온 노인들이라, 앞것이 마려웠던 것이다. 머리띠를 두르고 고기를 썰던 주인이 대답했다.

"그 뒤에 있습니다."

'그'는 우리 일행을 가리키는 말이다. 뒤돌아보니 '보는방'이라고 쓴 자그마한 판때기가 붙은 유리창문이 있을 뿐이었다.

"없는데요."

우리 일행은 웃으면서 두리번거렸다.

"거기 있지 않습니까."

암만 봐도 '보는방' 밖에 없다. 문을 열어 보니 바로 우리가 찾는 곳이었다.

자리를 마치고 내려와서 셈을 치르면서 물었다.

"왜, '보는방'이라고 했소?"

"'화장실'은 우리말이 아니잖습니까. 앞을 보거나 뒤를 보거나 보는 데니까 '보는방'이라고 했죠."

딴은, 주막집에서 여러 나그네가 모여, 자고 가는 가장 큰 방을 '봉놋 방'이라고 했으니 '보는방'도 괜찮기는 하다. 일본에서는 '오테아라이(손 씻이)'라고 한다.

미국 시카고 거리에서 1990년 8월에 '머리방'이라는 한글 간판을 보았다. 곰곰 생각해 보았다. 미국 사람들에게 '미용실'은 "아름다울 미자, 용모 용자"라고 미국말로 설명하기가 어려울 것인데, '머리방'은 '헤어룸'이라고만 하면 잘 알아들을 수 있을 테니까 잘 생각해서 한 일이라고 ….

돌아와 보니 서울 거리에도 '머리방'이 있었다. 아니, 시골에도 있다. 그 때부터 '방' 항렬 말을 모아 보았다.

게임방	공붓방	공주방	과외방	구둣방	구슬방	김치방
꼬까방	꽃방	노래방	놀이방	도배방	떴다방	머리방
모아방	바로방	바지방	복권방	빨래방	삐삐방	산소방
소리방	소주방	아가방	아기방	아라방	아름방	안마방
엄마방	옥탑방	옷갈이방	유리방	쪽방	찜질방	토론방
틀방	편의방	PC방	학습방	한우방	해소방	황토방

(새로 모아 1996년에 발표한 것에다가, 이 책 원고를 마무리하면서 그 뒤의 것도 모아 보탰으나, 더 있을 것이고, 지금도 새로 자꾸 생겨나고 있다. 본디부터 있던 '방' 항렬 말은 이 책 〈뜻 다른 말〉 편에 있는 "방과 房"을 볼 것)

1996. 9. 5. 《포스코》

'보다'와 '보다 더'

한문에 쓰이는 '於'가 견줌토로 《논어》에 "季氏富於周公(노나라 계씨가 주나라 주공보다 가멸다)", 《사기》에 "枝大於本, 脛大於股(가지가 줄기보다 굵고, 정강이가 넓적다리보다 굵다)" 들처럼 쓰인다.

이 경우의 '於' 풀이를 《한한대사전》(동아출판사, 1982)에서는 "보다, 보다 더(구 중에서 견줌토의 구실을 한다)"라고 해 놓았다.

'계씨보다, 줄기보다, 넓적다리보다' 들의 '보다'는 두말할 것 없이 토다. 그러나 '보다 더'는 쓰인다고 하더라도 토 같지 않다. 견주는 뜻도 있으면서 꾸미는 구실도 하는 것 같다.

그래서 '보다 더'를 '보다'와 '더'로 떼어 '보다'만으로 꾸미는 구실을 하게 하여 '보다 빨리, 보다 높이, 보다 멀리'라고 하는 것으로, '더'만으로 '더 빨리, 더 높이, 더 멀리'라고 하는 것을 대신하기도 하는 것 같다.

여기에 반론이 있을 수 있다. 그 '보다'는 한문의 '於'가 아니라 일본말 '요리'라는 토를 직역한 것이 아닐까 하는 것이다.

일본 신무라 이즈루 《사원》(1921)에 토가 아닌 꾸밈말로 "요리: 다시금, 한층"처럼 되어 있다. 그리고 《광사원》(1955)에는 꾸미는 말로 올려 "요리: … 토 '요리'가 변한 말"이라고 뒤에 덧붙여 놓았다. 일본에서는 '요리'라는 토가 꾸밈말로 변한 것이다. 우리말에서는 "이것마저 먹어라"와 "이것도 마저 먹어라"의 '마저'가 그런 것이다.

우리에게 '더'가 있으니까 '보다'가 필요 없다면 쓸 필요가 없고, '더'가 있음에도 필요하다면 쓸 수도 있다.

'더'와 '보다'가 같은 경우에 쓰일 때, '더'는 '더더욱'이나 '더욱더' 같고, '보다'는 '보다 더' 같다.

'북한산'의 이름들

'북한산'은 "한강 북쪽에 있는 큰 산"이란 뜻인데, 서울 성북구, 도봉구, 은평구와 경기도 고양시의 경계에 걸쳐 있다. 높이 836.5m로, 서울 부근에서는 가장 높은 산이다.《동국여지승람》에는 "서울의 진산(鎭山)"이라고 되어 있다.

'북한산'은 본디 '부루칸모로'였다고 한다. 그 '부루'는 "북쪽", '칸'은 "한", '모로'는 "뫼"로 "메"를 뜻한다. 그러므로 '부루칸모로'가 "북한뫼→북한메→북한산"처럼 변했다.

백두산의 옛이름이 '불칸'이나 '불함'인 것을 감안하면 백두산과 북한산 이름은 서로 통하는 점이 있다.

북한산은 본이름 밖에 '화산, 삼각산, 중악, 귀부리' 따위 이름이 있다.

■ 화산(華山)

도읍지인 서울의 진산이라고 북한산을 '화산'이라고도 한다. 아름다운 산이란 뜻이다.

■ 삼각산(三角山)

신경준의 《여암전서》에 "삼각산은 … 산이 모두 돌봉우린데, 그 으뜸 봉우리를 구름 위에 솟아 있다고 백운(白雲)이라 하며, 그 옆에 국망봉(만경대)과 인수봉이 있다. 세 봉우리가 깎아지른 듯 우뚝 솟아 있어서 그러한 이름(삼각산)이 생겼다"고 되어 있다.

실제로 삼각산에는 백운대, 인수봉, 만경대의 세 봉우리가 양주 땅에서 바라보면 마치 세 뿔[三角]처럼 솟아 있다.

이 뿔을 부리〔峰〕로 보기도 한다. 다산 정약용의 《아언각비》에 "산봉우리를 불이(不伊)라고 한다"고 했는데, 그 '불이'가 곧 '부리'다. 충북 단양군 적성면에 있는 '부리터'를 한자로 '角基'라고 적는다.

■ 중악(中嶽)

조선 성종 때 학자 양성지(1415~1482)가 장백산을 북악, 금강산을 동악, 구월산을 서악, 지리산을 남악, 그리고 북한산을 중악으로 삼자고 진언한 데 말미암은 이름이다.

■ 귀부리

"귀봉우리"라는 뜻인데, 소의 귀와 같이 생긴 봉우리라는 말이다. 풍수지리설에 말미암은 이 북한산의 소가 서울 여러 곳의 (땅)이름에 많은 자취를 남긴다.

1997. 1. 30. 《포스코》

'비'에 관한 말들

우리가 잘 아는 비도 있지마는, 있는지 없는지 잘 모르는 비도 있다. 잘 아는 비에는 다음과 같은 것들이 있다. 물론 생각나지 않은 비가 더 있을 것이다.

- 가랑비: 가늘게 내리는 비. 이슬비보다 조금 굵다.
- 가을비: 가을에 내리는 비.
- 겨울비: 겨울에 내리는 비.
- 궂은비: 날이 흐린 채 오랫동안 내리는 비.
- 단비: 꼭 내려야 할 때에 알맞게 내리는 비.
- 모종비: 모종할 때에 알맞게 내리는 비.
- 밤비: 밤에 내리는 비.
- 보슬비: 바람이 없는 날 조용히 내리는 비.
- 봄비: 봄에 내리는 비.
- 부슬비: 바람이 약간 부는 날 내리는 비.
- 소나기 · 소낙비: 갑자기 쏟아지다가 그치는 비.
- 안개비: '가랑비'나 '는개'를 '안개비'라고도 한다.
- 약비: 꼭 내려야 할 때에 내려서 약이 된다는 뜻으로 '단비'를 이르는 말.
- 여우비: 햇빛이 난 날, 맑은 날에 잠깐 뿌리는 비.
- 이슬비: 아주 가늘게 내리는 비. '는개'보다 굵고, '가랑비'보다 가늘다.
- 장맛비: 장마 때 내리는 비.
- 찬비: 차갑게 느껴지는 비.

- 큰비: 오랫동안 많이 쏟아지는 비.
- 여름비: 여름에 내리는 비. 이 '여름비'라는 말은 몰라서가 아니라 쓰이지 않는 것 같은데, 특히 도시에서는 잘 모르는 비가 있다.
- 는개: 안개보다는 조금 굵고 이슬비보다는 조금 가는 비.
- 먼지잼: 먼지를 재운다는 뜻으로, 겨우 먼지나 일지 않게 조금 내리다 만 비.
- 모다기비: 짧은 동안에 줄기차게 내리 쏟아지는 비.
- 목비: 모내기 할 무렵에 한목 내리는 비.
- 못비: 모를 낼 만큼 충분히 내리는 비.
- 무더기비: 짧은 동안에 세차게 많이 쏟아지는 비.
- 발비: 빗줄기가 처마 끝에 쳐 놓은 발처럼 보이는 비.
- 웃비: 비가 세차게 내리다가 잠깐 그쳤으나, 아직 비가 내릴 듯 한 기색이 있는 비.
- 작달비: 굵고 거세게 퍼붓는 비. '장대비'를 이르기도 한다.
- 장대비: 장대처럼 굵고 거세게 좍좍 내리는 비.
- 흙비: 바람에 높이 날려 비처럼 떨어지는 모래흙.

뿐 아니라

두 월(문장)을 이을 때 다음 월 앞에 쓰이는 말에 '하나, 한데, 하지만' 들이 있다. 그런데 그 말들은 그 말들만 가지고는 본디 뜻하는 바의 뜻이 드러나지 않는다. 그 말들이 완전한 말이 아니기 때문이다.

따라서 그 말들을 알아보려면 본디말인 '그러하나(그러나), 그러한데(그런데), 그러하지만(그렇지만)'을 찾아야 한다.

일본에도 이런 표현이 있다. '시카시 · 시카레도모(그러나), 도코로가 · 도코로데(그런데), 게레도모 · 시카시나가라(그렇지만)' 들이 그것이다.

'뿐만 아니라'도 '그뿐만 아니라, (으)ㄹ 뿐만 아니라' 들이 줄어서 쓰이는 말이다. 일본에도 우리와 마찬가지로 '소레노미나라즈, 스루노미나라즈' 들의 준꼴로 보이는 '노미나라즈'가 사전에 올라 있다.

그런데, '하나, 한데, 하지만'은 별로 말썽이 없지만, '뿐만 아니라'는 일본에 '노미나라즈'가 있으므로 걸린다고 나무라기도 한다.

앞 월에 '그뿐 아니라, 그 사람뿐 아니라, 그 일뿐 아니라, 그럴 뿐 아니라, 할 뿐 아니라 …' 들이 2개 이상 쓰이었을 때, 그 다음 월 앞에 그 어느 것으로 대표하지 않고, 여러 개를 통틀어서 공통 준말로 '뿐 아니라'라고만 하는 경우도 있을 수 있지 않을까.

하기는, 일본에서 우리 말투를 따라 하거나 말거나, 우리가 필요하면 쓸 것이고, 필요하지 않으면 쓰지 말 것이다.

'서울'이라는 말과 그 역사

"서울 가 본 놈하고 안 가 본 놈하고 싸우면 가 본 놈이 진다"는 속담이 있다. 실지로 해 보지 않은 사람이 이론은 밝아서 말이 많다는 뜻이다.

한편 "서울 사람은 비만 오면 풍년이라 한다"라는 말이 있는가 하면, "서울 소식은 시골 가서 들어라" 하는 속담도 있다. 가까운 데 소식을 먼데서 더 잘 안다는 뜻이다.

그런데, "서울 사람을 못 속이면 보름 동안 배가 아프다"는 말은 좀 험악하다. 서울 사람들이 닳아져서, 시골 사람들의 공격의 대상이 되어 있는 성 싶다.

본디 우리말로 서울이라는 말은 한 나라의 정부가 있는 곳을 뜻하는 추상적인 말이다. 중국에서는 '징떠우(경도), 징청(경성), 징쟈오(경조), 떠우청(도성), 떠우이(도읍), 서우떠우(수도), 서우푸(수부)' 들 여러 가지 이름으로 불리며, 일본에서는 '미야코'라고 한다.

그 밖에 영국에서 '캐피틀', 프랑스 · 스페인 · 포르투갈에서 '카피탈', 이탈리아에서 '카피탈레', 루마니아에서 '카피탈라', 도이칠란트에서 '하웁츠타트', 네덜란드에서 '후프추타트', 쉬든에서 '후부즈타드', 덴마크 · 노르웨이에서 '호베스타트', 폴란드에서 '스톨리카', 핀란드에서 '페카우푼키', 인도네시아에서 '이부코타', 러시아에서 '스탈리차', 그리스에서 '프로테부사', 아라비아에서 '아시마', 헤브라이에서 '비라'라고 하고, 에스페란토로는 '체푸르보'라고 한다.

이런 말들은 땅이름이 아니다.

우리 나라에서는, '서울'이라는 말을 수도(서울)라는 뜻의 말로 쓰는 외에 서울 특별시라는 땅이름으로도 쓴다. 추상적인 땅이름이, 현실적으로 땅 위에 뿌리를 내려 자리를 잡은 셈이다.

지금의 우리 나라 서울 지방은, 세 나라 때 백제와 고구려와 신라 사이에 끼이어, 이리 왔다 저리 갔다 하느라고 이름도 숱해 바뀌었다.

그 땅이름이 바뀐 자취를 따라, 서울 지방의 역사를 더듬어 보자.

■ 위례성

서기전 18년에 온조가 백제를 세우면서 한강 북쪽에 도읍하고 위례성이라 했다. '위례'라는 말은 '우리(圍), 어라(얼)'를 한자로 적은 것이 아닌가 한다. 위례성은 왕성, 큰 성으로 풀이되고 있다.

온조왕은 14년 만에 경기도 광주군(동부면 춘궁리)으로 도읍을 옮겼는데, 역시 위례성이라고 했으니 하북 위례성, 하남 위례성이라는 이름이 있다.

■ 한산

남한산이니 북한산이니 하는 '한산'의 '한'은 "크다, 하나다, 많다, 한창이다" 들의 뜻이니, 한산은 크고 좋은 땅이라는 뜻이다.

■ 북한성

서기 371년에 고구려가 백제를 치니까, 근초고왕이 화가 나서 평양성까지 쳐들어가, 고구려 고국원왕을 죽이고, 북한성으로 도읍을 옮겼다. 한성은 큰 성이라는 뜻이다. 북한성은 이 때로부터 105년 뒤에 백제와 인연이 끊어진다.

■ 남평양

서기 475년에 고구려 장수왕(광개토왕의 아들)이 백제를 쳐서 개로왕이 죽으니까, 뒤를 이은 백제 문주왕이 웅진(고마나루: 공주)으로 도읍을 옮겼다. 북한성을 차지한 고구려는 그 이름을 남평양이라고 고쳤다. 평양의 '평'은 들이라는 뜻이고, '양'은 땅이다. 이로부터 76년 뒤에 남평양도 고구려와 인연이 끊어진다.

▪ 신주

신라가 551년(신라 진흥왕 12년)에 백제와 손을 잡고 고구려의 남평양을 공취하고, 2년 만인 서기 553년에는 백제의 동북부를 쳐서 신주라 하고, 한강 유역을 독점하여 중국 대륙과의 교통을 터서 삼국 통일의 기틀을 잡았다.

- 북한산주: 557년(진흥황 18년)에 신주를 북한산주로 고쳤다.
- 남천주: 568년(진흥왕 29년)에 남천주라고 고쳤다.
- 북한산주: 604년(진평왕 26년)에는 다시 북한산주로 고치고, 수나라와 친교를 맺고, 당나라가 서니까 가까이 하면서 고구려를 괴롭혔다.

▪ 한주

757년(신라 경덕왕 16년)에 모든 제도와 땅이름을 당나라식으로 고치면서 북한산주도 한주로 고쳤다.

▪ 양주

904년(효공왕 8년)에 한주를 양주로 고쳤다. 신라가 935년에 망하고 고려가 들어서며 1067년까지 이 이름으로 불렀다.

▪ 남경

1067년(고려 문종 21년)에 양주를 남경으로 고치고 유수(留守)를 두었다. 양주라는 이름은 신라 때의 것이니, 개성이 서울이니까 남쪽 서울이라는 뜻으로, 완전히 고려 땅임을 확인한 것이다.

▪ 한양부

1295년(고려 충렬왕 21년)에 남경을 한양부로 고쳤다. 이 이름은 고려가 1392년에 망하고도 조선 태조 4년까지 101년 동안 불렀다.

■ 한성부

   조선 태조 이성계가 1394년 10월에 개성에서 한양으로 도읍을 옮겼다. 그 이듬해 10월에는 새 궁전을 경복궁으로 정하고 한양부를 한성부로 고쳐 나라터를 다졌다. 그래서 중국에서는 지금도 이 이름으로 부르나, 515년에 518년의 조선 왕조 역사와 함께 사라졌다.

■ 경성부

   1910년, 일본은 기어이 우리 나라를 저희 나라와 합쳐 버리고 말았다. 그런데 땅이름을 그대로 두고서는 이 땅을 일본화하기가 어려웠다. 따라서 사람 이름을 바꾸기 전에 땅이름부터 바꾸었는데, 그것은 1914년의 일이다. 그렇건마는, 한성만은 5년 동안도 그대로 둘 수 없었던지, 나라를 합치던 그 해에 바로 경성부로 고쳐 버렸다.

■ 서울

   1945년 8월 15일에 우리 나라는 일본의 사슬에서 풀려났다. 경성이라는 이름은 일본 사람들이 지어 붙인 이름이니, 그대로 둘 수 없어 서울로 부르기로 했다.

   그 전에 '서울'이란 말은 원래 추상적인 이름이었다. 위례성이라는 이름으로 시작하여 열 댓 번 바뀌어 놓으니, 더 붙일 이름이 없기도 해서, 그 이름들을 뭉뚱그려서 '서울'이라고 하여 원뿌리를 찾은 것이다. (다음 항 "'서울'은 "큰 땅"이나 "새마을""을 볼 것)

1986. 1. 《일양》

'서울'은 "큰 땅"이나 "새 마을"

우리는 아시아의 한나라 서울에서 산다. '서울'이란 말은 어떻게 이루어졌으며 무슨 뜻일까.

▪ 서벌

신라(새라·새벌: "새 땅"이란 뜻)의 서울 이름이 '서벌'이었다. '서나벌, 서라벌, 서야벌'이라고도 하는데, 그 말들에서 "땅"이라는 뜻의 '나, 라, 야'를 빼면 '서벌'이며, 처용가에서는 경주를 '새벌(東京)'이라 했다.

▪ 소부리

백제(밝잣: "밝은 땅"이란 뜻)의 서울 부여는 '소부리'였다. '사비'라고도 했는데, 그 과정을 보면 '소부리'가 줄어 '소불'이 되고, 이 '소불'은 '사불'과 같은데, '사불'의 '불'의 'ㄹ'이 'ㅣ'로 바뀌면 '불'이 '뷔'가 되고, '뷔'가 '비'가 되어 '사불'이 '사비'가 되는 것이다. '사자성'이란 노랫말은 '사비'라는 우리말을 한자로 적은 泗沘의 '沘(비)'를 '泚(자)'로 잘못 안 데서 생긴 틀린 말이다.

▪ 사벌, 사불

가야(가라: "큰 땅"이란 뜻. '가라'의 '라'의 'ㄹ'이 'ㅣ'로 바뀌면 '라'가 '야'로 되어, '가라'가 '가야'로 된다) 여섯 나라 가운데, 고령(古寧)가야를 '사벌, 사불'이라고 했다. 지금의 경상북도 상주군 함창면의 옛이름이라고 여기고 있다. 나라이름과 서울이름이 함께 쓰이는 것은, 본디 나라와 서울이 별개가 아니라 부족나라 마을인 서울이 나라로 발전해 왔기 때문이다.

■ 철원(鐵原)

마진(후고구려: 궁예가 처음에 '고려'라고 했다가 나중에 '태봉'이라고도 한 나라)
의 서울 철원(鐵原)은 쇠벌(새벌)의 한자 적기로서 신라의 '서벌 · 새벌'과
통한다. '쇠'와 '새'는 비슷한 소리다.

■ 솔부리

고려(크리: "큰 나라"라는 뜻)의 서울 송악(松嶽)은 '솔부리'인데, 그 '솔부
리'의 '솔'의 'ㄹ'이 줄면 '소부리'가 된다.

'삭 불'이라는 말밑이 있는데, '삭'는 "크다, 동쪽 새롭다" 따위 뜻이
고, '불'은 "땅, 마을" 따위 뜻이다.

'삭'가 '사, 새, 서, 소' 들로 바뀌고, '불'이 '벌, 부리, 불' 들로 바뀌어
'삭 불'이 '사벌, 사불, 새벌, 서벌, 소부리, 소불' 들로 바뀌었다.

그 말들을 뭉뚱그린 '서불'의 '불'의 'ㅂ'이 줄면 '불'이 '울'로 되어
'서불'은 '서울'이 된다.

결국 '서울'은 '서불'로서 '삭 불'이 바뀐 말인데, 그 뜻은 "큰 땅" 또는
"새 마을"이다.

1997. 1. 23. 《포스코》

'석유'에 얽힌 말들

석유 램프는 전등에 밀려 이제는 자취를 감췄지만, 알코홀 램프는 살아 있다. 알코홀이란 말은 도이치(도이칠란트말)와 더치(홀란트말)가 같다. 잉글리시(영어)로는 앨커홀, 프렌치(프랑스말)로는 알코올이다.

석유 램프가 쓰이던 시대에는 람프라고 했다. 램프는 영어, 람프는 홀란트말이다.

람프가 우리 발음 습관에 따라 남프가 되었다가 남포로 익어 쓰이었으나, 이제는 들을 수가 없다.

석유 곤로라는 말이 있다. 곤로는 왜말 焜爐의 왜음이다. 왜말이라도 음이나마 우리식으로 발음하면 혼로인데, 그렇게는 쓰이지 않는다. 우리식 명칭은 풍로(風爐)다. 흙이나 쇠붙이로 만들어, 아래에 구멍이 있어서 바람이 통하게 되어 있는 화로이니까 풍로가 더 어울린다. 어째서 혼로도 아닌 곤로라고 하게 되었는지.

오일캔(oil can), 오일틴(oil tin), 오일박스(oil box) 들은 모두 석유통인데, 버닝오일(burning oil)이나 퓨얼(fuel)오일, 즉 연료기름을 쓰는 석유 난방기(oil heater)인 케러신 스토브(kerosene stove) 따위에 필요하며, 석유 버너(burner)는 가스 버너와 함께 등산족들과 친해지고 있다.

오일 엔진 또는 피트롤리엄 모터(petroleum motor)라고 하는 것은 석유 발동기인데, 건설 사업에 수고하고 노력한다. 그러고 보니, 기계의 toil(수고, 노력)에는 oil(기름)이 드는 것을 toil과 oil을 보고 알 수 있다고 해도 되겠다.

오일 탱크를 설치한 오일스테이션(주유소)에서 주유(oiling)하는 것은 석유업(petroleum industry)을 하는 oil man 또는 oiler(기름장수, 기름 제조인,

주유 담당자)들의 일이다. 한편, 오일 셰어(share: 주식) 덕분으로 오일리어네어(oillionaire) 즉, 속되게 말하는 석유왕(벼락부자)이 될 수도 있다던가?

이야기가 너무 딱딱하고 건조하니까 구경서(具慶書)씨의 '석유'라는 시 한 수를 읽어 보자.

그것은
틀림없이 인간의 피보다도 짙은 향유(香油)
삼라만상의 계층 속에 깊숙이 묻혀
은밀히 간직해 본
너의 열
그것은 예나 다름없는 태양에 대한 신앙
여기 찬란한 밤하늘 아래
내가 부르는 노래와
네가 찾는 자유의 강심이 있어
사랑하는 숙이네 들창과
혁명가의 책상 위에
목숨을 밝혀라
램프등 밝히고
화염
액체
발동기
그 강한 의지는 활활 타올라 …

석유란 무얼까? 우리가 기름(oil)이라고 하면, 애니멀 오일(동물성 기름), 베지터블 오일(식물성 기름), 쿠킹 오일(식용유), 램프 오일(등유), 올리브 오일 들 여러 가지 기름을 통칭하는데, 여기서는 미네랄 오일(mineral oil) 즉, 광물유인 피트롤리엄(석유)에 관해서 살펴보기로 한다.

석유는 천연적으로 땅속에서 나는 기름 모양의 타기 쉬운 액체로서 웅황기름(雄黃油), 유황기름(硫黃油), 그보다는 흔히 맹화기름(猛火油)이라 했는데, 속칭으로는 매유(煤油), 양유(洋油)라는 것도 있다.

원유는 크루드 오일(crude oil)이니, 땅속에서 퍼낸 천연 그대로의 액체를 말한다. 석뇌유(石腦油)라고도 하지만, 그릇에 담으면 처음에는 누런 빛인데 나중에는 검게 변하여 빛나므로 석칠(石漆)이라고도 한다.

동식물의 기름기가 땅속의 열과 압력으로 분해되어서 된 석유의 가스와 물이 섞여서 틈이 많은 지층에 모이면, 비중의 차이로 가스·석유·물의 3층으로된 층이 생기는데, 이것을 기름층이라고 한다. 어떤 사람이 "아주 좋은 기름은 위에 떠 있고, 가장 좋은 술은 중간에 있으며, 제일 좋은 꽃은 바닥에 잠겨 있다"고 하여 그 사실을 잘 나타냈다.

기름밭(oil field)은 기름층이 많이 모인 지역인데, 미국 펜실베이너주의 서북부 Allegheny 강가에 있는 오일 시티(oil city)에 세계 최초의 기름밭이 있다. 오일 시티는 1859년에 개설된 곳이다.

기름밭이 발견되면 유정(petroleum well 또는 oil well)을 뚫는데, 석유굴이란 뜻이다. 유정에 철구(鐵構)를 세우고, 대롱을 달아매어, 그 대롱 끝에 단단한 쇠송곳인 피트(pit: 구멍뚫이)를 붙여서 구멍도 뚫고 대롱도 박아 원유를 퍼낸다.

원유를 증류하여 비등점이 다른 성분을 각각 일정한 비등점 범위로 모은 부분을 유분(溜分)이라 하고, 원유를 증류하여 여러 유분으로 나누는 일을 분류(分溜)라고 하는데, 분류는 분별증류(分別蒸溜: 비등점이 다른 액체들의 혼합물을 증류하여, 비등점이 낮은 것으로부터 점차 높은 것을 유출시켜 분리시키는 조작)의 준말이다.

휘발유는 영어로 개설린, 도이칠란트말로 가솔린이라고 한다. 보통 분류 방법으로는 모자라니까, 등유 이상의 비등점이 높은 석유 유분을 가열하여 분해시켜서, 새로 가솔린을 만드는 일을 크래킹(cracking: 분해 증류)이라고 한다. 가솔린은 석유 제품의 일종이다.

그렇다면 석유 제품에는 무엇이 있을까? 석유가스가 있다. 가스(gas)는 그리크(희랍말)에서 공기란 뜻으로 쓰이는 말인 카오스(khaos)를 가져다가, 플란더즈의 화학자 헬몬트가 만든 말이다. 유전 지대에서 나는 천연가스 속에 포함되어 있는, 메탄(Methan ; 沼氣)계의 탄화수소를 도이칠란트말로 프로판가스(propangas)라 하고, 요즘 한창 애용되는 엘피지(L.P.G)는 Liquefied Petroleum Gas(액화한 석유가스)의 약호다.

다들 알다시피 원유에서 가솔린, 석유, 벤진(benzine), 석유에테르(ether)가 만들어진다. 한편 가솔린과 등유를 섞어서 제트연료(jet fuel)를 만들기도 한다.

석유 제품 가운데에서 가솔린처럼 휘발하는 것을 볼러타일 오일(volatile oil)이라 하고, 등유·경유·중유처럼 휘발하지 않는 것을 픽스트(fixed) 오일이라 한다.

등유(lamp oil 또는 kerosene)에는 백등유(白燈油)라고 하여 램프·신호등·등대 따위에 쓰이는 것과, 다등유(茶燈油)라고 하는 석유발동기·트랙터 따위에 쓰이는 것이 있다.

경유(light oil)는 작은 고속 디젤엔진·버너 따위에 쓰이며, 중유(heavy oil)는 큰 디젤엔진 연료·공업용보일러·도시가스·화력발전소 따위에 쓰인다.

윤활유(lubricating oil)에는 항공기·자동차·제트·디젤 들 엔진에 쓰이는 것과, 석유발동기·철도 차량·일반 기계·공작 기계 들에 쓰이는 것과, 방적기용이나 화장품, 또는 그리스(grease) 제조 원료인 스핀들(spindle) 기름과, 자동차에 많이 쓰이는 모빌(mobile)기름과, 증기기관의 실린더·시멘트 분쇄기 들에 쓰이는 실린더(cylinder)기름과 다이너모(발전기)기름, 터빈(turbine)기름, 컴프레서(compressor)기름, 기어(gear)기름, 냉동기기름, 차축(車軸)기름 들 여러 가지가 있다.

프로세스기름(process oil)에도 여러 가지가 있으나 지리하니까 생략한다.

우리가 흔히 아스팔트라고 하는 말은 도이칠란트말이니 특별한 경우가 아니면 구태여 영어식으로 애스펠트라고 할 필요가 없다. 석유 아스팔트가 정식 명칭이다. 중유를 감압해서 증류하고 남은 찌꺼기가 석유 피치(pitch) 이다. 석유의 특수 제품에도 여러 가지가 있다. 영어로 코크스(cokes), 도이칠란트말로 콕스(koks)라고 하는 것도 석유를 만들고 난 찌꺼기로 만든다.

석유에 관계된 말에 홀란트말이나 도이칠란트말이 많은 것은 홀란트나 도이칠란트가 석유 공업이 발달한 탓이겠다.

1981. 6. 《석유》 8호

'선생'과 '스승'이란 말

"선생의 똥은 개도 안 먹는다"라는 속담이 있다. 선생은 제자를 가르치느라고 너무 애를 써서 애간장이 녹아난다는 데에서 한 말일 것이다. 그래서 선생님을 고마워하고, 또 그래야 하는 줄로 안다.

그러나, 그 '선생'이란 말에 이의를 다는 이도 있다. 그 말이 옳게 쓰이지 않을뿐더러, 격이 낮아져 쓰이기도 한다는 것이다. 어쩌면, 촌지 따위 잡음으로 그 말이 싫어졌을는지도 모를 일이다.

아니, 본디부터 '선생'이란 말에 우리 생각과 다른 요소가 있었을는지도 모른다. '선생'이란 말의 뿌리부터 캐어 보자.

'선생'은 '先生'이란 한자말이다. 중국에서는 '셴성(先生)'이라고 하여 그 말의 본뜻은 "먼저 태어나다"로 '허우성(後生: 뒤에 태어남)'과 맞선 말이다. 그래서 우리말로 하자면, "내가 너보다 선생했으니(먼저 났으니) 내가 너보다 나이가 많다"처럼 쓰인다. 그것이 번져서 다음과 같은 뜻들이 생겼다.

- 먼저 난 사람이란 뜻으로 아버지와 언니, 곧 부형을 선생이라고 한다.
- 나보다 먼저 나서 나보다 일찍 도리를 알고 있는 선배를 선생이라고 한다.
- 나를 가르치는 교사를 선생이라고 한다.
- 벼슬을 그만두고 집에 돌아와 있는 고향 사람을 선생이라고 한다.
- 남을 부를 때 '여보시오' 정도로 '선생'이라고 한다.
- '도사'를 부를 때 쓰인다.
- 스스로 별호에 붙여 쓰는 말이다.

  ㄱ. 당나라 왕적이 술을 좋아하여, 두주(말술) 학사라고 불리기도

했는데,《오두선생전(五斗先生傳)》이라는 책도 쓰고, 스스로 '오
두 선생'이라고 일컬었다.

ㄴ. '귀거래사'로 유명한 진(晉)나라 도연명도 스스로 '오류 선생
(五柳先生)'이라고 불렀다.

ㄷ. 송나라 정이(程頤)도 '이천 선생(伊川先生)'이라고 불렀다.

이상, 중국에서 쓰이는 '선생'이란 말은 '교사' 이외에는 우리와 별로
상관없는 것들이다.

우리 나라에서도 《박통사》에 "두 선생이 약지어 파노라 하여(兩箇先生,
合賣藥)"라고 쓰인 일이 있는데 약 장수를 가리키는 것 같다.

그 밖에도 '먼저 났다(先生)'는 뜻으로 다음과 같이 쓰인다.

- 선생기 : 두레 맬 때 가장 오래된 깃발.
- 선생기생 : 기생집안의 우두머리.
- 선생무당 : 무당들의 우두머리.
- 선생안 : 관청에서 전임 직원의 신상 명세서.

일본에서는 '센세이'라고 하며, '먼저 난 사람'이나 '학교 교사'를 선
생이라고 하는 것은 중국과 같고, '의사, 변호사' 따위 지도 계급 사람도
선생이라고 한다. 한편, 독특하게도 남을 친하게 또는 놀림(조롱)감으로
부를 때에 쓰이기도 한다.

'선생'이란 말에 관해서 대강 알아 보았는데, 우리에게 문제가 되는 것
은 학교 교사를 '선생'이라고 하는 경우다.

우리가 쓰는 '선생'이란 말은 다음을 일컬을 때에 쓰인다.

- 학생을 가르치는 사람(보기: 담임 선생, 국어 선생).
- 학예가 뛰어난 사람(보기: 퇴계 선생).
- 성이나 직함 따위에 붙여 부르는 말(보기: 선우 선생, 교장 선생).
- 경험이 많거나 잘 아는 사람(보기: 권투는 내가 선생이다).
- 나이 적은 남자 어른을 부르는 말(보기: 선생, 길 좀 물읍시다).

조선 때에만 하더라도 성균관에 둔 교무 직원, 각 관청의 전임 직원을

'선생'이라고 하기도 했다. 그리고 조선 때에는 일반 사회에서 '선생'이란 말보다 '스승'이란 말이 여러 형태로 쓰이었다.

■ 스성

- "두 어버이 어여삐 여기사 스성을 청하여 가르치시니" -《대미타참 약초 요람 보권 염불문》

■ 스승

- "제자가 화상 가까이에 있어 경을 배워 욀 씨니, 화상은 스승을 이르느니라." -《석보상절》
  '화상'은 수행을 많이 한 중이다.
- "스승은 사람의 모범이라." -《능엄경》
- "내 스승께 법을 들어." -《금강반야 바라밀경 육조해》
  '법'은 부처의 가르침이다.

■ 스승님

- "꽃으로 부처께 아름답게 함은 스승님을 존경함이오." -《법화경》
- "우리 스승님이 연등불을 보오사 진 길에 머리 까시는 뜻을 옮기지 아니하시다." -《남명집》
  '연등불'은 석가에게 성불할 것을 예언했다는 부처다.

■ 스승엄

- "겨집이 열 해어든 나다나지 아니하며 스승엄의 가르침을 유순히 들어 좇으며." -《소학언해》
- '스승엄'은 '스승어미' 곧 여스승이다. 《훈몽자회》에 "姆 : 여스승 무"라고 되어 있다.

■ 스승삼다

- "수천을 스승삼아 수관을 닦아 익히사." -《능엄경》

'수천'은 물과 하늘. '수관'은 '수상관' 곧 물의 맑음을 생각함으로써 정토의 대지를 관상하는 일이다.

- "한 시절 운창이 한고을 오장일 스승삼더니… 다 고쳐 다른 이를 스승삼더니." -《이륜행실도》
- "그를 절하여 스승삼아 법의·법발을 전수하여." -《박통사》

   '법의·법발'은 중의 옷과 밥그릇이다.

▪ 스승하다

- "우 비감을 멀리 스승하더니 이제 현손 앞을 기뻐하노라 … 나도 또 승찬과 혜가를 스승하건마는." -《두시언해》

'스승삼다·스승하다'는 요새 말로 '사사하다(스승으로 섬기다)'다. 그 밖에도 '무당이 도를 닦는 곳'을 '신청'이라고 하는데, 이것을 '스승청'이라고도 하며, '스승항아님'은 '늙은 상궁'이고, '스승어미'는 요샛말로 '보모, 여교사'다.

'스승'이란 말은 고려 때 '태사'와 '태부'를 '사부'라고 한 데서부터 나타난다. 태사(太師)는 ① 임금의 으뜸 고문인 정일품 벼슬, ② 왕세자를 보살피는 종일품 벼슬이다. 태부(太傅)는 ① 임금의 버금 고문인 정일품 벼슬, ② 왕세자를 보살피는 종일품 벼슬이다. 사부(師傅)는 태사와 태부의 뒷글짜를 따서 만든 것으로, '스승'을 일컫는 말이다.

조선 때에도 왕세자·왕태자·황태자를 모시고 경서와 사기를 강의하고 도의를 가르치는 시강원 으뜸 벼슬을 '사부(스승)'라고 했다.

《훈몽자회》에 "師 : 스승 사, 傅 : 스승 부. 세속에 '사부'라고 부른다"고 했다.

고려와 조선 초에 최고 스님 벼슬을 '국사(國師: 나라 스승, 임금 스승)', 덕이 높은 스님을 '대사(大師 : 큰 스승)', 설법하는 스님을 '법사(法師 : 법 스승)', 계율에 정통·검찰하는 스님을 '율사(律師 : 율 스승)', 경문 풀이 스님을 '경사(經師 : 경 스승)'라고 했다.

'스승'은 사람을 가르쳐 깨우치고 이끌어 주는 사람이다. 도를 가르치는 사람이라고 '사유(師儒)'라 하고, 사람을 도와 주는 사람이라고 '사자(師資)'라 하고, 학식과 도덕이 높아 세상 사람의 모범이 되는 사람이라고 '사장(師匠)'이라고도 한다. 모두 스승을 두고 하는 말이다.

정도, 도교, 불도, 기예 들을 닦고, 어떤 부문의 일을 훤히 알아서 능숙하게 해내는 뛰어난 사람에게서 그 가르침을 받을 때, 그를 師(스승)에 父(아버지)를 붙여 '사부(師父)'라고 높인다.

스승과 나 사이에 한 길의 거리를 둔다는 뜻으로 '함장(函丈)'이란 말이 있고, "석 자 떨어져서 스승의 그림자를 밟지 아니한다"고도 한다.

'군사부 일체'란 말은 임금과 스승과 아버지는 하나라는 뜻이다.

'스승의 날'은 스승의 은혜를 되새기고, 스승의 길을 다짐하는 날이다.

이상, '스승'이란 말이 쓰인 자리에 '선생'이란 말을 갈아 넣으면 어울리지 않는다. 학교 '선생'도 '스승'으로 바꿔 부르면, 부정적인 느낌이 가실까도 싶다.

1997. 9. 《포스코》 167~169호

'설'에 관한 말과 유래

'설'을 "새해 첫머리"라는 뜻으로는 '세수(歲首), 세원(歲元), 정삭(正朔), 조세(蚤歲)'라고도 하고, "정월 초승"이란 뜻으로 '세시(歲時), 세초(歲初), 수세(首歲), 연두(年頭), 연보(年甫), 연수(年首), 연시(年始), 연초(年初), 정초(正初)'라고도 했다.

'설날'을 "정월 초하룻날"이란 뜻으로는 '세신(歲辰), 신원(新元), 신일(愼日), 원신(元辰), 원일(元日), 원정(元正), 정일(正日)'이라고도 한다.

또한 "설날 아침"을 '세단(歲旦), 세조(歲朝), 원단(元旦), 원삭(元朔), 원조(元朝), 정단(正旦), 정조(正朝)'라고도 했다.

설날의 전날, 곧 섣달 그믐날이 '작은설'인데, 어린이말로 '까치설'이라고 한다. 까치설날에는 아이들이 까치저고리, 까치두루마기를 입는다. 이 때때옷을 '까치설빔'이라고 한다. 이 때의 '까치'라는 말은 '까막까치'의 '까치'가 아니라 "색동(또는 붉은) 소매, 남빛(여자아이는 자줏빛) 깃, 누른 섶, 푸른 길, 자줏빛 무로 된 '오색옷'"이다. "위아래가 붉은빛, 왼편이 누른빛, 오른편이 푸른빛인 팔모나 둥근 부채"를 '까치부채'라 하고, "갖가지 물을 들인 허리띠"를 '까치허리띠'라고 하며, '색동저고리'를 '까치꽃, 까치단저고리, 까치동저고리'라고도 하고, '까치단'은 '색동천'이고, '때때옷'을 '까치옷'이라고도 하니, '작은설'을 '까치설'이라고 하는 까닭을 알 만 하다.

이 말이 번져서 다음과 같은 말들도 생겼다.

- 까치놀: 석양에 바다 수평선에서 희번덕거리는 물결.
- 까치돔: 몸빛이 색색으로 고운 돔.
- 까치물뱀: 온몸에 가로띠 모양의 무늬가 있는 바닷물고기.

• 까치복: 등에 얼룩무늬가 있고, 배는 희고 지느러미는 노란 북어.

• 까치상어: 등에 자줏빛 얼룩 가로띠 무늬와 작은 점이 있는 상어.

작은설이나 까치설처럼 설을 하루 앞둔, 한 해의 마지막 때를 '세밑'이라고 하는데, 그런 때를 일컫는 말로 아래와 같은 것들이 있다.

궁랍(窮臘)	모세(暮歲)	설밑	설앞	세계(歲季)
세만(歲晚)	세말(歲末)	세모(歲莫·歲暮)	세미(歲尾)	세안(歲晏)
세저(歲底)	세종(歲終)	세초(歲秒)	숙세(宿歲)	역미(曆尾)
연만(年晚)	연말(年末)	연모(年暮)	연미(年尾)	연저(年底)
연종(年終)	절계(節季)			

우리 '설'은 1890년대 개화 물결 따라 양력설이 들어와, 1910년대 이후 일제의 강요로 이중과세 상태로 있었다. 1960년대 새마을 운동의 여파로 음력설이 폐지됐다가, 1980년대에 새바람이 불어 '민속의 날'로 되살아났고, 1990년대에는 아주 '설날'로 자리잡았다. 그동안, 이 '설'이란 말의 유래에 관해서 여러 가지 주장이 있었다.

• 자연 발생설: 해가 바뀌고 모든 것이 바뀌어 낯설다. 설다는 분위기에서 '설'이라는 말이 빚어졌다.

• 민간 절기설: 입춘이 "설(立) 봄(春)"이라면, 입년은 "설(立) 해(年)"이다. '설 해'에서 '설'이 이루어졌다.

• 지봉 비탄설: 한 해를 보내니 슬프고 섧다. 그래서 설운 날에 '설'이란 말이 우러난다. 지봉 이수광이 주장했다.

• 육당 근신설: 우리 조상들은 새해 첫머리에 첫닭이 울어, 온갖 잡귀가 사라질 때 다치지 않고 탈이 없게 조심하여 몸을 사렸다. 그 '사리다'와 같은 말로 '서리다'라는 말이 있다. 그 '서리다'의 '서리'가 줄어서 '설'이 되었다. 육당 최남선이 주장했다.

• 인도 옛말설: 범어(산스크리트 말)에 새로 돋고 새로 솟아 시간적으

로 앞뒤가 달라진다는 뜻의 '살'이란 말이 있다. 그 '살'을 '설'이라고도 한다.

- 퉁구스 말설: 만주 지방 말에 '살'이니 '잘'이니 하여, 우리와 비슷한 뜻으로 쓰이는 말이 있다. 만주 지방은 옛날 우리 고구려 영토였다.
- 음운 변화설: '한 살, 두 살'하는 나이의 '살'도 옛말이 '설'이어서 '한 설, 두 설'이라고 했다. 그리고 그 '설'의 원말이 '술'이다. '설날'의 '설'이나 나이의 '살'이 둘 다 꼭 한 해 만에 한 번씩 바뀐다. 더구나 원말이 '술'이니 '술'은 '살'로도 되고, '설'로도 될 수 있다.

'설'의 뿌리는 우리 옛말 '술'이고, 그것을 퉁구스 말이 뒷받침한다.

이상에서 '설'에 관한 낱말과 그 유래들을 알아 보았는데, 이번에는 '설'과 어울리는 낱말을 모아 보자.

- 설고기: 설에 쓰는 고기붙이, 세육(歲肉)이라고도 한다.
- 설놀음·설놀이: 설명절에 하는 놀음놀이, 세투(歲鬪)라고도 한다.
- 설눈: 설날에 내리는 눈.
- 설대목: 설을 앞둔 요긴한 때.
- 설떡: 설에 쓰는 떡.
- 설맞이: 설을 맞는 일, 새해맞이, 영세(迎歲), 영신(迎新)이라고도 한다.
- 설명절: 설맞이 명절.
- 설밥: '설눈'과 한뜻말.
- 설비음·설빔: 설날에 새로 마련하는 옷이나 신 따위, 세장(歲粧)이라고도 한다.
- 설상: 설에 차리는 차례상이나 잔칫상.
- 설선물: 설에 보내는 선물, 궤세(饋歲), 세물(歲物), 세유(歲遺), 세의(歲儀), 세지(歲贄), 연물(年物)이라고도 한다.

- 설술: 설에 쓰는 술, 세주(歲酒)라고도 한다.
- 설음식: 설에 해 내는 떡국, 수정과, 식혜, 약식, 유밀과 따위 음식, 세찬(歲饌)이라고도 한다.
- 설인사: 설을 맞으며 하는 인사. 세배(歲拜)만이 아니라 설 전후에 하는 설선물도 설인사다.
- 설장: 설을 가까이 앞두고 서는 장.
- 설차림: ① 설음식 차림, ② 설날 옷차림.
- 설치레: '설비음'과 한뜻말.

시계와 똑따기

사람의 머리로 해결할 수 없는 일을 시간이 해결해 주는 수가 있다. 완벽하지 못한 사람들이 해 놓은 완벽하지 못한 일이, 시간이 흘러서 환경이나 조건이 달라지면 바로잡히는 수가 있다는 것이다.

그 시간을 재는 것은 시계다. 시계라는 말은 영어 '타임키퍼', 또는 프랑스말 '그라드탕'을 번역한 것이다.

종류로는 해시계, 별시계, 물시계, 모래시계, 불시계(초시계, 램프시계), 기계시계, 흔들이시계(추시계), 탬프시계, 전기시계, 수정시계, 원자시계, 전자시계 들이 있다. 이 가운데 기계시계는 팔목시계, 회중시계(스톱워치), 좌종(탁상시계, 사발시계), 괘종, 크로노미터, 천문시계 들로 나뉜다.

나라마다 부르는 이름들로는 다음과 같은 것들이 있다.

도께이(일본)	레롤지우(포르투갈)
렐로지(스페인)	롤로이(그리스)
사아(쇠힐리)	사아트(터키)
사하트하이트(아라비아)	샤온(히브리)
오라(헝가리)	오롤로지오(이탈리아)
오를로지(프랑스)	우르(노르웨이, 덴마크, 도이치)
종퍄오(중국)	지암(인도네시아)
차시(러시아)	체가르(폴란드)
체아소르니크(루마니아)	켈로(핀란드)
클로카(쉬든)	클로크(영국, 네덜란드)
호디니(체코)	호롤로고(에스페란토)

우리 나라에서는 시종, 시표, 자명종이라고도 한다. 그런데, 우리는 흔히 숫자가 똑딱거린다고 하면 시계를 연상한다. 그래서 '똑딱'과 '시계'와의 관계를 알아 보려고 사전을 찾아 보았다. 요새 사전에는 "똑딱이: ① 똑딱선, ② 똑딱단추"라고 되어 있다. 시계와의 관계는 언급이 없다.

그러나, 문제는 '② 똑딱단추'는 똑딱 소리가 나지마는 '① 똑딱선'은 통통 소리가 난다.

그래서, '통통거리다'를 찾아 보았더니, "통통거리다: 자꾸 통통 소리가 나다, 또, 자꾸 통통 소리를 나게 하다, 용례: 통통거리는 똑딱선"이라고 해 놓았다.

그런데 용례가 틀렸다. 똑딱거리는 것은 배가 아니고 시계다. 따라서 '똑딱선'은 '통통배'로 바꾸어야 하고, 국어 사전에서 '똑딱이'의 풀이 '① 똑딱선'의 자리에는 대신 '① 시계를 통속적으로 일컫는 말'을 넣어야 한다.

다음으로는 '똑딱이'냐 '똑따기'냐 하는 문제가 남는다.

한글학회 맞춤법에는 아래처럼 소리시늉말에 '-이'를 붙여 만든 말을 소리대로 적기로 하였다.

개굴개굴 \ 개구리	기럭기럭 \ 기러기	꾀꼴꾀꼴 \ 꾀꼬리
날랄 \ 날라리	따옥따옥 \ 따오기	딱딱 \ 딱따기
뜸북 \ 뜸부기	맴맴 \ 매미	바스락 \ 바스라기
뻐꾹 \ 뻐꾸기	쌕쌕 \ 쌕쌔기	철썩 \ 철써기
톡톡 \ 톡토기	호루룩 \ 호루루기	

그래서 '똑딱똑딱' 소리가 나는 시계는 '똑따기'라야 한다.

그대로 두면 아무 탈도 없는 것을 1988년에 고친 문교부 맞춤법에서 '꿀꿀거리다, 쌕쌕거리다, 푸석거리다' 들처럼 '-거리다'가 붙는 시늉말 '꿀꿀, 쌕쌕, 푸석' 들에 '-이'가 붙는 것은 '꿀꿀이, 쌕쌕이, 푸석이'처럼 적기로 하여 잘못 흐트러 놓았다. 그대로 따른다면 똑딱거리는 시계를 '똑딱이'로 적게 되는 것이다. 요새 사전이 이것을 따르고 있다. 그렇다면, 같은 경우의 '딱딱' 소리를 내는 '딱따기'와 '똑딱' 소리를 내는 '똑딱이'는 그 적기 방법이 달라진다. 문교부의 고친 맞춤법은 그래서 해로운 것이다. 버려야 한다.

시계 바늘이 한 바퀴씩 돌았을 때의 단위를 '돓'이라 한다. 그런데, 문교부의 고친 표준말 규정에서 이 '돓'을 없애 버렸다. 우리말을 없애는 목적이 '주기'라는 한자말을 쓰기 위해서겠지마는, 우리 조상들이 '돓'이라는 말을 만들 때에는 그만한 까닭이 있었다.

그 소중한 겨레얼이 담긴 문화 유산을, 모자란 인간들이 이제 와서 함부로 없앤다는 것은 말이 안 된다.

똑따기를 '똑딱이'로 잘못 적는 것이나, 주기를 없애지 않고 '돓'을 없앤 것이나, 미련한 사람의 머리로는 그렇게밖에 해결할 수가 없는지도 모른다.

시간이 흐르면 머리도 달라질 테니, '시계'라는 말에 관해서도 생각해 보아야 한다.

클록(clock)이나 워치(watch)가, 우리 나라에서는 타임키퍼를 일본에서 번역한 '시계'로 쓰이는데, 꼭 그래야 할 것은 없다. 우리가 일본에 매이어 시계라고 써 준다고 그들이 고마워하지도 않는다.

'시계'라는 말을 중국에서 한자로 써서 '시지'라고 중국음으로 들려 주어도 무슨 소린지 알아듣지 못한다. 중국에서는 시계라는 말은 모르고 '종퍄오'라고 한다.

우리도 우리대로 우리말로 '똑따기'라고 한다고 누가 나무라지 않는다. 그럴 날이 오기를 시간이 해결해 줄 것이다.

1991. 11. 《시계탑》

'시라'와 '세바루'

　신라 초기의 이름에 서라벌, 서야벌, 서벌 들이 있는데, 그 '벌'은 본디 알타이 말겨레의 도시나 성, 마을 들을 뜻하는 '불(bul)' 또는 '부리(buri)'와 같은 말이다. 부족나라 시대에는 나라가 곧 서울이었으니 신라와 경주가 같은 말로 불리기도 했다.

　'서벌'과 '서불'이 같은 말이고, 오랜 세월이 흐르는 동안에 '서불'의 '불'에서 'ㅂ'소리가 없어져 '울'이 되어 '서울'이 되었다. 마치, 경상도 속담에 "누부 좋고 매부 좋고"하는 '누부'가 'ㅂ'소리가 없는 '누이'와 같은 말인 것과 비슷하다.

　우리는 '신라'라고 하고, '서라벌'을 줄여서 '서벌'이라고 하지마는, 본디 신라를 '사로, 사라, 신로, 시라, 신량, 신량기' 들 여러 가지로 불렀고, 서벌도 '사벌, 서나벌, 서야벌, 소벌' 들로 불렀었다.

　그 중 우리 나라에서는 '신라'라는 말이 살아 있다. 서벌은 백제에서 '소부리, 사부리, 사비'라고 하였는데, 그 흔적으로 부여 부소산에 '사비루'라는 다락이 남아 있다.

　그 가운데 '시라'와 '서벌'은 우리 나라에서보다 일본에서 많이 쓰이고 있다. 다만, '시라'는 그대로 일본음으로도 되지마는, '서벌'은 그런 소리가 없으니까 '세바루, 세부리' 들 다른 소리로 변해 쓰인다.

　일본에서는 新羅를 '시라기'라고 하며, '시라카와(白川)'가 야마가타현 남부, 후쿠시마현 동남부, 기후현 서북부와 동부, 교오토 중동부, 구마모토현 중부 등지에 있을 뿐 아니라, 그 '시라카와'에 '고오(鄕), 무라(村), 쵸오(町), 온천, 언덕' 들이 붙어 땅이름으로도 많이 쓰인다. '시라'가 들어가는 땅이름은 너무 많아서 낱낱이 들 수도 없다.

서벌은 다음과 같이 나타난다. 쓰시마 아랫섬에 '세바루'가 있고, 후쿠
오카현 이토지마 반섬 남쪽에 '세부리' 산줄기가 있다. 그 근방에는 세부
리군(郡), 세부리무라(村)가 있는데, 세부리무라는 히가시세부리무라, 니
시세부리무라로 갈라져 있기까지 한다.

지금 한창 논란이 되고 있는 야마대(邪馬臺)의 유적지가 규우슈우 구마
모토현 다마나에 있는데, 거기에 있는 淸原라는 곳을 '기요바라'라 하지
않고, '세바루'라고 하니, 영낙없이 '서벌'을 연상하게 한다.

'신라, 사라, 시라' 들이 똑 같은 말이고, '신(新=새)'이나 '사, 시' 들
이 동쪽에 해가 떠서 날이 새는 '새'이고, '라'는 땅이라는 뜻의 말조각이
니 '새 땅'이라는 뜻이다.

'서벌'의 '서'도 '새'와 한 계통이고, '벌'도 '황산벌=황산들(黃山坪)'로
보아 땅이라는 뜻이니 결국 한 계통의 말이다.

'시치미'와 '매'

우물 가에 모인 아가씨들이 말다툼을 하고 있다.

"너는 알고 있을 게 아냐?"
"내가 뭘 안다고 그러니? 난 진짜 몰라!"
"시침 떼지 마. 네가 해 놓고도 아닌 척 하는 것이 시치미 떼는 게 아니고 뭐니?"
"내가 뭘 했다고 그러는 거야? 난 아무 것도 안 했어!"
"네가 안 했더라도 알고도 모르는 체 하는 것도 마찬가지로 시치미 떼는 거야."
"글쎄, 난 모른다니까."
"끝끝내 시치미 떼기니?"

어떤 아가씨가 무슨 짓을 하고도 안 한 척 하는지, 무엇을 알고도 모르는 척 하는지, 두 여자가 시치미를 떼니, 아니니로 말다툼을 벌이고 있다.

자세한 사정이야 알 것 없고, 이 말다툼에서 알아 둘 것이 있다. '시치미 떼다'라는 말이다. 시치미가 무엇이기에 붙이고 떼고 하는 것일까? 시치미의 말밑을 캐 보도록 하자.

옛날 몽골 사람과 고구려 사람은 매로 하는 꿩사냥을 즐겼다. 그 방법은 매부리들이 마을 뒷산 기슭에 모여, 각자가 가지고 나온 매들을 날리는 것이다.

이 때의 '매부리'는 사냥에 쓰이는 매들을 기르고 부리는 사람을 말한다. 날려진 매들은 닥치는 대로 꿩을 물어 온다.

"저 매는 내 매요!"

"아니오, 내 매가 틀림없소!"

매부리들이 꿩을 물고 온 매를 서로 자기 매라고 우긴다. 더러는 싸움판이 벌어지기도 한다.

이러한 싸움이 자주 일어나게 되자, 매부리들은 이래서는 안 되겠다고, 서로가 싸움을 피할 수 있는 대책을 마련하기로 했다. 한 매부리가 다음과 같은 제안을 했다.

"네모꼴로 납작하게 깎은 뿔패에 자기 이름을 적어서 각자 자기 매의 꽁지위 털 속에다 매어 다는 것이 어떻겠소?"

모두가 좋은 생각이라며 이것을 받아들여 이름 뿔패를 달기로 했다. 바로 이 뿔로 만든 이름패가 시치미다. 그 시치미로 매의 주인을 찾게 되자 "내 매다, 네 매다" 하는 다툼은 적어졌다.

그런데, 매부리 가운데에 심술장이가 있었다. 꿩을 물어 온 매의 시치미를 떼어 자기 매로 삼고는 모르는 체 하여, 매부리 사이에 은밀한 매 뺏기 싸움이 다시 시작된 것이다.

여기에서 자기가 하고도 짐짓 아닌 체, 알고도 모르는 체 하는 태도를 '시치미'라 하게 되고 그런 시치미를 부리는 짓을 '시치미를 뗀다'고 하게 된 것이다.

《큰사전》(1957)을 완성하고 나서

'십팔번'이란 말

잔치 모임의 여흥 때에나 노래방에서 돌아 가며 노래를 부를 때, 흔히 '십팔번'이란 말이 튀어나온다. 그 '십팔번'이 말썽이 많다. 왜 그럴까, 그 까닭을 알아 보자.

일본에 이상하고 제멋대로인 장난질 같은 '가부키(歌舞伎·歌舞妓)'라는, 노래와 춤으로 이루어진 전통 연극이 있다. 한편, 1674년부터 1970년대까지 8대를 헤아리는 '마쓰모토 고오시로오(松本幸四郎)'를 비롯하여 가부키를 가업으로 삼는 수많은 집안이 있다. 그 가운데서도 '이치카와(市川)'라는 집안이 유명하다. 이치카와 집안도 '고마조오(高麗藏) 10대, 구메하치(九女八) 2대, 사단지(左團次) 3대 …' 들 15집안을 헤아린다. 그 이치카와 집안 가운데서도 '단쥬우로오(團十郎)'라는 배우 집안이 1688년부터 1960년대까지 11대를 헤아린다. 그 11대 가운데 '1대, 2대, 7대, 9대'가 뛰어났으며, 그 가운데서도 7대째(1791~1859)가 가장 뛰어나, 가부키의 어떤 구실(역)도 다 해내는 능력자였다. 이 '이치카와 단쥬우로오 7대'가 그 집안에 7대까지 전해 오는 가부키 인기 연주 목록 18번을 제정했다.

'십팔번'이란, '가부키 십팔번'의 준말인데, "이치카와 단쥬우로오 집안에 전해 오는 '화살촉, 관우, 해탈 …' 들 인기 연극 18가지"라는 뜻이다. '십팔번'은 '인기 연극'을 뜻하는 말인 것이다. 여흥 때에나 노래방 같은 데에서는 '인기 곡목'을 '애창곡'이라고들 하지만, '단골 노래'라고 다듬어 쓰기로 했다.

같은 '십팔'이란 숫자라 하더라도 중국에서 들어온 무예 6기에다 12기를 더해, 1759년부터 시행한 '십팔반 무예'의 '십팔반(十八班)'의 '십팔'은 다른 것이므로 문제 삼을 것 없다.

'아시아'는 "동쪽 땅"

예도옛적, 오리엔트 나라 앗시리아는 서기전 8세기 무렵에 오리엔트에서 가장 큰 나라가 되었다. 앗시리아에서는 에게바다 동쪽 기슭 지방을 '아수(acu)'라 하고, 서쪽 기슭 지방을 '에레브(ereb)'라고 불렀다.

'아수'는 "동쪽. 해가 뜨는 땅, 밝은 곳"이란 뜻으로, '아시아'의 말밑이다. '아시아'라는 말은 앗시리아말 '아수'에 라틴말 조각 '-이아'(ia)가 붙어서 된 말인 것이다. '-이아'는 땅이름에 붙는 말조각인데, "땅"이란 뜻이다. 결국 '아시아'는 "동쪽 땅"이란 뜻의 말이다. 이 말은 앗시리아의 일부였던 페니키아에서 만들었다고도 하는데, '아수이아 → 아쉬아 → 아시아'와 같은 과정을 거쳐 줄어 붙은 것이다.

'에레브'는 "서쪽. 해가 지는 땅. 캄캄한 곳"이란 뜻의 말로, '유럽'의 말밑이다. 'ereb → eureb → eurep → europ → Europe'와 같은 과정을 거쳐 '에레브(ereb)'가 '유럽(Europe)'으로 변하였다.

서기전 612년에 앗시리아가 망한 뒤, 그 '아시아'라는 말은 그리스 사람들이 이어받았다. 에게바다 동쪽 기슭에, 예부터 식민지를 가지고 있던 그들은, 앗시리아라는 땅이름에 익숙했던 것 같다.

로마 제국 때에 이르러, '아시아'라는 말이 정식 땅이름으로 나타난다. 곧, 서기전 133년에 터키 반섬의 지중해 기슭 지방을 '아시아'라고 불렀다. 그러나 로마 서울에서 너무나 멀리 떨어져 있었다.

세월이 흘러서 에게바다 동쪽을 어렴풋이 '아시아'라고 통틀어 일컫게 되었다. 그러던 것이 지금은 지구 위 6대주에서 가장 큰 주 이름이 되었다.

1997. 1. 16. 《포스코》

‘於’와 ‘에서’와 ‘에 있어서’

‘에서’는 다 아니까 아무 문제가 없다. 우리말 “뜰에서 춤춘다”의 ‘에서’와 한문 “舞於庭”의 ‘於’가 같다.

그런데 ‘에 있어서’는 되느냐 안 되느냐로 말이 많다.

‘어시호(於是乎)’는 우리가 만든 말이다. 사전마다 “이제야”, 또는 “이에 있어서”로 풀고 있다. 마치 한문의 ‘於是(이에 있어서, 이때에 이르러)’와 비슷하다. 이것은 일본에서도 마찬가지다.

《시경》에 있는 “於論鼓鐘, 於樂辟雍”과, 《역경》에 있는 “於稽其類, 其衰世之意邪”의 ‘於’를 《한한대사전》(동아출판사, 1982)에 ‘於是’와 같이 “이에 있어서”로 풀이하고 있다. 이것은 일본에서도 마찬가지로 ‘於’를 그 경우에는 “고코니 오이테(이에 있어서)”로 풀이하고 있다.

한문 문장에 있는 ‘於’를 새길 때에 “이에 있어서”로 하는 버릇이 남아서, 우리 문장에서 “에 있어서”로 쓰임직하다. “공부를 함에 있어서는 열심히 하느냐 소홀히 하느냐가 문제로다”라고 할 수 있겠다는 것이다.

‘於’를 “에 있어서”로 해서 우리 말글에 어울리느냐 안 어울리느냐가 관심거리다. 안 어울리면 없어지고 어울리면 쓰일 것이다.

'언니, 아우'는 남녀가 다 쓰는 말

"빛나는 졸업장을 타신 언니께 꽃다발을 한 아름 선사합니다."

우리가 잘 알고 있는 졸업식 노래의 한 구절이다. 이 가운데 일반적인 우리의 생각과 다르게, 손위 남녀 선배를 모두 부르는 말로 쓰인 '언니' 라는 말을 우리 국어 사전에서 찾아 보면, 다음과 같이 되어 있다.

"언니: '형'을 다정하게 부르는 말."

이번에는 형을 사전에서 찾아 보면, 아래와 같다.

"형: 한 부모의 자식으로서 손위의 남자나 여자."

언니와 형의 풀이로 보면 손위의 형제자매를 원래는 형이라고 하는데, 이외에 다정한 부름말로 언니라고 한다는 것이다.

그러나, 사실은 이와 정반대다. 원래 언니라고 하고 있었는데, 나중에 남자들이 언니를 형이라고 하게 만들었다고 해야 옳다. 그러므로 사전 풀이를 다음과 같이 바로잡아야 한다.

"언니: 남자나 여자끼리 한 항렬에서 손위인 사람."
"형: 언니의 한자말."

원래부터 언니라는 말로 불렀던 것인데, 나중에 남자들이 심술을 부렸다. 여자들이 우리말로 '언니'라고 하니까, 사내들은 한자말로 '형'이라고 해야 한다고 쓸데없이 종살이 고집을 부린 것이다.

다음에는, "잘 있거라 아우들아, 정든 교실아"의 '아우'를 알아 보자.

"아우: 같은 항렬의 남자나 여자끼리에서 나이가 적은 이."

우리의 통념과 차이가 있지만, 남자끼리의 손아래도 아우고, 여자끼리의 손아래도 아우라는 것이다. 그리고 아우와 같은 뜻으로 쓰이는 동생이라는 말을 찾아 보자.

"동생: 같은 항렬 손아래의 여자."

이것은 절반만 맞다. 동생은 같은 항렬에서 남자의 손아래 여자와, 여자의 손아래 남자를 뜻하는 것이다.

통틀어 남자끼리나 여자끼리는 우리말로 언니나 아우라고 한다. 그래서 남아우, 여아우라는 말은 없다. 즉 남, 여라고 굳이 성을 나타낼 필요가 없는 것이다. 그러나 오빠의 동생은 여자고, 누나의 동생은 남자이므로 남동생, 여동생이라는 말은 있다.

그런데, 또 남자들이 심통을 부렸다. 우리말 동생을 한자말이라고 '同生'으로 적은 것이다.

중국말 同生은 "① 함께 태어남, ② 함께 삶"이라는 뜻이며, 오누이라는 뜻까지는 있어도 아우라는 뜻은 없다. 중국에서는 同生이라 하지 않고 남동생을 띠띠(弟弟), 여동생을 메이메이(妹妹)라고 한다.

정리하면 형은 언니의 한자말이고, 손아래의 남자·여자를 성 구별 없이 통칭하는 말은 아우, 그리고 동생은 남동생 여동생같이 성을 구별하여 부르는 것이 옳은 부름말임을 알아 두자.

1994. 8. 4.《포스코》

겹토 '에서의'와 '와(과)의'

토는 홀로 쓰이지도 않고 말과 말 관계를 나타내지만, 함량 이상의 위력을 자랑하기도 한다. 그러나 '우리의 집'의 '의'는 군더더기고, '석유의 발견'의 '의'는 일본말 투이니 조심해야 한다.

'문화계의 위력'이라고 하면 '문화계'가 주체고, '문화계에서의 그의 위력'이라고 하면 '그'가 주체다.

부모 자식 간의 대화를 "자식과 대화한다"고 하면 '자식'이 주체가 될 수 있고, '자식과의 대화가 절실하다'고 하면 '대화'가 주체다.

"서울에서뿐만이 아니라, 다른 데에서라도 할 수 있을 것이다"고도 할 수 있다.

'에서의'가 한문 토 '於(에 있어서)'와 관련이 있고, 여러 관계를 나타내듯, 토를 여러 개 겹쳐서 '와(과)의, 에서뿐만이, 에서라도' 들처럼 쓰면 '임플리케이션(implication)'이라고나 할까, 여러 가지 경우를 함축할 수 있다.

이러한 표현 방식은 우리에게만 있는 것이 아니라 일본에도 갖다 주었고, 이미 '고구리(高句麗), 고마(高麗), 구다라(百濟), 시라기(新羅)' 들이 우리 옛말인 것은 다 안다.

우리는 지난날, '아망위'가 일본말 '아마구(雨具)'이듯, '구두, 남비'가 일본말 '구쓰, 나베'라고 알고 있었다. 그러나, 일본 《외래어사전》(아라카와 소오베에 지음, 1967. 9. 25)에는 외래말인 '구쓰'가 조선말 '구두', 몽골말 '구둘', 만주말 '굴사'라 했고, '나베'도 조선말 '남비'에서 왔다고 되어 있다.

일본말 물음꼴 끝 '까'도 중국말 '乎'에 해당하는 조선말 '가'에서 왔

다고 되어 있다. 그러잖아도 "가〔行〕 쓰다 → 이〔行〕ㅅ다〔イッタ〕" 관계를 떠올리는 판이다.

우리 구결과 일본 가타카나가 무관하지 않다는 것은 이미 다 아는 사실이다.

일본에서는 우리가 갖다 준 이두 읽기로 한자를 읽어서 말이 피어났는데, 우리는 음독만 하는 한자 때문에 우리말이 오그라들었다.

일본에서는 우리보다 겹토가 발달하여 ‘과·와의’나 ‘에게의, 에의, 에로의, 에게로의, 으로의’ 들이 쓰인다고 하나, ‘뿐 아니라’ 라는 뜻의 일본말 ‘노미나라즈’는 올라 있는 일본 사전에 그런 겹토에 해당하는 ‘토노’나 ‘에노’ 같은 올림말이 없다.

'우레'가 바로 '천둥'

우레같이 소리난 님을 번개같이 번쩍 만나
비같이 오락가락 구름같이 헤어지니
흉중에 바람 같은 한숨이 나서 안개 피듯 하여라

이 시조의 첫구 '우레'와 관계 있는 말들을 우리 국어 사전에서 찾아
보자.

- 천둥: 국어 사전에는 대개 '천둥'이 표준말로 되어 있다. 그리고
  '천둥'의 원말을 '천동'이라고 말하고 있다.
- 우뢰: '우뢰'는 '천둥'과 같은 말이라고 되어 있다.
- 우레: '우레'는 '우뢰'의 사투리 또는 옛말이라고 되어 있다.
- 우릐: '우릐'는 '우뢰'의 옛말이라고 되어 있다.
- 울에: '울에'도 '우뢰'의 옛말이라고 되어 있다.

그러나 사실은 '천동(天動)'은 천체가 그 궤도를 따라 운행한다는 뜻이
고, '우레'는 번개가 친 다음에 하늘이 요란스럽게 울린다는 뜻의 말이다.
즉 '우레'는 '천둥'과 다른 말이다. 우리가 우레와 한뜻말로 알고 있는
'우뢰(雨雷)'는 이 세상에는 있지도 않은 허깨비말이다. 중국에서도 천둥
을 '레이(雷)'라고만 하고 일본에서도 '가미나리(雷)'라고 한다.

그러므로 '우레'가 진짜 표준말이며, '우뢰'의 사투리나 옛말이 아니
다. 그리고 '우릐'와 '울에'는 '우레'의 옛말인 것이다. '우레'가 실려 있
는 문장을 우리 옛문헌에서 찾아 보자.

- 울에: "허공 속의 울에" -《두시언해》(1481)

  "雷: 울에 뢰" -《훈몽자회》(1527)

- 우릐: "우릐 소리" –《역어유해》(1690)

  "급한 우릐" –《역어유해보》(1775)
- 우레: "우레티다" –《은중경언해》(1553)

  "雷 우레" –《동문유해》(1748)

이상에서 '울에'가 '우레'로 변한 것을 알 수 있다.

마치 '코뚫에'가 '코뚜레'로 변한 것과 같다. "우레 같은 박수 소리"라고 하듯, 지금도 '우레'가 살아 있으니 마땅히 '우레'가 표준말이 되어야 한다.

1995. 4. 27.《포스코》

'우리'라는 말도 가려 써야

"우리 집사람이 어질고 착하다."

우리는 아무 생각 없이 '우리 집사람'이라는 말을 쓴다.

'집사람'이라는 말은 "자기 아내"라는 뜻인데, '자기 남편'이란 뜻으로도 써야 한다고 한다. 그건 나중 일이고, '우리 집사람'이라는 말을 곰곰 따져 보면 과연 괜찮은 말일까 하는 생각이 든다.

서양 사람들은 '우리 아내(Our wife)'와 '내 아내(My wife)'를 반드시 구별해서 쓴다. 그런데 우리는 그 구별이 없이 '우리 집사람'이라고만 하는 것이다.

'우리'라는 말은 '말하는 사람이 자기 편의 동아리를 일컫는 말'이다. 그러므로 '하나가 아니고 나와 같은 동아리 모두'라는 뜻으로 '공동체(협동체)'라는 처지를 강조할 때에 쓰인다.

'우리'는 예부터 자주 침략을 당한 겨레로서, 살 길을 찾아 뭉치자고 할 때에 알맞고 절실하게 쓰이는 고마운 말이기도 하다. 그래서 아래와 같은 말들을 비롯하여 많이 쓰는 말이다.

- 우리나이: 우리 나라 사람이 난 해부터 한 살씩으로 세는 나이(첫돌날부터 한 살씩으로 세는 나이를 '찬나이'라고 한다).
- 우리네: 우리 동아리.
- 우리말: 우리 나라 사람이 예부터 써 오는 말.

그러나 아무리 좋은 말이라도 쓰일 자리를 골라서 써야 한다.

히말라야 산달(산지)에 있는 네팔이라는 나라에서는 여자가 귀해서 '한 아내 여러 남편(일처다부)제'다. 여러 남편은 '우리 집사람'이라고 해야지,

‘내 집사람’이라고 하다가는 칼부림이 날 것이다.

이슬람교 사람들은 남자가 귀해서 ‘한 남편 여러 아내(일부다처)제’다. 여러 아내는 ‘우리 남편’이라고 해야지, ‘내 남편’이라고 하다가는 머리 끄덩이 쥐어뜯기고, 얼굴에 손톱 자국이 날 것이다. 여러 사람이 그들의 아내 모두를 가리켜 말할 때에는 ‘우리 집사람들’이라고 해야겠지마는, 그 가운데 한 사람이 자기 집사람만을 가리켜 말할 때에는 ‘우리 집사람’이라고 하지 않고, 그냥 ‘집사람’이라고 한다.

남편들이여, 행여 ‘우리 마누라’라고 하다가 “뭐요? 나더러 화냥년이라고요?” 하고 이혼당할라.

1996. 3. 28. 《포스코》

‘일쩍’은 ‘일찍이’의 준말이 아니다

《중앙일보》1986년 6월 17일치 ‘분수대’에 “일찍이 고대 로마의 키케로는 역사가의 계명을 …” 이라는 대목이 있었는데, 그 가운데 ‘일찍이’는 과거에 일부러 ‘일쩍’과 구별하기 위해 적기를 그렇게 하였다.

“아침 일쩍 일어나다”의 ‘일쩍’은 ‘늦지 않게’라는 뜻이 있어서, “일쩍 서둘러야지 늦으면 안 된다”처럼 쓰인다.

“일찍이 그런 일이 없었다”의 ‘일찍이’는 ‘이왕에’라는 뜻이 있어서 “우리에게는 일찍이 남을 침략한 일이란 없다”처럼 쓰인다. 그렇건마는 국어 사전에는 그것을 구별해서 풀이하지 않고 ‘일찍이’가 원말이고 ‘일쩍’은 그 준말로 처리하였다.

준말이라는 것은 본디말과 뜻이 똑같아야지 달라서는 안 된다.

음절 수가 적다고 준말이라고 처리하는 지금까지의 모든 사전들은 잘못된 것이다.

‘줌’을 ‘주먹’의 준말로 처리한 것도 착각이다. ‘줌’에 ‘억’이라는 말조각이 붙어서 된 것이 ‘주먹’이지, ‘주먹’이 줄어서 ‘줌’이 된 것이 아니다.

‘집’에 ‘웅’이 붙어서 ‘지붕’이 되었지 ‘지붕’이 줄어서 ‘집’이 된 것이 아님과 같다.

그러니까 ‘일쩍’에 ‘이’가 붙어서 ‘일찍이’가 된 것이지, ‘일찍이’가 줄어서 ‘일쩍’이 된 것이 아니다. 앞으로 사전들은 조심해야 한다.

‘일쩍, 줌, 집’ 들에 대한 ‘일찍이, 주먹, 지붕’ 들은 번진말(파생어)이라고 한다. ‘더욱’과 ‘더욱이’도 같은 유형이다. 지난날에는 ‘일찌기, 더우기’로 적던 것인데, 1980년 8월, 한글학회에서 개정한 한글 맞춤법에 그렇게 하기로 고쳤고, 1970년에 시작한 문교부 국어 심의의 국어조사연구

위원회 안도 그리 되어 있다.

한편, '꼬박'을 '꼬박이'의 준말로 처리한 사전도 있다. 그렇지만, 이것도 '꼬박'에 '이'가 붙어서 된 것이라고 보아 '꼬박이'로 적어야 한다. 맞춤법 개정안 용례에는 없으나 같은 유형이니 그렇게 해야 마땅하다. 그 타당성을 국어 사전에서 찾아 보자.

'가뜩, 방긋, 벙끗, 살짝, 생긋, 싱끗, 오똑, 해죽, 히쭉' 들이 그대로 쓰이는데, 그 말들에 '이'가 붙은 '가뜩이, 방긋이, 벙긋이, 살짝이, 생긋이, 싱끗이, 오똑이, 해죽이, 히쭉이' 들도 어엿이 쓰이는 것이다.

그렇게 보면, 과거에 '일찌기, 더우기, 꼬바기'로 적었던 것은 형평 원칙을 무시한 것이다.

조심해야 할 것은, '이'가 붙기 전의 뿌리가 되는 말이 독립하여 쓰이는 말이어야 한다는 조건이 따른다는 사실이다. '모름지기, 살며시'를 '모름직이, 살몃이'로 적고 싶어도 '모름직, 살몃'이 안 쓰이니까 그렇게 쓰지 못 한다.

'슬몃'이 없으니까 '슬몃이'로 못 적으나, '슬몃슬몃'은 있으니까 '슬몃슬몃이'로 적고, '가닥가닥'이 있으니까 '가닥가닥이'로 적는다.

1986. 7. 《신문과 쌍송》

‘잉꼬’는 일본말이 아닌 중국말 ‘잉꺼’

1961년에 나온 《국어대사전》 1판(민중서관)에서, 일본 국어 사전 《광사원》에 있는 “잉꼬(鸚哥·吂呼): 앵무새 …”를 베껴 넣으면서 ‘잉꼬’를 일본말로 착각하여 아래와 같이 해 놓았다.

“잉꼬(일 インコ): 앵무새 ….”

또 1982년에 나온 《국어대사전》 2판(민중서림)에는 다음과 같이 해 놓았다.

“잉꼬부부(일 いんこ夫婦): 잉꼬처럼 다정하고 금실이 좋은 부부.”

말하자면 《국어대사전》(민중서림)에서 ‘잉꼬’를 ‘インコ·いんこ’라고 일본말로 다룬 것이다. 그러나 ‘잉꼬’는 일본말이 아니다. 1992년에 나온 《우리말큰사전》(한글학회)에는 다음과 같이 되어 있다.

“잉꼬(중 鸚哥): 앵무새 … 앵가(鸚哥).”
“잉꼬부부(중 鸚哥＋夫婦): ‘다정하고 금실이 좋은 부부’의 비유.”

위에서 보듯이 ‘잉꼬’는 중국말 ‘잉꺼(鸚哥)’가 일본으로 건너간 것인데, 일본에 [꺼]라는 소리가 없으니까 [꼬]로 하여 ‘잉꼬’가 된 것이다.

그 앵무새는 인도나 오스트레일리아 원산인 작은 새인데, 중국에서 ‘잉꺼(鸚哥)’라고 적는다. 지금 외래말 적기로는 ‘잉거’다. 일본말이 아닌 것을 일본말로 다루지 말고 ‘찰떡부부’라 해 보면 어떨까.

'장본'은 준비, '장본인'은 주동자

1996년 9월 3일 저녁 6시부터 8시까지 2시간 동안, 텔레비전 3사 합동으로 제23회 한국 방송 대상 시상식 광경을 방영했다.

그런데, 그 방송에서 여러 부문의 출연·제작에 참여하여 영예스러운 상을 받은 사람들을 가리켜 '장본인'이라고 했다.

텔레비전에서만이 아니고 우리 둘레에서도 '장본인'이란 말을 흔히 듣는다. 그런데, 어떤 경우에는 잘못 쓰인다고 한다. 어떤 경우일까?

'장본(張本)'이란 말을 《중문대사전》을 비롯한 여러 한자 사전에서 찾아 그 풀이를 종합해 보면, "뒤에 쓴 글의 본이 되는 것을 미리 적어 두는 것. 뒷일을 준비하기 위하여 미리 몰래 베풀어 두는 것. 또는, 일의 원인"이다.

간추리면 '장본'은 "일의 준비·원인"이 본뜻이다.

그런데, 보통 우리 국어 사전들에는 '장본'의 뜻 가운데에서 "일의 원인"만 따다가 아래와 같이 해 놓았다.

"장본(張本): 어떤 일이 크게 되는 까닭."

그리고 《새우리말큰사전》(삼성출판사)에는 "자기 위에 사람 없다고 거들먹거리는 것이 제 앞날을 망치는 '장본'이다"라는 보기말을 들어 놓기도 했다.

위 뜻풀이를 보면, '장본'이란 말에는 좋다든지 나쁘다든지 하는 뜻은 없다. 그러므로 만일에 중국에 '장본인'이라는 말이 있더라도 "뒷일을 위하여 미리 준비해 두는 사람"이란 뜻일 것이고 다른 뜻은 없겠다. 그러나 중국에는 '장본인'이라는 말이 없다.

그럼에도 우리는 실제로 '장본인'이란 말을 쓰고 있다. 우리 국어 사전들에도 다음과 같이 해 놓았다.

"장본인(張本人): 못된 일을 빚어 낸 주동 인물. 주모자, 괴수, 수모자."

도대체 이 '장본인'이란 말이 어디서 왔을까? 그리고 어째서 좋지 않은 일의 중심 인물, 배후 인물이라고 하여, '유괴, 패싸움, 속임' 들을 일삼는 나쁜 사람이란 뜻으로만 쓰일까?

중국에 없는 '장본인'이란 말이 어디에 쓰였을까?

일본《대한화사전》(모로하시 데쓰지 지음)에서 '장본인'을 찾아 보면, 아래와 같이 되어 있다.

"장본인: 나쁜 일 따위를 꾀해 불러 일으킨 사람."

그리고 그 말이 쓰인 근거를 도요토미 히데요시(豊臣秀吉)가 1583년에 시바타 가쓰이에(柴田勝家, 1522~1583)와 싸워서 무찌른 이야기를 쓴 《시바타 퇴치기(柴田退治記)》에 두고 있다. 그 기록에는, "이번 싸움의 '장본인'이 죄가 많아, 교오토(경도) 육조거리(六條通) 동쪽 끝 가모가와(賀茂川) 냇가 새남터에서 죽였다"라는 대목이 있다.

그렇다. '장본인'은 왜말이다. 그래서 우리 국어 사전 중에는 왜말을 안 쓰려고 아래와 같이 해 놓은 것도 있다.

"장본인: = 발두인(發頭人)."

그렇다면 '장본'이란 말이 어디서 나쁜 뜻으로 쓰였을까. 역시 일본 《대한화사전》에서 '장본'의 뜻을 찾아 보면, 그 풀이 끝에 "나쁜 일 따위를 불러일으키는 일, 또는 그런 사람"을 덧붙여 놓았다.

이것이 다른 사전들과 다르다. 그리고 그 경우의 '장본'이 《호겐 모노가타리(保元物語)》에 나오는 "강도(強盜)의 장본(張本)"이라고 밝히고 있다. 《호겐 모노가타리》는 1156년에 일어난 일본 내란 이야기책이다.

본디 중국에서 쓰는 '장본'은 "미리 뒷일을 위하여 하는 경우"라는 뜻인데, 일본에서는 "나쁜 일을 꾀하는 일이나 사람"이란 뜻으로 쓴 것이다.

그래서 일본에서 '장본인'이란 말이, 나쁜 뜻으로 쓰이는 까닭도 알 수 있다.

'장본인'이란 말이 왜말이어서라기보다는, 뜻으로 봐서도 좋은 일에 쓰이는 말이 아니니까, 미담이나 상을 타는 것 같은 화제의 인물에는 '장본인'이라는 말을 쓰지 말고, "일의 중심 인물"이란 뜻으로 '주인공'이란 말을 쓰는 것이 옳다.

1996. 10. 1.~10. 10 .《포스코》

‘-적(的)’이란 말조각

‘-적(的)’이라는 말조각이 있다. 본디 중국에서는 ‘-디’나 ‘-더’라고 하여 다음의 뜻들을 가지고 있다.

- 것(보기: 귀한 것〔貴的〕)
- 의(보기: 나의 책〔我的書〕)
- -(으)ㅁ(보기: 달림이 빠름〔走的快〕)
- -꾼, -이(보기: 우편 배달꾼/하는 이〔送信的〕)
- -(으)ㄴ, -쓰다(보기: 졸업한/했다〔畢的業〕)
- -게, -(으)로(보기: 똑바르게, 곧바로〔一直的〕)

그것을 일본에서 ‘-테키’라고 하여, “의, 같은, -다움, -스러움” 따위 뜻으로 만든 낱말을 생각나는 대로 (ㄱ자 줄만) 들어 우리 음으로 적어 보면, 다음과 같다.

가급적	간접적	감상적	감정적	개방적	객관적
결과적	결정적	경제적	공간적	공개적	공상적
과학적	구심적	국제적	궁극적	귀족적	규칙적
근대적	근본적	기록적	기본적	기술적	기하학적

우리도 질세라 일본에서 만든 말들을 빼 놓지 않고 다 쓰면서, 그 위에 “그 성질을 띠는, 그에 관한, 그 상태로 된”따위 뜻까지 덧붙여 다음과 같이 만들었는데, 그 가운데 생각나는 대로 (ㄱ자 줄만) 적어 본다.

가상적	거국적	거족적	격정적	고정적	국가적
군사적	극적	긍정적			

'즈봉'이란 말의 유래

'즈봉'의 말밑이 프랑스말 jupon이라는 것은 다 아는 것 같은데, 그 jupon이 어떻게 해서 '즈봉'이 되었는지는 잘 모른다.

17세기 이탈리아 익살 광대들이 몸에 찰싹 달라붙는 하얀 바지 pantalone를 입었다. 나폴레옹도 맘에 들었던지, 그 pantalon(s)을 프랑스 국민과 함께 입었다.

'도이칠란트, 네덜란드, 스페인, 포르투갈, 러시아'에서도 그 pantalon을 입었다. 영국서도 pantaloon을 입었고. 미국서도 pantalons를 입었다.

그러다가 그것이 승마용 바지라는 뜻으로 쓰이게 되자, 그 낱말에 변동이 생겨 아주 안 써 버린 곳도 있고, 본고장인 이탈리아에서는 pantaloni, 러시아에서는 pantalony, 스페인에서는 pantalones로 쓰고, 미국에서는 aloon을 빼어 pants로 줄여 쓰는데, 여자용으로는 pantie(s)를 다시 panty로 줄여 쓰게 되었다. 오직 프랑스만은 변함없이 그 원형을 그대로 쓰고 있다.

그 밖에 중국의 쿠쯔(袴子·綺子), 영국의 trouser(s), 도이칠란트의 Hose, 네덜란드의 broek, 포르투갈의 calsão 들을 입는다.

스코틀랜드 군인들이 입는 kilt와 일본 사무라이들의 하카마는 똑같이 주름치마 모양인데, 일본에서는 양복바지를 입게 되면서 '즈봉'이라고 하게 되었고, 그것이 우리에게까지 쓰인다.

본디 아라비아말 jubbah(이탈리아말은 giobba)는 아래까지 걸쳐 입는 털옷이었는데, 그것이 프랑스로 가서 jupe로 쓰이다가, 옷 모양이 짧아지고, 윗 부분이 없어지고 하여 속치마가 되니, jupe에 작다는 뜻의 말조각 on을 붙여 jupon이 되었다(중세 영어에 jupone이라는 형태가 보인다). 이

'쥐퐁'은 영어로는 petty-coat 또는 petticoat로서, 프랑스 여자가 입는 주름 있는 속치마다. 그것이 일본으로 가서 '즈봉'이 된 것이다. 어째서 그리 되었는지는 일본 사람들도 잘 모른다.

상식적으로는 영어 trouser가 일본과 우리 양복바지 이름이 됨직한데, 어째서 프랑스 여자들 속치마가 남자 바지 이름으로 불리게 되었을까?

'즈봉'에 관해서 일본 사전들의 풀이를 살펴보면 다음과 같다.

"메이지(明治) 시대의 조어(造語)라고 하는데, 말의 유래는 분명하지 않다." -《대백과사전》(평범사, 1933)

"스커트를 뜻하는 프랑스말 '쥐퐁'을 원말로 하는 화제어(和製語)." -《외래어사전》(아라카와 소오베에 지음, 1941)

"원뜻은 페티코트인데, 어째서 전의(轉義)했는지 불명(不明)." -《외래어사전》(우메가키 미노루 지음)

"즈봉이란 이름은 프랑스말 jupon(쥬퐁)에서 온 것인듯, 이 쥬퐁은 속바지나 속치마의 뜻이다." -《양장 독본》(기무라 게이이치 지음)

"즈봉은 보통 프랑스말 jupon을 빌어 온 말이라고 한다." -《일본의 외래어》(야자키 겐쿠로오 지음, 1964)

"즈봉은 프랑스말의 스커트를 뜻하는 쥐퐁이 변한 것." -《세계원색백과서전》(소학관, 1966)

"즈봉은 프랑스말 jupon에서 왔는데, 발음도 뜻도 크게 변해 버렸다." -《외래어오전》(요코이 다다오 지음, 1978)

"즈봉은 메이지 시대에 생긴 말이라고 하나, 그다지 확실하지 않다. 프랑스말의 스커트를 뜻하는 쥐퐁(jupon)이 변한 것이라고도 한다." -《세계대백과사전》(평범사, 1980)

일반 국어 사전에서도 그 까닭에 대해서는 언급이 없다.

그러나, 일본이 1637 ~ 1638년의 '시마바라의 난'에 뒤이어, 1639년부터 완전 쇄국 상태로 있다가, 214년 만인 1853년에 미국 동인도 함대 사령장관 페리가 와서 개국하기에 이르렀고, 1885년(메이지 18년) 무렵에, 해군 기술을 배우기 위하여 네덜란드 장병들을 초청했다. 그 네덜란드 사람들이 교련 교관으로 나폴레옹 시대의 프랑스 군인들을 채용한 사실을 잊어서는 안 된다.

군사 훈련을 받겠다고 프랑스 군인들인 교관 앞에 늘어선 일본 사무라이들의 몰골은 꼴불견이었을 게다. 상투를 틀고 허리에 칼을 차고 조오리(일본 짚신)를 신은 것까지는 참을 수 있었으나, 프랑스 여자들의 속치마와 같은 하카마를 입은 웃기는 꼴에는 웃음을 참을 수 없었다. 스코틀랜드 군인들이 입는 킬트를 본 일이 없었을까.

그들은 '쥐퐁, 쥐퐁' 하고 손가락질을 하며 웃어 댔다. 일본에는 '쥐'라는 소리가 없으니까 '쥐퐁'이 '쥬퐁'으로 들렸다. 말은 통하지 않고, 일본 사람들은 '쥬퐁, 쥬퐁' 하고 손가락질하는 프랑스 교관들을 '쥬퐁'이라고 불렀다. 그 쥬퐁들이 일본 사무라이들의 하카마를 벗기고 그들이 입고 있던 팡탈롱을 입혔다.

제대로라면 '팡탈롱'이 양복바지 이름이 되어야 할 텐데, 일본 사람들의 귀에는 '쥬퐁'이 자리를 잡고 있어서, 쥬퐁들이 입힌 옷을 그만 '쥬퐁'이라고 불러 버린 것이다.

상상이지마는, 프랑스 군인 양복바지 '팡탈롱' 대신 프랑스 여자 속치마 이름 '쥐퐁'이 일본 사람들의 양복바지 이름이 된 경위다. 그 '쥬퐁'이 '즈봉'으로 변해 익었다.

우리가 외래말로 받아들인 것은 4개 낱말 정도인데, 영어인 '팬털룬'은 그대로 승마용 바지이고, 미국 바지인 '팬츠'는 우리 짧은 속잠방이(여자용은 '팬티'), 프랑스 바지인 '팡탈롱'은 우리 여자들의 속바지, 프랑스 여자들의 속바지인 쥐퐁이 변한 '즈봉'은 일본 사람과 우리의 양복바지다.

1984. 4. 20. 〈일본 강연 원고〉 가운데에서

'집시'는 알아도 '무자리'는 몰라

"고려 시대에 북방 민족이 귀화하여, 고향도 없고 나라에 대한 권리나 의무도 없이, 정처 없는 떠돌이 생활을 하며, 가는 곳마다 특수 마을을 이루어, 짐승 잡기와 노래 부르고 춤추기, 고리짝 만들기 들을 업으로 삼고 살아 가는 무리들이 있었다. 그들에게서 후세에 백장, 광대, 기생 들이 생기지 않았나 여기고 있다."

이들은 영낙없이 '집시'다. '집시'는 서양의 코카시아 인종에 딸린 떠돌이 민족인 Gipsy 또는 Gypcy이니 서양말이다.

고려 시대에는 서양말인 '집시' 말고 우리말이 있었을 것이다.

우리 국어 사전에는 그런 것을 '무자리'라 했다.

만일에 '집시'를 놓고 우리말로 바꾸어 써야 한다고 할 경우, '무자리'를 모르면 '떠돌이무리', 또는 '유랑족' 들로 하자고 할 것이다.

등산할 때에 신는, 도이치말로 '아이젠'도 우리의 '사갈'과 같은 것임을 알아 두자.

1983. 10.《열매》

‘짬뽕’은 일본말이 아니다.

‘짬뽕’이란 말이 우리 국어 사전들에는 일본말로 되어 있다. ‘짬뽕’의 사전 풀이는 대개 “① 술 섞음, ② 뒤섞음, ③ 음식 이름” 들로 비슷비슷하니까, 올림말로만 알아 보자.

　“짬뽕 (일 チャンポン)” - 《국어대사전》 1판(1961)
　“짬뽕 (일 チャンポン)” -《새우리말큰사전》(1974)
　“짬뽕 (일 ちゃんぽん)” -《국어대사전》 2판(1982)
　“짬뽕 (일 ちゃんぽん)” -《국어대사전》 3판(1994)

그동안 우리 국어 사전에도 기회가 없었던 것은 아니다.

　“짬뽕: ① → 초마면, ② → 뒤섞기.” -《우리말큰사전》(한글학회, 1992)

이와 같이 《우리말큰사전》에서는 ‘짬뽕’이 표준말이 아니라고는 했어도, 일본말이라고는 하지 않았다. 그랬는데도, 국어 연구원은 다음과 같이 해 놓았다.

　“짬뽕 (일 champon): ① 중국 요리, ② 뒤섞음.” -《표준국어대사전》(1999)

이상과 같이 우리 국어 사전들에는 ‘짬뽕’이 일본말로 되어 있는 것이다. 그것은 20세기 중반까지 일본 국어 사전들에 있는 올림말 ‘ちゃんぽん’을 본뜬 것이다.

그럼, 일본에서는 어떤 변화가 일어났을까?

20세기 후반에 들어서 일본 국어 사전에 “ちゃんぽん(‘攪和’의 중국음의 변음이라고도 한다)"가 나타났다. 그것은 1967년에 나온 일본《외래어사전》(가토가와 책점)에 "チャンポン(中 攙和 chanho)"라고 한 것을 따온 것이다.

그러니까, 일본에서는 'チャンポン・ちゃんぽん'이 1967년에 나온 《외래어사전》에 올라 있을 만큼 일본말이 아니라, 중국말에서 온 것이라고 여기고 있다. 그런데도 우리 국어 사전들은 눈 딱 감고 일본말로 다루고 있는 것이다.

그러나 일본 사전의 주장에도 문제가 있다. 낱말의 뜻으로 보면 그럴 듯 하지만, 중국음 'chanho [찬허]'가 변하여 '짬뽕'이 된다는 것은 약간 무리한 생각 같다.

더 가까운 말은 없을까.

약간 억지스럽기는 하지마는 '攙烹[찬펑](섞어 삶아 익힘)'은 어떨까.

지금 문제가 되는 것은 '혼합'이나 '칵테일'이 아니라, 음식 이름인 것이다.

'찬펑'이 일본 발음으로는 [찬퐁]이고, 그것을 가나로 적으면 'チャンポン'이니 그 소리는 [짬뽕]이다.

'추석'은 '한가위'가 본딧말

　더도 말고 덜도 말고 늘 가윗날만 같아라, 덥지도 않고 춥지도 않고, 햇곡 햇과 풍성하고, 햅쌀로 밥 짓고 술 빚고 떡 하고, 잘 먹고 잘 놀고 좋기도 하다.

　가윗날을 한가위라고도 한다. '잣[성(城)의 옛말]'이 '재'가 된 것처럼, '가위'도 '가웃'이 변한 말이라는데, '가웃'은 "절반"이나 "가운데"라는 뜻이다. 더운 때와 추운 때의 사이, 시원한 음력 8월의 절반인 한가운데를 가리킨다. '추석'이란 말은 훨씬 뒤에 중국의 '중추, 월석'이란 말에서 따다가 만든 말인데, 글짜 뜻으로는 "가을 저녁"이다.

　가윗날인 음력 8월 보름날, 아침 일찍 옷 갈아입고, 하루 전에 햅쌀로 빚은 술과 떡과 밤, 대추, 감, 수박 따위를 사당에 차려 놓고 지내는 제사를 '차례'라고 한다. 차례 때 높이 괴어 올린 제물은 '차례탑'이다.

　우리 나라 특유의 '송편'은 멥쌀가루를 끓는 물에 반죽하여 깨, 밤, 콩, 팥 따위 소를 넣어 반달, 모시조개 모양으로 빚어, 솔잎을 깔고 쪄서, 찬물에 헹구고 소쿠리에 건져, 물기가 빠진 뒤에 참기름을 발라 먹는 떡이다. 달 모양으로 빚은 떡은 '달떡'이다.

　가윗날은 《삼국사기》 신라 유리왕 때 기록에 나타난다. 6부의 여자들을 두 편으로 갈라 두 공주로 하여금 한 편씩 맡게 하여, 음력 7월 16일부터 밤낮 길쌈을 하였다. 그리고 8월 14일에 많고 적음을 견주어, 진 편에서 15일에 음식을 내어 노래하고 춤추고 즐겼다고 한다. 이 길쌈이라는 공동 작업은 지금도 '두루삼, 두레' 들로 남아 있다.

　또, 수나라 역사책에는 신라에서 8월 보름에 벼슬아치들로 하여금 활쏘기를 하게 하여 상품으로 삼베를 주었다고 했다.

'출영'은 왜말만이 아니다

우리말 '마중'을 일본말로 '데무카에'라고 한다. 그 '데무카에'를 일본에서 한자로 '出迎'이라고 적는다.

그래서 '出迎'이 '데무카에'의 한자 적기인 줄로 안다. 그러나 '出迎'은 왜말 찌꺼기만이 아니라, 중국 《사기》에 보면 춘추 시대 제나라 칸즈(감지)라는 사람이, "장막 안에 있다가 나가 맞았다(在幄出迎之)"라는 기록이 있다. 그러니까 '데무카에'는 '出迎'을 일본식으로 읽은 것이다.

'出迎'을 일본 한자 사전에서는 '슈쓰게이'라고 한자말로 음독하고, 국어 사전에서는 '데무카에'라고 일본말로 훈독한다.

'出迎'에는 그런 언짢은 흠들이 있다. 그러나 알고 보면 '出迎'이 왜말 찌꺼기라서, 또는 한자말 '출영'이기 때문에 쓰지 말자는 것이 아니라, '마중'이라는 더 좋은 우리말이 있기 때문에 쓰지 말자는 것이다.

'마중'이라는 말이 있는데도, '출영'을 써 쌓으면 우리말 '마중'이 없어진다.

우리 나라 이름은 '韓·馯'이 아닌 '한'

《서경》11권에 "…《한서》에 '고구려, 부여, 韓'이 있는데, '馯'은 없으나, '馯'이 곧 저 '韓'이라, 음은 같고 글짜가 다를 뿐"이라고 했다.

'馯'이 '韓'과 같다는 이야기다. 이 '한'은 '韓'이 아니고 '馯'이어도 상관없다. '한'이 '韓'도 '馯'도 아니기 때문이다. '한'은 한자말이 아닌 것이다.

'한'은 세계 공통말이다. 옛적에 고관이란 뜻으로 페르샤·아프가니스탄에서 쓰이다가, 중세에 몽골·터키·타타르·위구르에서 임금이란 뜻으로 쓰이는 'khan'이 사방으로 퍼져 나갔다.

러시아에서는 '아스트라칸'이라는 털가죽이 '아스트라한'이라는 지방에서 나는데, 'Astrakhan'을 털가죽 이름으로는 '아스트라칸', 땅이름으로는 '아스트라한'이라고 하여 두 가지로 읽는다.

몽골 제국 태조 이름을 서양에서는 '젱기스칸·징기스칸'이라 하고, 동양에서는 '청지스한·성길사한'이라고 한다.

특히 중국에서는 '오고타이한, 차카타이한, 킵차크한, 부라하한, 시비르한' 들 나라이름에 넣어 쓴다.

우리 나라에서도 '한'을 '세 한(말한, 고깔한, 새한), 한國' 들처럼 나라이름에 쓴다.

'한'은 다른 나라보다 우리 나라에서 가장 널리 많이 쓰이는데, 그 중심 뜻은 "크다"이다. 옛날 우리 나라는 만주 지방을 중심으로 몽골, 중국, 시베리아, 일본 들에까지 세력을 뻗치고 있었다. 그래서 우리 나라 이름은 '한나라'다. '한國'은 말이 되어도, '韓國'이나 '馯國'은 말이 안 된다. '韓'은 서기전 230년에 진(秦)에게 망한, 중국 전국 때 나라다.

'한'이란 말의 뜻

'말한, 고깔한, 새한, 大한帝國, 한國' 들의 '한'은 나라 이름에 쓰이는 것을 비롯해 다음과 같이 여러 뜻으로 쓰이는 말이다('大한'은 '대한'으로 적어도 뜻이 같다).

▪ 하늘

서울 구로구 시흥동 호압산 중턱, 경기도 안양시 석수동 금지산 꼭대기 … 들에 있는 '한우물'은 하늘에 제사지내는 우물이다. 우리 나라 세우기 이야기(건국 신화)처럼 우리 나라도 하늘과 관계가 깊다. '한인, 한웅'의 '한'도 그것이다.

▪ 우두머리

신라 임금 칭호인 '머리한', 벼슬 가운데에서 가장 높은 '뿔한(서불한)' 들의 '한'은 우두머리란 뜻이다. 가야촌장 아홉 '한'도 그것이다.

▪ 크다

'한길'은 큰 길이고, 경기도 여주군 능서면 광대리 대정동, 경기도 화성군 송산면 쌍정리 … 들에 있는 '한우물'은 큰 우물이다. 대종교에서 '한얼'이라 함은 큰 넋이란 뜻이며, '한비'도 큰 비고, '한걱정' 놓았다고 하면 큰 걱정을 덜었다는 말이다. '한가람, 한산, 한성, 한양' 들의 '한'도 크다는 뜻이다.

▪ 바르다

'한가운데'는 치우치지 않고 똑바른 가운데고, 제주시 삼양동 설개의 한복판 마을. 남제주군 성산읍 신풍리의 한복판 마을을 '한가름'이라고 한다. '한낮'과 '한밤'도 더도 덜도 말고 바른 낮과 밤이다.

▪ 하나

수의 처음이고 한 개라는 뜻으로 쓰이는, '한 사람, 한 덩이' 들의 '한'은 하나란 뜻이다. 또 하나로 뭉치는 '한마음'의 '한'처럼 한결같이 일치함을 나타낸다.

▪ 같다

다르지 않고 한 모양으로 이루어진 처지라고 '한겨레, 한동아리, 한집안, 한마을, 한동네' 따위에 쓰인다. '한가지, 한속, 한핏줄' 들의 '한'도 같다는 뜻이다.

▪ 한창

가장 성하다는 뜻으로 '한겨울, 한여름, 한더위, 한추위' 따위에 쓴다.

▪ 요긴하다

'한고비 넘겼다'고 하면, 요긴한 고비를 넘겼다는 뜻이다.

▪ 뛰어나다

'한가락 하는 사람'이라고 하면, 그 방면에서 남보다 뛰어난 사람을 뜻한다.

▪ 좋다

'한골'이라고 하면, 썩 좋은 지체를 뜻한다.

※ 신라 때 골품 8등급에 성골(부모가 다 왕계 ; 시조 혁거세~28대 진덕여왕), 진골(부모 한쪽이 왕계 ; 29대 태종 무열왕~37대 혜공왕)이 있고, 귀족에 6~4 두품, 평민에 3~1 두품이 있는데, 노예 계급은 끼이지 못했다. 그 가운데 귀족 이상 계급이 '한골'이다.

'한반도'는 우리 나라를 낮추는 말

우리는 '내 사랑 한반도'처럼 '한반도'라는 말을 많이 쓴다. 지난날 일본 사람들이 '조선 반도'라고 즐겨 썼지만, 우리가 '반도'라는 말을 따라 쓰면 안 될 이유가 있다.

'반도(半島)'는 본디 페닌슐러(Peninsula)라는 영어를 일본식으로 만든 한자말인데 우리말로는 '곶'이라고 한다.

일본이 원래 '반도'라는 말을 나쁜 뜻으로 만든 것은 아니었지만, 일제 때 조선을 깔보아 욕하는 말로 쓰기 시작했다.

일본은 온섬인데 조선은 온섬도 못 되는 반섬이라는 뜻으로 쓴 것이다. 그것도 모르고 그 못된 일본식 한자말을 넉살좋게 우리는 받아들여 쓰고 있다. 마치 중국에서 자기네가 천하의 중심이고, 우리를 그들의 동쪽에 있는 오랑캐인 '동이'라고 한 데서 '동국'이 생겼는데도, 우리가 스스로 '대동(大東)'이라 하고, 동쪽 빛깔까지 내세워 '청구'라고 하는 것과 같다.

'한반도'는 땅으로서는 '한곶(큰 곶)'이고, 나라로서는 '한나라(크고 바른 나라)'라는 말로 대체되어야 한다. 이외에도 일본에서 만든 나쁜 말을 덮어놓고 따라 쓰는 종살이 버릇이 만들어 낸 말들이 많다.

'군도(群島)'는 영어 아키펠라고(Archipelago)를 일본식으로 옮긴 말이다. 우리말로는 '떼섬'이라고 하면 된다.

'열도(列島)'라는 말도 영어 체인 아일랜즈(Chain Islands)를 일본식으로 옮긴 말이다. 우리말로는 '줄섬'이 좋겠다. 우리말에 열도에 해당하는 말이 없는 것은, 우리 나라가 '곶'으로 된 지형이어서 굳이 '줄섬' 같은 말이 필요하지 않았기 때문이다. 그러나 일본은 '줄섬'이라는 말이 절실한 것이다. 지형상 일본에는 북쪽의 지시마 줄섬(지금은 쿠릴 줄섬)을 비롯해서 '줄섬'이 많다.

'제도(諸島)'라는 말은 중국에서 써 오는 말로 '뭇섬'이라는 뜻이다. 우리말이 없다면 '제도'라는 말을 쓰겠지만, 우리말이 있으니 되도록 '뭇섬'이라고 해야 한다.

이렇게 우리말만 강조한다고 해서 무조건 우리말은 좋고 외래말이 나쁘다는 것은 아니다. 우리말에 없는 것을 채워서, 우리말을 풍부하게 하면 그것은 이로운 일이다. 그러나, 외래말을 너무 쓰게 되면 우리말이 약해지거나 없어진다. '반도'라는 말을 많이 쓰니까 우리말 '곶'이 쪼그라든다. 고흥반도, 변산반도, 태안반도, 화원반도는 땅이 크고 갑곶, 대곶, 월곶, 장산곶은 작다. 본디는 크나 작으나 모두 '곶'이었다.

大橋를 중국에서는 '다챠오'라 하여 사람이나 땅이름에 쓰는데, 일본이 이 한자를 그대로 들여와 '오오하시(큰 다리)'라 했다. 이것을 우리는 일반적으로 큰 다리의 이름에 써서 '양화대교'라고 하니까 '양화다리'는 없어져 간다. 우리말에 없는 것을 외래말로만 채우려 하지 말고 우리말로 만들어 가야 우리말이 더욱 풍성해지지 않겠는가.

1995. 5. 25. 《포스코》

2. 바로잡기

　일본에서 쓰는 '세대'라는 말을 다듬은 말이 '가구'다. 우리네 국어 사전에도 그렇게 되어 있다. 그러나 '가구'는 "가족"이나 "식구"라는 뜻이니 '세대'와 걸맞지 않다.

　옛날에 우리는 '가호'라는 말을 만들어 썼다. 중국에서는 '주후(住戶)'라고 한다. 그런데도 우리가 옳게 만들어 쓴 '가호'는 안 쓰고 틀린 '가구'나 좋아한다. 게다가 일본말 '세대'마저 버리지 못하고 '다세대' 따위에 쓰고 있다.

　'두째'와 '둘째'는 다른 말인데, 서울 사투리로 '두째'를 '둘째'라고 한다고 '둘째'를 표준으로 삼아 '두째'가 차츰 없어지더니, 마침내 '세째, 네째'까지 없애는 불행을 낳고 말았다. 이래서는 안 된다.

　틀리지는 않아도 경우 따라 변해 쓰이는 '읍니다'를 언제나 변함없이 쓰이는 '습니다'로 바로잡느라고 약 30년이라는 세월을 보냈다.

'가구'보다는 '집'이나 '가호'

얼빠진 친일파들이 한때 '세대(世帶)'라는 말을 썼다. 일본에서 쓰는 '세대'라는 말은 "몸에 띠는 물건"이란 뜻으로, '소대(所帶)'나 '재산(財産)'과 같은 말이다. 또한, "집을 가지고 살아 가는 일"이란 뜻으로 '생계(生計)'나 '가계(家計)'와 같은 말인데, 우리말로는 '살림'이다. 이 일본의 '세대'를 우리는 "한 집안에서 공동 생활을 하는 상태"라는 뜻으로 쓴 것이다.

그러다가, 그 말이 왜말이라고 말썽이 나서 쓰지 않기로 하고, 그 대신 '가구(家口)'라는 말을 쓰기로 했다.

'가구'라는 말을 《중문대사전》(1973)에서 찾아 보면 다음과 같이 되어 있다.

"가구: '집 안의 사람 수'를 말함〔家口: 謂家中之人口也〕"

"집 안의 사람 수"를 "어버이와 자식, 부부 따위 집안을 이루는 사람들"이라고 보면 '가족(家族)'이고, 또 "한 집에서 함께 살며 끼니를 같이 하는 사람"이라고 보면 '식구(食口)'다.

이처럼 '가구'는 '가족'이나 '식구'를 뜻하는 말이어서, '세대'와 바꾸어 쓸 수 있는 말이 아니다. 그래서 우리는 옛날에 '가호(家戶)'라는 말을 만들어 썼다.

중국에서는 '세대'를 '가구'라 하지 않고 '주후(住戶)'라고 한다. 우리 한자음으로는 '주호'다. '주호'는 '주택(住宅)'이라는 말과 같이, "사람이 들어 사는 집"이다. "사람이 들어 사는 집"은 그냥 '집'이거나 꼬집어 말하자면 '살림집'이다.

'세대'를 '가구'라고 하면 맞지 않고, 우리말로 '집'이나 '살림집'으로 해야 어울린다.

내 것 팽개치고 남의 것 좋아하기로, 남의 나라 말보다 우리말을 싫어하여 안 쓰니까 서투르다. 그러나 남의 것도 알고 보면 별것 아니다.

'세대'를 영어로는 '하우스홀드(household: 집안)'라 하고, '가구'를 '패밀리(family: 식구)'라고 한다. 역시 '세대'와 '가구'가 다른 말임을 알려 준다.

그러면 '가구주(家口主 ; 전에 썼던 '세대주')'는 우리말로 '(살림)집 주인'이 되는데, 이 우리말을 잘 안 써 왔으니까 서투르므로 영어 '하우스홀더(householder: 집 가진 이. 살림하는 이)'와 견주어 보아 '가호주(家戶主)'라고 하면 된다.

'강도짓'은 '강도질'

신문과 방송에서 흔히들 '강도짓'이라고 한다. 그러나 그 표현에 토를 달기도 한다. '강도짓'이 아니고 '강도질'이 아니냐는 것이다.

자, 어떤 표현이 옳을까?

'짓'이라는 말은 '생물'이 몸을 놀려 움직이는 일, 곧 '동작'이라는 뜻인데, 주로 좋지 않은 행동을 했을 때에 쓰이는 말이다. 그러니까 '짓'은 다음과 같이 쓰인다.

그런 짓	나쁜 짓	못난 짓	상스러운 짓	어리석은 짓	해로운 짓
짐승만도 못한 짓		할 짓	못 할 짓		

한편, '-질'은 홀로 쓰이지 않고, 어떤 말에 붙어서만 쓰이는 말조각으로, '연장, 몸의 일부, 일, 소리' 따위를 나타내는 말에 붙어서 다음과 같이 쓰인다.

가위질	양치질	부채질	곁눈질	손가락질	주먹질
담금질	도둑질	선생질	딸꾹질		

알아 둘 것이 있다.

'짓'이 쓰일 자리에 '-질'은 쓰이지 않기 때문에 '그런 질, 나쁜 질, 못난 질 …'처럼은 쓰이지 않듯이, '-질'이 쓰일 자리에 '짓'도 쓰이지 않아서 '가위짓, 곁눈짓, 담금짓, 도둑짓 …'처럼은 쓰이지 않는다.

그러니까 '강도짓'은 말이 안 되고, '강도질'이라야 한다.

‘降雪하다 · 降雨하다’는 안 쓰여

우리 국어 사전에 다음과 같이 되어 있다.

“강설(降雪): 눈이 내림. —하다.”

‘강설’도 쓰이고 ‘강설하다’도 쓰인다는 것이다. 그러나 실제로는 ‘강설하다’는 안 쓰인다. 우리는 “오늘 강설한다”, “오늘 강설하니까 길이 미끄러울 것이다”라고는 하지 않는 것이다.

‘강설’은 중국말 ‘쟝쉐(降雪)’의 한자음을 우리 식으로 읽은 것일 뿐인 외국말이지 외래말이 아니다. 그러나 ‘강설량’은 외래말이다.

우리 국어학자들은 ‘강설’이라는 중국말을 우리가 쓰는 것처럼 왜곡하고 있다. 이렇게 중국말 중심으로 낱말을 다루면 우리 실제 말살이와는 동떨어진 사전을 만들게 된다.

중국에서 중국말로 “진톈 쟝위(今天 降雨)”라고 하면, “오늘 비가 온다”는 뜻이다. 그런다고 우리 국어 사전들에 아래와 같이 우리가 ‘강우(降雨)’라는 것을 쓰고 있는 것처럼 실어 놓았다.

“강우(降雨): 비가 옴. 또는 온 비.”
“강우하다(降雨—): 비가 오다.”

그러나 우리는 ‘강우’라는 것을 그렇게 쓴 일이 없다. 또 앞으로도 쓰지 않을 것이다.

‘강우’가 쓰인다고 하면, “강우가, 강우의, 강우를, 강우에 …”라든지 “오늘 강우” 또는 “내일 강우” 들처럼 쓰이는 경우가 있어야 하는데, 그런 경우가 전혀 없다.

또 '강우하다'가 쓰인다면 "어제는 강우하지 않았다", "오늘 강우하니까 나가지 마라", "내일 강우할 것이다" 들처럼 어떤 식으로든지 쓰여야 하는데, '강우'도 '강우하다'도 우리는 쓰는 일이 없으니 우리 국어 사전에 실어서는 안 된다. 다만, 다음과 같이 쓰일 때에는 '강우'를 쓴다.

"강우기(降雨期): 비가 오는 철."
"강우량(降雨量): 비가 오는 양."

이런 것을 우리는 한자말이라고 하여 사전에 싣는 것이다.

1995. 10. 26. 《포스코》

'-거라'를 함부로 쓰지 말자

요즘 방송 드라마에서 '잘 듣거라, 가 보거라, 어서 오거라, 기다리거라…' 들과 같은 말을 자주 듣는다. '-거라'를 함부로 쓰는 경우다. 모두 말법에 맞지 않으니 '잘 들어라, 가 보아라, 어서 오너라, 기다리어라(기다려라) …'라고 해야 한다.

무엇을 어떻게 하라고 시키는 꼴의 말법에 '-아라(보기: 보아라)', '-어라(보기: 들어라)'처럼 될 것이 '-거라'로 바뀌는 것들은 아래와 같이 정해져 있다.

- 가다: 가(아)라 → 가거라
- 나다: 나(아)라 → 나거라
- 있다: 있어라 → 있거라
- 자다: 자(아)라 → 자거라

그리고 이 가운데 '가다'가 붙어서 '가거라'로 쓰일 낱말의 앞 부분 말은 다음과 같다.

가져	거쳐	건너	걸어	굴러	기어	나
나아	날아	내	내려	넘어	놀다	다가
다녀	달려	대	데려	도망	돌라	돌아
되돌아	되올라	들러	들어	따라	떠나	뛰어
뛰어나	뛰쳐나	몰려	몰아	무르와	물러	벋
시집	앞서	얼넘어	엇	에워	오	올라
옮아	이사	잡아	장가	제살이	지나	질러
쫓아	찾아	쳐	쳐들어	후살이	…	

그리고는 '봄을 나다, 살림을 나다'의 '나다'가 붙어서 '나거라'로 쓰일 앞말로 다음과 같은 것들이 있을 뿐이다.

깨어	놀아	돋아	벋어	살아	일어	자라
피어	헤어	…				

'게 섰거라'라는 말이 있다. 그 '섰거라'는 '서다 → 서었다 → 섰다'처럼 '서었다'를 줄인 말이 아니고, '서다'와 '있다'의 두 말을 합친 '서 있다'가 줄어서 된 '섰다'다.

"앉았다 일어나서 지금 막 섰다"의 '섰다'가 아니고, "저쪽으로 가다가 가지 않고 섰다(서 있다)"의 '섰다'의 경우인 것이다. 그러니까 '섰거라'는 '서 있거라'이기 때문에 말법에 맞다.

간혹 '앉거라'라고도 하지마는 역시 '앉아라'가 맞고, 특히 '듣거라'는 자주 듣는 말이기는 하나 '들어라'라고 해야 한다.

'-거라'로 쓰이는 말은 '가다, 나다, 있다, 자다' 뿐이라는 것만 알면 된다. 그런데, 이 가운데서 '나다'는 '나거라'로 쓰이지 않고, '나(아)라' 곧 '나라'로 쓰인다고 하기도 하고, 또 '있거라, 자거라'도 '있어라, 자(아)라'로 쓰인다고 하는 주장도 있다.

1997. 10. 2.《포스코》

'거짓말시키다'는 잘못 쓰인 것

"그 사람이 가 놓고 안 갔다고 거짓말시키니까 나도 와 놓고 안 왔다고 거 짓말시켰다."

이런 식 말투를 텔레비전이나 라디오뿐 아니라 우리들 둘레에서도 흔히 듣는다.

처음에는 어린이들이 잘 몰라서 그러려니, 그러다 말겠지 하고 귀도 기울이지 않았다. 그랬는데 어린이들뿐 아니라, 젊은이들 사이에서도 쓰이기 시작했다. 그것도 어린이들의 잘못을 입내 내어 장난으로 하는 것이 겠지 했다. 그랬는데, 그러다 말기는커녕 그 말투가 쓰이는 범위가 넓어져 갔다. 드디어 나이 지긋한 어른 탤런트들까지 태연스럽게 쓰고 있다. 웃을 일이 아니다.

'시키다'라는 말은 "사람이나 동물에게 무엇을 하게 하다"라는 뜻으로 쓰인다. "공부를 시키다. 구경을 시키다. 말을 시키다. 일을 시키다 …"처럼 쓰이는 것이다.

이 '시키다'가 다른 말에 붙어서 "앞에 오는 말대로 하게 하거나 되게 하다"는 뜻으로 쓰이기도 하는데, 다음과 같은 것들이 있다.

가담시키다	고생시키다	냉각시키다	둔갑시키다
몰락시키다	발달시키다	발전시키다	보존시키다
성공시키다	실각시키다	안정시키다	자립시키다
접수시키다	정착시키다	철거시키다	통과시키다
하락시키다	…		

'거짓말시키다'는 "거짓말을 시키다" 곧 "남에게 거짓말을 하게 하다"
는 뜻의 말이다. 자기가 거짓말을 할 때에는 '거짓말하다'라고 해야 한
다. 그러므로 이 글 첫머리에 보기로 든 말은, "그 사람이 가 놓고 안 갔
다고 거짓말하니까, 나도 와 놓고 안 왔다고 거짓말했다"고 해야 한다.

비슷한 말에 '하이다'가 있다. "말을 하이다(남에게 말을 하게 하다), 일을
하이다(남에게 일을 하게 하다)"처럼 쓰인다.

역시 '말하다'는 스스로 말을 하는 경우고, '말 하이다'는 남에게 말을
하게 하는 경우다.

어린이가 옆에서 자꾸 말을 걸어 와서 성가실 때, "귀찮다, 말 하이지
마라" 하고 나무라는 경우에는 "말을 시키지 말라"는 뜻이다.

이처럼 '거짓말시키다'는 '거짓말하이다'와 같은 말이다.

1997. 10. 26. 《포스코》

경양법은 알맞게

말의 경양이란, 상대를 존대하는 표현의 하나다. 방법은 상대를 높이고 자기를 낮추는 것이다.

말의 경양법에는 여러 가지가 있다.

▪ 말조각 부림

도덕을 지키는 사람을 높일 때에는 '지키시다' 라 하고, 말하는 사람을 낮출 때에는 '지킵니다' 라 하고, 듣는 이도 함께 높이려면 '지키십니다' 라 한다.

▪ 낱말을 바꿈

밥을 먹을 사람이 어른이면 '진지를 잡수다' 라 하고, 잠은 '주무시다' 라 하며, 어른에게 말할 때에는 '여쭈다' 라 하고, 어른에게 대해서 '나' 는 '저' 라 한다.

▪ 낱말을 붙임

이름이나 직함 아래 높이는 낱말을 덧붙이는 말로 임금으로부터 장관급까지에 '폐하, 전하, 성하, 저하, 합하, 각하' 들이 쓰이고, 어른이나 선배에게 보내는 편지 같은 곳에 '궤하, 궤안하, 안하, 옥안하, 오하, 오우' 들이 쓰이고, 평교간에는 '좌하, 좌전, 족하, 존하, 귀하' 들이 쓰인다.

이상 경양법 외에도 부름말에 '상감, 대감, 영감, 마마, 마나님, 마님, 도령, 아가씨' 들이 있다. 이처럼 우리말은 헤아릴 수 없을 만큼 존대하는 말이 발달해 있다. 그 가운데서도 '님' 은 가장 널리 쓰이고, 가장 친근미가 있는 말이다. 옛날에는 "임금"의 뜻으로 쓰이었고, 지금은 '임'으로 변하기도 했으나, 여전히 옛 모습을 지닌 채 말조각으로 남아서, 어떤 낱말에 붙어 '해님, 형님, 선생님, 박사님' 들처럼 존경의 뜻을 나타낸다.

존경의 뜻을 나타내니까 어른이나 선배에 관한 낱말에 쓰이는 것이 보통이지만, 때로는 '아우님, 아드님, 따님, 조카님' 들처럼 손아랫사람에 관한 낱말에 붙어, 그 말을 듣는 제삼자를 높이는 경우도 있다.

점잖은 좌석에서 늙은 사장과 이사들이 서로 '사장님, 이사님' 하면 꼴불견일 것이다. 사원들 사이에도 동급 정도의 또래라면 직함만으로 충분하다.

마치 여자나 어린이가 '아빠'라고 하면 귀엽고 어울리지마는, 50살 아들이 80살 아버지보고 '아빠'라고 한다든지, 며느리가 시아버지보고 '아버지'라고 부른다든지 하면, 귀엽지도 않고 어울리지도 않는 것과 같다.

특히 조심해야 할 것은 어른 위에 또 어른이 있다는 사실을 알아야 한다는 것이다.

"사장 계신가?" 하는 사장의 선배의 전화를 받은 비서는, "사장이 나가고 없습니다"라고 해야 한다. 국장이 과장을 찾을 때에도 마찬가지다.

반대로, 과장이 국장을 찾을 때에는, "국장님께서 안 계십니다"라고 하는 것이다.

할아버지가 손자에게 아버지를 찾아 오라고 하였을 때에는, 손자가 아버지를 찾아가서, "할아버지께서 오라십니다"라고 해야 한다.

현대에는 서양 풍습이 많이 들어와, 사회에서도 우리 고유의 경양법이 번거롭게 여겨지기도 한다. 물론 우리 예법이라 해서 반드시 다 옳고 좋은 것만은 아니다. 그러나, 우리 조상들에게서 물려받은 예절은 그런대로 우리 겨레와 함께 있어 왔으며, 사회 생활 하는 데 지켜서 손해 볼 것은 없다. 다만 지나치면 도리어 예의가 아니니 조심해야 하겠다.

1982. 8. 《동방》

'경평 축구'는 '서평 축구'

"서울·평양 축구"를 일컫는 '京平 축구'라는 말이 있는데, '京平'의 '京'은 '서울'을 일제 때 일컫던 '京城'의 '京'이다. 지금은 '京城'이 없고 '서울'로 바뀐 지 오래다. '경성제국대학'을 '서울대학'으로 바꾸었는데, 다시 '경성대학'으로 되돌릴 수 없듯, '서울'을 '경성'으로 되돌릴 수는 없다.

신문 제목에 "서울·평양 축구 대회 정례화하기로"라는 대목이 있었다. 좋은 말이다. 그럴 경우 '서울·평양 축구'를 줄여 부르려면 '서평 축구'라고 해야 한다.

'경의선', '경원선'이란 말도 신문·방송마다에 자주 등장하는데, 역시 '서의선', '서원선'이라고 해야 한다. 혹시 '경평 축구'는 일제 때 생긴 말이니 바꿀 수 없다고 할는지 모르나, 그런다면 '경성제국대학'은 일제 때 생긴 말이 아니던가?

괴발 개발 그리다

개발 새발 그리다

개발 쇠발 그리다

게발 새발 그리다

게발 쇠발 그리다

괴발 새발 그리다

괴발 쇠발 그리다

위처럼 제멋대로 말한다. 그 말들에서 '발'의 주인공이 '개, 게, 고양이, 새, 소' 들이어서 어느 것 하나 안 될 것이 없다. 그것들을 모두 인정해 놓아도 안 될 것이 없지마는, 표준을 하나 정해 둘 필요도 있다. 그래서 하나 정해 놓은 것이 있다. "괴발 개발 그리다"가 그것이다.

그 말은 본디 "고양이 발인지 개 발인지 구별이 안 된다"는 뜻으로 "글씨를 아무렇게나 되는대로 써 놓아서 알아보기 힘들다"는 경우에 쓴다.

왜 그랬는고 하니, 그 동물 가운데 '게, 개, 소' 들은 서로 어울리지 않는데, 가장 관련이 있는 것이 '고양이'와 '개'다.

고양이와 개는 사이가 나쁘다고 이름이 나 있다. 그러면서도 가까운 사이다. 오죽하면 다음과 같은 말들이 있을까?

- 고양이와 개: 서로 앙숙인 관계
- 고양이 개 보듯: 해칠 기회만 노림
- 고양이 쫓던 개: 애쓰다가 실패함

그래서 '고양이'의 옛말인 '괴'를 끌어다가 '괴 발 개 발'이라고 한 것이다.

'구라파'는 '유럽'

중국에서는 '유럽'을 '어우뤄바(歐羅巴)'라고 음역하였지, '구라파'라고는 하지 않았다. 우리도 물론 '유럽'을 '구라파'라고 할 까닭이 없다.

혹, 우리 국어 사전에 '구라파'를 '유럽'의 음역이라고 한 데도 있지만, 그것은 중국에서 음역한 것이지 우리가 한 것이 아니기 때문에 잘못이다. 한때 우리를 중국의 속국이라고 착각한 데서 빚어진 비극이다. 당연히 우리는 '유럽'이라고 해야 한다.

나를 버리고, 내가 하는 짓은 천하고, 남만 좋아서, 남이 하는 짓은 점잖다고 하는 비굴한 버릇이 아직도 우리 국어 사전에는 남아 있는 것이다.

'도이칠란트'를 줄여서 '도이치'라고도 하는데, 일본에서 '도이쓰'라하고, 한자로 '獨逸'로 적는다. 그것을 멋도 모르고 우리 한자음으로 '독일'이라고 한다. 중국에서는 '도이치'를 '더이즈(德意志)'라고 하여 한때우리가 '덕국'이라고 한 일이 있다.

'유나이티드 킹덤 오브 그레이트 브리튼 앤드 노던 아일랜드'라는 기다란 공식 이름 밖에도 '그레이트 브리튼, 브리티시 엠파이어, 잉글랜드'따위가 있어 하나로 부르기 위해 '영국'으로 해보는 식이라면 몰라도 위와 같이 남이 한 대로 줄줄 따르고만 있어야 하나?

'프랑스'를 일본에서는 '후란스'라 하고, 한자로 '佛蘭西'라고 적는다.그것은 일본에서 그렇다는 것이다. 그것을 우리가 '불란서'라고 잘못 읽고 있다. 우리는 일본이 아니다. 이 지구 위에 '프랑스'는 있어도 '불란서'는 없다. 중국에서는 '프랑스'를 '파란시(法蘭西)'라고 한다고, 한때 우리가 '법국(法國)'이라고 한 일이 있다. 썩어빠진 사대 버릇이다.

'국민학교'는 못쓸 말

　　'국민'이라는 말과 '학교'라는 말은 한자말이다. 그 두 말을 합친 '국민학교'라는 말은 도이치말 폴크스슐레(Volks schule)를 일본에서 옮긴 말이다. 그 말이 생긴 경위는 다음과 같다.

　　1940년에 미국·영국·프랑스와 맞서기 위해 도이치·이탈리아·일본이 군사 동맹을 맺은 뒤, 1941년 2월 28일에 "황국의 도를 따라 초등 보통 교육을 베풀고, 국민의 기초를 연성한다"고 하여, 그 때의 일본왕 히로히토가 칙령 제148호로 '국민학교령'을 공포했다.

　　1941년 3월 31일에는 조선 총독부 관보 제4254호에 조선 총독 미나미 지로오가 조선 총독부령 제90호로 '국민학교령'을 공포했는데, 이것은 '소학교 규정'을 '국민학교 규정'으로 고친 것이다.

　　그 제2조 1항에는 "… 황국 신민이라는 자각에 철저하도록 힘써야 함"이라고 되어 있고, 2항에는 "일시동인의 성지를 받들어 충량한 황국 신민다운 자질을 얻게 하고, 내선 일체, 신애, 협력의 미풍을 기르도록 힘쓰게 하고 …"라고 되어 있어, 일본이 식민지였던 우리 겨레와 대만을 전쟁 소모품으로 끌어내려고, 세뇌 교육 기관으로 국민학교를 출발시켰다.

　　그래 놓고, 일본은 1941년 12월 8일에 태평양 전쟁을 일으켜, 미국·영국·네덜란드와 싸우다가 1945년 8월 15일에 항복하고 말았다.

　　일본은 1946년에는 세계 침략의 뿌리인 대일본 제국 헌법을 없애고, 1947년에는 아시아 침략 수단으로 출발시켰던 '국민학교'를 '소학교'로 되돌리고, 1948년에는 교육 칙어마저 없애 버렸다.

　　그리하여, '국민학교'라는 말이 1941년 이래 일본·우리 나라·대만에서 쓰이다가, 태평양 전쟁이 끝나자마자, 일본과 대만에서는 없어졌는데, 워낙 친일파의 뿌리가 깊이 박힌 우리 나라는 그 향수를 못 버리고 붙들고 있었던 것이다.

본디 우리는 '보통학교'라고 했다. 광복과 더불어 '국민학교'를 '보통학교'라든지 다른 말로 바꾸어야 했었다.

1995.《말과 글》여름호

〔붙임〕
전부터 '국민학교'를 다른 말로 바꾸자는 움직임에 동참해 오던 터라, 이 글을 1995년 5월에 《말과 글》에 보냈다. 이듬해 1996년 3 · 1절 기념식에서 김대중 대통령이 '국민학교'를 '초등학교'로 바꾼다고 선언했다.

'굴삭기'는 잘못, '포클레인'은 딴 뜻

2001년 12월 8일치 《한국경제》 11쪽 제목에 아직도 '굴삭기'라는 말이 남아 있었다.

일본에서 들어온 이 '굴삭'이란 말은 원래 '굴착'이다. 그런데 1950년 대 쯤 '掘鑿'의 '鑿'이 너무 획수(28획)가 많아서, 획수가 적은 자로 쓰기로 했다. 뜻으로 보면 '굴천(掘穿)'을 쓰면 되지만, '掘穿'은 일본 발음이 [굿센]이니 '掘鑿'의 일본 발음 [굿사쿠]와 같지 않다. 그 대신 '掘削'으로 만들어 쓰면 일본 발음이 [굿사쿠]여서 음이 같다. 그래서 일본에서 1960년대 이후에 '굴착'을 안 쓰고 '굴삭'을 쓰게 된 것이다.

일본 《광사원》을 보면 올림말에 1970년대에는 '굿사쿠(掘鑿 · 掘削)'라고 했다가, 1990년대에는 '굿사쿠(掘削 · 掘鑿)'로 한자 차례가 바뀌었다. '掘鑿'을 쓰다가 '掘削'으로 바꾸어 쓴다는 것이다.

그것은 한자를 쓰는 일본 얘기고, 우리는 '굴착'이란 한글이 아무런 거리낌이 없이 쓰이니까, 구태여 '굴삭'이라는 왜말을 쓸 필요가 없다.

일본에서는 1940년대에도 있던 '굴착기'가 1970년대에 개발 물결을 따라 우리 나라에 들어오자 흔히 '포클레인'이라고 하는데, 그게 아니다.

우리 국어 사전에도 1994년에 나온 《국어대사전》 3판(민중서림)에는 아래와 같이 제대로 되어 있다.

"포클레인(프 Poclain): 〔본디 프랑스의 중기 제조 회사 이름〕 만능 굴착기 엑스커베이터(excavator)의 통칭."

그런데도 희한한 것이 나타났다. 1999년에 나온 《표준국어대사전》(국어연구원)에는 '굴삭기'와 '굴착기'의 풀이가 토 하나 점 하나 다르지 않게, "땅이나 암석 따위를 파거나 파낸 것을 처리하는 기계를 통틀어 이르는 말"이라고 되어 있고, '굴삭기' 풀이 끝에 "'굴착기'로 순화"란 것이 덧붙어 있는 것이다. '삽차'로 다듬었는데도 말이다. 사전 편찬의 상식을 벗어난 짓들이다. 또 한편으로는, "포클레인: =삽차"라고 해 놓았는데, '삽차'를 찾아 보면, 풀이 끝에 "=포크레인"이라고 (맞춤도 틀리게) 되어 있다.

그러니까, '삽차'와 '굴착기'와는 관련이 없는 것처럼 다룬 것이다. 말도 안 된다. 마땅히 아래와 같이 다듬어야 할 것이다.

굴삭기: '굴착기'의 잘못.

굴착기: =삽차.

삽차: 유압을 이용하여 기계삽으로 땅을 파는 차. =굴착기.

포클레인: '삽차'를 만든 회사 이름.

그리고 우리도 그렇게 알고 써야 한다. 다만, 일본에서는 '굴착기'에 '땅차'까지 포함하고 있다.

덧붙여 둘 것이 있다.

"파워셔블(power shovel): …, 동력삽." -《국어대사전》 2판 (1982)

"포크크레인(pork crane): =파워셔블: =삽차." -《우리말큰사전》 (1992)

위에서 보듯이 '파워셔블, 동력삽, 포크크레인' 들이 모두 '삽차'라는 것이다.

‘龜卜’은 ‘거북’이 아니다

조선 영조 때 학자 황윤석(黃胤錫)이 했다는 말을 인용하여, 거북점을 뜻하는 ‘귀복(龜卜)’이 변해 ‘거북’이 되었다고 하는 칼럼이 《조선일보》(1995. 11. 4.)에 실렸다.

더구나 그 칼럼에서 龜를 ‘거북 구’라고 했으니 그것도 상식 밖이다. 龜의 음과 새김은 “[귀]: 거북, [균]: 터짐, [구]: 이름”이다.

‘거북’이라는 말은 ‘거붑’과 ‘거복’이라는 우리 옛말이 바뀐 말이다. 그 말들은 다음처럼 쓰이었다.

거붑: “거부블 타 가고져(거붑을 타 가고자)” - 《두시언해》

龜 거붑 귀 - 《훈몽자회》, 《신증유합》

큰거붑: “貞觀이 이 큰거부비라(정관이 이 큰거붑이라)” - 《두시언해》

龜 거복 - 《물명고》, 《시경언해》, 거복 귀 - 《왜어유해》

소릐 큰 거복(소리 큰 거복) - 《한청문감》

큰거복 - 《한청문감》

‘거붑’이 ‘거북’으로 되는 것과 비슷한 경우를 들어 풀이해 보자.

“솝옷 싯디 말며(不得洗浣內衣: 속옷 씻지 말며)” - 《계초심학인문(戒初心學人文)》(1577)

‘솝옷’의 첫 글자 ‘솝’의 ‘ㅂ’받침이 ‘ㄱ’으로 바뀌어 ‘속옷’으로 되듯이, ‘거붑’의 ‘붑’의 ‘ㅂ’받침이 ‘ㄱ’으로 바뀌면 ‘거붑’은 ‘거북’이 된다.

"하 거복이 웨지 말고(크게 거북히 외치지 말고)" -《청구영언》

또 '거복'이 '거북'으로 되는 것도 위에서 보듯이 '거복이'가 지금말 '거북히(으뜸꼴: 거북하다)'의 옛말인 것과 비슷한 경우이다.

그러니까, 옛말 '거복이'의 '복'이 '북'으로 바뀌어 지금말 '거북히'로 되듯이, '거복'의 '복'이 '북'으로 바뀌어 '거북'이 된 것이다.

'거붑, 거복'은 뜻도 바로 '거북'이고, 소리도 '거북'과 가깝다.

'귀복'은 뜻도 거북점이어서 '거북'과 다르고, 소리도 '거북'과 거리가 멀다.

말의 뿌리가 가까운 데 있는 것을 가까운 데서 찾지 않고, 덮어놓고 중국 종살이 버릇으로 먼 데서 찾으려고 하면 안 된다.

1995. 12. 7. 《포스코》

‘그녀’는 ‘그미’

일본에서는 영어 ‘she’를 ‘가노죠(彼女)’라고 옮겨 쓴다. 그 말을 우리 한자음으로 읽어 ‘피녀(彼女)’라고 들여왔다. 그리고 여기에서 ‘피(彼)’만 그 뜻인 ‘그’로 바꾸어 ‘그녀’라고 쓰게 된 것이다.

그런 식으로라면, ‘he’는 ‘가노난(彼男)’일 텐데, 그런 것은 없고, ‘가레시(彼氏)’라고 한다. 그런다고 우리가 ‘그씨’라고 하지도 않는다.

‘그녀’는 말의 짜임새도 그렇고, ‘그녀는’이라고 할 경우, ‘그년은’과 소리가 같아 좋지도 않다.

그래서 생각해 보았다. ‘그미’와 ‘그비’다.

‘그미’의 ‘미’는 ‘할미, 어미’의 ‘미’다. ‘그비’의 ‘비’는 ‘할아비, 아비’의 ‘비’에다가 ‘선비’의 ‘비’도 된다. (《말다듬기》의 “ ‘하코비(運び)’는 나르미”를 볼 것)

'근거 없는 낭설'은 "근거 있는 소문"

　텔레비전에 출연한 어떤 사람이 "근거 없는 낭설이 난무하고 있습니다"라고 말한 적이 있었다. 이 '낭설'이라는 말은 '도설(塗說), 도청도설(道聽塗說), 뜬소리, 부설(浮說), 부언(浮言), 부언낭설(浮言浪說), 부언유설(浮言流說), 비어(蜚語·飛語), 비언(飛言), 요언(謠言), 유설(流說), 유언(流言), 유언비어(流言蜚語), 표설(漂說), 허문(虛聞), 헛소문' 들과 같은 말인데, 그 표준말을 '뜬소문'으로 했다.

　'뜬소문'은 "터무니 없이 떠돌아다니는 소문"이라는 뜻의 말이다. 낭설(浪說: 뜬소문)'은 "터무니 없는 소문"인 것이다. '터무니'라는 말은 '근거'라는 뜻의 말이다. 그러므로 '낭설'은 '근거 없는 소문'이다. 그러니 '근거 없는 낭설'은 근거 없는 소문이 근거가 없다는 말이 된다. 근거 없는 소문이 근거가 없다고 하면 소문의 근거가 있다는 말이 된다.

　그 사람은 떠돌아다니는 소문이 근거가 없다고 말하고 싶었을 것이다. 그러나 말을 잘못하여 '근거 없는 낭설'이라고 했으니 결국 '근거 있는 소문'이 되어 버렸다. 그러니까 "근거 없는 낭설이 난무하고 있습니다"에서처럼 '낭설'이란 말을 함부로 쓰지 말고 "근거 없는 소문이 난무하고 있습니다", "근거 없는 풍설이 난무하고 있습니다"라고 해야 한다.

　'낭설(뜬소문)'이라는 말을 굳이 쓰고 싶으면, '낭설'이라는 말을 강조하여 두드러지게 나타내도록 하는 것이 좋다.

　"쓸데 없는 낭설이 난무하고 있습니다."
　"별의별 해괴한 낭설이 난무하고 있습니다."

1997. 12. 17. 《포스코》

‘글字’는 ‘글짜’다

1957년에 나온 《큰사전》(한글학회)에는 ‘글자’는 우리말이고 한자와는 관계가 없는 것으로 되어 있다. 그것은 옳은 것이다. 그러므로 ‘일군[―꾼]’을 ‘일꾼’으로 고치듯, 다음 사전들이 올림말 ‘글자[―짜]’를 그냥 ‘글짜’로 바로잡아 버렸으면 아무런 문제도 없었을 것이다.

[짜]를 ‘자’로 적는 데에는 무엇인가 그럴 만 한 까닭이 있어야 한다. 그러지 않고서야 ‘짜’로 소리나는 것을 ‘자’로 적을 까닭이 없다. 그런데 그것이 빌미가 되어 《국어대사전》(민중서관, 1961) 부터 다음과 같이 ‘글자’가 ‘글字’인 것처럼 ‘字’를 박아 버렸다.

“글자(―字)[―짜]: 사람의 말을 적는 표, 글씨, 문자(文字).”

그 근거는 《금강경삼가해》 5권 8쪽에서 ‘雲中雁寫數行字’를 “구름 가운데 기러기는 두어 줄 글字를 스고”라고 옮긴 것에 있다. 곧, ‘字’를 ‘글자’라 하지 않고, ‘글字’로 옮긴 것으로 본 것이다.

마치, ‘온전하다’라는 말은 《큰사전》에 나타난 대로 우리말인데, 그 말에 어울리는 한자 ‘全’을 ‘온전 全’이라고 새겨 읽는 것을 터삼아 ‘온全하다’라고 하자는 것과 같다.

‘온전 全, 기와 瓦’라고 하는 것은 한자를 새겨 읽는 방식이지마는, 그것을 ‘온全 全, 기瓦 瓦’라고 하는 수도 없고, 더구나 ‘온全, 기瓦’식 적기도 될 법 한 일이 아니다.

그럼에도 우리네가 ‘글자(―字)[―짜]’처럼 쓰는 것은 지난 날 ‘일꾼’을 ‘일軍’으로 여겨 ‘일군’으로 적고 [일꾼]으로 소리냈던 것과 같다.

‘한글’을 ‘漢글’이나 ‘韓글’로 적자고 우기고 싶어하는 무리들이 있으니 지난 날에야 오죽했으랴.

'글字'는 '글짜'가 아니라, '글'이라는 字(글짜)라고 볼 수 있다. 마치, '日字'의 뜻이 '日(왈)'이라는 字(글짜)이고, '日字'가 '日(일)'이라는 字(글짜)인 것과 같은 경우다.

옛날에는 된소리가 적었고, 설사 된소리로 나더라도 예사소리로 적었다. 그래서 '글짜'도 《유합》의 '글즈'처럼 '글자'로 적었던 것인데, 그 버릇에서 '짜'가 '자'로 익어 '字'와 착각하게 된 것이다.

'글짜'의 '글'은 '글발(적어 놓은 글, 쓴 글짜의 됨됨이, 글맥)', '글씨(쓴 글짜의 모양, 글짜 쓰는 법, 글짜)', '글월(글이나 편지, 글짜)'에 쓰이는 '글'이다.

그리고 '글짜'의 '짜'는 (字가 아니고) 아래의 '-짜'와 같이, "것"이나 "물건" 또는 "일"이라는 뜻의 말조각이다.

가짜(참것처럼 꾸민 거짓 것)	공짜(거저 얻은 것)
날짜(익히지 아니한 그대로의 것)	대짜(큰 것)
말짜(가장 나쁜 것)	민짜(아무 꾸밈새 없는 것. 민패.)
별짜(별스럽게 생긴 것)	뻥짜(구멍이 뻥 뚫어진 것)
생짜(익거나 마르지 아니한 것)	알짜(여럿 중에서 가장 요긴한 것)
얼짜(얼치기인 것)	정짜(가짜가 아닌 정당한 것)
조짜(진짜처럼 만든 거짓 것)	통짜(온통의 덩어리 것)
퇴짜(퇴박맞은 것)	

따라서 '글짜'는 "글을 적는 것(표)"이란 뜻이다.

〔붙임〕
《유합》에 나오는 '말자 계(季)'의 '말자'는 '말째(맨 끝의 차례)'라는 뜻의 '말짜'다. 따라서 《국어대사전》 1판(1961)에 "말짜(←末者)"라고 하여 마치 '말짜'의 말밑이 '末者'인 것처럼 해 놓은 것도 잘못이다. '말짜'를 '末者'로 적으려는 것뿐이다.
《석봉 천자문》에 나오는 '글시 예(隸)'의 '글시'는 '글씨'의 옛말이다.

'기라성'은 '반짝별·샛별'

'기라성'이라는 말이 자주 쓰인다.

중국에 '기라(綺羅: 아름다운 비단)'라는 말이 있어서, 그들은 '기라지배(綺羅之輩: 좋은 옷을 입은 무리)'라고 하는 말도 쓰는 모양이다. 한편, 일본에서는 '기라보시(綺羅星)'란 말을 만들어 쓰는데, 우리 한자음으로 '기라성'인 이 말의 뜻은 "아름다운 비단별"이 아니라, "반짝반짝 빛나는 별"이다. 이 '반짝반짝'을 일본말로 '기라키라'라고 하기 때문에 '반짝거리는 별'을 '기라성(星)'이라고 하는 것이다.

이 일본말 '기라성'이 우리 나라에서 쓰이는 것을 보면, 홀로 쓰이는 것이 아니라, '기라성 같은' 꼴로 쓰인다. 우리말로 하자면 '반짝별 같은'이 되겠다.

그보다는 '샛별 같은'이 더 낫지 않을까.

'꽃화분'은 '꽃분'

2001년 4월 21일치 《조선일보》 6쪽 제목에 '꽃화분'이란 말이 쓰였다.

'분'은 화초나 나무들을 심어 가꾸어 볼거리로 삼는 그릇이다. 흔히 '화분'이라고 하는데, 꽃이 없는 나무 같은 것을 심은 분도 '화분'이라고 하기 일쑤다. 그래서 '꽃화분'이라고 한 것 같다.

그러나 '꽃화분'은 '꽃'과 '화'가 겹쳤다. '화분'만으로 꽃이 드러나지 않으면 바로 '꽃분'이라고 하면 된다.

'나라'가 옳고 '국가'는 틀렸다

1992년 8월 7일치 《조선일보》 2쪽에 '3당 대표 회담 대화록'이라는
기사가 실렸다. 그 전날 오후에 3당 대표들이 모여서 시국에 관한 의견을
나눈 것을 알리는 기사다.

이 회담에서 어떤 정당 대표가 다음과 같이 말하였다.

"대선의 공정성은 차후 문제고, 나라 경제와 지방 민주주의를 위해 지자
제는 실시되어야 합니다."

그리고 신문에서 기사로 실으면서 제목을 다음과 같이 뽑았다.

"나라 경제 위해 지자제 조속 실시해야"

실업가인 그 정당 대표나, 그 기사를 다룬 취재 기자나 편집 기자가 자
연스럽게 '나라 경제'라는 말을 쓰고 있다. 그러는 그들은 국어 학자가 아
니다.

우리가 평상 때에 "나라가 잘 되어야 하는데, 나라 꼴이 말이 아니다"
라고 하지, "국가가 잘 되어야 하는데, 국가 꼴이 말이 아니다"라고는 잘
하지 않는다. '나라 사랑'을 '국가 사랑'이라고 하는 일도 없다.

그런데도, 우리 국어 사전에만은 '나라 경제'라는 낱말은 없고, '국가
경제'라는 낱말만은 있다. 우리 국어를 다루는 사람들이 그렇게 해 놓은
것이다. 그들은 '국가'라는 말을 안 쓰고, '나라'라는 말을 쓰면 큰일이나
나는 줄 안다.

어째서, 사람들은 '나라'라는 말을 쓰는데, 사전에만은 '국가'라고 할
까? 사실은, '나라'라는 말이 잘 쓰이니까, 바깥세에 빌붙으려는 생각만

버리면 '국가'라는 말을 안 써도 되는데도 말이다.

중국이나 일본의 경우는 사정이 다르다. 우리말 '나라'와 걸맞은 말을 찾기가 쉽지 않은 것이다.

중국에서 '나라'의 뜻으로 쓰이는 '국(國)'은 "작은 나라, 제후나라, 고향…" 들의 뜻이고, '방(邦)'은 "큰 나라, 제후 땅, 천하…" 들의 뜻이다.

일본에서는 '국(國)'이나 '방(邦)'이 "땅(大地), 나라 땅·나라, 행정 구역 단위, 시골…" 들의 뜻으로 쓰인다.

우리가 쓰는 우리말 '나라'의 뜻은 "① 나라 땅, 나라 백성, 나라님을 갖춘 사회. ② 특수한 세계(꿈나라, 달나라, 하늘나라 따위)"이다. 우리말 '나라'가 가장 나라다운 뜻으로 순수하게 쓰인다. 그래서 중국이나 일본에서는 우리말 '나라'와 걸맞은 말이 아쉬운 것이다.

때문에, 우리가 풀이하면 '나랏집'밖에 안 되는 '국가(國家)'라는 말에다가, "토지, 인민, 주권의 세 요소를 갖추어야 하고, 그 중 하나라도 빠지면 국가 자격을 잃는다"고 현대 느낌에 알맞게 뜻을 매겨 쓰기로 했다.

희한한 것은, '나라'라는 말만으로 충분한 우리 나라에서, 국어 사전에 '국가'라는 말을 싣기를 더 좋아한다는 일이다. 그 실태를 알아 보자.

중국에서 제일 크다는 《중문대사전》에 '국가기본법, 국가대사(大事), 국가사상…' 따위 '국가'와 어울리는 겹낱말이 16개 실렸고, 일본에서 가장 널리 알려진 일본 국어 사전 《광사원》에 '국가경제, 국가경찰, 국가계약설…' 따위 겹낱말이 30개 실렸다.

우리 나라에서는 1950년대 대표적인 《큰사전》(한글학회)에 '국가경제, 국가교육, 국가기관…' 따위 겹낱말이 21개였다가, 1960년대의 대표적인 《국어대사전》 1판(민중서관)에는 60개, 1970년대의 대표적인 《새우리말 큰사전》(삼성출판사)에도 역시 60개였다가, 1980년대에 고친 《국어대사전》 2판(민중서림)에는 95개로 늘렸다. 이처럼 '국가'와 어울리는 겹낱말이, 그것을 써야 하는 중국이나 일본보다, 쓸 필요가 없는 우리 나라 사전에 더 많다.

그러면, 우리말 '나라'라는 말과 어울리는 겹낱말은 어떻게 되어 있을까?

《큰사전》에 '나라님, 나랏무당' 2개, 《국어대사전》 1판에 '나라글짜, 나라꽃' 까지 4개, 《새우리말큰사전》에는 '나라떼, 나라밖, 나라안 …' 들까지 10개, 《국어대사전》 3판에는 11개로 늘렸다.

'나라'라는 우리말이 '국가'라는 한자말의 10분의 1 정도밖에 안 된다. 시간이 흐를수록 한자말이 줄어져야 하는데, 거꾸로 두드러지게 늘어난 것이다.

완전하지도 않은 억지 한자말 '국가'라는 말이, 완전한 우리말 '나라' 보다 훨씬 많이 우리 국어 사전에 실린다는 것은 아무리 생각해도 이해할 수가 없다.

우리말 '나라'와 어울리는 겹낱말이 우리 둘레에 그렇게도 없단 말인가? 그럴 리가 없다. 우리가 쓰고 있음직한 말을 몇몇 들어 보자.

나라꽃	나라땅	나라밑천	나라사랑	나라살림	나라욕
나라자랑	나라터	나랏것	나랏노래	나랏법	나랏보배
나랏빚	나랏새	나랏세	나랏손님	나랏숲	나랏심
나랏일	…				

다음과 같은 말도 있다.

| 난장이나라 | 남쪽나라 | 다른나라 | 동쪽나라 | 바깥나라 | 부자나라 |
| 북쪽나라 | 서쪽나라 | 안나라 | 우리나라 | … | |

그러나 우리 국어 사전에는 '먼나라', '이웃나라' 정도밖에 없다. 한심한 일이다.

지금의 우리 국어 사전에 있는 '국가'와 어울리는 95개 겹낱말들이 거의 고유한 이름도 아니니 다음과 같이 해도 안 될 것이 없다. 아니, 그렇게 해야 한다.

나라경계   나라경제   나라고시   나라관   나라기관
나라기구   나라기본권   나라기원설   나라만능설   나라사업
나라연합   나라주의   …

그 대신, 국어 사전으로서는 '국가'라는 말을 없앨 수는 없으니까, "국가(國家): =나라①"로만 해 두면, '나라'를 쓰되 '국가'로도 쓸 수 있으니, 사전 구실을 다 하는 것이다.

1993. 1.《가는정 오는정》

〔붙임〕
우리말의 '나라'는 국가라는 뜻이지 땅이름은 아닌데, 일본에서는 땅이름으로 쓰인다. 나라현(奈良縣)의 나라시(市)는 더 말할 것 없고, 교오토와 나라 사이의 큰 길이 '나라 가도(街道)'인데, 오오사카와 나라 사이의 큰 길도 '나라 가도'라고 한다.
나라현 북부에는 나라 분지가 있고, 나라시 동부에 나라 공원, 북부에 나라 비탈(坂)과 나라산(山)이 있다.
그 밖에도 나라선(線)이라는 두 군데의 철도 이름을 비롯하여, '나라이, 나라오, 나라카와 나라시노, 나라다, 나라와'들의 도시가 있고, '나라'라는 말이 들어가는 멧부리, 산, 강, 고개, 단지, 온천 들 땅이름이 일본 각지에 흩어져 있다.

‘낭만’은 헛소리, ‘로망’이라야

계몽주의 · 고전주의 · 합리주의에 신물이 나서, 감정 · 개성 · 공상 · 주관 따위의 자유를 부르짖으며, 달콤한 꿈나라의 감상을 즐기는 경향을 로맨티시즘이라 한다. 프랑스말로는 로망티슴이다. 그 ‘로망’이 “속된 글로 쓰인 이야기”라는 뜻으로도 쓰인다.

영어로 ‘로맨스’라고 하면 주로 “연애 얘기”란 뜻이다. 그 말을 넣어서 일본에서 ‘로맨스그레이(늘그막 멋쟁이), 로맨스시트(연애 자리), 로맨스카(연애차)’ 따위 말을 만들어 쓴다. 우리도 그것들을 덮어놓고 받아들여 쓴다.

로망티슴으로 자유 분방하여, 시건방져진 일본 문인들이 ‘로망’을 ‘浪漫’으로 적었다. ‘浪’은 우리 한자음으로는 ‘랑’인데, 일본 한자음으로는 ‘로오’다. ‘漫’은 우리 한자음으로나 일본 한자음으로나 다 ‘만’이다.

우리 쪽 문인들이 일본의 장난질인 ‘浪漫(로망)’을 우리 한자음으로 ‘낭만’이라고 헛소리를 하니 딱하다.

《큰사전》(한글학회, 1957)에는 일제 때 원고대로 ‘낭만주의, 낭만파’만 실려 있고, ‘낭만’은 없다.

《국어대사전》(민중서관, 1961)에는 ‘낭만, 낭만적’을 보태어 아주 ‘낭만’을 실었다.

《새우리말큰사전》(삼성출판사, 1974)에는 한술 더 떠서 ‘낭만성, 낭만주의적, 낭만파음악’ 따위를 보태 늘어 놓았다.

그러니까 《국어대사전》(민중서림, 1982)에는 신이 나서 ‘낭만주의미술, 낭만주의음악’ 들까지도 만들어 보탰다.

우리 선배 문인들이 개화기에 ‘로망’을 ‘魯漫’으로 취음하여 적었다는 사실은 어디 두고, 일본 것만 그리도 좋아하는가?

'내가 살던 고향'이 맞다

KBS 취재반이 중국 취재반과 함께 평양을 거쳐 백두산에 갔다 왔다.

그것이 1997년 9월 14일 저녁 8시, KBS 〈일요 스페셜〉에 '최초로 공개하는, 북한에서 본 백두산'이란 제목으로 방영됐다.

취재반이 평양에서 백두산 가는 도중에 어느 살림집에 들렀다. 저녁 시간에 우리 취재반원 한 사람이 "노래 부를 줄 아느냐"니까, 삼지연 인민학교 어린이가 벌떡 일어나서 씩씩하게 노래를 불렀다.

내가 살던 고향은 꽃 피는 산골
무궁화꽃 살구꽃 아기진달래
울긋불긋 꽃대궐 차린 동네
그 속에서 놀던 때가 그립습니다

곡조는 똑 같은데, 노랫말의 첫구가 다르다. 우리는 '나의 살던 고향'이라고 하는데, 북한에서는 '내가 살던 고향'이라고 하는 것이다.

우리 아동 문학가 윤석중 님이 30여 년 전부터 나에게 늘 하는 말이 있다.

"… '나의 살던 고향'은 '내가 살던 고향'이지요?"

이원수 님과 한 시대에 같이 활동한 아동문학가니까 크게는 말 못 하고, 나즈막한 소리로 조심스럽게 하던 말이다.

윤석중 님뿐 아니라, 우리말에 관심이 있는 사람은 누구나 다 같은 생각을 하고 있는 말이다. 우리 말법과는 다른 표현이니까.

'내가 만난 사람', '내가 읽은 소설'이라고 하면 우리 말법이다. 이것을 서양 사람이나 일본 사람들은 그렇게도 말하지마는 '나의 만난 사람',

‘나의 읽은 소설’이라고 더 많이 한다.

‘우리 집’이란 말도 일본 사람들은 “와레라 이에(우리 집)”라고 하지 않고, 반드시 “와레라노 이에(우리의 집)”라고 한다. ‘와레라노’의 ‘노’가 우리말에서의 ‘의’와 같다. 일본 사람들은 ‘노’만 쓰기도 하고, 우리처럼 ‘가’를 써도 되는 경우에도 ‘노(의)’를 쓰기 좋아한다.

‘나의 살던 고향’은 ‘내가 살던 고향’이 맞다.

이원수 님도 일본 식민지 시대에 공부한 분이다.

'너무'를 너무 쓴다

"너무 멋있다", "너무너무 감동적이다"라고들 많이 한다.

'꽤 예쁘다, 대단히 고맙다, 매우 부드럽다, 실로 가관이다, 참(으로) 좋다' 들이 평범하여 말맛을 돋우려면 '아주'를 쓰면 되는데, 그런 경우에까지 '너무'를 써서 말살이를 흐리고 있다.

'너무'는 "지나치게"라는 뜻의 말인데, '너무 놀았다, 너무 먹었다, 너무 웃었다, 너무 자랐다…' 들처럼 쓰일 말이 따로 있다.

'꽤, 대단히, 매우, 실로, 참(으로)' 들 다음에 와서 쓰이는 '가깝다, 길다, 낮다, 넓다, 높다, 느리다, 뜨겁다, 많다, 멀다, 빠르다, 작다, 적다, 좁다, 짧다, 크다…' 들에는 '너무'도 쓸 수는 있지마는, 지금처럼 아무 데에나 함부로 쓰는 것이 아니다.

‘怒發大發’은 엉뚱이

“펄펄 뛰며 몹시 성내는 꼴”을 ‘노발대발’이라고 한다. 《한국한자어사전》에도 없는 ‘노발대발’이란 말에, 우리 국어 사전들은 ‘怒發大發’이라는 한자를 붙여 놓고 있다.

한자말에 ‘노발’은 아무 데에도 없고, ‘대발(大發)’만 있다. 그 ‘대발’은 “크게 피어난다”는 뜻이다.

그러니, 그런 한자말이 있다고 해서, 헤아려 보지도 않고 덜커덕 갖다 붙일 것이 아니라, 그 말밑을 우리말에서 찾아야 한다.

‘대’는 ‘마음 씀씀이’로 “대가 세다”, “대가 약하다”처럼 쓰이는데, ‘대견하다, 대낮, 대단하다, 대돈변(돈 한 냥에 한 달에 한 돈씩 내는 길미), 대마루(가장 높은 지붕 마루), 대매(단 한 번의 매), 대보름, 대살(단단야무진 살), 대수(대단한 일), 대접(국·물 그릇), 대중(눈대중), 대판 싸움, 대포(큰 술잔)’들의 ‘대’에 이미 ‘大’자가 붙어 있는 것도 있고 붙이고도 싶겠지만, 이것들은 ‘大’와는 상관없는 우리말이다.

‘발’의 말밑도 ‘글발(문맥), 깃발 날리다, 끗발(끗수 나오는 기세), 눈발(쏘아 보는 눈길, 눈이 내리는 기세), 땀발(땀이 흐르는 줄기), 마당발(폭넓게 활동하는 이), 말발(말의 힘), 빗발(내리는 빗줄기), 빛발(내뻗치는 빛 줄기), 서릿발(삐죽삐죽 엉긴 서리 기운), 오줌발, 핏발(몸에 생긴 핏결)’들에서처럼 우리말에서 얼마든지 찾을 수 있다.

경상북도 영덕의 큰 게도 우리 국어 사전에는 ‘대게(大—)’로 되어 있었지만, 사실은 다리마디가 대(竹)처럼 생겼다고 그냥 우리말로 ‘대게’다.

'同舞'라는 것은 없다

1995년 10월 18일치《조선일보》칼럼에, "'동무'는 함께 춤춘다는 뜻의 한자말인 '同舞'"라는 대목이 있었다.

그러나 '同舞'라는 것은 우리 나라뿐 아니라 중국《중문대사전》에도 없고, 일본《대한화사전》(모로하시 데쓰지 지음)에도 없다. '동무'를 중국에서는 '평유(朋友)'라 하고, 일본에서는 '도모(友)'라고 한다.

'同舞'는 낱말로서 쓰이지 않기 때문에 한자말이 아니다. 그러므로 우리 문헌에는 그런 것이 없고, '동무'라는 말을 취음하여 한자로 적을 경우에도 그 적기가 어떤 글자로도 정해져 있지 않다.

조선 인조 때 병자 호란 뒤, 1637년부터 1644년까지 청나라에 볼모로 가 있던 소현세자의 수행원이 심양에서 서울 승정원으로 보낸 보고서 '심양장계'에는 '同務'라고 적었다.

조선 순조 때 송남(松南) 조재삼(趙在三)이 엮은 백과 사전《송남잡지(松南雜識)》에는 '同儕'라고 적었다.

우리말 속담을 한문으로 옮긴《동언해(東言解)》에는 '同謀'라고 했다.

조선 후기의 소설인《옥루몽(玉樓夢)》에는 '同侔'라고 적었다.

이상과 같이, 하나의 말을 여러 가지 한자로 적었다는 것은 그것이 한자말이 아니라는 증거다.

'동무'는 우리 옛말인 '동모'나 '동므'가 바뀐 말이다.

'동모'는《훈몽자회》(1527)의 '伴'자 풀이(주석)에 "俗呼火伴 동모 …"(보통 '벗(火伴)'을 '동모'라고 한다)라는 구절에서 보인다.

또한 조선 중종 때 역시 최세진이 '노걸대'를 번역한《번역 노걸대》(1510년대)에 "탁주예 흥졍 녀러 동믜오나눌(涿州買賣去來的, 火伴到來: 탁주에 흥정 다녀 둥므가 오거늘)"이라고 하였다. 우리 옛날 맞춤법에서 ‘므, 브, 프’와 ‘무, 부, 푸’가 함께 쓰이다가 17세기 말기에 ‘무, 부, 푸’로 바뀌었다. 〔《16세기 우리 옛말본》(1989. 허웅)에서〕 그러니 우리말 ‘동무’라는 말은 ‘아모’가 ‘아무’로 바뀌듯 ‘동모’가 ‘동무’로 바뀌고, ‘너므’가 ‘너무’로 바뀌듯 ‘동므’가 ‘동무’로 바뀌었다.

따라서 ‘동무’라는 말은 우리말이 분명하다.

1995. 11. 23. 《포스코》

예사소리의 된소리되기

조용한 아침 나라에 거센 물결 건너 거친 소릿바람이 불어 온다. 일본의 말소리가 고운 배달말을 흔들어 놓는 것이다.

일본 발음이 우리말의 발음에 끼치는 영향이 여러 갈래로 나타나는데, 그 가운데서도 두드러진 것이 예사소리의 된소리화 현상이다.

1982년 9월 1일, 저녁 9시 40분, 어떤 텔레비전 방송에서 독립 기념관 건립 준비위원회가 성금을 '… 창꾸로 보내 달라'고 부탁하고 있었다.

'창꾸'가 어느 나라 말일까? 우리에게는 본디 그런 된소리는 없었다. 그런데 일본 발음의 영향을 받아, '문법, 헌법, 문과, 상과, 이권, 주권, 인격, 성격' 들의 '법, 과, 권, 격' 들을 된소리로 발음하게 되었다.

사람도 트기('튀기'는 잘못)가 있는 판이니, 말인들 일제 지배 아래에서 순수할 수가 있었을까 보냐고 여기기도 하지마는, 그런다고 '교과서, 참고서, 효과'까지 일본 발음을 따서 [교꽈서, 참꼬서, 효꽈]로 읽어야 한다고 핏대를 올릴 수 있을까? 일본식인 '교꽈서'가 옳다고 주장하는 박사·교수가 수두룩하다.

'건(件)'이 '껀'으로 돌아가는 것도 귀가 아픈데, '금고, 차고, 창고, 상권, 하권, 등기, 고가도로' 들이 [금꼬, 차꼬, 창꼬, 상꿘, 하꿘, 등끼, 고까도로]로 둔갑하고 있으니 이 일을 어찌할꼬.

독립 기념관은 일본을 의식하고 지은 건데, '창구'를 하필이면 일본식으로 발음하다니 ….

'ㄹ' 다음에서 된소리가 나는 것은 '발달[발딸], 결정[결쩡], 활성[활썽]' 들처럼 보통이지마는, '출격, 활보' 들도 있으니 다 그런 것도 아니다. 그런데 '활발'을 '활빨'이라고 발음하는 것은 웬일일까?

'산보'라는 말을 일본 사람들이 흔히들 '삼뽀'라고 써 왔다. 우리는 '소풍'이니 '산책'이니 하는데, '산보'를 '산뽀'라고 발음하는 거나, '만보'를 '만뽀'라고 발음하려는 것은 잘못이며, '간단하다'를 '간딴하다'로 발음하는 것도 일본식이다.

영어 '러닝', '메시지'들이 '런닝, 멧세지'처럼 된소리화하는 경우도 있다.

우리가 옛날 쓰던 '문과·무과 급제'는 '문꽈, 무꽈' 급제라고 소리내지 아니하였다. 그러나 근래에는 그 된소리화를 인정하지 않을 수 없게 된 것 같다.

1983. 12. 《열매》

‘드셔 보셔요’는 ‘들어 보셔요’로

요즘 ‘드셔 보셔요’라는 말투가 자주 들린다. ‘드셔 보셔요’라고 해서 나쁜 것은 아니다. 좋은 말이기는 하지만, 부자유스러운 맛이 있다. ‘드셔’와 ‘보셔’의 ‘셔’가 겹쳐 말이 순하지 않기 때문이다.

“친구가 만져 보러 들어와서 들어 올렸다 내려 놓고 돌아 나갔다”고 하면, 존댓말이 하나도 쓰이지 않은 예사스러운 말투다.

온 사람이 친구가 아니고 어른이라면 말투가 달라진다. 존댓말을 써야 한다. 그런다고, “어르신네가 만지셔 보시러 듭셔 오셔서 드셔 올리셨다 내리셔 놓으시고 도셔 나가셨다”처럼 한껏 높여 놓으면 어떨까? 도무지 말이 아니다. 그러나 틀린 말은 아니다. 옳은 말인데도 존댓말 쓰기가 지나쳐서 듣기 싫은 것이다.

어른이 오신 경우에 알맞은 존댓말을 쓰면 “어르신네가 만져 보시러 들어오셔서 들어 올리셨다 내려 놓으시고 돌아 나가셨다”쯤으로 될 것이다. 존댓말이 절반으로 줄었다. 경우에 따라서는 “어르신네가 만져 보러 들어오셔서 들어 올렸다 내려 놓으시고 돌아 나가셨다”고 할 수도 있다. 존댓말도 지나치지 않게 알맞게 써야 한다.

그럼 ‘드셔 보셔요’는 어떻게 해야 하나. ‘들어 보셔요’라고 해야 알맞은 표현이다.

여기서 헷갈리지 않게 알아 둘 것이 있다. ‘들어 보다’를 존댓말 꼴로 말할 때 ‘드셔 보다’냐 ‘들어 보시다’냐 하는 것이다. 답은 ‘들어 보시다’라고 해야 옳다. 그래야 말할 때 ‘들어 보셔요’라고 쓰인다.

1996. 7. 4. 《포스코》

'멀지 않아'는 바뀐 일이 없다

"멀지 않아 봄이 온다"를, 때로 "머지 않아 봄이 온다"고 하여, '멀지 않아'와 '머지 않아' 둘 가운데 어느 것이 옳으냐 하는 논란이 일어날 수 있다.

원래는 '멀지 않아'가 옳지만, '머지 않아'가 옳다고 여기는 사람도 있고, 여기는 근거도 있다.

1988년에 고친 '한글 맞춤법' 제4장 제2절 제18항 '붙임'에 아래와 같이 되어 있다.

"다음과 같은 말에서도 'ㄹ'이 준 대로 적는다 … 마지 않다 …"

그것은 보기말의 '마지 않다'가 본디 '말지 않다'인데, 그 '말지'의 '말'에서 'ㄹ'이 줄어서 쓰이니, 준 대로 '마지 않다'로 적는다는 것이다.

이 규정에는 아무런 이상이 없다. 문제는 이 규정의 해설에 있다. 그 해설에 다음과 같이 되어 있다.

"어간 끝받침 'ㄹ'은 'ㄷ, ㅈ, 아' 앞에서 줄지 않는 것이 원칙인데, 관용상 'ㄹ'이 준 형태가 굳어져 쓰이는 것은 준 대로 적는다 … 머지 않아 …"

본디의 규정에는 보기말이 '마지 않다'로 되어 있는데, 그 '마지 않다'를 '머지 않아'로 바꾸어 놓은 것이다. 그러나, 한글 맞춤법이 생긴 이래 '머지 않아'로 고친 일이 없다. '마지 않다'가 해설 과정에서 실수로 '머지 않아'로 뒤바뀌어 혼선을 빚게 된 것이다.

이 틀린 해설 때문에 멀쩡한 사람들이 현혹되어 '머지 않아'가 옳다고 여기게 되었다.

그 해설의 '머지 않아'를 '마지 않다'로 바로잡아야 한다. 이렇게 바르게 된 해설책도 많이 나와 있다.

참고로 더러 "범나비 나지 마라, 아니 노지를 못하리라, 바람아 부지 마라, 한 오백년 사자는데, 아다마다"라고 하는 수가 있더라도 규정이 바뀌지 않으면 'ㄹ'이 줄지 않은 '날지 마라, 놀지를 못하리라, 불지 마라, 살자는데, 알다마다'가 옳은 말이다.

1995. 4. 20. 《포스코》

'몰라하다'는 중국말 투

이화우 흩뿌릴 제 울며 잡고 이별한 임
추풍낙엽에 저도 날 생각는가
천리에 외로운 꿈만 오락가락 하노매

이 시조는 전라북도 부안 명기 이향금(중종 8년: 1513 ~ 명종 5년: 1550)이 지어 남겼다.

지은이의 예명은 계랑, 호는 매창 또는 계생인데, 선조 때 어진 선비 유희경(호: 촌은)이 젊었을 때 사귀다가, 서울 간 뒤 소식이 없자 수절하면서 지은 것이다.

그 시조 중장 끝귀 '생각는가'는 '생각하는가'라는 말이다. 지금부터 4백 60년쯤 전에는 지금의 '생각하다'를 '생각다'로 썼음을 알 수 있다. 지금도 '생각다 못해, 생각고 주다, 생각지 않아'라고 '-하-'가 없는 꼴로도 쓰인다.

'삼가다, 서슴다'는 본디부터 '-하-'가 없는 꼴이다. 그런 것을 흔히 '삼가할 것, 서슴치'처럼 '-하-'를 넣어서 '삼가하다, 서슴하다' 꼴로 말을 잘못 쓴다.

'삼가다'는 "말과 짓을 조심스럽게 하거나 하지 아니하다"라는 뜻으로, '삼갈 것'이라고 하면 "하지 말 것"이라는 뜻이 강하다. 그런 것을 '삼가할 것'이라고 하면 마치 "삼가서 눈치껏 할 것" 같은 맛이 풍겨, 생각과는 다른 표현이 된다.

"어쩔 줄을 몰라하다"도 말법에 어긋난다. 움직임을 나타내는 풀이말에 '-하다'를 붙여 '놀아해, 먹어해, 쉬어해'라고 하는 것은, '쉬다'를 중국말로 ‘슈시(休息)’라고 하는데, 우리는 ‘-하다’를 붙여 ‘휴식하다’라고 하는 것을 보고, 이를 중국 사람들이 입내 내어 하는 말 꼴이다.

‘몰라하다’는 ‘뿌지따오(不知道)’라는 중국말의 우리말인 ‘몰라’에 중국사람들이 ‘-하다’를 붙여 쓰는 꼴이다.

‘알아 하다’라고 하면 ‘알아서 하다’의 준말이지마는, ‘몰라하다’는 말이 안 된다.

‘몰라하다’는 ‘모르다’, ‘몰라해’는 ‘몰라’라고 해야 한다.

1996. 8. 29. 《포스코》

‘反胃’는 ‘번위’다

　한때 떠들썩했던 문화 방송 TV 드라마 〈허준〉에서 허준의 스승 유의 태가 걸려서 죽은 병을 ‘반위’라고 했단다. 그 ‘반위’를 요즘에는 ‘위암’ 이라고 한다는데, 한자로는 ‘反胃’라고 적는다. 그렇다면 ‘반위’가 아니 라 ‘번위’다.

　‘反’에는 [반]이라고 소리낼 때에는 “돌이킴”이라는 뜻으로, [번]이라 고 소니낼 때에는 “뒤침”이라는 뜻으로 쓰인다. ‘반복(反復: 되풀이)’과 ‘반 포(反哺: 안갚음)’는 다 안다. 그러나 밭을 논으로 만드는 ‘번답(反畓: 논뒤치 기)’과 ‘번전(反田: 밭뒤치기)’은 모르는 사람도 있다.

　‘反胃’도 ‘번위’라고만 하고, ‘반위’라고는 하지 않는다. 이것은 희한 하게도 우리 사전들에 옳게 되어 있다.

'방불케 한다'는 억지

"하와이는 일본의 식읍을 방불케 할 정도가 되었다." - 1997. 10. 7.《조선일보》
'만물상'

"요즘 우리 대학은 영어 학원을 방불케 한다." - 1997. 10. 20.《조선일보》 '만물상'

"하나님 아들과 방불하여 항상 제사장으로 있느니라." -《신약 전서》 히브리서 7
장 3절

"이러므로 죽은 자와 방불한 사람으로 말미암아." -《신약 전서》 히브리서 11장 12절

'방불하다'가 두 가지 꼴로 쓰였다.

《조선일보》는 '…을 방불케 할', '…을 방불케 한다'라고 썼고, 《신약
전서》는 '…과 방불하여', '…와 방불한'이라고 썼다.

'…을 방불케 하다'와 '…와 방불하다'의 두 가지 다른 꼴로 쓴 것
이다.

'방불하다'는 본디 "아주 비슷하다, 서로 닮다, 흐릿하다, 아련하다, 희
미하다, 운운함과 같다" 따위 뜻의 말이다. 그러나 일반적으로 "① 비슷하
다(진짜와 방불한 가짜이다), ② 흐릿하거나 어렴풋하다(모습이 방불하게
떠오른다)"의 두 가지 뜻으로 가장 많이 쓰인다.

그런데 "비슷하다"의 뜻으로 쓰는 경우에 문제가 있다.

'진짜와 방불한 가짜'는 '진짜와 비슷한 가짜'이니 순한 말이지만, '진
짜를 방불하게 한 가짜'는 '진짜를 비슷하게 한 가짜'이니, 순한 말이 아
니고 어색하고 억지말이다.

'모습을 방불하게 그렸다'고 하면 '모습을 비슷하게 그렸다'이니 말이
된다. 그러나, '모습을 방불하게 했다'고 하면 '모습을 비슷하게 했다'이

니 어색하다는 것이다.

우리는 흔히 '실전을 방불하게 한 훈련'이란 표현을 신문 따위에서 본다. 이것도 '실전과 방불한 훈련'이라고 순하게 해야 무리가 없다.

앞에 든《조선일보》'만물상'의 경우에도 '식욕을 방불케 할'과 '학원을 방불케 한다'를 '식욕과 방불할'과 '학원과 방불하다'로 순하게 해야 억지가 아니다.

1997. 12. 11.《포스코》

‘배포’와 ‘排布 · 排鋪’

우리 국어 사전들에 ‘배포(排布 · 排鋪)’라는 말이 올림말로 올라 있다. 그런데 ‘排布’도 ‘排鋪’도 중국에는 없다.

‘排布’는 일본에서 만든 말로서, “한 줄로 늘어 놓음, 깔아 늘어 놓음”의 뜻으로 쓰는데, 우리말 ‘배포’와는 상관이 없으므로 여기서 빼 버려야 한다.

‘排鋪’는 우리가 만든 말로서, “① 생각을 써서 일을 요리조리 계획함, 또는, 마음 속에 가지고 있는 계획, ② 죽 벌여 깔거나 폄”의 뜻으로 쓴 것으로 되어 있다.

그런데 그 쓰임의 보기로 다음과 같은 것들이 올라 있다.

“배포 유하다: 서두르거나 조급하게 굴지 않고 성미가 유들유들하다 (이것을 《조선말대사전》(1992)에는 ‘배포 느긋하다’라고도 한다고 했다).”
“배포가 크다: 담력과 도량이 크다.”

‘排鋪’와는 아귀가 맞지 않다. 게다가, 다음과 같이 베포춤도 올라 있는데, 이 말에는 한자가 없으니 ‘배포’는 우리말인 것이다.

“배포춤: 제주도 큰굿에서 처음에 … 뿌리는 동작을 하는 춤.”

조선 순조 2년, 죄인 추국 기록에 이두 문자로 쓰인 ‘排鋪’를 살리려면, 우리말 ‘배포’를 따로 올려야 한다. ‘排’는 긴소리고 ‘배’는 짧은소리이므로 맞지도 않다.

“배포: 굽히지 않고 두려움 없이 마음 속에 다진 계획이나 태도”로 올려서, "배포 유하다, 배포가 크다"를 그 쓰임 보기로 하면 될 것이다.

놀라운 것은, 우리 나라 한자 사전에는 '排鋪' 말고 '排布'를 '배포'에 적어 넣은 것이다.

이것이 우리 나라 한자 사전의 참모습이다.

'배포'의 '배'는 '배꼽, 배때기, 배알, 배짱' 들의 '배'이고, '포'는 '날포, 달포, 대포, 살포, 손포, 엄포, 해포' 들의 '포'와 같이 한자와는 상관없이 쓰이는 말조각이다.

'봉은사路'는 '봉은샛길'

2001년 10월 19일치 《조선일보》 30쪽 제목에 '봉은사路', 27일치 27쪽 제목에 '강변路, 전용路, 강변북로', 11월 9일치 23쪽 제목에 '서울路', 25쪽 제목에 '공항路' 들이 있었다.

'봉은사路'는 누가 보아도 억지 같다. 글로 쓸 때에도 부자연스럽고, 말로 할 때에도 '봉은사로 가는 도중'이라고 했을 때 '봉은샛길 가는 도중'인지, '봉은사로 가는 도중'인지 헷갈린다.

'서울路'도 마찬가지다. '서울길'로 가는지 '서울로' 가는지 알 수가 없다.

조선 태조가 지금의 기상청 언저리에 서전문을 세웠는데, 지세가 불편하므로 세종 4년(1422)에 그 문을 막고, 지금의 강북 삼성 병원과 경향 신문 사이의 고개에 새로 문을 내고 돈의문이라고 한 것을 속칭 새문이라고 했다. 그 새문 안쪽을 새문안이라 하고, 바깥쪽을 새문밖이라고 한다. 그래서 새문 안쪽 새문안 교회가 있는 큰 길을 '새문안길'이라고 한다. 그것을 '새문안路'라고 할 수 있을까?

망설이지 말고, '봉은샛길, 강변길, 전용길, 강변북길, 서울길, 공항길'로 하는 것이 떳떳하다.

'강변길'은 '강갓길'이다. '갓길'은 고속길의 길섶이 아니고, '강갓길'이나 '호숫갓길', '바닷갓길'이다.

아버지 항렬의 부름말

지난 날만이 아니라, 지금도 어떤 계층에서는 아버지 형제를 '백부·중부·숙부·계부'라 부른다. 5형제 가운데 아버지가 한가운데, 곧 세째라면 아버지의 큰형은 백부, 다음 형은 중부, 아버지의 큰아우를 숙부, 막내 아우를 계부라고 하는 것이다. 실제로 아버지 형제가 다섯 분까지일 경우에는 그런 식으로 해결될 수도 있다.

그러나, 아버지 형제가 여섯 분 이상이 되면 위와 같은 부름말로는 부족하다. 그래서, 전라도를 비롯한 일부 지방에서는 아버지 형제 가운데 맨 위만 큰아버지이고, 그 다음부터는 모조리 작은아버지라고 통일해 버리지만, 그것도 모순이 있다. 즉, 아버지의 형을 작은아버지라고 부르게 되는 경우가 생기기 때문이다.

그런 모순을 없애기 위해서, 서울을 비롯한 많은 지역에서는 아버지 하나로 통일해서 쓴다. 큰아버지라는 말이나 작은아버지라는 말을 없애는 것이다. 그러면 '첫째아버지, 두째아버지, 세째아버지, 네째아버지, 다섯째아버지, 여섯째아버지 …'로, 이것은 아버지 형제가 아무리 많아도 막히는 데가 없는 편리한 방법이나 그래도 모순이 있다. 아버지는 하나지 여럿이 아니기 때문이다. 어머니가 차례로 아버지를 맞아들이지 않는 한 아버지는 하나다.

그래서, 아버지 항렬을 합리적으로 부를 수 있는 해결 방법은 없을까 생각해 보았다. 궁리 끝에 생각해 낸 것이 큰아버지, 아버지, 작은아버지의 세 가지 부름말을 살려 쓰는 방법이다.

아버지는 하나지마는, 큰아버지나 작은아버지는 여럿일 수 있다. 큰아버지와 작은아버지에 '첫째, 두째, 세째 …'를 씌우는 것이다.

그리하여 '큰아버지, 두째큰아버지, 세째큰아버지 … 아버지, 작은아
버지, 두째작은아버지, 세째작은아버지 …'라고 하면, 아버지 형제가 아
무리 많아도 깨끗이 해결되고 합리적이다.

다만, 직접 대놓고 부를 때에는 '두째큰아버지 … 두째작은아버지 …'
도 모두 그냥 큰아버지, 작은아버지라고 한다. 큰아버지나 작은아버지가
한 자리에 모여 있으면 두째부터는 두째큰아버지, 세째작은아버지라고
부르기도 하고, 택호(사는 곳)를 붙여 서울큰아버지, 포항작은아버지처럼
부르는 것이다.

1994. 7. 21. 《포스코》

'사이시옷'은 제한할 수가 없다

고친 맞춤법 제30항은 사이시옷 적기를 규정하고 있는데, 한자말에는 사이시옷을 받치어 적지 않되, 두 음절로 된, '곳간(庫間), 셋방(貰房), 숫자(數字), 찻간(車間), 툇간(退間), 횟수(回數)' 들 여섯 개 한자말에만 받치어 적기로 한다고 했다. 그러한 군더더기는 있으나 마나이고, 아무런 쓸모도 없다. 사이시옷은 그런 것이 아니기 때문이다.

똑같은 글짜의 두 음절 말이라도, 아래 든 보기처럼 사이시옷을 받치어 적고 안 적고에 따라 다름이 있어서, 사이시옷이 없이는 구별이 되지 않는 경우가 있다.

代數
  – 댓수: 세대의 수.
  – 대수: 수학의 대수학.
表題
  – 푯제: 표를 짓는 글제.
  – 표제: 겉면 제목.

똑같은 글짜가 아닌 다음과 같은 두 음절 말들도 구별이 안 된다.

갯수(個數) / 개수(改修)
곳가(高價) / 고가(古家)
냇적(內的) / 내적(內賊)
댓가(代價) / 대가(大家)

이 밖에도 얼마든지 있다. 그런데 어째서, 무슨 근거로 두 음절 한자말

여섯 개만 골라서 사이시옷을 받쳐 적고, 나머지 그 많은 한자말에는 안 받쳐 적어도 괜찮다는 것인지 알 수가 없다. 그나마 '셋방, 툇간'의 '방'과 '퇴'는 한자말이 아니고 우리말이다.

사이시옷은 적어도 되고 안 적어도 되는 것이 아니라, 적을 자리에는 꼭 적어야 한다.

종이상자: 종이로 만든 상자.
종잇상자: 종이를 넣는 상자.

판자집: 판자로 지은 집.
판잣집: 판자를 파는 집.

외래말에나 우리말에나 사이시옷은 똑같이 '눈코귓과, 시댓병, 슬레이 툿집, 시멘툿집, 케이큿집'처럼 받치어 적어야 한다.

서양식 외래말에도, 아래 말들처럼 사이시옷 소리가 나느냐 아니 나느냐에 따라서 뜻이 달라지기 때문이다.

슬레이트집: 슬레이트 지붕집.
슬레이툿집: 슬레이트를 파는 집.

시멘트집: 시멘트 벽 집.
시멘툿집: 시멘트를 파는 집.

케이크집: 케이크로 만든 집 모양 과자.
케이큿집: 케이크를 파는 집.

《국어사전 바로잡기》 90쪽 '사이시옷 쓰임'을 볼 것)

1995. 7. 20.～ 27. 《포스코》

'상호·호상'보다 '서로'를 쓰자

몇 해 전 남북 대화가 잘 풀렸을 때 일이다. 남쪽에서 "상호간에 협조하자"고 하면, 북쪽에서는 "호상간에 협조하자"고 했다. 우리는 '상호'라고 써 왔는데 북한에서는 '호상'이라는 말을 써서 말거리가 된 것이다.

'상호'와 '호상'은 순서만 다르지 똑같은 말인데, 아무 것도 아닌 것을 자기 쪽 말로 통일하자고 실랑이가 벌어진다면 웃기는 일이 될 것이다.

이런 경우, 그 매듭을 어떻게 풀어 가는 것이 슬기로운 길인가를 알아 보기 위해, 중국과 일본, 남한과 북한의 경우를 보기로 들어 쓰임을 살펴 보자.

중국에도 '호상'이라는 말이 있기는 하지만 그것이 '호상 보결(서로 이름을 써서 보증서를 내는 일)'이라는 말에나 쓰일까 그나마 그것도 잘 쓰이지 않고 이것을 '호결, 호보, 호증' 들로 쓸 뿐, '상호'라는 말도 쓰지 않는다.

그 대신 '호'를 써서 '호감응, 호용, 호조' 들과 같이 쓰는데, 그것을 우리 나라나 일본에서는 '상호 감응, 상호 작용, 상호 부조'로 쓴다.

위의 경우처럼 일본에서는 '상호'라는 말을 써서 '상호 관계, 상호 보험, 상호 원조 조약, 상호 은행, 상호주의, 상호 회사'를 만들어 쓴다.

우리 나라에서는 일본 것을 거의 다 쓰고, 그 밖에 '상호 계약, 상호 동화, 상호 방위 조약, 상호 조약' 들까지 더 만들어 쓴다.

하지만, 북한에서는 앞에서 본 것처럼 '상호'라는 말보다는 '호상'이라는 말을 써서 '호상간, 호상 연결, 호상 연락, 호상 왕래, 호상 입장'처럼 쓰고 있다.

결국, 중국에서는 '호'를, 일본과 남한에서는 '상호'를, 그리고 북한에서는 '호상'을 쓴다는 것을 알 수 있다.

　그러므로, '상호'와 '호상' 가운데에서 어느 하나를 옳다고 하는 것도 옳지 않으므로 이것은 딱 맞는 우리말 '서로'로 바꾸면 된다.

　그리하여 '서로 감응, 서로 작용, 서로 부조, 서로 계약, 서로 동화, 서로 조약, 서로 연결, 서로 연락, 서로 왕래 …' 들로 한다면 남북 사이에 이미 벌어져 있는 많은 말 차이 가운데에서, 적어도 하나는 줄일 수 있지 않을까 한다.

　알아 둘 것이 있다. 꾸미는 구실을 하는 경우에 쓰이는 말이, 이름 구실을 하는 말로도 쓰인다는 것이다. 아래와 같은 것들이 그런 경우이다.

다 가져왔느냐. / 이것이 다 입니다.
모두 모았느냐. / 이것이 모두 입니다.
그대로 보여라. / 생긴 그대로가 좋다.
스스로 반성한다. / 스스로를 돌아본다.
오래 기다렸다. / 기다린 지 오래다.

거꾸로 이름 구실을 하는 말이 꾸미는 구실을 하는 것도 있다.

인생은 잠깐이다. / 잠깐 기다려라.
그 말이 정말이냐. / 정말(로) 그러냐.
그것이 참말이냐. / 참말(로) 그렇다.

그러므로 '서로'도 다음처럼 쓰일 수 있다.

서로 사랑하라. / 서로간에 믿음이 있어야 한다.

1994. 11. 10. 《포스코》

'생질'과 '누이아들'

　형제자매가 낳은 자식을 조카라고 한다. 그런데 우리네는 남자 형제가 낳은 아이는 조카라 하고, 여자 형제(자매)가 낳은 아이는 생질이라고 해서 둘을 구별하고 있다.

　생질의 '생(甥)'은 자매가 낳은 자식이고, '질(姪)'은 형제가 낳은 자식이다. 생질 이외에 '질생(姪甥)'이라는 말도 있다. 형제가 낳은 자식과, 자매가 낳은 자식을 아울러 일컫는 말이다.

　글짜상으로 보면, 생질과 질생은 순서만 달라졌을 뿐 한자까지 같은 말이다. '질생'이 형제자매의 자식인 모든 조카를 가리키므로 '생질'은 자매의 자식만을 가리키는 말이 아니다.

　중국에서도 형제와 자매를 구별하는 것은 우리와 같다. 그러나, 형제의 자식인 조카는 '지쯔(姪子)' 또는 '지얼(姪兒)'이라 하여, 아들딸 공통인 것이 우리와 다르다. 또, 아들과 딸을 구별해서 아들은 '지난(姪男)'이라 하고, 형제의 딸을 '지뉘(姪女)'라 한다. 한편 자매가 낳은 아들을 '와이성(外甥)'이라 하고, 자매가 낳은 딸을 '와이성뉘(外甥女)', 또는 그냥 '성뉘(甥女)'라고 한다.

　말하자면, 중국에서는 '성(甥)'과 '지(姪)'로 구별하고 있어 우리보다는 합리적이라고 할 수 있다.

　일본에서는 또 다르다. 형제와 자매의 구별은 없고, 대신 조카의 남녀 구별이 있다. 형제자매의 아들을 '오이(甥)'라 하고, 형제자매의 딸을 '메이(姪)'라고 하는 것이다. 아주 간단 명료하고 민주적이며, 확실한 방법이라고 할 수 있다.

　우리도 합리적이고 쉬운 방법으로 자매의 아이들에 대한 부름말을, 맞지도 않은 '생질' 같은 한자말을 피하고 우리말로 만들어 보자.

조선 때 성종의 어머니 인수대비(세조의 큰며느리)가 옛 문헌에서 여자들이 쌓아야 할 덕목을 추려서 우리말로 정리한 《내훈》이라는 책을 펴냈다.

이 책에 '오라배아들'이란 말이 나온다. 이것은 '오랍의 아들' 즉 '오랍아들'로 '오빠의 아들'이라는 뜻이다. 이런 식으로 말을 만든다면, 생질은 '누이아들'이고 생질녀는 '누이딸'이라고 간단하고 확실하게 할 수가 있다.

서울로는 못 내려간다

요즘 흔히들 "평양서 서울로 내려왔다"고 한다. 옳은 말일까?

지도를 방바닥에 펴 놓고 보면 '동·서·남·북'이나 '앞·뒤·왼·오른'이 평면에 있기 때문에 높이는 모두 같아서, '상·하'나 '위·아래'는 없다. 그러므로 어떤 세력을 넓혀 옮기어 갈 경우에는 아래와 같은 말이 쓰인다.

동점: 동쪽으로 옮아감.
서점: 서쪽으로 옮아감.

'남점·북점'이란 말은 없다. 물론 '상점·하점'이란 말도 없다.

군대, 민족 따위가 동서남북으로 나아갈 경우에는 다음과 같은 말이 쓰인다.

동진: 동쪽으로 나아감.
서진: 서쪽으로 나아감.
남진: 남쪽으로 나아감.
북진: 북쪽으로 나아감.

이것까지는 중국과 일본도 마찬가지다. '상진·하진'이란 말은 없다. 다만, '상진'은 중국에서 "성적 같은 것이 좋아진다"는 뜻으로 쓴다.

사람이나 수레 따위가 동서남북으로 가는 경우에는 다음과 같이 쓰이는데, 일본에서만은 잘 안 쓰인다. '남행 열차'라는 유행가 제목은 이 경우에 딸린다.

동행: 동쪽으로 감.

서행: 서쪽으로 감.

남행: 남쪽으로 감.

북행: 북쪽으로 감.

'월남'이란 말은 중국이나 일본에서는 '안남(베트남)'의 뜻으로만 쓰인다. 그런데, 우리는 그 밖에 달리 어떤 경계선을 지나는 경우에도 다음처럼 쓰인다.

월남: 남쪽으로 넘음.

월북: 북쪽으로 넘음.

'월동, 월서'라는 말은 없다.

이상, '동점, 서점, 동진, 서진, 남진, 북진, 동행, 서행, 남행, 북행, 월남, 월북' 들은 때와 곳이 정해져 있지 않고, 또 '오르고 내리고' 하는 '위아래'라는 뜻 없이 쓰는 말이다. 그러나, '월남 · 월북'만은 우리만 특수하게 때와 곳을 정하여 쓰기도 한다. 때는 '8 · 15, 광복 후'고, 곳은 '38선, 휴전선'이다. 이 경우에도 다음과 같이 쓴다.

월남: 남으로 넘음.

월북: 북으로 넘음.

그래도 역시 '오르고 내리고' 하는 '위아래' 개념은 없다. 그런다면, "북에서 남으로 내려왔다"고 할 수가 없는 것이다. 더구나 "평양에서 서울로 내려왔다"고 하면 어떤 이유로도 말이 되지 아니한다.

어째서 "평양서 서울로 내려왔다"고들 할까. 한번 지도를 벽에다 붙여 놓고 본다. 그러면 북쪽이 남쪽의 위에 있다. 그렇다면 다음처럼 쓰이는 수가 있다.

북상: 북쪽으로 올라감.

남하: 남쪽으로 내려감.

이것은 중국이나 일본에서도 마찬가지다.
같은 나라 안에서라면, 아래와 같이 써도 된다.

부산서 대구로 올라간다.
경기서 제주로 내려간다.
대전서 신의주로 올라간다.
의주서 대전으로 내려간다.

그러나, 아무리 북쪽에 있다고 해도 나라가 다르면 우리는 다음과 같
이 말해야 한다.

남한으로 들어온다.
북한으로 나간다.
대전서 신의주로 간다.
의주서 대전으로 온다.

중국이나 일본도 마찬가지로 “중국에서 몽골로 올라간다”, “일본에서
중국으로 들어간다”라고는 하지 않는 것이다.
남북한을 다른 나라로 보는 처지라면 다음과 같이 말해야 한다.

평양서 서울로 온다.
서울서 평양으로 간다.

나라가 하나든 둘이든 어떤 경우에라도 “평양서 서울 내려왔다”고 하
면 안 된다.

1996. 11. 7. ~ 11. 14. 《포스코》

‘先達’이란 것은 쓴 일이 없다

우리말에 ‘선달’이란 말이 있다. 그 뜻은 “① 기울어진 집이나 내려앉은 기둥을 바로 세우는 데에 쓰는 살판이나 살목에 세우는 나무토막, ② 과거 시험에 합격하고, 아직 벼슬하지 아니한 사람”이다.

그런데, ‘선달 ②’의 경우에 흔히 ‘先達’이라고 적는다. 그 근거는《고금석림》(1789)의 ‘동한역어’에 있는데, 이것도 잘못된 것이다.

《고금석림》은 조선 때 이의봉이 약 1,500가지 책에서 ‘중국말, 우리말, 일본말, 몽골말, 만주말, 베트남말, 타이말, 요나라말, 금나라말, 이두말’ 들 수만 낱말을 뽑아 풀이한 책이다. 그 가운데에 우리말에 관한 것이 ‘동한역어’다. ‘신라, 고구려, 백제, 태봉, 고려, 조선’ 들의 낱말을 풀이한 순 한문책이다.

한글로 된 책이라면 “선달: 문과 · 무과에 급제하고 아직 벼슬하지 아니한 사람”이라고 할 것인데, 한문책이라 한글로 적지 못하고 “先達, 文武科出身之未附職者, 稱爲先達”이라고 했다. 그러나 ‘先達’은 우리가 쓰는 말이 아니고 중국에서 ‘셴다’라고 하여 “① 선배, ② 고승” 따위 뜻으로 쓰이고, 일본에서는 “① [센다쓰]: 수행자가 수행장으로 들어갈 때에 선도하고, 재계 · 예배하는 방법을 가르치는 교사 격인 수도자, ② [센닷테] 지난번” 따위 뜻으로 쓰인다.

그러니까, 우리는 ‘선달’이라는 우리말은 써도, 뜻도 다른 한자말 ‘先達’은 옳게는 쓴 일이 없다.

원래 ‘선달’의 말밑은 학식 있는 ‘선비’와 ‘건달’이지만, 쓰이는 뜻은 점잔빼고 거드름 부리는 ‘고달’에 더 가깝다.

'선물'과 '善物 · 膳物'

 '선물'은 남에게 어떤 물건을 선사하는 행위, 또는 그 물건을 뜻하는 말로, 한자말이 아닌 우리말이다. 이것을 《조선어사전》(문세영 지음)은 '善物'이라고 적고, 다른 우리 국어 사전들은 거의 '膳物'로 적고 있다.

 1990년대에야 《우리말큰사전》(한글학회)이 그것을 한자 없이 우리말로 다루었고, 《한국어사전》(남영신 지음)은 한자를 취음으로 했다.

 한자가 없으면 우리는 '선물'도 못 준다는 말인가. 실제로 사전에 한자를 쓰기도 하고 안 쓰기도 하며, 쓴 한자도 통일이 되어 있지 않는 것은 한자말이 아니라는 증거다. 그렇다면 쓴 한자는 취음이다.

 이처럼 '건물, 고물, 그물, 나물, 만물, 반물, 방물, 새물, 신물, 애물, 여물, 우물, 이물, 진딧물, 한물, 허물, 헛물' 같은 우리말 가운데서 어떤 것을 한자로 적은 사전도 있지만, 그럴 필요가 없다.

 참고로, '물건'을 적은 '物件'이 우리나라에서 17세기 이전부터 쓰였는데, 일본에서는 19세기 말엽에, 중국에서는 20세기 중엽에 나타난다.

‘선사’와 ‘善事·膳賜’

　　존경하거나 친근하거나 사랑한다는 뜻을 나타내기 위하여 남에게 선물을 주는 일을 ‘선사’ 한다고 한다.

　　이것을 《조선어사전》(문세영 지음, 1938), 《표준조선말사전》(이윤재 지음, 1947), 《큰사전》(한글학회, 1957) ·《우리말큰사전》(한글학회, 1992), 북한의 《조선말대사전》(1992), 《국어대사전》 3판(이희승 지음, 1994) 들에는 사실대로 다음과 같이 한자 없이 우리말로 다루었다.

　　“선사: 남에게 선물을 줌.”

　　그러나 ‘선사’ 라는 우리말이 기어이 한자말로 물들고 만다.

　　이희승의 《국어대사전》 1판(1961) · 2판(1982)에 아래와 같이 ‘선사’ 옆에 ‘善事’ 을 붙여 놓았다.

　　“선사(善事): ① 착한 일. 좋은 일.② 신불에게 공양함. ③ 남에게 선물을 줌.”

　　이것도 《새우리말큰사전》(삼성출판사, 1974)에는 다음과 같이 ‘善事’ 를 ‘膳賜’ 로 바꾸었다.

　　“선사(膳賜): … 남에게 선물 줌.”

　　말밑이 분명하지 않으면 소리대로 적어야 하는데, 억지로 말밑을 만들어 내는 괜한 짓들이다.

　　앞에서 본 바와 같이 《국어대사전》 1판(이희승 지음, 1961) · 2판(1982)의

'善事'를 3판(1994)에서 '선사'로 바로잡았다.

그런데도 《표준국어대사전》(국어연구원, 1999)은 삼성출판사의 《새우리말큰사전》(1974)의 '膳賜'를 따랐다. 허깨비를 표준 삼은 것이다.

우리말 '선사'와는 상관없이, '善事'는 다른 뜻으로나마 말은 되지마는, '膳賜'는, '사찬(賜饌: 임금이 음식을 줌)'이란 말이 있으니까, '사선(賜膳: 임금이 반찬을 줌)'으로나 해야 말이 되든지 말든지 하지.

'설피'에 관하여

주로 산간 지대에서 쌓인 눈에 빠지지 않게, 칡·노·새끼 따위로 거칠고 성기게 얽어서, 신바닥에 대는 넓적한 물건을 '설피'라고 한다.

이 말을 우리 국어 사전인 《새우리말큰사전》(삼성출판사, 1974), 《우리말큰사전》(한글학회, 1992), 북한의 《조선말대사전》(1992) 들에는 한자 없이 우리말로만 다루었다.

그런데, 《국어대사전》 2판(민중서림, 1982), 《표준국어대사전》(국어연구원, 1999)에는 한자 '雪皮'를 달아 놓았다. 마치 '설피'는 우리말이 아니라, 한자 '雪皮'가 그 말밑이라고 하는 것 같다.

'雪皮'라는 것은 중국, 일본 사전이나 우리 《한국한자어사전》에서도 아직 못 보았다. 그렇다면 우리말일 수 있다.

한자 벌레들은 '설피'는 눈(雪) 거죽(皮)에만 닿게 신는 물건이므로 '雪皮'라고 해야 한다고 우겨 댈 것이다.

어째서 우리말을 한자에서만 그 말밑을 찾으려 하는가? 더 가까운 우리말에서 찾아보지 않고.

우리말에 '살피다'라는 말이 있다. "자세히 보고 헤아린다"는 뜻이지마는, "짜거나 엮은 것이 거칠고 성기다"라는 뜻도 있다.

뒤의 뜻으로 쓰일 때에는 큰말로 '설피다'가 있다. "짜거나 엮은 것 또는 솜씨가 거칠고 성기다"라는 뜻의 말이다.

이 '설피다'에서 '설피'를 뽑아 내어, "칡·노·새끼 따위로 거칠고 성기게 얽어 만든 물건"이라고 하면 안 될까? 그렇게 하면 '가물다'에서 '가물'을 빼서 쓰는 것과 비슷하다.

근거도 없는 한자를 들먹이는 것보다는 훨씬 낫지 않을까?

‘受苦’는 ‘수고’가 아니다

1996년 8월 28일치《조선일보》‘한자 칼럼’에 우리말 ‘수고, 수고롭다, 수고로이, 수고스럽다, 수고스레, 수고하다’의 ‘수고’가 한자말 ‘受苦’라고 했다. 천만의 말씀이다. 그 까닭은 다음과 같다.

첫째, 음이 다르다. 우리말 ‘수고’의 ‘수’는 긴소린데, 한자말 ‘受苦’의 ‘受’는 짧은소리다.

두째, 뜻이 다르다. 우리말 ‘수고’는 “무슨 일에 힘들이고 애씀”인데, 중국말 ‘서우쿠(受苦)’는 “고통을 받음, 괴로움을 당함”이다.《석보상절 9:25》에 있는 “계집이 아기 낳을 時節을 當하여 至極한 受苦할 적에”의 ‘受苦’가 이에 해당한다.

우리는 한자말 ‘受苦’를 쓴 일이 없다. 지난 날에도 ‘수고’의 옛말 ‘슈고’를 아래에서와 같이 ‘辛苦, 勞, 苦, 勞苦’들로는 표현했으나, ‘受苦’ 따위는 없다.

> 온가짓 슈고(千辛萬苦) -《박통사》상:57
>
> 슈고를 못 견뎌(不耐勞) -《한청문감》8:28
>
> 슈고로운 일 있거든(有苦時) -《박통사》상:72
>
> 슈고로이 함(劬勞) -《번역소학》9:27
>
> 부지런코 슈고로움(勤苦) -《번역소학》9:106
>
> 심히 슈고로움(甚勞) -《어제내훈》1:39
>
> 슈고롭게 함(勞苦) -《한청문감》7:54

중국에서도 우리말 ‘수고’를 ‘신쿠(辛苦), 치쿠(吃苦)’ 또는 ‘마판(麻煩)’이라고 하지, ‘受苦’라고는 하지 않는다.

우리가 우리말 ‘수고’를 한글로 안 적고 한자로 취음할 때에도 흔히 ‘手苦’를 썼다. 뜻까지 비슷한 것을 고른 것이다. “손이 고생한다, 손이 애쓴다”는 뜻으로 보려는 것이다. 그러나, 역시 ‘手苦’의 ‘手’도 짧은소리여서 음이 다르다. 그리고 그래 봤자 그런 말이 있는 것도 아니고 장난에 지나지 않는다.

한자로만 생각하는 버릇 때문에 우리가 안 쓰는 것까지 갖다 대는 판에, 우리가 쓰는 한자말을 갖다 대지 않을 리가 없다. 기어이 사전에서 찾아 내 봤다.

“수고(愁苦): 걱정하고 괴로워하며 고생함.”

이 말은 다음과 같이 쓰이기도 한다.

“수고지용(愁苦之容): 근심하거나 괴로워하는 모습.”
“수고신근(愁苦辛勤): 몹시 걱정하고 괴로워함.”

그러나, ‘수(愁)’도 짧은소리여서 음이 다르고, 뜻도 들어맞지 않는다.

우리 국어 사전들도 ‘수고’를 우리말로 다루고, 하나도 한자말로 다룬 것이 없으며, 한자로 취음해 쓴다는 것도 없다.

그러니, ‘수고’를 ‘受苦, 手苦, 愁苦’ 따위로 적느냐 마느냐 하는 것은 헛짓이다.

그런 것보다는, ‘수고한다’는 말이 “힘들이고 애쓴다”는 뜻이어서, 어른에게 ‘수고하십시오’라고 하면 “힘들이고 애쓰십시오”가 되니, 어른에게는 그런 말을 해서는 안 된다는 것을 알아 두자. 그럴 필요가 있을 때에는 “도와 드릴까요?”라든지 위로 말을 여쭈어야 한다.

식장 안에 입장하여 자리에 착석

예식장에 가면, 손님들이 식장 밖에서 서성거리거나 오랜만에 만난 친지들과 정담을 나누느라고 여념이 없다. 그러면 으례 사회자가 다음과 같이 재촉말을 한다.

"갑돌이와 을순이의 혼인 예식이 곧 거행될 예정이오니, 밖에 계신 하객 여러분께서는 식장 안으로 입장하셔서 자리에 착석하여 주시기 바랍니다."

그런데 이 재촉말이 말썽이다. 그 까닭은, "곧 거행될 예정이오니"는 '될'과 '예정'이 겹쳤으니 "곧 거행됩니다"로 해야 한다. 또한 "식장 안으로 입장하셔서"는 '식장'의 '장'과 '입장'의 '장'이 겹치고, 또 '안'과 '입장'의 '입'이 겹쳤으니, "식장으로 들어오셔서"라고 해야 한다. 그리고 "자리에 착석하여"는 '자리'와 '착석'의 '석'이 겹쳤으니, "자리에 앉아" 또는 그냥 "앉아"라고 해야 하는 것이다.

말에는 강조하기 위해서 일부러 겹치는 경우가 있다. 그런다고 말마다 겹치는 것도 우습다. 때로는 강조하는 것도 아니고 필요하지도 않은데, 모르거나 실수해서 겹치는 수가 있다.

앞에서 말한 대로, 혼인 예식 사회자의 독촉말도 꼭 그렇게 해야만 하는 것이 아니다. 말이 겹치지 않게 하려면, "갑돌이와 을순이의 혼인 예식을 곧 거행하겠습니다. 밖에 계신 하객(여러분)께서는 식장으로 들어오셔서 (자리에) 앉아 주시기 바랍니다"라고 하면 될 것이다.

1996. 12. 26. 《포스코》

'안 하다' 와 '않다'

1986년 신년호의 《한국일보》 4쪽 제목에 "모험 않을 것"이라는 것이 있었다. 틀린 것은 아니다. 그러나, 말이란, 제 자리에 쓰여야 제 구실을 한다.

'아니 하다'가 붙어서 줄면 '않다'가 될 수 있다. '않음'은 그 '않다'가 바뀐 꼴이다. 그럼, '아니 하다'가 어떤 경우에 붙어 쓰일까?

보기를 들면, "공부를 아니 하다"와 "좋지 아니하다"는 있어도, "공부를 아니하다"와 "좋지 아니 하다"는 없다.

"공부를 아니 하다"가 줄면 "공부를 안 하다", "좋지 아니하다"가 줄면 "좋지 않다"로 되는 것이 순리다.

따라서 "모험 않을 것"은 "모험 안 할 것"으로 해야 순하다. 물론 '안 하다'가 3음절이니 부득이 2음절로 줄일 필요가 있을 때에는 '않다'로 줄여도 안 될 것은 없다.

1986. 1. 《신문과 방송》

'양수겹장'은 '양수겸장'

1999년 12월 16일 저녁 〈대추나무 사랑 걸렸네〉라는 드라마에서 한 출연자가 장사꾼의 건강 팔찌 선전을 하면서, "신경통에도 좋고 모양도 좋고 '양수겹장'이네요"라고 했다.

몰라서 그랬는지, 알고도 효과를 높이기 위해 주의를 끌려고 일부러 그랬는지는 알 수 없으나 '양수겹장'이라고 했다.

그 '양수겹장'은 '양수겸장'의 잘못이다.

'양수겸장(兩手兼將)'이란, 장기에서 두 개의 장기짝(말)이 한꺼번에 장을 부르는 말밭에 놓이게 된 관계를 말한다.

이 말은 장기 둘 때에만 쓰이는 것이 아니라, 하나의 사물을 양쪽에서 동시에 노리는 일을 비유하는 때에도 쓰인다.

'겹장'이라고 해도 해석 나름으로나 경우에 따라서는 반드시 틀린 것만은 아니라고도 할 수 있다.

하기야 '양수'는 한자말이지마는, '겸장'은 중국이나 일본에서 만든 말이 아니라, 우리가 만들어서 우리만 쓰는 말이다. 따라서 '양수겸장'도 한자말이 아니고 우리가 만든 한국 한자말이다.

옛날에는 이렇게 숙어를 흔히 한자로 만들었으나, 지금 다시 만든다면 우리말을 이용해서 '두손겹장'이라고 만들 것이다.

그러나, 본디 한자 숙어로 된 말인데, '겸장(兼將)' 아닌 '겹장'이라고 하면 한자 숙어라고 할 수 없다.

그렇더라도 한자 숙어로 '양수겸장'이라고 하지 않고, '양수겹장'이라고 할 바에야 지금에라도 '두손겹장'이라고 해서 나쁠 것 없다.

'–에 이기다, –에 따르다'가 아니다

1985년 1월 5일치 《조선일보》 10쪽에 바둑 9기 기왕전 도전기 3국 총보가 실렸는데, "서봉수 기왕이 조훈현 9단에 3집 반 이겼다"는 내용이었다. 그 '9단에'의 '에'는 '에게'와는 또 다른 말이다.

"서 기왕이 조 9단을 이기고, 조 9단이 서 기왕에게 졌다"고 해야 하는 것이다. 《큰사전》을 비롯한 다른 사전들에는 그렇게 되어 있다.

"9단을 이겼다"식 표현은 우리 식이고, "9단에 이겼다"는 일본식이다.

일본식 말은 우리말에 없는 것은 몰라도, 있는 것은 쓸 필요가 없다.

'이기다'를 쓸 때 우리는 '전쟁을 이기고, 경기를 이기고, 싸움을 이기고, 축구 시합을 이기고, 어떤 학교가 다른 학교를 이긴다'고 하는데, 일본에서는 '전쟁에 이기고, 경기에 이기고, 싸움에 이기고, 축구 시합에 이기고, 어떤 학교가 다른 학교에 이긴다'고 한다.

'따르다'도 마찬가지다. 우리는 '나를 따르라'고 하지 '나에 따르라'라고는 하지 않는다. '신식을 따르고 구식을 버린다, 스승을 따르자니 사랑이 운다'도 우리는 '신식에 따르고, 스승에 따르고'라고는 하지 않았다.

그런데, 인제는 '싸움에 이기고, 법률에 따른다'가 보편화해서 그러한 표현을 인정하는 국어 사전까지 나왔다.

그러나, 우리 식 말이 '말을 타고, 기차를 타고, 배를 타고, 자동차를 타고, 자전거를 탄다'이고, 이것을 일본식으로 '말에 타고, 기차에 타고, 배에 타고, 자동차에 타고, 자전거에 탄다'고 하는 사실을 잊어서는 안 된다.

1985. 2. 《신문과 방송》

'오도도기'냐 '오도독이'냐

"따끄미 속의 매끄니, 매끄니 속의 떨떨이, 떨떨이 속의 오도도기가
뭐냐?"

전에는 이 수수께끼를 자주 들어서 귀에 익었었으나, 지금은 없어져
간다. 이 수수께끼가 국어 사전에도 없고, 속담 사전에도 잘 실려 있지 않
기 때문이다. 사전에 안 나온 것부터가 수수께끼다. 왜 그럴까? 실을 수
가 없는 것이다. 이 수수께끼에 들어 있는 낱말 '따끄미, 매끄니, 떨떨이,
오도도기' 들이 국어 사전에 나와 있지 않아, 그것들을 어떻게 적는지 모
른다. 답답한 일이다.

1992년에 나온 《우리말큰사전》에 처음으로 아래와 같이 따끄미를 올
렸다.

"따끄미: 예닐곱 치 안팎의 잉어."

따끄미는 이처럼 잉어 새끼고, 떨떠리는 사전에 다음처럼 되어 있다.

"떨떠리: → 떨기(경북)."

'떨기'의 경북 사투리라니, 이 수수께끼와는 번짓수가 다르다.

그리고는 '따끔이, 매끈이, 떨떠리, 오도독이' 같이 적는 말도 없다. 그
러니, 어떻게 맞추어 적어야 할지 모르는 것이다.

여기서는 우선 결론부터 말한다. 그 맞춤법은 '따끄미 속의 매끄니 속
의 떨떨이 속의 오도도기'다.

그 가운데 '따끄미, 매끄니, 오도도기' 들은 고친 맞춤법에서 '따끔이,

매끈이, 오도독이'로 적기로 되어 있는데, 그것도 역시 잘못이다.

'따끄미'는 찔리면 따끔따끔하게 따끔거리는 것이라는 뜻의 시늉말이니까, 따끔따끔하게 찌르는 가시가 많이 돋아 있는 밤송이다. '매끄니'는 매끈거린다는 뜻의 시늉말이니까, 밤톨의 매끈매끈한 껍질이다. '떨떨이'는 떨떨한 것이란 뜻이니까, 떨떨한 밤 따위의 보니('보늬'는 틀림)를 가리킨다. '오도도기'는 단단한 것을 깨물 때 나는 소리로 된 시늉말이니, 깨물면 오도독거리는 밤 알갱이다.

그러므로, 이 수수께끼는 결국 "따끔따끔한 밤송이 속의 매끈매끈한 밤 껍질 속의 떨떨한 보니 속의 오도독 소리를 내는 밤알"이다.

이상은 고치기 전의 옳은 맞춤법을 적용한 것인데, 1988년에 고친 틀린 맞춤법으로는 '따끔이, 매끈이, 오도독이'로 적기로 되어 있어서 어떻게 적을지 몰라 적지를 못한 것이다.

재미있는 수수께끼를 그 맞춤법을 몰라서 싣지 못한다면 안타까운 일이다.

‘옹아리’냐 ‘옹알이’냐

‘옹아리’와 ‘옹알이’는 적기 규정이 두 가지여서 어느 한쪽으로 뿌리를 내리지 못하고 있다.

1933년에 제정한 한글학회 한글 맞춤법 통일안에는 ‘-거리다’가 붙을 수 있는 시늉말 뿌리는 밝혀 적지 않기로 하여, 다음과 같이 적기로 되어 있다.

개구리　　기러기　　깍두기　　날라리　　매미　　뻐꾸기　　삐쭈기
싹두기　　…

그래서 1992년에 나온 《우리말큰사전》(한글학회)과 북한 《조선말대사전》에는 ‘통일안’대로 ‘옹아리’로 적고 있다.

그리고, 국어 사전들에서 대개는 ‘통일안’을 따라 아래와 같이 옳게 적었다.

깔쭈기　　노랑찍찌기　　따오기　　딱따기　　뜸부기　　쌕쌔기　　철써기
톡토기　　…

그러나 일부는 통일안을 따르지 않고 다음처럼 잘못 적었다.

깜박이　　껄떡이　　꿀꿀이　　눈깜작이　　딸딸이　　똑딱이　　오뚝이
…

그래서, 1988년에 잘못 손댄 한글 맞춤법에서는 국어 사전에서 틀리게 적은 것들을 바로잡지 않고 도리어 원칙을 삼아서, ‘-거리다’가 붙는 시늉말 뿌리를 밝히어 적기로 하여 다음과 같이 적기로 했다.

깔쭉이　　　쌕쌕이　　　삐죽이　　　푸석이　　　　…

그래서 틀린 것을 옳은 것으로 다룬, 1999년에 나온 《표준국어대사전》(국어 연구원)에는 '옹알이'로 적고 있다. 그렇게 하면 아래와 같이 적게 된다는 것을 잊은 것이다.

개굴이　　기럭이　　깍둑이　　날랄이　　맴이　　뻐꾹이　　싹둑이
따옥이　　딱딱이　　뜸북이　　철썩이　　톡톡이　　　…

그래 놓으니까, 2001년에 나온 《국어대사전》 3판(민중서림)의 수정판에도 '옹아리'로도 못 적고 '옹알이'로도 못 적어서, 아예 이것도 저것도 싣지 않고 있다.

게다가, '-거리다'가 붙는 시늉말 뿌리를 밝혀 적는다고 해 놓은 바람에, 국어 사전에 제대로 올라 있는 '깍둑거리다', '싹둑거리다' 들까지도 '-거리다'가 붙지 않는다고 억지를 부려야 되는 문교부 맞춤법을 믿을 수가 없다.

옳게 되어 있는 맞춤법대로 '옹아리'로 적어야 한다. (앞 항 "'오도도기'냐 '오도독이'냐"를 볼 것)

‘왕겨’냐 ‘王겨’냐

우리 나라 국어 사전에는 동·식물을 비롯한 사물 이름을, 그것이 크고 첫소리가 ‘왕’이면 그 ‘왕’을 거의 한자 ‘王’으로 적는다. ‘왕겨(王—)’라고 적는 것이 그런 것이다. 한자벌레들이 하는 짓이다.

《표준국어대사전》(1999)에 ‘王가물·王가뭄, 王감, 王갓, 王개구리 …’들이 130개쯤 올라 있다. 그것은 ‘王’에 “몸피가 큰 것”이란 뜻도 있으니까 당연하다고 할 수도 있다. 그러나 꼭 그래야만 할까.

일본은 그런 썩어빠진 짓은 하지 않는다. 중국말 ‘왕서(王蛇)’를 우리는 ‘王뱀’이라고 하는데, 중국말 ‘왕롄(王蓮)’을 일본에서는 ‘오오오니바스(大鬼蓮)’라고 한다. ‘王’을 ‘大’로 하는 것이다. ‘王’과 ‘大’의 소리가 일본에서는 둘 다 [오오]인데도 말이다.

중국에서는 큰 다랑어(鮪)를 ‘왕웨이(王鮪)’라고 하지마는, 그것은 중국 사정이고, 중국도 아닌 우리는 허겁지겁 빌붙어 ‘王다랑어’라고 하지 않는다. 그래서도 안 된다.

어쭙잖은 한자 때문에 아까운 우리말이 많이 없어졌지마는, 그래도 우리에게는 한자 없이도 무슨 소리든 적을 수 있는 한글이 있다.

크고 시끄럽게 떠들면 ‘왕왕거린다’고 하고, 정도가 엄청나게 크면 ‘왕창 크다’고 하고, 차이가 엄청나게 크면 ‘왕청되고, 왕청뜨다’고 하며, 왕창 따돌림을 당하면 ‘왕따 당했다’고 한다.

본디 이 “크다”는 뜻의 우리말 ‘왕’은 “임금, 제후, 우두머리 …”들 스무남은 가지 뜻을 가진 한자말 ‘王’과 다른 말이다. 한자 없이 ‘왕가물·왕가뭄, 왕감, 왕갓, 왕개구리 …’ 들로 충분하다.

‘王겨’가 아니고 ‘왕겨’라야 하는 것이다.

외래말 제대로 적기를 바란다

1970년대 끝 무렵, 외래말 적기가 통일되려는 역사적 순간이 눈앞에 다가왔다. 국어 심의회 표기 분과에서 장음 표기 폐지에 합의한 것만으로도 그 기틀을 엿볼 수 있다.

표기법을 하나만 가지고 써 왔더라면 아무 일도 없었을 텐데, 괜히 여러 개를 만들어서 어지럽게 해 놓고 나서야 통일 작업을 하고 있으니 힘은 들고 일은 어렵겠다.

어쨌든, 표기법은 단일화해 놓고 볼 일이다. 그런 다음 수정·보완해 나가야 한다.

국어 심의회에서 하는 단일화 작업의 마무리 단계에서, 통일에 조그마나마 도움이 될까 하여, 몇 가지 예를 들어 표기 규정의 정리 방향을 제시해 본다.

■ 장모음 처리

발음 표시에는 발음 기호와 보조 부호가 쓰인다. 보조 부호에는 악센트, 장음표, 하이픈 들이 있는데, 발음할 때 필요하지, 적기에는 아무 상관이 없는 무용지물이다.

그러기에 장음 적기는 1940년의 외래말 표기법 통일안에서도, 1963년 4월의 사회과 인명 지명 심의회에서도, 1970년의 국어 심의회(표기·한글 분과 합동 회의)에서도, 1970년 9월의 국어 심의회 표기 분과에서도 안 하기로 했었다.

장음 적기를 생략하기로 한 것이 아니라, 실은 없었던 제자리로 돌아간 것이다.

■ 현실적 적기

모음이 따르지 아니한 파열음 적기를 예로 들면, 긴모음과 짧은모음, 홑음절과 겹음절, K·P·T·D·B·G의 '으' 붙임과 받침 들로 복잡하게 가리는 짓은 억지다.

현실은 그게 아니고, 외국말 아닌 외래말에는 다음과 같이 세 가지 유형이 있다.

① 기본형= 지그재그

② 병행형= 지그잭·직재그

③ 축약형= 직잭

이 세 가지 유형을 종합해서 두루 통하는 적기 규정으로 간명하게 'ㅡ'를 붙이고, 받침을 준말로 인정하면 된다.

■ 일률적 규정

가령 'we'는 앞의 마찰음, 유음, 비음, 파열음, 구개음 들을 가릴 것 없이 항상 'ㅞ'로만 적어야지 쓸데없이 'ㅡ웨, ㅜ에, ㅣ웨' 들로도 적으면 일률성을 해친다. 부득이 갈라 적을 경우, 우리 상식에 비추어 'ㅜ에'라고 해야 한다.

■ 한글 능력 발휘

우리말에 '꿰다, 똬리, 뒝벌, 메별, 쏼쏼, 쒜쒜, 왱, 촬영, 콸콸, 쾡, 뛔뛔, 횅댕' 들이 있고, 준말에 '놔, 돼, 봐, 봬, 쉴하다, 좨치다, 학꼴(교를), 관롈(례를), 관겐(계는), 펠(폐를), 개(그아이), 쟤(저아이)' 들이 쓰이니, 외래말의 '쉘라, 퀴즈, 볼로냐, 콜봄뱌, 캐년, 밀련, 셰익스피어' 정도는 아무 것도 아니다. 벌벌 떨지 말고 제대로 표기해서 예외를 없애야 통일이 쉽다.

■ 준말의 타당성

준말은 어떤 경우에나 있다. 외국말로서 영어 교과서에 'can not'과 그 준말 'cannot, can't'가 공존한다. 우리말로서 '무우 → 무, 도라지 →

도랗, 구운밤 → 군밤, 오아서 → 와서, 가물음 → 가물·가뭄' 들로 적기
가 상식이고, 외래말로서 '하와이이 → 하와이, 아우어 → 아워, 시움 →
슘' 들도 약속했고, 받침도 ㄱ, ㅅ, ㅂ으로 줄였다. 준말과 예외는 다르다.
  준말에는 다음과 같은 잇점이 있다.

- '인플레, 디프레, 데마, 데모, 매스컴, 아파트, 디파트' 들의 적기
  근거가 생긴다.
- '히트·힛, 뉴요크·뉴욕, 커트·컷, 지그재그·직잭' 들을 다 쓸
  수 있다.
- '고르키유→고르키(kij→ki), 몽테스키외→몽테스킈(kjø→kø)로
  적을 수 있다.

■ **일어음 적기**

일어음 적기에는 세 가지 방법이 있겠다.

① 가나식(トウキョウ)

② 로마자식(TOKYO)

③ 기호식(toː:kjoː:)

세 가지 중에서 로마자식이나 기호식도 가나를 알아야 적기가 가능하
다. トウキョウ를 모르고 어디 가서 TOKYO나 toː:kjoː:를 찾을 것인가?

일어음 적기는 가나식이 가장 가까운 길이다. 한글이나 이탈리아 글도
그 발음 규칙을 아는 사람에게는 철자 자체가 발음 표시 노릇을 하는 것
과 같다.

가나가 곧 발음 자체를 표시하는 'オカアサマ(오카아사마)', 'ヒイキ(히
이키)', 'キュウシュウ(규우슈우)', 'フウウン(후우운)' 들이 있고, 원음이
'カウ(江, 航, 昂, 硬, 衡, 高, 好, 交, 效, 香, 行), コウ(構, 後, 工, 洪, 肯, 興), クワ
ウ(光, 荒, 宏, 橫), カフ(甲, 合), コフ(劫, 翕)(博文館의 漢和大字典 따위의 적기)'
인 것들이 모두 철자는 'コウ(岩波書店의 廣辭苑 따위 적기)'이고, 발음은 'コ
オ(三省堂의 辭海 따위 적기)'이듯, 'ナワ(ハ)バリ(나와바리), ニイ(ヒ)ガタ(니

이가타), ユウ(フ)ガタ(유우가타), ウエ(ヘ)ムラ(우에무라), オオ(ホ)サカ(오오
사카)' 들처럼 원음 대신 현실음으로 적는 것도 있다.

동계 모음과 긴소리 관계는 생각해 볼 문제다.

옛 땅이름 '紀伊(기이)'는 본디 木(기)였고, 그 木(기)는 긴소리였다.
'紀伊'는 '木'의 긴소리 적기라고 한다. 그러나 지금에 와서 '紀伊'도
'기'로 적을 수는 없다. 'カイ'를 '가이'로 적는다면 'キイ'는 '기이'로
적어야 한다.

가나의 'アイウエオ'는 소릿값을 가지고 한 음절을 이루는 당당한 글
짜이지, 서양식 발음 표시의 보조 부호인 장음표가 아니다.

'ン(撥音), ツ(促音)'를 'ㄴ, ㅅ'으로 통일하는 것은 일률적인 점에서 괜
찮다.

1978. 9. 30.《편집인 협회보》

'울어쌌다카네'는 '울어 쌓았닥하네'

2002년 4월 13일《조선일보》40쪽 제목에 '울어쌌다카네'라는 표현이 있었다.

'울어쌌다'는 말이 안 된다. '쌌다'는 "책을 보자기로 쌌다", "도시락을 쌌다", "똥·오줌을 쌌다", "불기운이 쌌다", "값이 쌌다"처럼 쓰이는 말이므로 맞지 않는 것이다.

'울어쌌다'는 '울어 쌓다'나 '울어 쌓았다'라야 한다. '쌓다'는 "포개어 쌓다" "경험을 쌓다"처럼 쓰이는데, '앞 말이 뜻하는 짓을 되풀이하거나, 그 짓이 심하거나 심하게 함'을 나타내는 말로, "아이가 울어 쌓다"처럼 쓰이기도 한다.

'카네'도 '-다'와 이어지는 경우에는 '-다카네'가 아니고 '-닥하네'다. 그래야 '-다고 하네'의 준말이 된다. 따라서 '울어쌌다카네'는 '울어 쌓았닥하네'라고 적어야 한다. '어떻게 하다가'가 줄면 '어떡하다가'가 되니까 말이다.

울·화·통

　“울화통 터진다”는 “몹시 울화가 치민다”는 뜻이다. 이 ‘울화’라는 말이 사전에 어떻게 올라 있는지 살펴보면,《조선어사전》(조선총독부, 1920)에 ‘울홧병’,《조선어사전》(문세영 지음, 1938)에 ‘울화 · 울홧병’,《국어대사전》(민중서관, 1961)에 ‘울화, 울화병, 울화증, 울화통’이 올라 있고,《새우리말큰사전》(삼성출판사, 1974)은 여기에다 ‘울화술’을 더해 올렸다.

　그런데, 그 사전들이 이 ‘울화’에도 ‘鬱火’라는 한자를 달아 놓았다. 그야말로 울화통 터질 일이다.

　그런 한자말은《한국한자어사전》에도 없고, 다른 나라에도 없는데, 우리 국어 사전에만 있는 것이다. ‘울화’를 중국에서는 ‘위먼(郁悶)’, 일본에서는 ‘이키도오리(憤)’, ‘간샤쿠다마(癇癪玉)’라 한다.

　‘울 · 화 · 통’은 다 우리말이다.

　“몹시 성난 기운”을 ‘울기’라 한다. 울기의 ‘기’가 “기운”이라면 ‘울’은 “몹시 난 성” 아니겠는가? ‘울걱, 울끈, 울커덕, 울컥’들이 ‘갑자기 성이 나는 꼴’을 나타내는 말이다. ‘울’은 ‘성’과 통한다.

　‘화’도 ‘성’과 비슷한 말이다. ‘화’를 중국에서는 ‘피치(脾氣)’, 일본에서는 ‘이카리(怒)’라 한다. 우리 사전들은 ‘화’에도 ‘火’를 달아 놓았으나, ‘火’에는 “화”라는 뜻은 없다. ‘통’은 “사람의 도량”이란 뜻으로 “통이 크다”처럼 쓰이지만, ‘울화통’에서는 ‘울화’의 힘줌말의 구실을 한다.

　한자 ‘鬱火’가 없으면 우리는 ‘울화’도 안 난다는 말인가? 소가 웃을 일이다. 중국에 ‘울화’라는 말은 없어도, ‘열불 난다’고 할 때의 ‘열불’에 해당하는 ‘신훠(心火)’라는 말은 있다.

‘웬지’는 ‘왠지’

“왠지 모르겠다”고 할 때에 ‘웬지’가 옳지 않으냐고 토를 다는 사람이 있다. 어느 것이 옳을까?

‘왜’는 “어째서”라는 뜻으로 홀로 쓰이어 “왜 그래, 왜 살까?”처럼 말한다.

‘왠지’는 한 낱말이 아니다. 그런데 ‘왠’이 홀로 쓰이지 않으므로 ‘왜ㄴ지’로 가를 수밖에 없다. 이 ‘왜ㄴ지’는 ‘왜인지’다. 또 ‘-인지’는 모두들 잘 알고 있을 것이다. 그러므로 ‘왠지’는 그 뜻이 “어째서인지”로 확실히 말이 된다.

그러나, ‘웬지’는 사정이 다르다. ‘웨’라는 말이 없고, ‘웬’만 있으니까 ‘웬’과 ‘지’로 가를 수밖에 없고, ‘웨ㄴ지’로는 가를 수가 없다. ‘웨’가 없으니 ‘웨ㄴ지’는 말이 안 된다.

그 ‘웬’은 “어찌 된”의 뜻으로 ‘웬 까닭인지, 웬 영문인지’, “어떤”의 뜻으로 ‘웬 놈, 웬 일’ 처럼 쓰인다.

그러므로 ‘웬지’를 ‘어찌된 지’와 ‘어떤 지’로 풀이해 봐도 그 ‘지’가 무엇인지도 모른다. 이 때의 ‘어떤’은 ‘어느’이지, ‘어떠한’이 아니다.

“왠지 모르겠다”가 옳고, ‘웬지’는 말이 안 된다.

‘6.25’는 [융니오]로 읽어야 한다

‘8.15’가 [파리로]냐 [팔리로]냐 하는 문제는 말썽거리였는데 결론이 났다. 그러나 틀렸다.

1988년 1월 19일 문교부가 제정한 《표준 발음법》 제7장 제29항 〔붙임〕 ‘다만’ 항에 ‘6.25’를 [유기오]라고 한다고 한 것이 그것이다.

그러나, 그것은 잘못이다. 바로 그 제7장 제29항에 “색-연필[생년필]”이 있고, 맞춤법 제3장 제5절 제11항 〔붙임 4〕에도 “역-이용[영니용]”이 있고, 《표준국어대사전》에도 “극-예술[긍녜술]”이 있다. 그러므로 [유기오]는 모순된다.

11월 11일의 ‘11.11’은 [이리리릴]이 아니라 [이릴리릴]이다. 1월 11일은 ‘1.11’이고, 11월 1일은 ‘11.1’이다. ‘1.11’은 발음이 [일리릴]이고, ‘11.1’은 [이릴릴]이다. 그러므로 ‘6.25’의 발음이 [융니오]다. [유기오]라고 하면 ‘62.5’가 된다. 따라서 ‘8.15’도 [팔리로]다.

‘3.1’은 다르다. ‘3.1’은 유형이 ‘6.25’와 다르고 ‘3.01’이다. ‘3.01’은 발음이 [삼녕일]이지만, ‘3.1’은 [사밀]이다. 물론 ‘3.21’은 [사미일]이 아니고, [삼니일]이다. [사미일]은 ‘32.1’이다.

‘3.1’도 [삼닐]이 옳다는 주장도 있으나, 소리가 덧나기도 하고 안 나기도 하면, 뜻으로 구별이 없는 한, 안 나는 쪽을 택하는 것이 상식이다. ‘꼬릿말, 머릿말’도 뜻의 다름이 없으니까, ‘꼬리말, 머리말’을 표준으로 한 것이 그 보기이다.

‘6.25’는 [융니오]가 원칙이지마는 뜻의 다름이 없이 [유기오]라고 많이 하니까 허용해도 된다. 그러나 ‘1.11[일리릴]’과 ‘11.1[이릴릴]’은 원칙을 지켜야 한다.

'으악새'가 풀인가 새인가

아아, 으악새 슬피 우니 가을인가요
지나친 그 세월이 나를 울립니다
여울에 아롱젖은 이지러진 조각달
강물도 출렁출렁 목이 멥니다

일제 말엽 암울했던 시절, 김능인이 노랫말을 짓고, 손목인이 곡을 붙여, 고복수가 노래를 부른 〈짝사랑〉의 첫절이다.

그런데, 이 노래의 첫절, 첫귀에 나오는 '으악새'가 '풀'이냐 '새'냐는 시비가 그치지 않고 있다. 대부분의 사람들은 '으악새'를 '억새풀'이라고 알고 있다. 그 근거는 1990년 이전에 나온 모든 국어 사전에 '으악새'가 '억새'의 사투리라고 잘못되어 있기 때문이다.

모든 국어 사전에는 억새의 사투리로 '웍새'라고 되어 있다. 보통 사람들이 '왁새'가 있으리라고는 생각지도 않은 것 같다.

억새는 산이나 들에 나며, 줄기, 잎은 지붕을 이는 데, 또는 소나 양의 먹이로 쓰이는 풀이다. 그런 억새가 슬피 운다는 것도 이상하고, 산이나 들에 있어야 할 억새의 배경이 여울이나 강물같이 물과 관계가 있는 곳이라는 것도 이상하지 않은가?

달리 생각해 보자. 평안도 사투리로 '왁새'라는 새가 있다. 국어 사전에서 찾아 보면 '왁새'의 표준말은 '왜가리'다.

왜가리는 우리 나라, 일본, 동시베리아, 유럽, 아프리카, 오스트레일리아 등지의, 논이나 강가, 호숫가에서 물고기, 조개, 게, 개구리, 뱀 따위를 잡아먹고 사는데, 우리 나라에는 봄철(3월)에 왔다가 가을철(10월)에 돌아가는 여름새다(《새우리말큰사전》(1974)에 의함).

따라서 왜가리는 가을철에 돌아가는 새이므로 '으악새 슬피 우니 가을 인가요'라는 '짝사랑'의 가사에 들어맞는다. 즉, 으악새가 떠나가야 할 가을이 되어 슬피 운다고 이해할 수 있는 것이다.

그러니 이제까지 국어 사전에서 으악새가 억새의 사투리라고 한 풀이가 이상한 것이다. 다행히 1992년에 나온《우리말큰사전》에는 '으악새'가 억새의 사투리도 되고, 왜가리의 사투리이기도 하다고 되어 있다. 그러나 사실은 억새의 사투리는 '윅새'고, 왜가리의 사투리가 '왁새'다. [으악새]라는 소리가 [윅새]에 가까우냐 [왁새]에 가까우냐 하고 따져 봤을 때, 아무리 봐도 [으악새]는 [왁새]에 가깝다.

그러므로, '으악새'는 '왜가리'라는 새다.

1995. 2. 9.《포스코》

습사무소 이야기

"저기 습사무소가 있다."

어떤 초등학교 어린이들이 소풍을 갔다. 마침 읍사무소 앞을 지나다가 그 '읍사무소' 간판을 보고 '습사무소'라고 한 것이다.

조선 때 '잇슴니다'를 쓰다가 1933년에 맞춤법이 나온 뒤부터 '있슴니다'를 써 왔다. 그러다가 1945년 광복 직후 교과서에 '있읍니다'로 썼다.

그러나, 경상도 사투리 '먹심더(먹습니다)'의 '-심더'는 '-습니다'의 준꼴이다. 만일에 '먹읍니다'가 줄면 '먹임더'가 되는 것이다. 우리 나라에서는 어디서나 '-습니다'가 쓰이는 것이 보통이다.

교과서에서 '먹읍니다'라고 하니까, 아이들이 "선생님, '먹읍니다'가 뭡니까?"라며 '먹읍니다'는 말이 아니라는 것이다.

선생님은 할 수 없이, "그럼, '먹읍니다'를 '먹습니다'로 읽어라"고 했다. 그래서 '읍사무소'가 '습사무소'가 된 것이다.

1950년대에는 교과서에 '-읍니다'만 썼고, 1960년대에는 '받침'이나 '-읍니다'가 바뀌는 다음 것들만 '-습니다'로 바꾸었다.

들읍니다 → 듣습니다
더웁니다 → 덥습니다
나읍니다 → 낫습니다
그렁니다 → 그렇습니다

1970년대에는 'ㅆ, ㅄ' 다음에서는 '-읍니다'를 써도 '있읍니다, 없읍니다'처럼 '-읍니다'가 '-습니다'로 소리난다고, '있읍니다', '왔읍니다', '두었읍니다', '없읍니다'의 경우에만 '-읍니다'를 썼고, 1980년대에는 '-습니다'로 완전히 통일했다.

그렇게 된 데에는 1965년부터 《소년조선일보》에서 '-습니다'만 쓰며 온갖 힐책과 고통을 무릅쓰고 버틴 영향이 컸다.

'-습니다'로만 쓰면 어떤 '받침'도 바뀌지 않고, '-습니다' 자체도 바뀌지 않는다. '고맙다'에 '-읍니다'와 '-습니다'가 붙는 경우 다음처럼 되는 것이다. 어느 쪽이 자연스러운가?

'-읍니다' → 고마웁니다
'-습니다' → 고맙습니다

1995. 11. 9. 《포스코》

'의'는 [의]로만 소리내야 한다

고친 표준말 규정 제2부 제2장에 다음과 같은 규정이 있다.

"'ㅑ, ㅒ, ㅕ, ㅖ, ㅘ, ㅙ, ㅛ, ㅝ, ㅞ, ㅠ, ㅢ'는 이중모음으로 소리낸다."

당연한 규정이다.

그런데, 그 규정 끝에 붙어 있는 아래의 허용 사항은 어처구니없다는 느낌이 든다.

"다만 단어의 첫음절 이외의 '의'는 [ㅣ]로, 토 '의'는 [ㅔ]로 소리냄도 허용한다. … 강의의[강의의/강이에]"

이런 '다만 규정'이 어째서 있어야 하느냐는 것이다.

'의'의 소리는 [으]로 시작해서 [이]로 끝나, 그 소리를 내기가 쉽지는 않지만, 그렇다고 그토록 어려운 것도 아니다.

사람들이 '의' 소리를 내는 것을 살펴보자.

나의[의] 구실
나의[에] 구실
나의[으] 구실
나의[이] 구실

위 네 가지 소리는 보통이고, 경상도 일부에서는 '의사'를 [어사]라고 소리내기도 한다.

그렇다고 해서 '의'를 [의, 에, 으, 이, 어]로 아무렇게나 소리내도 된다고 할 수 있는 것은 아니다.

소리를 잘못 내면 잘 내도록 가르쳐서 바로잡아야지, 잘못 내도 좋다고 해서는 안 된다.

'의' 소리 잘못 내기는 설교할 때 '하나님의 은혜'를 '하나님에 은혜'로 소리내고, 노래부를 때 '백의의 천사'를 '백이에 천사'라고 소리낸 데에서 비롯되었다.

'의'를 '에'로 소리내도 된다고 허용해 놓으니까, 토 '의'는 아예 '에'로 소리내는 버릇이 붙어, 아이들이 글로 쓸 때에도 '우리에 집, 버스에 종점'이라고 쓴다.

웃고만 있을 일이 아니다.

홀소리 가운데에는 '왜, 외, 웨' 들처럼 구별해 내기가 어려운 소리도 있다. 구별하기 어렵다고 구별하지 말고 '왜'를 [웨]로, '외'를 [왜]로 소리내도 된다고 허용할 수는 없는 일이잖은가?

'依倚의 意義(기댐의 뜻)'를 한글로 적으면 '의의의 의의'가 된다. 그것을 똑같은 소리가 겹친다고 [으이에 어의]라고 소리내도 된다고 해서는 안 된다.

'家家가 可呵(집집이 우습다)'도 한글로 적으면 '가가가 가가'가 된다. 아무리 똑같은 소리가 겹친다고 해도 도리가 없는 것이다.

필요 없는 소리의 중복은 피할 수 있지만, 필요한 소리의 중복을 피해서는 안 된다.

1995. 10. 19. 《포스코》

'이질(姨姪)'은 틀린 말, '언니·아우아들'이 옳아

자매끼리 서로의 아들딸인 조카를 속된 말로 '이질'이라고 한다. 그 이질이라는 말의 뜻을 알고 쓰는지 모르고 쓰는지 의심쩍다.

이질(姨姪)의 이(姨)는 그 뜻이 이모고, 질(姪)의 뜻은 조카다.

그러므로 이질은 이모의 조카라는 말이 되고, 자매끼리의 아들딸이라고는 할 수 없다. 이모의 조카는 나와 이종사촌 형제이지 나의 조카가 아니기 때문이다.

중국에서는 남자 형제가 자식을 낳으면 '지쯔(姪子), 지뉘(姪女)'라 하고, 여자 형제가 낳으면 오뉘가 '와이성(外甥), 와이성뉘(外甥女)'라고 하는데, 처자매(아내의 자매)의 아들이란 뜻으로 이쯔(姨子), 이슝띠(姨兄弟)라는 말들은 있다. 혹 이지(姨姪)라고 하는 것은, 이(姨)에 처자매라는 뜻도 있기 때문에 가능한 것이다.

일본에는 우리의 이질과 같은 말이 없다. 그냥 '오이'와 '메이'라고 한다. 오이(甥)는 형제자매 또는 처자매의 아들이고, 메이(姪)는 형제자매 또는 처자매의 딸을 통틀어 일컫는 말이다.

우리도 이질과 같은 틀린 말은 쓰지 말고, 사실대로 옳게 만들어 쓰는 것이 좋겠다.

자매끼리 이질을 '언니아들', '아우아들'이라고 하고, 이질녀를 '언니딸' 또는 '아우딸'이라고 하는 것이 옳다.

슬슬 돌려서 한자말로 어렵게 할 것이 아니라, 우리말로 쉽게 하는 것이 현재 우리가 쓰는 말 습관에도 맞고 또 쓰기도 편리할 것이다.

그리고 보면 여자 쪽에서 오라비의 아들딸을 무어라고 할 것인지도 알
수가 있다. 즉 오라비의 아들은 '오라비아들' 또는 '오빠아들'이라 하고
딸은 '오라비딸', '오빠딸'이라고 하면 된다.

손위 오라비 아들이면 위와 같이 하면 되고, 손아래 오라비 아들이면
간단하게 동생아들이라고 하면 되잖는가? 딸도 마찬가지로 '오라비딸',
또는 '오빠딸', '동생딸'이라고 하면 된다.

이렇게 쉽게 우리말로 적절히 표현할 수 있는데 굳이 한자말로 그것도
틀린 한자로 말해야 할 이유가 없는 것이다.

한편 이모부를 속되게 '이숙'이라고 하기도 한다. 이숙(姨叔)도 이모의
아저씨라고 오해할 수 있으니 쓰지 말자.

한자의 종주국인 중국에도 그런 말은 없고 이모부를 '이푸(姨夫)', 또
는 '이장(姨丈)'이라고 한다.

1994. 9. 8.《포스코》

일본식 외래말

‘빠꾸(배크), 빵꾸(펑크처), 도로코(트럭), 세멘 · 세멘토(시멘트), 고무(곰 · 검), 잠바(점퍼)’ 들은 일본에서 들어온 기형어들이다. 그런 버릇을 본뜬 우리도 ‘콘크리트’를 ‘공굴’이라고도 하지마는, 우리는 일본식 발음을 따르지 않는 한, 거의 원음에 가깝게 소리낼 수 있고 적을 수도 있어서, 그런 기형어는 많지 않다.

일본에서는 워낙 소리가 모자라고 적을 수도 없어서, 거의 원음과 다르게 표현하고 있다.

포르투갈어 ‘투타나가’가 일본으로 건너가서 쓰이는데, 일본식 발음으로는 ‘도타나가’다. 그 소리를 한글로 풀면 ‘ㄷㅗㅌㅏㄴㅏㄱㅏ’인데, 일본은 ‘매스커뮤니케이션’을 ‘마스코미’라고 하듯이 줄여 쓰는 버릇이 있어서, ‘ㄷㅗㅌㅏㄴ’만으로 줄여 ‘도탄’이라 하였고, 그것이 변하여 ‘도탕’이 된 것이다. ‘도탕’은 우리도 쓴 일이 있는 말로서 “함석” 곧 “생철”이라는 뜻이다.

포르투갈 사람들이 1543년에 일본에 가서 96년 동안 판을 치다가, 1963년부터 일본의 쇄국 정책으로 말미암아 쫓겨간 뒤, 일본은 남아 있던 포르투갈 말을 한자말로 고쳐 적어 버릇했다. 보기로는 다음과 같은 것들이 있다.

갓바(合羽 ← 카파)   가루상(輕衫 ← 칼상우)

사라사(更紗 ← 사라사)   쥬방(襦袢 ← 지방우)

비로도(天鵞絨 ← 벨루도)   보탕(釦 · 鈕 ← 보탕우)

라샤(羅紗 ← 라사)   가루타(歌留多 ← 카르타)

그 뒤에도 영어로 '드릴링머신'을 네덜란드와 도이칠란트에서 '보르방크'라고 하는 것을 '보르반(보르盤)'이라고 하듯, 다음과 같이 한자로 고쳐 쓰고 있다.

다스(打 ← 더즌)   도이쓰(獨逸 ← 도이치)   로만(浪漫 ← 로망)

바케쓰(馬穴 ← 버키트)   후란스(佛蘭西 ← 프랑스)

그들이야 뭐라 하고 어떻게 적든 우리가 상관할 바 아니지만, 우리가 '로망, 프랑스, 도이칠란트'를 일본식으로 '낭만, 불란서, 독일'이라고 하는 데에 문제가 있는 것이다.

우리가 어째서 일본 사람들이 제멋대로 쓰는 것을 써 주어야 할까?

'맛치(燐寸 ← 매치)'는 이제는 안 쓰지마는, '음반(音盤 ← 레코드)'은 살아 있다. 요즘 고운 말 다듬기 한다고 '레코드'를 음반으로 고치자고 하기도 한다. 일본말로 고칠 바에야 영어 그대로 '레코드'가 더 낫고, 또 이보다는 우리말인 '소리판'으로 고치는 것이 바람직하다.

'홧숀, 호테루, 싸롱, 나쇼나루, 바란스' 들은 '패션, 호텔, 살롱, 내셔널, 밸런스' 들로 바로잡은 것 같은데, '비락(빌락), 후라이(플라이), 롯데(로테), 럭키(러키), 나이롱(나일론), 코오롱(콜론), 아도홈(애트홈), 히로뽕(필로폰)' 들은 아직도 바로잡지 못 하고 있다.

1984. 5.《열매》

"자문을 구한다"는 잘못

  흔히 "자문을 구한다", "자문을 의뢰한다", "자문을 요청한다"고들 한다. 언뜻 듣기에 '자문'이 무슨 주고받는 물건이나 일인 양 잘못 알아듣기 쉽다.

  국어 사전을 보면 다음과 같이 되어 있다.

  "자문: 어떤 일을 할 때에 그 방면의 전문인들에게 의견을 물음."

  '자문'은 '물음'이다. '물음'이지만 보통 '물음과 대답(질의 응답)'의 '물음'이 아니고, 격식을 갖춘 물음이다.

  가령, 문화부에서 맞춤법을 고치는데, 말글과(말글정책과) 같은 데서 충분히 할 수가 없다고 하자. 이 때 문화부는 국어 심의 위원회라는 '자문' 기구를 두고 그 기구의 해당 분과에 '자문'을 하는 것이다. 그리고 '자문' 기구는 그 '자문'에 응해서 고칠 맞춤법 안을 심의하여 그 결과를 문화부에 보고한다.

  '자문' 기관이 아니더라도, 행정 기관 따위에서 무슨 일을 할 때에 학술에 관한 일이면 학술 기관에 '자문'하기도 한다. 이런 경우 학술 기관은 그 '자문'에 응해서 어떤 전문인이나 심의 기구로 하여금 심의하게 하여 그 결과를 보고한다.

‘자형 · 매형 · 매제’는 틀린 말

누이의 남편을 ‘매부’라고 한다. ‘매부’라는 말은 있을 수 있다. 우리 국어 사전에도 “매부(妹夫): 누이 남편”이라고 되어 있다.

그러나 그것 말고 국어 사전에 있는 “자형 · 매형: 손위 누이 남편”, “매제: 손아래 누이 남편” 들은 틀렸다. ‘자형, 매형, 매제’는 이치에 맞는 말이 아니다.

‘자형(姉兄)’은 누나와 언니(아니면 누나의 언니)다.

‘매형(妹兄)’은 동생과 언니(아니면 동생의 언니)다.

‘매제(妹弟)’는 동생과 아우(아니면 동생의 아우)다.

그러니까 ‘자형’과 ‘매형’은 손위 누이 남편이 아니고, ‘매제’도 손아래 누이 남편이 아니다.

중국에도 손위 누이(누나)의 남편이란 뜻의 ‘쯔슝(姉兄)’이나 ‘메이슝(妹兄)’이라는 말은 없고, 그것을 ‘졔푸(姐夫)’나 ‘졔장(姐丈)’ 또는 ‘쯔푸(姉夫)’나 ‘쯔장(姉丈)’이라고 한다. 또한 손아래 누이(동생)의 남편이란 뜻의 ‘메이띠(妹弟)’라는 말은 없고, 그것을 ‘메이푸(妹夫)’나 ‘메이장(妹丈)’이라고 한다.

일본에도 우리가 쓰는 ‘자형’이나 ‘매형’과 같은 말은 없고, 그 대신 누나의 남편을 중국식으로 ‘아네무코(姉壻)’ 또는 ‘기케이(義兄)’라고 한다. 우리가 쓰는 ‘매제’와 같은 말은 없고, 그 대신 동생 남편은 ‘이모토무코(妹壻)’라고 한다.

우리도 이치에 맞지 않는 ‘자형, 매형, 매제’ 따위의 말은 쓰지 말자. 그러면 무어라고 할까?

‘매부’라는 말은 이치에 맞는 말이니까 괜찮지만 중국에서 쓰니까, 우리는 '누이남편'이라고 하면 좋겠다.

다만 '매부'나 '누이남편'은 손위나 손아래를 통틀어 일컫는 말이니까, 손위(누나)와 손아래(동생)로 갈라서, 손위를 '누나남편'이라 하고, 손아래를 '동생남편'이라고 제대로 가리키면 된다.

조심할 것은 '매부'나 '누이남편'이라는 말은 관계말이지 부름말이 아니다. 맞대놓고 부를 때에는 언니와 아우를 부를 때와 같이 하면 된다.

1995. 6. 8. 《포스코》

전셋값

요즘 방송·신문에서도 '전셋값'이란 말을 흔히 듣보게 되었다. 더러는 '전세가(傳貰價)'라고도 한다.

'전셋값'은 '전세'의 '값'이다. 과연 '전세'가 '값'을 치르고 사고 팔고 하는 것(물건)일까.

'전세'는 "주로 남의 부동산을 빌어 쓰다가 돌려 줄 때 처음 그 주인에게 맡겼던 돈을 찾아 가는 일, 또는 그 돈"을 말한다.

이 '전세'를 우리 사전들은 "… (빌리는) 것·계약·관계·돈·세·일·제도·형태" 들로 규정하고 있다. 이렇게 규정지어진 말들을 보면 거의가 사고 팔고 하는 물건이 아니다.

우리 국어 사전에, 《조선어사전》(조선총독부, 1920) 이후 북한 《조선말대사전》(1992)까지에는 '전세'와 그 겹낱말로 '전세권·전셋권, 전세금·전셋동, 전세살이, 전세방, 전셋집' 들은 실린 일이 있어도, '전세가·전셋값'이란 것은 실린 일이 없다.

그런데 무슨 영문인지 유독 《표준국어대사전》(1999, 국어연구원)에 "전세가(傳貰價): 전세 때 … 돈의 액수"라고 실려 산통이 깨졌다.

한편, '세(貰)'라는 말의 뜻풀이도 《우리말큰사전》(한글학회)에는 "… 빌리는 일이나 삯"이라고 했는데, 《표준국어대사전》(국어연구원)에는 "… 빌리는 값이나 일"이라고 하여 '삯'을 '값'이라고 해 놓았다. '세(貰)'는 '삯'이지 '값'이 아니다.

따라서 '전세(삯)'가 싸거나 비싸거나 하고 오르거나 내리거나 한다고 해야 말이 된다. 그리고 '전세가'나 '전셋값'은 틀린 말이다.

'절대절명'이란 말은 없다

이러지도 저러지도 못 하게 되어 절박한 처지에 놓였을 때 '절대절명'이라고 부르짖는 사람이 있다.

그러나 그 '절대절명'은 우리 나라 모든 사전에 없는 말이다. 사전에 있는 것은 '절체절명'뿐으로 다음과 같이 실려 있다.

"절체절명(絶體絶命): 어쩔 수 없는 궁벽한 경우."

그래서, 중국 《중문대사전》을 찾아 보았다. 그 사전에는 절체와 절명이 따로 떨어져 실려 있는데, 우리 사전식으로 옮겨 보면 다음과 같다.

"절체(絶體): 몸이 위태로움(危身也)."
"절명(絶命): 죽음을 말함(謂死亡也)."

그러나 '절체절명'은 없다.

그럼, 그것은 어디서 왔을까? 우리에게는 있고 중국에는 없는 이 말을 일본 국어 사전 《광사원》을 찾아 보았다.

그랬더니 있었다. 그것을 우리 식으로 옮겨 보면, 아래와 같다.

"절체절명(絶體絶命): 몸도 목숨도 끝남. 아무리 해도 내뺄 길이 없을 만큼 딱한 경우. 어떻게도 할 수 없는 궁박한 경우를 말함."

그러니까 '절체절명'은 우리가 쓴 일이 없고, 일본에서 들어온 것이다.

우리가 '절대절명'으로 잘못 소리내는 것은 들어올 때 우리 발음인 '절체절명'으로 들어온 것이 아니라, 일본 발음 '젯타이제쓰메이'라는 것이 들어왔기 때문일 것이다.

'절체'와 '절대'의 일본 발음이 '젯타이'로 똑같다. 그러나 우리가 '절체'는 모르고 '절대'는 알기 때문에 '젯타이'가 우리에게는 '절대'로 받아들여지기 쉽다.

사실은, "절대(絶對)"란 말은 'Absolute'를 번역한 것으로, "① 아무런 조건도 따르지 아니함, ② 어떤 것에도 제약받지 아니함, ③ 견주거나 맞서는 다른 것이 없음, ④ 모든 현상 · 차별을 초월함"이라는 뜻이 있는데, 중국에서도 쓴다.

어쨌거나 '절대절명'은 틀렸고 '절체절명'이 맞다.

그렇지만, 그것도 일본 것이니까 《우리말큰사전》(1992)에 다음과 같이 해 놓았다.

"절체절명: =진퇴양난"

그래도 그게 그거니까 차라리 "빼도 박도 못 함"이라고 하면 어떨까.

1997. 11. 27.《포스코》

'접수하다'와 '내다'

"금붙이를 접수하려고 국민들이 줄서고 있다."

국제 통화 기금 사태 때, 국민들이 금붙이를 낸 일이 있다. 그 때 신문마다 방송마다 위와 같이 말하며 날마다 되풀이 보도했다.

지금도 "수험생들이 학교에 입학 원서를 접수하러 간다"고 한다. 그러나, 국민이나 학생이 "접수하러 간다"라는 표현은 잘못이다. '접수'라는 말의 뜻이 "신청이나 신고 따위를 받음"이므로 '접수'는 은행이나 학교에서 하는 것이지, 내러 가는 국민이나 학생이 하는 것이 아니다.

국민이나 학생이 '접수'라는 말을 쓰고 싶으면 '접수시키러 간다'고 하면 된다. 그래도 그냥 '내러 간다'가 더 좋다.

신문이나 방송만 나무랄 것이 아니다. 《표준국어대사전》(국어연구원) '접수' 항목 풀이 끝에 보기말로 든 '접수를 받다'는 "신청이나 신고 따위를 받음을 받다"는 뜻이 되니 말이 안 된다. 이것도 '접수를 하다'로 바로잡아야 한다.

그보다는 '접수하다'가 좋고, 그냥 '받다'는 더 좋다.

'좋고 있다'는 안 좋아

'-고 있다'식 표현을 안 쓰일 자리에까지 쓰는 것은, 일본말 '-데(테)이루'의 모방이다. '맑고 있다'나 '높고 있다'식 라디오 날씨 예보의 표현을 염려했더니, 아니나다를까, 1982년 초봄에 케이비에스 제3 방송이 전국화하는 첫날 아침, 서울의 여자 아나운서가 전국화에 대한 감상과 지방 인사들의 표정을 물었을 때, 어느 지방 방송국 남자 아나운서의 대답 첫마디가 "좋고 있습니다"였다.

"날씨는 좋는데 바빠서 파이다."

경상도와 전라도 일부에서 쓰이는 말이다. 한편, 다음과 같은 말도 있다.

"가고는 싶는데 시간이 없어서 못 간다."

'좋다, 싶다' 따위 말은 '좋는다, 싶는다' 꼴로 쓰이지 않는 말이기 때문에 '좋는데, 싶는데' 꼴로 쓰면 안 된다.

"저 강아지가 토실토실 귀여워 보기 좋네. 한번 안아 보고 싶네."

이처럼 말할 경우의 '좋네, 싶네'는 어느 지방에서만 쓰이는 것이 아니라, 온 나라에서 그렇게 쓰니까 별 문제가 없지마는, 사실은 지금도 중부 지방에 남아 쓰이는 '좋으이, 싶으이'와 같은 말이 옳다.

1996. 8. 8. 《포스코》

'처남'이란 말은 헛소리

우리는 아내의 오빠나 동생을 '처남'이라고 한다. 1957년에 나온 《큰사전》에 다음과 같이 되어 있다.

'처남(妻男): 아내의 남자 형제'

우리는 한자에 지나치게 너그러워, 중요한 사실을 모르고 있다.

처형(妻兄)이 아내의 언니이고, 처제(妻弟)가 아내의 아우라면, 처남(妻男)은 한자의 뜻으로 봐서 아내의 사내(남자)인 것이다. 아내의 사내는 남편일 수도 있고, 아내의 다른 사내(샛서방)일 수도 있다. 그러므로 처남이라는 말은 아내의 오라비가 아니다.

만일에 아내의 오라비를 처남이라고 한다면, 아내의 언니나 아우를 처녀(妻女)라고 해야 할 텐데, 그런 말은 없다.

처녀(妻女)가 없다면 처남(妻男)도 의심쩍은 것이다. 그래서 1961년에 나온 《국어대사전》부터 다음과 같이 처남을 妻娚으로 적기도 한다고 해 놓았다.

'처남(妻男·妻娚): 아내의 오빠나 동생'

그 근거는 1915년에 펴낸 조선 광문회의 《신자전》 조선 속자부에 "娚: 오라비 또는 아내의 형제"라고 실린 데 있다. 중국이 아니라, 조선에서 남(娚)을 오라비나 처남의 뜻으로 쓴다고, 눈 감고 아옹한 것이다. 그러나 이것은 더욱 어리석은 말이다.

女(여자)와 男(남자)이 어우른 娚을 여자의 남형제라는 뜻을 가진 글짜쯤으로 여겼겠지만, 천만의 말씀이다. 그런 뜻은 눈을 씻고 봐도 없고, 여자와 남자가 함께 논다는 뜻을 가진 글짜다. 음도 [남]이 아니고 [뇨]이 기에 더욱 얼토당토않다.

음이 [남]인 경우도 있는데, 그것도 "재잘거림, 말 더듬음" 따위의 뜻 으로 쓰일 때 그렇다.

어울리지 않게 娚에다가 본뜻과는 상관없이, 제멋대로 '오라비'라는 엉뚱한 뜻을 갖다 붙여 쓰려고 한 것이다. 그런다고 오라비 아닌 것이 오 라비가 되는가? 어떻게 해서든지 거짓말로라도 한자로만 말을 만들려고 하는 어리석은 짓이다.

처남이라는 말을 쓰더라도, 그 '남'이 무엇인지 모르니까 함부로 한자 를 써서는 안 된다. 그리고 아예 처남이라는 말은 잘못된 것이니까 '처오 라비'라고 하면 될 것이다.

중국에도 '처남'처럼 생긴 말은 없고, 네이슝(內兄: 큰처남), 네이띠(內 弟: 작은 처남), 따이쯔(大姨子: 처형), 샤오이쯔(小姨子: 처제), 네이지(內姪: 처 조카) 들이 있다.

일본에서도 기케이(義兄: 큰처남), 기테이(義弟: 작은처남), 기리노아네(義 理の姉: 처형), 기리노이모토(義理の妹: 처제)라고 한다.

우리도 좀더 적절한 부름말을 생각해 보자. 아내라는 말을 그대로 써 도 되고, 아내를 줄여서 안사람이란 뜻으로 '안'이라고도 하니까, 안오라 비(처남), 안오라버니 · 안오빠(큰처남), 안동생(작은처남), 안언니(처형), 안 아우(처제), 안조카(처질)라고 하면 어떨까?

1994. 9. 22. 《포스코》

'천고마비'와 '추고마비'

가을은 오곡백과가 여무는 계절이다. 사람들은 '천고마비'의 철이라고 좋아한다. 그런데, 식자들은 이 '천고마비'에 토를 달기도 한다. 이상하다는 것이다.

중국 사전 《중문대사전》이나 《현대한어사전》 또는 《고사성어사전》에는 '천고(天高: 하늘의 높음)'가 들어가는 말이 다음 네가지밖에 없다.

- 천고기청(天高氣淸) : 가을 하늘이 높고 기가 맑아짐.
- 천고지하(天高地下) : 하늘은 높고 땅은 낮음.
- 천고지후(天高地厚) : 하늘은 높고 땅은 두꺼움.
- 천고청비(天高聽卑) : 하늘은 높지마는 낮은 데 것을 잘 들음.

그 대신 아래와 같이 '추고마비'는 있다.

- 추고마비(秋高馬肥) : 가을이 깊어 감에 따라 말은 살찌고, 이 때부터 흉노가 득의양양하여 남침하기에 좋은 철이라는 말.

흉노(몽골족)가 가을에는 말이 살찌고 활이 굳세어 변방을 침노하는 변이 일어나니 마땅히 미리 대비해야 한다고 경고한 말이다.

우리는 '高'의 "높다"라는 뜻만 알고 있는데, "높아지다, 쌓이다, 늙다"는 뜻도 있다. '秋高馬肥'의 '秋高'는 "가을이 깊어 가다"라고 풀이해야 한다.

막상 '천고마비'는 없다. 그럼 '천고마비'는 어디서 왔을까?

일본 국어 사전 《광사원》의 '덴(天)'이란 낱말 풀이 끝에 이은 마디로 "덴(天) 다카쿠(高く) 우마(馬) 고유(肥ゆ) : 가을엔 하늘이 맑고 높게 개어 말은 살쪄서 씩씩해진다는 뜻으로, 가을이 좋은 철이라는 말"이라고 풀이해 놓았다. 그래서 《큰사전》(한글학회, 1957)에는 '추고마비'만 있고 '천고마비'는 없다.

그런 것을 《국어대사전》(민중서관, 1961)부터, 일본 《광사원》에서 '천고마비'라는 말을 만들어 넣었다. 그리고는 '추고마비'는 '천고마비'의 한 뜻말로 돌려 버렸다.

그래서, 우리 나라에서도 '추고마비'는 안 쓰게 되고, '천고마비'만 쓰게 되었다. 한자 숙어는 무시하고 일본말을 숙어로 만들어 넣은 것은 아무래도 이상한 짓이다. 뜻이 달라서 그렇게 하면 안 되는데도 말이다.

1997. 11. 13. 《포스코》

‘沈菜’라는 것은 없다

1995년 12월 27일치 《조선일보》 한자 칼럼에, ‘김치’는 ‘침채(沈菜)’가 변한 말이라고 했다. ‘김치’의 원말이 ‘沈菜’라는 것이다.

‘변한 말’이라는 것은 변하지 않은 ‘원말’이 있을 경우에만 있는 것이다.

국어 사전들에는 아래와 같이 ‘침채’는 ‘김치’와 같은 말이라고 했다.

“침채(沈菜): =김치”

이것도 ‘침채’를 인정하고 있으니 잘못이다.

한자만 쓸 때 ‘김치’를 다음과 같이 취음하여 적기도 했다.

沈采 – 《쇄미록》(1601)

沈菜 – 《대동야승》(?)

沈葅 – 《어우야담》(1621)

그러나 그렇더라도 그 ‘침채(沈采, 沈菜), 침저(沈葅)’들은 ‘김치’의 원말이 아니다. 다만, ‘김치’와 음과 뜻이 비슷한 한자를 골라 그렇게 썼을 뿐으로, 허깨비나 다름없다.

마치 전날에 ‘동치미’를 ‘冬沈(동침)’이라고 취음하여 쓴 것과 같다.

중국에서는 ‘김치’를 ‘옌차이(醃菜)’ 또는 ‘파오차이(泡菜)’라 하고, 일본에서는 ‘쓰케모노(漬物)’라고 하는데, 아예 우리말로 ‘기무치’라고 하는 것이 보통이며, 역시 이 두 나라에도 ‘침채(沈菜)’ 따위 말은 없다.

‘김치’라는 뜻의 한자는 ‘葅’다.

"菹 딤치 조.” -《훈몽자회》(1527)

"菹 딤치 져” -《신증유합》(1543)

"짐치(菹)” -《두창경험방》(1663)

"저리짐치” -《청구영언》(1728) 원본

"菹 딤치 져” -《물명고》(1824)

"菹 김치 저” -《자전석요》(1909), 《신자전》(1915)

위에서 보듯이, '딤치'가 '짐치'에서 '짐칙'를 거쳐 '짐치'로 되었다가 '김치'라는 현대 표준말로 변해 온 것임을 짐작할 수가 있다. '沈菜'는 그 '딤치(짐치)'의 취음이다. 'ㅈ'과 'ㄱ'이 넘나드니 '짐'이 '김'이 되었을 것이다.

도최 -《능엄경》(1462)

도치 -《삼강행실도》(1514)

도치 -《청구영언원본》(1728)

그리고 위와 같이 칙(채)가 칙(치)로 바뀌는 것을 볼 때 '짐채'가 '김치'로 바뀐 것을 알 수 있다. 현대말 '채신'과 '치신'이 같은 말이라는 것도 이를 뒷받침한다.

함경도에서는 지금도 '김치'를 '짐채'라고도 하고, 전라도와 경상도에서 '짐치'라고도 하지마는, 흔히 그냥 '지'라고 하기도 한다.

디히(菹) -《두시언해》 초간(1481)

저리지이 -《청구영언》 원본(1728)

위와 같이 김치를 일컬은 것을 보면 이 '지'는 옛말에 '디히'라고 하던 것이 '디이'로 변했다가 다시 '지이'에서 '지'로 줄어든 것이 분명하다. '지'를 '漬(담글 지)'로 취음하여 적기도 하지 않는가?

그러나 아무리 '동무'를 '同舞'라고 우겨도 그것은 억지인 것과 같다.

'판이하다'는 "아주 다르다"는 뜻

"판이하게 나타났다" - 1985. 10. 24.《조선일보》 8쪽

이 표현을 보고 흐뭇함을 느꼈다. 당연하니까 아무렇지도 않아야 할 텐데, 흐뭇해야 하다니 서글프기도 했다. 왜 흐뭇해야 할까?

'판이'라는 낱말을 사람들이 십상팔구 잘못 쓰기 때문이다.

"판이하게 다르다"라는 표현이 어감은 좋다. 그러나 "판이하다"라고 해야 옳은 것이다.

'판이'는 아주 다르다는 뜻의 말이니, "판이하게 다르다"는 "아주 다르게 다르다"라는 뜻이므로 중복된 표현이다.

"판이하게 나타났다"는 "아주 다르게 나타났다"이니 제대로 된 표현이다.

"산재해 있었다" -《조선일보》 1985. 10. 10. 6쪽

"위치하고 있음을 알 수 있다" -《조선일보》 1985. 10. 25. 5쪽

"존재하고 있기도 했다" -《조선일보》 1985. 10. 25. 7쪽

위 말들도 필요없는 겹말이다.

'산재하다'는 흩어져 있다는 뜻이고, '위치하다'는 자리를 차지하고 있다는 뜻이며, '존재하다'는 실제로 있다는 뜻이니, "산재했다", "위치함을 알 수 있다", "존재하기도 했다"라고 하면 되는 것이다.

27일치 11쪽 '색연필' 제목 '잊혀진 안중근 의사'의 '잊혀진'도 흔한 잘못이다. '잊히다'는 잊어지다의 뜻이니, '잊혀진'은 '잊어져진'이 된다. 따라서 '잊힌'이나 '잊어진'으로 해야 한다.

‘잊혀지다’식 표현은 소리의 울림에서 저질러지는 겹말인 것 같다.

“날개 돋은 듯이 팔린다”라고 하는 것도 “날개 돋친 듯이 팔린다”라고 하기 마련이다. ‘돋치다’는 뿔이나 가시가 돋았을 때에 쓰이는 힘줌말인데, 날개가 돋은 데에까지 번지어 ‘돋은 듯이’라고 하면 힘이 약하니까 ‘돋친 듯이’라고 표현하는 것이다.

‘부딪어’도 신문에서 ‘부딪쳐’로 해야 맞인지는 몰라도, 그 때문에 ‘부딪혀’와 혼동하는 수가 있다.

싱겁다고 ‘잊어지다’ 또는 ‘잊히다’ 할 것을 ‘잊혀지다’라고 할 것까지는 없다.

‘불리워지다’도 ‘불려지다’가 빗나간 것인데, 빗나가지 않으려면 ‘불리다’ 또는 ‘불러지다’로 해야 정상이다.

“가꾸어지다(가꾸다, 가꾸어지다), 갖춰어지다(갖춰다, 갖추어지다), 나뉘어지다(나뉘다, 나누어지다), 바뀌어지다(바뀌다, 바꾸어지다)” 들도 흔히 볼 수 있는 헛거듭이다.

어쨌든 흔하게 쓰고 있는 ‘되어지다’식 표현은 우리식이 아니라 서양식 같고, 특히 ‘하여지게 되다’ 같은 것은 너무 심한 표현이다.

1985. 11. 《신문과 방송》

'풍지박산'이 아니다

1997년 8월 4일 MBC에서는 〈특집 토크쇼 대통령 후보와 함께〉라는 프로그램을 방영했다. 그 자리에 모 대통령 후보가 출연해 한 말에 다음과 같은 대목이 있었다.

"6.25 때 국군이 낙동강까지 밀렸다가 9월 15일에 대반격을 하여, 내가 딸린 부대가 평안남도 맹산까지 진격했는데, 거기서 중공군을 만나 부대가 풍지박산됐다."

그 대목의 끝말 '풍지박산'은, 그 후보가 그렇게 말했는지는 확실하지 않으나 나에게는 그렇게 들렸다. 다른 사람들도 흔히 '풍지박산'이라고 한다.

우리는 전날 '문풍지'라는 말을 써 왔다. 그것을 흔히 '풍지(風紙)'라고 했다. 그 말이 귀에 익어 '풍지박산'이란 말이 자연스럽게 쓰이는지는 잘 모르겠다. 그러나 '풍지박산'이라는 말은 없다.

중국 남북조(420~589) 때 남조에 양(梁)나라(502~557)가 있었다. 정치가 잘 되고 불교와 학술이 성하였다. 우리가 배워 온 《천자문》을 엮은 주흥사(周興嗣)도 이 나라 사람이다. 그 양나라가 4대 56년 만에 진(陳)나라에게 망했다.

남북조 때 북조에 북주(北周)나라(557~581)가 있었는데, 번창했던 양나라가 망한 것을 슬퍼하여, 북주 사람 유신(庾信)이 서사시를 지었다.

그 서사시에 다음과 같은 글귀가 있다.

(양나라가) "기와가 깨지는 것처럼 깨져 박살이 나고, 얼음이 녹는 것처

럼 녹아 스러졌으며(瓦解氷泮), 바람이 날아가 버린 것처럼 날아가 흔적이 없고, 우박이 흩어지는 것처럼 흩어져 없어졌도다(風飛雹散)."

그 가운데 '風飛雹散(바람처럼 날고 우박처럼 흩어짐)'이 '풍비박산'의 알맹이다.

그 '풍비박산'을 '風地雹散'으로 잘못 짐작하여, 혹시 "바람이 땅에 불고 우박이 흩어지다"라고나 여기는지, 사람들이 '풍지박산'이라는 있지도 않은 말을 하는 것이다.

1997. 9. 26.《포스코》

‘피로 회복’은 ‘피로 풀이’라야

‘감기약’이나 ‘눈약(안약)’이라고 하면 감기 고치는 데, 눈 고치는 데에 쓰이는 약이다. 그러나 ‘쥐약’이라고 하면 쥐를 고치는 약이 아니라 쥐를 죽이는 약이다.

‘두통약’이나 ‘복통약’은 “머리 아픈 약”이나 “배 아픈 약”이란 뜻이니, 머리를 아프게 하거나 배를 아프게 하는 약이라고 헷갈릴 수가 있다. 그 래도, 사람들이 머리 아플 때에나 배 아플 때에 먹어서 낫게 하는 약이라 고 여기고 있으니 다행이기는 하다. 그냥 ‘머리약’이나 ‘배약’이라고 하 면 아무 문제가 없겠는데 말이다.

그러니, 약 이름도 어떤 경우에는 헷갈릴까 보아 함부로 붙일 수가 없다.

우리가 흔히 ‘피로 회복제’라고 하여 ‘영진구론산, 영비천, 용삼탕, 홍 삼탕, 원비디, 원비에프, 미에로파이버, 컨디션, 아로나민골드 …’ 따위를 즐겨 먹는다.

그러나 ‘피로 회복’이 무슨 말인가? 피로하지도 않고 건강한데, 피로 를 회복시켜 도리어 피로하게 한다는 말이 아닌가.

‘영진구론산, 영비천 …’ 따위를 마시는 것은 피로할 때, 그 피로를 풀 거나 가시게 하기 위하여 마시는 것이다. 그렇다면 ‘피로 회복제’라고 해 서는 안 된다. 그냥 ‘피로약’이라고 하는 것이 낫다. 그보다 더 나은 말은 없을까?

살이 끼었을 때에는 그 살을 없애려고 무당들이 ‘살풀이’를 한다(‘살’ 은 사람을 해치거나 물건을 깨뜨린다는 독하고 모진 기운이다). 심심할 때에는 심심한 것을 잊으려고 ‘심심풀이’를 한다. 화가 났을 때에는 그 화

를 삭이려고 '화풀이'를 한다. '살풀이, 심심풀이, 화풀이' 들의 '풀이'를
따다가, 피로할 때 먹는 것은 '피로 풀이'라고 하면 어떨까?

또, 시장할 때 시장기를 면하려고 음식을 조금 먹어 '볼가심'을 한다.
약을 먹거나 음식을 잘못 먹어 입안이 거북할 때에, 입안을 개운하게 하
기 위하여 '입가심'을 한다. 사람이 죽었을 때에는 악귀들을 깨끗이 물리
치기 위하여 '집가심'을 한다. '볼가심, 입가심, 집가심' 들의 '가심'을 따
다가, 피로를 깨끗이 가시어 내는 것을 '피로 가심'이라고 하면 어떨까?

어쨌거나 '피로 회복'만은 끔찍한 일이다. 그러므로 《표준국어대사
전》(국어연구원)에 있는 '피로' 항목 풀이 끝에 보기말(용례)로 든 '피로 회
복'은 잘못이다.

1996. 1. 18. 《포스코》

'형수, 제수'와 '아주머니'

아우의 아내를 가리켜 '제수'라고 말한다. '제수'는 한자로 弟嫂라고 쓰는데, 풀이를 하면 "아우와 형수"라는 뜻이다. 그러니까 우리가 생각하는 아우의 아내라는 말이 아니다.

오히려 '제수'보다는 '계수(季嫂)'가 더 가까우니, 그 '계수'를 구개음(입천장소리)으로 소리내어, '제수'라고 잘못 부르게 된 것이 아닌가? 라고도 생각해 본다. 그러나 '계수'도 "끝 형수"라는 뜻이므로 엄밀히 말하자면 '아우의 아내'를 말한다고는 할 수 없다.

중국에서 '아우의 아내'를 '띠치(弟妻)' 또는 '띠쟈(弟嫁)'라고 한다. '띠푸(弟婦)'라는 말도 있으니 '아우의 지어미'라고 할 경우에는 말이 된다.

일본에서는 오토오토(아우)의 요메(아내)라는 뜻의 '오토오토요메'를 줄여 '오토요메(弟嫁)'라고 한다.

중국의 '띠치, 띠쟈, 띠푸'나 일본의 '오토요메'는 다 우리말로 "아우 아내"라고 무리 없이 풀어진다.

한편 '제수'와 마찬가지로 '형수'라는 말도 이치에 맞지 않다. 중국에서는 이것을 슝사오(兄嫂)라고 읽는데 이것은 글짜 그대로 '형과 형수'라는 뜻이다. 형의 아내를 중국에서는 '사오사오(嫂嫂), 사오쯔(嫂子), 슝쟈(兄嫁)'라 하고 일본에서는 '아니요메(嫂)'라고 한다.

嫂자를 우리 옥편은 대개 "형수 수"라고 새김과 음을 달고 있다. 그런데 조선 광문회에서 1915년에 펴낸 《신자전》에는 '맛아주미 수'라고 한 것이 보인다.

'맛아주미'는 '맏아주머니'의 옛말이다.

국어 사전에는 다음처럼 되어 있다.

"맏아주머니: 맏형의 아내"

또한《훈몽자회》에는 아래와 같이 되어 있다.

"嫂 아즈미 수 兄之妻曰嫂子大嫂小嫂"

'아즈미'는 '아주머니'의 옛말이다.

형수(언니 아내)를 '아주머니'라고 부르는 것은 상식이다. 맨위 형의 아내는 '맏아주머니'고, 중국에서 맏아들의 아내를 '따사오쯔(大嫂子)'라고 하듯, 나머지 형제의 아내는 모두 '아주머니'다. 굳이 맞지도 않는 '형수, 제수'를 써야 할 이유가 없다.

우리는 친구의 아내를 '아주머니'라고 부른다. 형의 아내나 아우의 아내를 '아주머니'라고 불러서 나쁠 것 없다. 실제로 제수를 '아주머니'라고 부르는 지방도, 집안도 있다.

1995. 4. 13.《포스코》

3. 말다듬기

　1930년대 초엽, 어려서 "아버지 나를 낳으시고, 어머니 나를 기르시다"만 알려 하고, '父生我身, 母鞠吾身'은 거들떠보지도 아니한 것이, 뒷날 말다듬기를 하게 될 우는살(효시)이었던가 보다.

　1947년에는 호남신문(사장: 노산 이은상) 제호 옆 날씨난(欄)에 '日出 · 日沒'을 '해돋이 · 해넘이'로 다듬어 실었다.

　한글학회의 《쉬운말 사전》(1967), 《고치고 더한 쉬운말 사전》(1984), 《깁고 더한 쉬운말 사전》(1999)을 심의했다.

　1969년부터 3년 동안 서울 신문사 신문말 다듬기 위원회 심의 위원을 지냈는데, 그 때 '매점 · 매석'을 다듬은 '사재기'는 지금도 쓰인다.

　국어 심의회 심의 위원만도 한글 분과, 표기 분과, 국어 순환 분과를 두루 거치면서 임기 2년을 15번이나 연임하여, 1968년부터 1998년까지, 우리 나라에서 30년이란, 가장 오랜 기록을 가진 오직 한 사람이다.

　그러니, '말다듬기'에 관한 원고 청탁도 안 받았을 리가 없다.

‘가(假)’는 ‘임시’로

‘假’를 중국에서는 ‘쟈’라고 하여, 다른 말과 겹쳐서 다음과 같은 뜻으로 쓰인다.

- 가령(보기: 假比 ; 이를 테면)
- 가짜(보기: 假金 ; 가짜 금)
- 거짓(보기: 假言 ; 거짓말)
- 늦춤(보기: 假縱 ; 너그러이 보아 줌)
- 빌림(보기: 假與 ; 빌려 줌)
- 빎(보기: 假道 · 假途 · 假塗 ; 길을 빌어 씀)
- 임시(보기: 假城 ; 임시 성)
- 잠깐(보기: 假憩 · 假息 ; 잠깐 쉼)
- 처럼 됨(보기: 假死 ; 죽은 것처럼 됨)
- 처럼 만듦(보기: 假構 ; 있는 것처럼 만듦)
- 척/체 함(보기: 假醉 ; 취한 척/체 함)
- 큼(보기: 假賑 ; 크게 흥청거림)
- 한가함(보기: 假日 ; 한가한 날)

그러므로 ‘가과(假果: 헛열매), 가령 · 가사(假令 · 假使: 이를테면), 가발(假髮: 덧머리 · 가짜머리), 가수(假睡: 선잠), 가식(假飾: 눈가림), 가중위(假中尉: 가짜 중위)’ 들은 제대로 된 말이다.

그런데, ‘假’를 일본에서는 ‘가리’라고 하여, 어떤 말 앞에 붙여서, 그 말의 내용이 ‘임시’로 이루어짐을 나타낸다. 따라서 다음 말들은 일본식 표현으로, ‘가’를 ‘임시’로 바로잡아야 한다.

가건물　　가건축　　가결의　　가계약　　가계정
가교(橋)　　가교사　　가교실　　가궁(宮)　　가납부
가도(渡·道)　가매장　　가박(泊)　　가사용　　가석방
가송치　　가수(受)　　가수용　　가숙(宿)　　가승계
가시설　　가시정(施政)　가식상(植床)　가압류　　가역(驛)
가영수증　가영치　　가옥(屋)　　가위탁　　가이사(理事)
가장(葬)　　가적(積)　　가접수　　가정관(定款)　가제목
가조약　　가조인　　가주권　　가주소　　자지정
가진급　　가집행　　가차압　　가처분　　가철(綴)
가첩(貼)　　가청산　　가출(出)　　가출소　　가출옥
가치장(置場)　가퇴원　　가해제

‘개그(gag)’는 ‘익살’

‘개그’를 흔히 ‘재담’이라 하고, ‘개그맨’을 ‘재담가’라고 한다. ‘재담’을 ‘재칫말’이라고 하자는 의견도 있다. “재치 있는 말”이라는 뜻이겠다.

과연 ‘개그’가 “말”만일까? ‘개그’는 연극 용어로서, “임기응변” 또는 “우스운 짓”이란 뜻도 지니고 있다. 대체로 “그 자리에서 재치 있게 하는 말이나 짓”이라고 보아야겠다.

그러므로 ‘재담’이나 ‘재칫말’만으로는 덜 걸맞을 것 같다. 그래서 생각해 보는 것이 ‘익살’이란 말이다. ‘익살’은 “일부러 멋지게 남을 웃기는 말이나 짓”이란 뜻의 말이다. 그렇다면 ‘개그맨’은 자연히 ‘익살꾸러기’랄 수도 있으나, 그보다는 ‘익살꾼’이나 ‘익살장이’가 낫지 않을까?

‘고가교’는 ‘구름다리’

1995년 4월 27일에 제2차 서울 지명 위원회가 열렸는데, 이 때 새로 생기는 땅이름으로 ‘서호 고가교, 두모 고가교’라는 것을 지었다고 한다. 광복 50돌 되는 해에 왜인들이 모여서 하는 것도 아닌데, 어찌 이런 일이 있을 수 있을까?

본디 ‘고가(高架)’라는 말은 《중문대사전》(1973)에 있는 대로 다음과 같은 뜻이었다.

“고가: 매우 높은 시렁(高架: 甚高之架).”

그것을 일본에서 《광사원》(1995)에 있는 대로 아래와 같이 뜻을 바꾸어 썼다.

“고가(高架): 높이 건너지르는 일.”

그리고서 아래와 같이 고가교라는 말을 만들어 썼다.

“고가교(高架橋): 땅 위로 높이 놓은 다리”

이 말을 《국어대사전》(민중서림, 1982)이 그대로 받아들여, 아래처럼 고분고분 실었다.

“고가교: 땅 위로 높다랗게 놓은 다리.”

민족 반역 행위다. 종살이 버릇이다.

“고가교: 구름다리.” -《새우리말큰사전》(1974), 《우리말큰사전》(1992)

"고가교: (다듬은 말로) 구름다리" -《조선말대사전》(1992)

이처럼 우리는 그런 다리를 '구름다리'라고 해 오는 것이다.

서의선(경의선) 수색역에서 경기도 고양시 화전으로 가는 서울 은평구 수색동에, 철길 위를 가로지르는 '수색 구름다리'라는 쇠다리가 있다. 그 오른쪽 길에는 '구름다리 정류장'이 있고, 그 건너편에는 '구름다리 약국'도 있다. '구름다리'가 남한에만 58군데나 있다.

'서호 고가교'는 '서호 구름다리', '두모 고가교'는 '두뭇개 구름다리'라고 해야 한다. '두모'는 '두뭇개'를 '豆毛浦'라고 적은 데서 생긴 허깨비다.

'두뭇개'는 서울 성동구 옥수동 앞, 한강과 중랑천이 만나, 두 물줄기가 합쳐서 흐르는 곳이므로 '두물개'라고 하다가, 그 말이 '두문개'로 굳어졌는데, 이를 '두뭇개'라고 적는 것이다.

'서호 구름다리'가 놓이는 서강 큰다리가 있는 '서호'는, 서울 마포구 하중동과 신정동 앞, 밤섬이 있는 한강 부분을, 두뭇개 앞 '동호'와 상대하여 이르는 곳이다.

1996. 2. 8.《포스코》

‘고수부지’는 ‘강턱’

　1970년대에 서울 한강을 개발하면서 강바닥을 정리했다. 물이 흐르는 곳을 깊게 하고 물이 흐르지 않는 곳은 둑을 쌓아 메워 운동장같이 반반하게 하여 흐르는 물을 사이에 두고 양옆으로 길게 뻗게 했다.

　그 반반한 자리에는 잔디밭이 생기고, 축구장, 농구장, 배구장, 어린이 놀이터, 놀이마당, 야영장, 공연장, 주차장, 그리고 꽃밭들과 여러 가지 위락 시설들이 들어찼다.

　그리하여 그 곳을 무엇이라고 부를까 하는 문제가 생겼다. 그 때 나타난 것이 ‘고수부지’다. ‘고수부지’라는 왜말은 일본 국어 사전에는 없고, 우리 국어 사전 일부에만 있다. 민중서림에서 1982년 11월 25일에 펴낸 《국어대사전》 2판에 다음처럼 올라 있다.

　“고수부지(高水敷地): 고수위(高水位)일 때에만 물에 잠기는 하천 부지.”

　그 뒤 1991년 11월 20일에 나온 《국어대사전》(금성사)에는 아래와 같이 민중서림 것을 옮겨 놓았다.

　“고수부지(高水敷地): 큰물이 날 때에만 물에 잠기는 하천 부지.”

　둘 다 ‘터’나 ‘땅’이라는 우리말을 안 쓰고 ‘부지’라는 왜말만 쓰고 있다. ‘고수위’라는 말도 쓰이는 말이 아니고, 더구나 ‘고수(高水)’라는 말은 일본에서 둑쌓기나 물트기(放水) 따위 물막이 공사를 ‘고수 공사’라고 할 때에나 쓰이고, 그 밖에는 중국에서도 쓰이지 않는다. ‘부지’가 일본말 ‘시키치(敷地)’라는 것은 다 안다.

　그래서, 1986년 7월 11일에 ‘고수부지’라는 이름을 고쳐야 한다고 서

울시에 건의하였고, 글도 쓰고 방송도 하여, 마침내 '한강시민공원'이라
고 부르게 되었다.

　그러나, 그런 강바닥은 한강에만 있는 것이 아니라, 어느 강에나 다 있
다. 낙동강, 무심천, 백마강, 영산강 … 들에서 턱진 강바닥을 '시민 공원'
이라고 하기는 어렵다.

　그래서, 1991년 국어심의회 국어순화분과위원회에서 '한강시민공원'
을 '둔치'라고 부르기로 했다. 그런데, '둔치'가 또 말썽이다. 1974년 9월
15일에 펴낸 《새우리말큰사전》(삼성출판사)에는 다음처럼 둔치가 올라 있
다.

　"둔치: 바다 · 호수 · 강 따위의 물이 있는 곳의 가장자리, 물가의 언덕."

　그러니까 '둔치'는 강바닥이 아니다. 한편, 1980년대 중반에 노인들을
상대로 수소문해서 합당한 말을 찾아 냈다. '강턱'이란 말이 쓰인다는 것
이다. 그리 해서 1992년 2월 25일에 펴낸 《우리말큰사전》(한글학회)에 다
음처럼 '강턱'이 실리게 되었다.

　"강턱(江—): 큰물이 들거나 물높이가 높을 때에만 잠기는 강변의 턱진 땅.
강변턱."

　놀라운 일은 북한에서 그 해(1992년 3월 20일)에 펴낸 《조선말대사전》에
도 다음과 같이 '강턱'이 실렸다는 사실이다.

　"강턱: 강기슭의 턱이 진 곳."

　이처럼 남과 북을 대표하는 《우리말큰사전》과 《조선말대사전》에 실려
있다면, '강턱'은 우리 나라 전역에서 쓰이는 말이다.

　'둔치'와 구별하기 어렵다면, '강턱'에는 물이 없고, '둔치'에는 언제
나 물이 있다는 것을 알면 된다.

'공처가'보다는 '아나래'가 어떨까?

한때 '공처가'라는 말을 다듬은 '아내무섬장이'가 호된 반발을 산 일이 있다. 그 공격 감이 지금도 사람들의 입에 오르내리는 '날틀'이었다.

'비행기'는 일본에서 만든 말이고, 중국에서는 '페이지(飛機)'라고 한다. 나이 많고 일본 것을 꺼리는 분들이 일본의 '비행기'보다는 중국의 '비기' 쪽을 좋아했을 것은 뻔하다. 그래서 '날틀'일 수밖에 없다.

이 '날틀'이란 말이 여러 해 전 문화방송 텔레비전에서 '비행기의 역사'를 방영하면서, 라이트 형제의 비행기를 비롯하여 초기의 나무로 만든 비행기에 쓰일 때에는 참 잘 어울렸었다.

'공처가'라는 말은 일찍이 없던 말이다. 1957년에 나온 《큰사전》(한글학회)까지도 없었는데, 광복 뒤 세태가 바뀌어서일까, 1961년에 나온 《국어대사전》(민중서관)부터 나타났다.

"공처: 남편이 아내에게 눌려 지냄. = 처시하."
"공처가: 아내에게 꼼짝 못하고 눌려 지내는 남편."

그러니, 말다듬기에 열을 올리던 1960년대 국수주의자(?)들이 보고만 있을 수 있겠는가? 그들은 '공처가'라는 상스러운(?) 말이 없을 때, 점잖게(?) 다음 말들을 쓰고 있었다.

"내주장: 아내가 집안 일을 주장함."
"엄처시하: 아내에게 쥐여 사는 사람을 조롱하는 말."
"처시하: 아내에게 눌려 지내는 사람을 조롱하는 말."

이 말들은 우리 국어 사전에나 한자 사전에만 있다. 이상한 것은, 이런 말들이 중국 사전에나 일본 사전에는 없다는 것이다. 일본 사전에는 '가카아 덴카' 라는 말이 올라 있다.

"가카아 덴카(かかあ天下): 아내의 권력이 세어서, 남편이 머리를 들 수 없는 것."

일본의 '가카아(かかあ)' 는 "서민 사회에서 자기 아내 또는 남의 집 주부를 친근하게 부르는 말"로 제법 부드러운 말이다.

'내주장' 이니 '엄처시하' 니 '처시하' 니 하고, 다른 나라에는 없는 말을 만들어 쓰는 것도 역겨운데, 그런 사람들이 '공처가' 라는 새말을 흰눈으로 보는 것은 당연하다. 그러나, '아내무섬장이' 는 물건너갔다. 그럼 다른 방법으로 말을 다듬어 보자.

말을 만드는 방식에는 여러 가지가 있다. 춘향전에 나온다던가. '노구솥' 을 메고 들나들이(요새 말로 '들놀이')를 간다고 했다. '노구솥' 이 요새 말로는 '코펠' 일까. '코펠' 은 일본 발음이고, 도이치말로 '고혜르' 인지 '코케르' 인지는 몰라도 좋다. '노구솥' 이 문제다. '노구쇠' 로 만든 솥이 '노구솥' 인데, 그 '노구쇠' 를 우리 국어 사전들에서 찾아 보면, 다음처럼 되어 있다.

"노구쇠: 놋쇠와 구리쇠가 섞인 쇠붙이."

우리가 쓰고 있는 '노구쇠' 란 말이 '놋쇠' 와 '구리쇠' 의 합금이라는 것이다.

'놋쇠' 에서 '놋' 과 '구리쇠' 에서 '구' 를 떼어다가 붙이면 '놋구' 가 되는데, '놋구' 의 '놋' 에서 'ㅅ' 을 빼 버리고 '노구' 로 쓰는 것이다. '노구 쇠!' 이 말은 우리 새말 만들기에 희한한 암시를 준다.

요즘 한창 그런 식 말이 나타난다. 조선일보사에서 '조사모' 가 유행하더니 '조편사모' 도 나타났다. 그것들이 "조선일보를 사랑하는 모임" 이고, "조선일보 편집국을 사랑하는 모임" 이란다. 벌써 그전에 대학 거리에 '모람(모인 사람)', 항간에 '노찾사(노래를 찾는 사람들)' 들이 있었다. 최근에는 "아내는 나라의 기둥"이란 말인 '아나기'가 나타났다.

옛조선 때 땅이름 '미추홀'은 '물ㅅ골'이 변한 것으로 보고 있다. '미'는 '매'와 마찬가지로 '물'의 옛말인데, 일본에 살아 있고, 고구려 때 이름이 '매소홀'이었다. '추'에서 'ㅜ'를 빼고 남은 'ㅊ'의 끝소리는 'ㅅ'과 같다. '홀'은 '골'의 고구려 때까지의 말이다. '매소홀'도 '물ㅅ골'이다.

신라 때, 눌지왕 때부터(삼국사기), 혹은 내물왕 때부터(삼국유사) 지증왕 때까지 임금 칭호를 '마립간'이라고 했다. '마립간'은 '마리한'이다. '립'에서 'ㅂ'을 빼면 '리'만 남는다. '마리'는 '머리'의 옛말이다. '머리한'은 머리가 되는 으뜸 한이다. '한'은 추장이다.

1908년에 생긴 '국어 연구 학회'를 1911년 9월 3일에 고친 '배달 말글 몯음'을 1913년 3월 23일에 고친 '한글모'가 1921년 12월 3일에 '조선어 연구회'로 바뀌고, 1931년 11월에 '조선어 학회'로 바뀌었다가 1949년에 '한글학회'로 뿌리를 내렸다. 그 '한글모'의 '한'은 '배달'이고, '글'은 '말글'이고, '모'는 '몯음'이다. '배달'은 '밝달'이 바뀐 말이다. '밝'에서 'ㄹ'이 'ㅣ'로 바뀌고 'ㄱ'이 빠지면 '배'가 된다. '몯음'의 '몯'에서 'ㄷ'이 빠지면 '모'가 된다.

위 방법들로 이제 공처가 대신할 새로운 말을 한번 만들어 보자. '아내무섬장이'는 제쳐두고, '처시하'라는 말을 살펴보면, '처'는 '아내'고, '시하'는 '모시고 있는 처지'다. 아내를 모신다는 뜻이니 매를 부리는 사람을 '매부리'라고 한 것처럼 '아내모시'라고 할 수 있을 것이다. 또 '아내아래'라고도 할 수 있다. 모시는 것은 아래에서 받드는 일이기 때문이다. '아내'를 '안'으로 줄여 쓰기도 하므로 '아내모시'는 '안모시', '아내아래'는 '안아래'가 된다. 그런데, '안모시'는 모시지 않는다는 뜻도 있으니 '안아래'가 더 나을 것이다. 이 '안아래'도 아예 '아나래'가 어떨까? 여자는 '아나기', 남자는 '아나래'.

‘광섬유(光纖維)’는 ‘빛실’

‘옵티컬파이버(optical fiber)’를 흔히 ‘광섬유’라고 옮기(번역하)는데, 그렇게 하면 옮기는 것은 되지만, 다듬(순화하)는 것은 되지 못한다.

다들 ‘광섬유’라고 하니까 다듬을 필요가 없다고 한다면, ‘옵티컬파이버’로 놓아 두어도 상관없다.

‘옵티컬파이버’라는 것은 알릴 소식을 빛으로 바꾸어 보낼 때, 그 빛이 달려가는 길로 쓰이는 유리실이다. 그 실은 지름 0.1㎜쯤으로, 가늘다.

옵티컬파이버를 우리 말로 옮길 때, 한국 사람이라면 ‘광’을 생각하기 전에 ‘빛’을 생각해야 했을 것이고, ‘섬유’를 생각하기 전에 ‘실’을 생각해야 했을 것이다. 우리는 중국사람도 일본사람도 아니지 않은가.

그렇다면 ‘광섬유’가 아니고 ‘빛실’이라야 한다. ‘빛이 통하는 실’이 ‘광이 통하는 섬유’보다 훨씬 알아듣기 쉽다.

교과서 망치는 앞잡이들

일제 망령들의 방해를 받으면서도 우리 말다듬기는 조심스레 이어져
왔다.

'지은이(저자), 엮은이(편자), 펴낸이(발행인), 펴낸데(발행처), 박은데 · 찍
은데(인쇄처)'라고 하는 것은 이제 상식처럼 되었다.

교과서에 나오는 말들도 아래처럼 다듬어져 그런 양 했다.

마름모(능형)	사다리꼴(제형)	닮은꼴(상사형)	지름(직경)
마침표(종지부)	쉼표(휴지부)	물음표(의문부)	느낌표(감탄부)
따옴표(인용부)	줄임표(생략부)	된소리(경음)	거센소리(격음)
소리마디(음절)	꾸미다(수식하다)		

그러나, 교과서는 역시 우리 공무원들이 다룬다. 우리 공무원들은 일
제 망령들의 앞잡이가 많다.

우리가 의논해서 만든 '이름씨'는 우리말이니까 나쁘고, 일본 사람 오
오쓰키 후미히코가 만든 '메이시'는 일본말이니까 좋아서, '이름씨'로 쓰
던 것도 지워 버리고 '메이시'를 그 소리만 바꾼 '명사'로 쓰기를 자기 본
분인 양 아는 사람들이다.

그 말글 반역자들이 교과서에 다듬어진 말들을 그대로 놓아 둘 리가
없다. 새로 나온 교과서를 들추어 보자.

초등학교 자연 교과서 5학년 1학기 '식물의 구조와 기능'(이것도 '식
물의 얼개와 하는 일'이 우리말 같다)이라는 단원에서, 잎 가지가 해를 향
해 굽어 뻗는 성질을 '해굽성'이라고 하던 것을 '향일성'으로 했듯이, '김

내기', '녹말만들기', '잎파랑이'라고 되어 있던 것을 그대로 두면 우리말 맛만 나고 일본말 맛이 안 나니까 '증산', '광합성', '엽록소'로 바꾸어 놓았다. 그러면 그렇지, 우리말을 그대로 둘 리가 있나.

| 흰자질 | 기름기 | 바위 | 불에된바위 | 쑥돌 | 횟돌 |
| 모랫돌 | 큰물 | 뭍바람 | 쇠붙이 | 되쏘임 | 꺾임 |

교과서에 실으려고 위 말들을 찾고 만들 때에는, 우리말을 써 보겠다고 고된 줄도 몰랐고, 우리 나라 사람들이나 교과서가 제대로 되어 가는가 하고 희망에 부풀기도 했건만, 문교부의 교과서 담당 우리 공무원들은 일본에 대한 향수가 겨워 그대로 두지 못하고, 기어이 아래처럼 바꾸어 놓았다.

| 단백질 | 지방 | 암석 | 화성암 | 화강암 | 석회암 | 사석 |
| 홍수 | 육풍 | 금속 | 반사 | 굴절 | | |

'피'와 '혈액'을 놓고 볼 때, 피를 모르는 우리 국민은 없다. 혈액은 아는 사람도 있지만 모르는 사람도 있다. '피'만 알면 됐지 '혈액'까지 알아야 할 것 없고, 혈액을 모른다고 사람 노릇을 못 하거나 할일을 못 하거나 하지 않는다. '혈액'이라고 '피' 이상의 것은 아니다. 그런데 교과서에서는 '피'가 우리말이기 때문에 '혈액'으로 바꾼 것이다.

'마름모, 사다리꼴, 닮은꼴, 지름, 마침표, 쉼표' 들마저 '능형, 제형, 상사형, 직경, 종지부, 휴지부' 들로 바뀔 날이 멀지 않은 듯 하니 슬프다, 이를 어찌할꼬.

1984. 4. 4. 《열매》

'네타바이'는 '미끼치기'

'네타바이'라는 말이 있다. 일본 냄새가 나기는 나는데, 일본 사전에도 없고, 일본에서는 우리가 쓰는 뜻으로는 잘 쓰이지도 않는다. 일본말에서 그와 관련이 있음직한 말을 찾아 보면, '네타바'가 있다. 들지 않는 무딘 칼날이라는 뜻의 말이다. 그리고 '네타바오 아와스'하면 무딘 칼을 잘 들게 간다는 뜻이 아니라, 무딘 칼날을 어우른다는 뜻으로 남몰래 좋지 않은 일을 꾀한다는 비유로 쓰인다. 뜻은 그럴 듯 하게 가까워졌으나, 말의 쓰임새는 다르다. 칼날을 어우른다든지 맞춘다든지 하는 '네타바오 아와스'를 '네타바가 아우'로 하면 칼날이 어울린다든지 맞는다든지 하는 뜻으로 되어, 그것이 '네타바 아우'로, 그 이름꼴이 '네타바 아이', 그것이 줄어서 '네타바이'가 될 수 있다.

이 자리에서 '네타바이'에 관해 필요 없는 것까지 너절하게 늘어놓은 것은, 여러 해를 두고 많은 사람한테서 수없이 질문을 받았기 때문이다. 아마 일본 사람도 이렇게까지 생각해 본 일이 없을 것이다.

그건 그렇고, '네타바이'란, 어수룩한 사람이 보이는 자리에 가짜 돈뭉치 같은 것을 몰래 떨어뜨려 놓고, 그 사람이 볼 때 그것을 주워서 "내가 주웠으나 당신도 봤으니 둘이 나누어 가지자"고 꾀어, 그 뭉치를 맡기고는, 바쁜 일이 있어 곧 다녀 오마고 하면서, 그 사람이 가진 금반지나 돈을 볼모로 받아 가지고 달아나는 속임수를 말한다.

그 숫법이 소매치기, 날치기, 들치기, 차치기 들의 치기배가 하는 짓과 통하는 데가 있다. 그래서, 나눠 먹자는 돈뭉치 같은 미끼를 맡기는 "치기"라는 뜻으로 '미끼치기'라고 하면 어떻겠느냐고, 어떤 말다듬기 모임에서 의논한 일이 있다.

‘노견’은 ‘갓길’보다 ‘길섶, 길턱’

1991년 한글날 기념식장에서 국무총리가 다음과 같이 말했다.

“국무 회의에서 ‘노견’을 ‘갓길’로 의결했습니다.”

그래 놓고 바로 그해 12월 13일에 개정한 도로 교통법에서는 아래와 같이 공표했다.

“… 차량은 갓길(노견 또는 길어깨)로 다니지 못한다”

‘길’이라고 해 놓고 다니지 못한다고 하다니, 아이들 장난도 아니고 웃기는 소리다. ‘길섶’을 ‘갓길’로 잘못 바꾸어 긁어 부스럼을 낸 것이다.

본디의 길섶은 풀도 나 있고, 자갈도 흙에 섞여 있고, 더러는 검부러기도 덮여 있어, 사람이나 차가 다니지 못한다. 다만, 길바닥이 패었거나 질면 할 수 없이 길섶을 잠깐 이용하기는 한다.

길섶도 벼랑길의 길섶은 위험하다. 그래서 일본에서 ‘shoulder’(어깨, 길의 양옆 가)’를 ‘로카타(路肩)’라고 번역하고 위험한 길섶에 ‘路肩注意(로카타 쥬우이: 길섶 조심)라는 푯말을 세워 조심시켰던 것이다.

그런데, 큰 길의 길섶을 개발하여 길바닥과 똑같은 평지로 만들면, 마치 길처럼 보인다. 그렇다고 해도 그 부분이 ‘길섶’이지 ‘길’은 아니다. 다만, 길바닥을 수리하거나 교통 사고가 났을 때에는 그 길섶을 이용하기도 한다.

이 ‘길섶’이 ‘노견(路肩)’인 것이다. ‘노견’은 “길의 가”라는 뜻이고 한자말로는 ‘노변(路邊)’이라고 한다. 따라서 ‘노견’은 ‘갓길’이 아니다.

‘갓길’은 “가의 길”이란 뜻으로, 한자말로는 ‘변로(邊路)’인데, 강갓길

(江邊路: 강변 도로), 바닷갓길(海邊路: 해변 도로), 호숫갓길(湖畔路: 호반 도로)
할 때의 '갓길'이 그것이다. '갓길'은 "길의 가"가 아니고 6차선, 8차선인
한강의 '갓길'처럼 "가의 길"이다.

마치 '방구석'과 '구석방'이 다른 것과 마찬가지이다. '방구석'은 "방
의 한쪽 구석 부분"이고 '구석방'은 "집의 한쪽 구석에 있는 방 전체"다.

방구석(부분)과 구석방(전체), 길가(부분)와 갓길(전체).

'길섶'과 비슷한 말에 '길턱'도 있다. 있는 말인 길섶과 길턱도 모르는
처지에, '갓길'이라는 말을 새로 만드는 것은 바람직스러운 일이 아니다.

다닐 수 없는 길섶이나 길턱을, 다닐 수 있는 갓길이라고 해 놓고, 다
니지 말라고 헛수고를 하고 있으니 한심하다.

말을 다듬을 때에는 있는 말을 찾아 써야지, 있는 말을 놔두고 틀린 말
을 쓰면 안 된다.

1995. 9. 28. 《포스코》

‘단말기’는 ‘끝장치’

　‘단말기’라는 말은 영어 터미널(Terminal)을 일본에서 ‘단말장치’라고 옮긴 것을 본뜬 말이다.

　셈틀(컴퓨터)에 자료를 넣어 보내고, 처리된 자료를 받는 장치로, 셈틀 중앙부와 통신망으로 연결되어 있는 끝 부분인데, 입력과 출력 장치를 갖춘 글찍개(타자기)가 그 노릇을 한다.

　‘단말’이라는 말은 ‘말단’과 같은 말로서 “끝”이라는 뜻이다. ‘말단’은 흔히 쓰이는 말인데 ‘단말’은 잘 쓰이지 않는 말이다. 일본에서 ‘말단장치’라고 할 것을 글짜 차례를 바꾸어 ‘단말장치’라고 해 본 것이다.

　이 일본식 한자말을 《국어대사전》 2판(1982)부터 허겁지겁, 아래와 같이 올렸다.

　　“단말기(端末機): 전자계산기에 쓰이는 입출력 기기의 총칭 ….”

　일본 것이라면 그저 제 할아비 나라 것인 양 사죽을 못 쓰는 종살이 버릇에서다.

　그러나 그 다음에 나온 《우리말큰사전》(1992)에는 ‘끝장치’라는 말을 다음처럼 올려 놓았다.

　　“끝장치: 전자계산기에 자료를 넣어 보내고, 처리된 자료를 받는 장치 ….”

　그 사전을 만들고 있을 때인 1987년에 만들어 넣은 말이다.

　또 북한의 《조선말대사전》(1992)에도 아래와 같이 올려 ‘말단장치’로 바로잡았다. 북한에도 생각이 같은 사람이 있었던가 보다.

"말단장치: 전자계산기에서 쓰이는 통신 선로를 통하여 자료를 들여보내거나 내보내는 장치. …"

'끝장치'와 '말단장치'는 똑같은 말이다. 만일에 《우리말큰사전》에 《국어대사전》처럼 '단말기'라고 했더라면 북쪽에 뒤떨어져 창피할 뻔 했다.

'단말기'란 말은 어떻게 처리해야 할까.

《우리말큰사전》처럼, "단말기: → 끝장치"라고 해 놓아, '단말기'라는 말을 찾는 사람에게 '끝장치'를 찾아 보라고 이끌어 주어야 한다. 이것은 쓸 것과 못 쓸 것을 구별해 주는 구실도 한다.

'단말기'보다는 '끝장치'나 '말단장치'가 알기 쉬운 말이다. 무턱대고 일본 것만 좋아해서는 안 된다.

1996. 3. 15. 《포스코》

'담배' 타령

　우리 나라에 없는 것이 들어오면, 그 이름이 대개는 본음대로 남는다. '라디오, 볼펜, 컴퓨터' 들과 같다. 그 까닭은 우리 한글이 거의 원음대로 적을 수 있기 때문이다. 그런데 알 수 없는 것이 있다. '담배'라는 말이다. '타바코'든 뭐든 적을 수가 있는데 어째서 '담배'라고 할까?

　중미 서인도 아이티의 섬에서 '타바코'라는 이름의 풀을, 16세기 중엽에 포르투갈 사람들이 유럽에 전한 것이 러시아를 거쳐 만주로, 16세기 말엽부터 17세기 초에 스페인 사람들이 필리핀에 전한 것이 중국으로, 그 무렵 역시 포르투갈 사람들이 인도와 일본에 전했다.

　스페인과 포르투갈에서는 원산지 이름 그대로 '타바코', 영국에서는 '터배코', 도이치와 네덜란드에서는 '타바크', 프랑스에서는 '타바'라 하고, 그 밖에도 '타보크', '탐보크'라고 하는 곳도 있으며, 중국에서는 '옌차오', 일본에서는 그것을 '다바코'라고 한다.

　우리 나라에는 중국과 만주와 일본에서 들어와, 그 이름도 '남초, 남령초, 천선초, 어초, 담방구, 담바고, 담바귀' 들 가지가지이던 것이 '담배'로 변해 굳어져 오늘에 이르렀다. 1614년에 이수광(李睟光)이 지은 지봉유설(芝峯類說)에 그 때 이미 '담파고(淡婆姑)'라는 이름으로 실려 있었다.

　'타바코'의 '타'가 '다'로 들리고, '바'의 'ㅂ'이 흐린소리여서 'ㅁ바'로 들리고, '코'가 '고'로 들린 것이 '구'로 바뀌어 '귀'로 됐다가 '기'로 된 뒤 'ㄱ'이 빠져서 'ㅣ'만 남는다.

타바코 → 다ㅁ바고 → 담바구 → 담바귀 → 담바기 → 담바ㅣ → 담배

1982. 10. 《열매》 94호

'돈아' 보다는 '아들아이' 가 좋은 말

1950년대 일이다. 어떤 지방에서 계엄 사령관을 지낸 '석두'라는 별명을 가진 사람이 서울에서 높은 자리에 있었다.

그를 알고 지내던 그 지방 유지가 놀고 있는 아들의 취직을 부탁하느라고 그 석두에게 아들을 보냈다.

유지의 아들은 석두에게 아버지가 써 준 편지를 내밀었다. 그 편지에는 "天高之節에 淸安하심을 仰祝하나이다. … 놀고 있는 豚兒를 보내오니 善處 바랍니다"라는 구절이 있었다.

석두는 '천고지절'이나 '청안' 또는 '앙축' 따위가 무슨 말인지 알 듯도 하고 모를 듯도 하며, '선처'는 그냥 좋은 곳이려니 생각하면서 읽다가 '돈아'에 눈이 번쩍 뜨였던 것 같다.

그래서 친구의 안부는 묻지 않고, 댓바람에 "돼지 새끼는 어디 있느냐?"고 하더란다. 그러나 '돈아'는 돼지 새끼라는 뜻으로 쓰이는 말이 아니다. 국어 사전에 아래와 같이 되어 있다.

"돈아(豚兒): 어리석고 철이 없는 아이라는 뜻으로 남에게 자기 아들을 낮추어 부르는 말"

석두가 그런 것을 알 턱이 없다.

알고 모르고가 문제가 아니다. 왜 하필이면 내 아들을 무지막지하게 돼지 새끼에게 비기느냐가 문제다. 이것도 "흰 털이 3천 길(白髮三千丈)이나 되고, 동방삭이 18만 년이나 살았다(三千甲子東方朔)"고 하는 허풍장이들의 짓과 마찬가지다.

그러나 저러나 '돈아'와 걸맞은 우리말은 없을까?

보통은 제 아들을 남에게 '아들아이'라고 한다. 사랑스럽게는 '아들나미'라고도 한다. 얼마나 좋은 말인가. 낮추어 말할 때에는 '아들놈'이라고 한다. '아들놈'이 '돼지 새끼'보다는 훨씬 낫다.

그런데도 한자말만 좋아하는 무리들은, 우리말을 거들떠보지도 않고 제 아들을 남에게 '가돈(家豚: 집돼지), 돈견(豚犬: 개돼지), 미돈(迷豚: 미욱한 돼지)'이라고 하거나 좀 누그러뜨려 '가아(家兒), 미식(迷息), 미아(迷兒), 약식(弱息), 우식(愚息)'이라고 한다.

1995. 3. 30. 《포스코》

'동일노동동일임금'은 '한일한삯'

영어 '이퀄 페이 포 이퀄 워크(equal pay for equal work)'를 일본에서 번역한 말이 '동일노동동일임금'이다. 일본에서 번역했다고 얼른 고맙게 여기며 받아쓸 것이 아니라 좀 생각해 볼 일이다.

1961년의 《국어대사전》(민중서관)부터 이 말이 아래와 같이 실려 있는데, 1955년의 일본 국어 사전 《광사원》에서 베껴 넣은 것이다.

"동일노동동일임금(同一勞動同一賃金): …같은 일에 대하여 같은 삯을 주는 원칙."

풀이를 보면, 굳이 이렇게 왜말을 그대로 베껴 넣지 않아도 된다. 우리말로 '한일한삯'이라고 하면 같은 일에 같은 삯을 준다는 개념이 쉽게 드러나는 것이다. 우리 국어 사전은 일본 사전이 아니다.

어린이말과 '땅차'

어린이날, 어버이날이 있는 가정의 달 5월에는 생각나는 말이 있다. "어린이는 어른의 아버지다"라는 200년쯤 전에 영국 시인 워즈워드가 한 말이다. 어린이는 아직 물들지 않아 숫된 채로 있으니까, 물들어 비뚤어진 어른들이 어린이들을 본받아야 한다는 바람에서 한 말이다.

어린이한테서 삶의 피어남을 엿볼 수 있다. 그 가운데서 말의 생겨남도 빼 놓을 수가 없다.

아기가 태어나서 맨먼저 내는 소리가 입을 벌린 채로 내는 목구멍 소리인 홀소리인데, 그 가운데서도 울음소리로 내는 '아' 소리다. 다음으로 내는 소리는 입을 오므리고 내는 입술 소리인 닿소리인데, 그 가운데서도 홀소리와 같이 흐리게 나는 'ㅁ(미음)' 소리다.

아기가 맨먼저 내는 그 홀소리와 닿소리를 얽어 맞추어 보면 '암'이다. 그 '암'이 '엄'이 되고 '엄마'가 된다. 그 다음 낱말은 '아빠'다. 엄마와 아빠는 'ㅓㅁㅁㅏ'와 'ㅏㅂㅂㅏ'로, 그 얼개가 닮았다.

'엄마·아빠'는 자연스럽게 익혀진다. 다음에는 필요해서 만드는 말들이 나타난다. 먼저 '맘마'라는 말이 만들어진다. 어른이 만들지만 어린이가 가장 내기 쉬운 소리, 곧 'ㅁㅏㅁㅁㅏ'로 이루어진다.

그러고 나서 필요한 말이 날마다 몇 번씩 되풀이되는 '쉬'와 '응'이다. '쉬'와 '응'은 나는 소리를 그대로 입내 내는 시늉말이다. 그것이 '쉬야'와 '응가'로 굳어진다.

다음으로 하는 말은 '엉아'인데, '형아'로 변한다. 그리고 같은 촌수인 '하부지, 하무니'가 나타나서 '하버지, 하머니'로 다듬어진다. 'ㄹ(리을)' 소리가 안 나는 것이다.

어린이는 '술'을 '슈이'라고 한다. 이 어린이말의 '슈이'는 '술'의 ㄹ(리을) 소리가 '이' 소리로 바뀐 것이다. '물'이 '무이'로 바뀌고 '뮈'는 '미'로 변해, '물녘(물가)'이 '미역('미역감다'의 '미역')'으로 바뀐 것과 같은 원리다.

그렇지만, 어린이말은 어린이 때 쓰는 것이지, 자라서는 쓰는 말이 아니다. 유치원 다니고 초등학교에 다니게 되면, '엄마, 아빠, 맘마, 쉬야, 응가, 형아, 하버지, 하머니, 슈이' 들은 응당 '어머니, 아버지, 밥, 오줌, 똥, 형, 할아버지, 할머니, 술' 들로 써야 한다.

어린이말이 채택되어 공식적으로 쓰이는 것도 있다. 땅을 고르는 큰 차를 보고 어린이들 나름대로 '땅차'라고 한 것이다. 그것을 본떠서 포크 리프트 트럭을 어린이말인 '지게차'라고 하자는 의견이 받아들여져 둘 다 국어 사전에 올랐다.

어린이말을 본받아서 또 말을 만들어 본다. 포클레인 회사에서 만든 엑스커베이터를 '코끼리차'라고 하면 어떨까, '땅파개, 흙파개' 또는 '삽차'는 어떨까?

이런 식으로 우리말을 매끄럽게 만들어 내는 능력은 오히려 어른보다 어린이들에게 더 많은 것 같다. 어른들은 어린이의 티없이 맑은 마음과 같은 생각으로 우리말을 아껴야 할 일이다.

1993. 5. 《럭금》

'라커룸'은 '옷갈이방, 선수방'

'라커(locker)'는 흔히 자물쇠가 달린 상자를 뜻하는데, 옷 같은 것을 넣어 두는 선반이나 벽장 같은 것을 가리킨다. '라커룸'은 옷 갈아입는 방을 일컫는 말로 쓰곤 하는데, 이 말은 다듬어져야 한다.

어떤 혼인 예식장에서 옷 갈아입는 방을, '탈의실(옷 벗는 방)'이라고 쓰다가 핀잔을 들은 일이 있다. 그래서 더러 '갱의실'이라고 하자고도 했지만, 그것은 '경의실'이라고 해야 옳다. 그러나 '경의실'도 다듬을 대상이 되기 때문에 문제다. 그렇다면 '옷 갈아입는 방'이라고 해야겠으나, 그렇게 하면 설명이지 다듬은 말이 아니다.

'창갈이' 또는 '판갈이'라는 말도 있으니, '경의'도 '옷갈이'로 바꾸면 '경의실'이 '옷갈이방'으로 다듬어진다. 줄여서 '옷갈방'이라고 할 수도 있을 것이다. 그래야 다듬은 말 같아진다.

'라커룸'은 '선수 대기실'이라고 쓰이는 경우도 있다. 틀린 말은 아니나, 역시 다듬은 말이라기보다는 설명 같은 맛을 풍긴다. 이것도 '봉놋방' 또는 '손님방'이란 말도 있으니, '선수방'이라고 해서, 그렇게 자꾸 쓰다 보면 그런대로 쓰이게 될 것이다.

'만초천(蔓草川)'은 '덩굴내'

　서울 서대문구 안산(길마산)에서 시작하여 용산구 청파동을 거쳐 용산 강으로 흘러드는 내를 일제 때 일본 사람들이 아사히가와(旭川)라고 했다.
　이 일본이름을 1995년 4월 7일에 지명 위원회에서 그 전에 쓰던 이름 인 '만초천(蔓草川)'으로 되돌리기로 했다. 너무나 늦게 한 일이 너무나 잘 못되었다.
　그 내의 본이름은 '덩굴내'다. 덩굴(만초)이 많아서 그런 이름이 붙은 것이다. 그 덩굴내를 한자로 적은 것이 '만초천'이다.
　이왕에 내이름을 바로잡으려면 본이름으로 하는 것이 옳다.

20세기 초엽의 말다듬기

1900년 전후 개화기에 다듬은 말 가운데 지금까지 쓰이고 있는 것들을 찾아 보면, 다음과 같은 것들이 있다.

버릇(관성, 습관)	무게(중량)	대저울(간칭)
받침저울(천칭)	앉은저울(대칭)	빨대(흡관)
오목거울(요렌즈)	해가림(일식)	달가림(월식)
소릿결(음파)	되쏨(반사)	헛꼴(허상)
참꼴(실상)	볼록거울(철렌즈)	발강(적색, 지금은 '빨강')
벌겅(등색)	누렁(황색)	퍼렁(청색)
파랑(남색)	보라(곤색)	해무리(일훈)
달무리(월훈)	부피(체적)	표(부호)
빼임수(피감수)	남저지(지금의 '나머지')	갈래(분류, 종류)
닿소리(자음)	홀소리(모음)	겹소리(복음, 중음)
낱말(단어)	바탕(성질)	보기(예)
풀이(해석)	…	

그 가운데서도 정식 이름은 훈민정음인데, 민간에서 '언문'이네 '반절'이네 하던 것을, 1910년에 주시경 님이 '한글'이라고 이름을 바꾸어, 이제는 그 본이름보다 더 잘 쓰이고 있으니, 이 '한글'이야말로 말다듬기의 으뜸이라 하겠다.

'어린이'라는 말은 1920년대에 일본 도오쿄에 유학중이던 소파 방정환 님을 비롯하여 색동회를 조직한 분들이 만들어 퍼뜨린 말이다.

　1930년대에 들어 '통치마, 끈끈이, 딱따기, 꽁초, 사탕발림, 미역국, 약 오르다, 뻐기다' 들 새말을 만든 한편, '님(씨), 통조림(간즈메), 달모꼬지(월 례회), 차려(기오쓰케), 똑딱선(발동선), 소매치기(스리), 팔랑개비(가자구루마), 눈깔사탕(아메다마)' 들처럼 말다듬기를 하였는데, 그 때 만들어진 말 가운 데 손수건(항카치)은 일품이다.

　일제하인데도 일본식 말을 우리말로 다듬어 쓴 우리 선배들이 자랑스 럽다. 그 때 다듬어진 말들이 지금까지 쓰이는 것도 있지마는, 우리 둘레 에는 워낙 외국 것을 좋아하는 썩은 사대가들이 많아, 쓰이려다가 만 말 들이 많다.

　그 쓰이지 않는 것들 가운데 지금 말다듬기를 하는 데 도움을 주는 바 람직한 것들이 있으니, 한번 살펴보자. 지금도 그렇지마는 역시 풀이식 말이 대부분이다.

나는틀(비행기)	날배(비행선)	흔들너비(진폭)
일금(공률)	풀림(용해)	견줌무게(비중)
빨통(펌프)	녹음(융해)	김됨(기화)
끓음(비등)	물됨(액화)	맞흐름(대류)
물김틀(증기기관)	김틀(가스기관)	결길이(파장)
맞울림(공명)	고름(조화)	소리굽쇠(음차)
촛빛(촉광)	꺾임금(굴절률)	알유리(렌즈)
반딧불빛(형광)	빛가름틀(분광기)	덥살(열선)
쬠살(복사선)	수끝(양극)	암끝(음극)
번개기별(전보)	제몸느낌(자기감응)	흐름고르개(정류자)
번갯결(전파)	빛밑(광원)	어둠몸(암체)
중매바탕(매질)	곧감(직진)	밑빛(원색)
홑몸(單體)	밑감(원소)	쇠붙이밑감(금속원소)
낱알(분자)	밑알(원자)	옹글수(정수)

쪽수(분수)　　　　　　잘수(소수)　　　　　　잘숫점(소숫점)

수이름지음법(명수법)　　마디지음법(분절법)　　낱수(단수)

터수(기수)　　　　　　열올림법(십진법)　　　네셈(사칙)

터법(기법)　　　　　　쌈표(괄호)　　　　　　작은쌈표(소괄호)

가온쌈표(중괄호)　　　　큰쌈표(대괄호)　　　　합침수(합수)

셈놓이(운산)　　　　　　본자리(본위)　　　　　모셈표(구구표)

보임수(지수)　　　　　　곁낱밑(보조단위)　　　터낱밑(기본단위)

풀이말의 줄기를 끊어서 대담하게 표현하는 다음과 같은 것들도 있는데, 지금도 더러 시도해 보는 바람직한 방법이다.

퍼석(확산)　　　　　　탈없등(안전등)　　　　결떨(파동)

눕결(횡파)　　　　　　서결(종파)　　　　　　싫소리(조음)

좋소리(악음)　　　　　높낮(고저)　　　　　　세여리(강약)

눕떨(진동)　　　　　　환금(照度)　　　　　　녘알쇠(나침반)

글놓틀(발신기)　　　　글받틀(수신기)　　　　말듣틀(수화기)

줄없(무전)　　　　　　트밝몸(투명체)　　　　좀트밝몸(반투명체)

같몸(동체)　　　　　　돋보틀(현미경)　　　　이름있수(명수)

꼭눟(整除)　　　　　　퍼모(평방)　　　　　　쌓모(입방)

섞됨(중화)

그러나 다음과 같은 것들은 지나친 것 같기도 하다.

곬(定律)　　　빅빛(여색)　　　튀갈(탄력)

옛부터 있던 말만들이 틀의 하나로 줄기에 '개, 애'를 붙여 만드는 방법이 있는데, 다음과 같은 말들이 그렇게 만든 것들이다.

차개(寒劑)　　　　끄래쇠(자석)　　　　생긴끄래쇠(천연자석)

만든끄래쇠(인공자석)　　　끄래쇠바늘(자침)

위와 같은 것들은 알기 쉬운데, 다음처럼 어려운 것들도 있다.

눟애(商)　　　　땅모개(지적)　　　　조각눟애(部分商)

그 때에는 밤에 촛불이나 호롱불을 켜는 손잡이 달린 제등, 또는 횃불, 관솔불을 들고 다니던 터라, 광산이나 탄갱에서는 가스 폭발의 위험마저 있어 불편했다. 그래서 그런 위험이 없는 안전등을 만들었는데, 그것을 '탈없등'이라고 다듬은 것은 본받고도 남음이 있다.

1984. 2.《열매》

방송말 다듬기

■ 모나고 특징 있는 거친 말의 유행

방송말은 전문말이라고 할 수가 없다. 그 속에는 일반말, 전문말, 외래말, 표준말, 사투리, 은어, 비어, 속어, 유행말 들이 모두 포함되기 때문이다.

방송하는 사람도 한두 가지 부서에 종사하는 것이 아닐 뿐더러, 그 갈래도 아나운서(어나운서), 취재기자, 탤런트, 배우, 특집 출연자, 거리의 스케치, 가수, 진행자 들 가지가지다.

방송말은 소양을 쌓은 아나운서의 고르고 평범한 말보다는 인기 있는 탤런트의 모나고 특징 있는 말이 더 강한 전파력을 지니는 것이 보통이다. 지난날 유행했던 "웃기네, 이거 되겠습니까", "잘 하는 짓이다, 그건 그려", "바쁘다 바빠", "죽겠네", "그렇습니다", "기똥차다" 들이 그런 것이다.

일본에서 한때 자주 쓰인 '맹렬부인'이라는 말이 들어와서 쓰이기도 한다. 그걸 그대로 '맹렬부인'이라고 되뇔 것이 아니라, '억척부인'이나 '알뜰부인' 들로 우리와 가까운 말로 써도 될 것이다.

라디오에 '아차부인, 재치부인'이라는 프로가 있는데, '아차씨, 재치씨'라는 말도 생겼다. '또순이'라는 프로 이후에 '공순이, 식순이, 밥순이, 뻔순이, 악순이, 짤순이, 차순이, 팅순이'라는 말까지 생겼고, 더 생길 여지를 보인다.

방송말이 생활에 미치는 영향은 절대적이다. 거친 말 사회에서 바른 윤리가 배겨나지 못할 것은 뻔하다.

'골통 빈 학돌이가 구라나 까고, 간덩이가 부어서 고양미도 안 내고,

쪼다 같은 약장수가 노가리까는 말도 안 듣고, 꼰대의 쉿가루나 쌔비어 폼생폼사하는 아더메치한 사회'에서 무슨 윤리를 찾을 것인가?

'슬기로운 학생이 바른 말만 하고, 착실하게 납부금도 잘 내고, 훌륭한 선생님이 타이르시는 말씀도 잘 듣고, 어버이를 섬기어 인정이 감도는 아름다운 사회'처럼, 쓸 말은 쓰고 안 쓸 말은 안 쓰고, 숫된 말만 하게 한다면 얼마나 바람직한가.

■ 심의된 용어들은 제대로 쓰이고 있는가?

방송윤리위원회 용어심의회는 74년부터 77년 말까지, '강설이 예상된다 → 눈이 올 듯 하다, 공단 → 공업 단지, 만조 → 밀물 …' 들 풀어쓰기에 관한 것 513개, '그린벨트 → 개발 제한 구역, 랭킹 → 순위, 아이노꼬 → 트기 …' 들 외래말에 관한 것 67개, '충진 → 충전, 갑있는 → 가볐는, 멧세지 → 메시지 …' 들 발음에 관한 것 17개, '공개 방송을 가지다 → 공개 방송을 하다, 부상을 입다 → 부상하다, 겁시 나다 → 겁이 나다 …' 들 어법에 관한 것 46개, '구라까다 → 거짓말하다, 깡 → 배짱, 쌔비다→ 훔치다 …' 들 비속말에 관한 것 135개, '곶감 → 교감, 쉿가루 → 돈, 토끼다 → 도망가다 …' 들 은어에 관한 것 69개 들 모두 877개 낱말을 심의해서 방송사에 통보하고, 계속 심의하고 있다. 그러나, 그 실천은 의문이다. 냉장고 선전말 중의 '서리'가 '성에'로 바뀌는 데에는 상당한 진통을 겪었다.

'그린벨트'를 '개발 제한 구역'으로 하는 것은, 되어 가는 중인 것 같은데, 아직도 '공개 방송을 갖고, 회견을 갖고, 회의를 갖고, 회담을 갖고, 인내를 갖고, 예배를 갖고, 잔치를 갖고' 들은 쓰이는 것 같다. 이런 말법은 우리에게는 없었던 것들이다. 영어에서 옮아 온 말투인데, 우리에게 그런 경우에 쓰이는 말이 없어서라면 몰라도, 엄연히 있는데 그런 어색한 말을 쓸 필요는 없다. '공개 방송을 하고, 회견을 하고, 회의를 하고, 회담을 하고, 참고, 예배를 드리고, 잔치를 베풀고'로 할 수 있고, 또한 그렇게 해 왔으며, 그것이 자연스러운 말이다.

'날씨가 맑고 있으며'도 고쳐서 통보한 것인데, 여전히 '흐리고 있다' 식이다. '날씨가 맑으며, 흐리다'라야 한다.

보도에 흔히 나타나는 잘못인데, 경우에 따라서는 사투리까지 튀어나 온다. '구청(區廳), 반장(班長), 다소(多少)'들의 첫음절은 짧은소리요, '시 청(市廳), 도청(道廳), 전화(電話)'들의 첫음절은 긴소리인데도 방송에서 더러 반대로 하는 수가 있다.

'뚜껑(모자) 벗으세요, 뚜껑 덮으세요(쓰세요) …' 같은 비속어, '안다스 탠드 · 모른다스탠드, 지출 많은 피팅 …' 같은 얼치기말, '시멘트 바닥에 비벼서 여드름을 치료한다, 웨딩 마치에 걸려서 넘어져라 …' 같은 말장 난, '모기 눈깔 무침에 인삼 깍두기에 녹용 찌개 …' 같은 허풍 들이 거침 없이 들린다.

뿐만 아니라, 출연자와 진행자 사이에 오고가는 말에서 요령부득인 말 장난 같은 것들이 있는데, '수리수리 마수리 알랑들롱 장가방 이브몽땅 주룩주룩 히트히트 조잘조잘 힘들다 점찌고 흐짜흐짜 디리디리 내려라 송알송알 동백꽃잎 새겨진 사연' 같은 미친 투의 소리들을 늘어놓아, 자 라나는 젊은이들의 말을 흐리게 하여 정신마저 혼미하게 하는 사례가 있 음은 매우 섭섭한 일이다.

1978. 7. 31. 《방송윤리》 142호

'매점·매석'은 '사재기'

"서울대 등 20여 곳" - 1985. 4. 12.《조선일보》 11쪽

"맨해턴섬은 이름만 섬일 뿐 섬으로서의 구실은 이미 오래 전에 잃어버렸다" - 1985. 4. 18.《경향신문》 1쪽 여적란

"승용차 교통량 격증 손수운전 많아" - 1985. 4. 26.《조선일보》 2쪽

'곳'을 과거에는 흔히 '개소'라는 왜말로 써 왔다. '구실'은 '역할'이라는 왜말에 해당하는 우리말이다. 따라서 위와 같이 쓰이니 듣기도 좋고 보기도 좋다. 특히 '손수운전'이라는 새말은, 외래말 좋아하는 세태에 청량제가 될 만큼 시원한 말이다.

"언론의 역할이 중요" - 1985. 4. 10.《조선일보》 3쪽

"고궁 성인 관람료 인상" - 1985. 4. 16.《조선일보》 11쪽

"노총 노동부 입장" - 1985. 4. 16.《조선일보》 10쪽

"쌀 매점 매석 단속" - 1985. 4. 28.《조선일보》 2쪽

"매장" - 1985. 4. 28.《조선일보》 10쪽

그러나 위 말들 가운데 '역할, 인상, 입장'이 왜말이라는 것을 다 안다. 게다가 '매점, 매석, 매장' 들도 '가이시메, 우리오시미, 우리바'로 쓰이는 일본말이지 한자로 적는다고 해도 한자말이 아니다. 다시 말하면 일본에서만 쓰이는 말이지, 우리 나라나 중국에서는 낱말로서 성립이 안 된다.

'매점·매석'은 그래서 '사재기'로 바로잡아 쓰기로 했고, 여러 군데서 그렇게 쓰고 있다. '매장'은 '파는 데'로 바로잡는 것이 좋다.

'매점, 매석, 매장'은 한자말이 아니기 때문에 일본 사람들이 '바이센, 바이세키, 바이죠오'라고 음독하는 일이 없다.

그것을 우리가 무엇 때문에 '매점, 매석, 매장'이라고 억지소리를 만들어 내야 할까?

"미 전역서 교민 일천 명 원정 출영" - 1985. 4. 25. 《조선일보》 3쪽

여기에서 '출영'은 왜말이라고 많이들 생각하지만, 왜말이 아니고 중국 문헌에도 나오는 한자말이다.

일본에서 '슈쓰게이'라고 음독하지 않고 '데무카에'라고 훈독만 하니까 일본말로 착각하는 것이다.

그러나 우리에게는 '마중'이라는 우리 말이 있으니까 이 한자말 '출영'도 쓸 필요가 없다.

1985. 5. 《신문과 방송》

‘무뎃포’는 ‘마구잡이’

운동 경기 중계 방송 따위에서 더러 듣는 ‘무뎃포’라는 일본말이 있다. 이치에 맞는지 따져 보거나, 전후 사정을 돌아보지 않고 막무가내로 일을 해 치우는 짓이라는 뜻으로 쓰이는 말이다.

일본에서 한문 문장을 읽을 때, 우리 구결처럼 한자 오른쪽 아래에 토를 달기도 하고, 한자 왼쪽 아래에 숫자나 표 따위로 아래에서 위로 올려 읽는 표시를 한다. 이 도움표를 ‘덴(點)’이라고 하는데, 보통 ‘가에리텐(返り點), 군텐(訓點)’이라고 하며 ‘レ, 一, 二, 三, 四, 上, 中, 下, 甲, 乙, 丙, 天, 地, 人’ 들을 쓴다.

그리고 ‘덴(가에리텐, 군텐)’이 없는 것을 ‘무텐(無點)’이라고 하는데, 한문에 덴이 없으면 아무렇게나 읽는 것처럼 무슨 일이 확실하지 않은 것을 ‘무텐포(無點法)’라고 한다.

이 ‘무텐포’가 변해서 ‘무뎃포(無手法)’로 됐던 것이 다시 변하여 ‘無鐵砲’로 된 것이다.

‘무뎃포’는 ‘마구’나 ‘마구잡이’ 또는 ‘무턱대고’라고 하면 될 것이다.

'법대로, 하늘길' 써 볼 만

'법대로 처벌' – 2001. 9. 16. 《조선일보》 4쪽

'법대로 처리' – 2001. 9. 19. 《조선일보》 6쪽

'법대로 수사' – 2001. 10. 12. 《조선일보》 5쪽

'법대로'라는 말은 우리 국어 사전에는 없는 말이다. 그 대신 '의법(依法)'이 있다. 그래서 문서에는 '의법 조처, 의법 처분'이라 한다고 국어 사전에 '의법 처단, 의법하다'가 올라 있다. 그러나, 실제 말살이에서는 '의법한다'라고 하지 않고 '법대로 한다'고 한다.

우리는 '그대로, 되는대로, 뜻대로, 마음대로(맘대로), 멋대로 …' 들을 자연스럽게 쓴다. 사전에도 나오는 말들이다.

'의법 처벌, 의법 처리, 의법 수사'보다는 '법대로 처벌, 법대로 처리, 법대로 수사'가 훨씬 듣기도 좋다.

문서에나 국어 사전, 특히 신문 같은 데에서도 안 쓰이는 것을 억지로 쓰자는 것이 아니고,《조선일보》처럼 실제 말살이에서 쓰이는 쪽을 가려 써야 한다는 것이다.

사전에 있고 없고가 문제가 아니다. 사전에도 '의법하다'처럼 잘못이 많기 때문이다.

'서울~도쿄 하늘길' – 2001. 9. 29. 《조선일보》 31쪽

여기에서 '하늘길'도 흔히 '공로(空路), 항공로(航空路)'라고 하는데, 요즘에는 '에어 라인'을 즐겨 쓴다.

'해로(海路)'를 '바닷길'이라고 한다. '한국판 모세의 기적'이라고 불리

는, 전남 진도군 고군면 회동마을과 의신면 모도리 사이의 신비한 '바닷
길'이 해마다 4월 하순에 열리는데, 이런 '바닷길'이 전북 부안군 변산반
섬(邊山半島) 들, 온 나라 곳곳에 있지마는 '해로'라고는 하지 않는다.

  '공로'나 '항공로'도 《조선일보》처럼 '하늘길'로 하는 것이 좋겠다.
'하늘길'은 지난 날의 사전에는 없다가, 1999년 10월 9일에 국립국어연
구원에서 펴낸 《표준국어대사전》부터 실리기 시작했다. 좋은 말을 새로
만들어서 자꾸 써 쌓으면 사전에 실린다.

'부'는 일본말, '푼·분'으로 써야

아기 돌 선물로 흔히 금반지를 준다. 반지는 대개 한 돈짜리를 하는데, 이 때의 '돈'은 돈쭝이라는 말로, 무게의 단위다. 경우에 따라서는 반 돈 짜리를 하는 수도 있는데 그 반 돈을 흔히 '5부'라고 한다.

돈을 꾸어 쓸 때에는 길미(이자)의 푼수(퍼센티지)가 있게 마련이다. '이 자'는 일본말이고, 우리말은 '길미'이다. 길미의 푼수가 2퍼센트일 때 그 것을 흔히 '2부'라고 한다. 판자를 사러 가면 두께가 한 치의 10분의 4인 판자를 가리켜 '4부 판자'라고 한다.

이상의 '5부 반지, 2부 길미, 4부 판자'에 쓰인 '5부, 2부, 4부'의 '부' 라는 말은 우리말이 아니고 일본말이다. 우리말로는 '푼'이다.

그러니까, 아기 돌 때의 선물 5부 반지는 '닷 푼 반지' 또는 '5푼 반 지'라고 해야 한다. 마찬가지로 결혼 반지도 '3부 다이아'가 아닌 '서 푼 다이아' 또는 '3푼 다이아'라고 해야 할 것이다.

돈을 꾸어 쓸 때에는 '2부 길미'가 아니라 '두 푼 길미' 또는 '2푼 길 미 돈'을 쓴다고 한다.

판자를 살 때에도 '4부 판자'가 아니라 '너 푼 판자' 또는 '4푼 판자' 라고 해야 한다. 판자 두께는 '4부'라고 잘못 쓰면서도 판자 길이를 잴 때 에는 '한 자, 세 치, 너 푼'이라고 하여 '너 푼'이라고 제대로 쓴다.

그것은 마치 우리가 엽전을 쓸 때에 엽전 한 닢을 '한 푼'이라고 하는 것과 같다.

조심할 것은 '서 푼, 너 푼'이라고 해야 할 때에 '세 푼, 네 푼'이라고 하면 안 된다는 것이다.

60분의 1을 나타내는 시간, 각도, 날씨도는 틀리지 않게 잘 쓰면서, 무게 · 푼수 · 길이에서 10분의 1을 나타내는 '푼'은 '부'로 잘못 쓰곤 하는 것이다. 날씨도는 날도와 씨도, 곧 지구의 경도와 위도다.

또 하나, 온도나 각도를 나타내는 경우에 쓰는 일본말 '부'는 10분의 1을 나타내며 이때에는 우리말로 '푼'이 아니고 '분'이다. 그러니까 일본말로는 영하 '5도 5부'라고 하더라도 우리는 '5도 5분'이라고 해야 한다.

1995. 1. 26.《포스코》

'서울랜드'는 '서울 동산'으로

1984년 경기도 과천시 막계동에 '서울랜드'가 들어선다고 발표되었다. 한국 땅이름 학회에서는 이 소식을 듣고 1985년 8월 "서울랜드는 우리 나라 어린이들의 동산인데, 이렇게 서양말로 이름을 붙인다면 어린이들의 교육 측면에서 좋지 못하다, '서울랜드'가 아니라 우리말로 '서울 동산'이라고 해야 한다"고 서울시에 건의서를 냈다.

그러자, 그 다음달인 9월에 "영문으로 소개하는 책자에는 '서울랜드(SEOULLAND)'라 하고, 우리말로 소개하는 책자에는 '서울 놀이 동산'이라고 하기로 했다"는 정중한 회신이 왔다.

그래서 그렇게 하는 것으로 알고 있었는데 1986년 그 대공원에 '서울 놀이 동산'으로 하겠다던 '서울랜드'가 건설되더니 1988년 '서울랜드'라는 이름으로 문을 열었다. 그러고서는 사람마다 신문마다 방송마다 '서울 랜드'라고 하지, '서울 동산'이나 '서울 놀이 동산'이라고는 하지 않는다.

그뿐 아니다. 이것을 본떠서, 1987년 서울 도봉구 번동에 '서울 드림 랜드'가 생겼다. 생각은 '꿈동산'으로 어린이에게 맞게 잘 해 놓고, 정작 이름은 '드림랜드'라고 서양말로 붙인 것이다.

도대체 이런 서양말 이름들이 우리 어린이들의 건전한 놀이와 교육에 무슨 도움이 되는지 모르겠다. 어릴 때부터 무분별한 외국말에 무방비 상태로 노출되어 있는 아이들에게 그들이 좋아하는 곳을 우리말 이름으로 부르게 하여 우리말의 소중함을 일깨워 주어야 한다.

1995. 5. 18.《포스코》

'선착장'과 '나루'

1986년 7월 12일치 《조선일보》 '색연필' 란에 '선착장' 은 '나루' 로, '고수부지' 는 '강변터' 나 '강턱' 으로 하자는 한국 땅이름 학회 주장이 보도되었다.

그랬는데, 9월 9일치 5쪽 '한강의 새 모습' 의 지형 그림에 여전히 '보트 선착장', '요트 선착장' 이라고 되어 있었다. 신문에서 무심히 쓴 한 마디가 넓게 오래 영향을 끼친다는 사실을 인식해야 한다.

우리는 본디 그런 곳을 '나루' 라고 해 왔다. 이 '나루' 라는 우리말을 공무원이나 교수들이 꺼리고 쓰지 않는 것이다. '보트나루', '요트나루' 라고 하면 된다. 아니, 그렇게 해야 한다.

버스를 타고 삼개(마포)에서 마포다리를 건너서 63빌딩 쪽으로 가느라면, 차내 안내 방송에서 "선착장입니다"라고 알려 준다.

선착장이라는 말은 한강 놀잇배(유람선)가 뜨는 나루를 말하는 것으로, 원래의 이름은 '노들나루' 다. 그 나루에는 놀잇배가 뜨기 시작한 1987년부터 'NODLNARU(노들나루)' 라고 쓴 무지개문(아치문)까지 서 있었다. 그것을 93년에 서울시에서 없애 버렸다고 한다.

그리고 버스길에서 노들나루로 내려가는 어귀에 알림판이 서 있는데, 거기에는 '노들나루' 라는 말은 없고 그 대신 커다란 글씨로 '한강시민공원 여의도 선착장' 이라고 씌어 있다. 또 잠실에 있는 '누에나루' 도 알림판에는 '잠실 선착장' 이라고 씌어 있다.

이 '선착장' 이라는 것은 우리말이 아니고 왜말 찌꺼기다. 일본말로 '후나쓰키' 라고 하면 배가 닿는다는 뜻으로 우리말로는 '배닿이' 쯤 된다. 그것을 일본에서 '船着' 이라고 적는다. 그러니까 그 한자는 '후나쓰키' 라는

일본말이지 한자말이 아니다. 그것에 "곳"이란 뜻의 ‘場’을 붙여 ‘후나쓰
키바(船着場)’라고 한다. 한문식으로 하면 ‘착선장(着船場)’이라야 한다.

그 한자를 우리 나라 사람들이 멋도 모르고 우리 한자음으로 읽은 것
이 ‘선착장’이다. 그러나 그런 한자말을 쓰는 곳은 일본뿐이다. 일본에서
‘후나쓰키바’라고 하는 것을 중국에서는 ‘두커우(渡口)’ 또는 ‘두진(渡
津)’이라고 한다.

참고로 충주호 낚시터를 돌아보면 종민동나루, 목벌나루, 화암리나루,
월악나루, 용곡나루, 황석리나루, 청풍나루, 괴곡나루, 중방리나루, 단양
나루 들처럼 모두 ‘나루’라고 했지 ‘선착장’이라고는 하지 않았다.

"선착장입니다"가 아니라 "노들나루입니다"라는 안내 방송을 들을 수 있
는 날이 하루라도 일찍 왔으면 한다. (다음 항 "‘선착장’에 대한 국민의 관심"을 볼 것)

1986. 10.《신문과 방송》

'선착장'에 대한 국민의 관심

한강에 놀잇배가 뜬다기에 또 왜말 '선착장'을 쓸까 봐 걱정이 되어서 서울시 한강 개발 담당 부서에 "'나루'라는 말이 있으니 '선착장'이라는 왜말 찌꺼기를 쓰지 말라"고 전화를 걸었다.

그랬더니, 그 담당 과장이 "우리는 공무원이니까 우리 맘대로 못 한다"면서 "교수들과 언론인들이 '선착장'이라고 하라고 한다"고 했다.

그래서 "그 사람들이 왜말인지 우리말인지 몰라서 그런다"고 하니까, "일본말이면 어떻습니까!" 하고 반문했다. 친일 정권 치하의 공무원다운 태도다.

공무원만이 아니다. 우리 국어 사전들도 탈이다.

《큰사전》(한글학회, 1957)에는 없던 것이, 《국어대사전》 1판(민중서관, 1961)에 '착선'이 다음과 같이 실렸다.

"착선(着船): 배가 닿음. 착선하다. 착선 안내."

이것은 나무랄 데가 없다. 문제는 일본말 '후나쓰키'를 한자로 적은 '船着'을 우리 한자음으로 적어 아래와 같이 '선착'도 실은 것이다.

"선착(船着): 배가 닿음. 선착하다."

《새우리말큰사전》(삼성출판사, 1974)은 여기에 '선착지(船着地)'를 더했다.

그리고 친일 색채가 짙은 《국어대사전》 2판(민중서림, 1982)에 선착장이 다음과 같이 처음으로 올랐다.

"선착장(船着場): 배가 와서 닿는 곳."

그 뒤 《우리말큰사전》(한글학회, 1992)만 "선착장 → 나루"라고 '선착장'
을 못 쓸 말로 해 놓았을 뿐, 거의 모든 사전들이 《국어대사전》 것을 따
라, '선착장'이란 말이 우리 사회에 뿌리를 내리려고 하고 있다.
　이렇게, 우리말 '나루'는 쓸쓸히 사라져 자취를 감추어도 될 것인가?

‘선하(船荷)’는 ‘뱃짐’

일본에서 후나니(뱃짐)를 船荷라고 적는다. 그것은 일본말이다. 그러므로 그들은 ‘후나니’라고만 읽지, ‘센카’라고 음독하는 일이 없다. 한자말이 아니기 때문이다.

그런 것을 1961년에 나온 《국어대사전》부터 아래와 같이 실어 ‘뱃짐’이라는 우리말이 그 힘을 잃기 시작했다.

“선하(船荷): 배에 실어 보내는 짐.”

《국어대사전》은 우리말보다 왜말 찌꺼기를 더 중요하게 여기는 사전이니까 우리가 그것을 꼭 따라야 할 필요가 없다.

혹, 일본 사람들이 경제 용어로 ‘선하 증권’이란 말을 쓰는 일이 있더라도, 그것은 일본 사람 사정이니 우리가 그것을 본받을 이유가 없는 것이다.

우리는 어디까지나 ‘뱃짐’이라는 우리말을 살려 ‘뱃짐 증권’이라고 하면 된다. 아무리 우리가 ‘후나니’라는 일본말을 들여와 ‘선하’라는 왜말 찌꺼기를 만들어 쓰며 아첨해도, 그들은 절대로 ‘뱃짐’이라는 우리말을 써 주지 않는다는 것을 알아야 한다.

'섬'이란 말을 살려 쓰자

한산섬 달 밝은 밤에 수루에 홀로 앉아
큰 칼 옆에 차고 깊은 시름 하는 차에
어디서 일성호가는 남의 애를 끊나니

이 시조는 충무공 이순신 장군이 임진 왜란 때 한산섬에서 읊은 것이다. 한산섬은 경상남도 통영군 한산면에 있는 섬이다. 그런데, 요즘 우리는 그 섬을 '한산도'라고 한다.

서울 성동구 성수동에 뚝섬이 있다. 뚝은 둑을 말한다. 그러니까, 둑섬을 뚝섬이라고 하는 것이다. 이 뚝섬은 동쪽에서 흐르는 한강과 북쪽에서 흐르는 중랑천(옛이름은 중량천)이 만나는 곳에 끼여 있다. 옛날에는 거의 섬처럼 되어 있었는데, 큰 비가 오면 섬 기슭이 무너졌다. 그래서 1936년 11월부터 섬둑을 쌓아 5년 만에 완성했다. 이렇게 둑을 쌓은 섬이라 둑섬인 것이다. 그리고 이 '둑섬'이 변하여 '뚝섬'이 된 것이다. 이것도 한자말로 바꾸어 '둑도'라고 했었다.

전라남도 신안군 임자면 진리에 '감섬'이 있다. 이 섬도 한자말로 바꾸어 '시도(柿島)'라고 한다.

경상남도 의창군 구산면 구복리의 '긴섬' 서북쪽에 있는 섬을 비롯한 모든 '곰섬'을 한자말로 '웅도'라고 한다.

전라남도 여천군 삼산면을 이루는 섬이 '거문도'다. 이 섬은 큰 맷돌처럼 생겼다고 거마도(巨磨島: 큰 맷돌섬)라고도 한다. '거마'의 '거(巨)'는 크다는 뜻이고, '마(磨)'는 마석(磨石: 맷돌)이다. 큰 문처럼 생겼다고 거문도(巨門島)라고도 한다. 그러다가 큰 글의 섬이란 뜻으로 고친 것이 지금의 거문도(巨文島)다.

그러나, 그런 것들은 거짓으로 꾸민 것에 지나지 않는다.

거문도는 본디 '굼섬(거룩하고 으뜸가는 섬)'이었다. 이 '굼섬'이 변하여 '검섬'이 되었고 그 검섬이 '검은섬'이 되었다. 그 '검은섬'의 소리가 변하여 '거문도'로 된 것이다.

이 섬은 전라남도 여수시와 제주섬 사이에 있는 조그마한 외딴 섬이지만, 군사상 요충지다. 임진 왜란 때, 왜적이 쳐들어와 있는 것을 이 충무공이 내쫓기도 했다. 1885년(고종 22년) 3월 1일에는, 영국 동양 함대가 침입하여 군사 시설을 갖추고, 동양 침략의 발판을 삼으려 한 것을, 우리 정부와 청나라 정부가 으르고 달래어 1887년 8월에 물러가게 했다.

'검섬'은 외딴 섬이지만, 그만큼이나 우리 나라에 중요한 섬이다. 그러니, 큰 글 섬이란 뜻의 '거문도'보다는 거룩한 으뜸 섬이란 뜻의 '검섬'이 훨씬 좋은 말이다.

노량다리 중간에 섬이 하나 있다. 전에는 중지도(中之島)라고 했는데 이것은 우리말이 아니라 '나카노시마'라는 일본말을 한자로 적은 것이다. 그래서 서울시에 건의하여 1987년에 '노들섬'으로 고치게 되었다.

일본말 '나카노시마'의 시마와 섬은 둘 다 우리말로, 같은 뜻이다. '섬'의 옛말 '셤'을 길게 소리내면 [시엄]으로 난다. 그 가운데 엄이라는 소리가 일본에는 없기에 대신 '암'이라고 소리를 낸다. 그 [암]의 홀소리 [ㅏ]와 닿소리 [ㅁ]이 뒤바뀌어 [ㅁㅏ]가 [마]로, [시암]이 [시마]로 변했다. 결국 우리말 '섬'의 옛말 '셤'이 변한 '시마'가 일본말로 쓰이는 것이다.

일본의 '쓰시마'는 우리말로 '두 섬', 즉 위 아래 두 개의 섬으로 이루어져 있다는 뜻이다. 일본에서 '구두'를 '구쓰'라고 하듯이 [두]를 [쓰]라고 한다.

그렇듯 일본에서는 변한 말이기는 하나 우리말 '시마'를 써서 다음처럼 거의 '도(島)'를 '시마'라고 읽는다.

아오시마(靑島)　　가고시마(鹿兒島)　　다카시마(高島)　　나카시마(中島)

하하시마(母島)　　마쓰시마(松島)　　와다시마(和田島)

즉 우리말 섬을 빌어가 시마라는 말을 만들어 쓰고 있는 것이다.
우리도 본디는 아래과 같이 '섬'으로 많이 썼다.

갓섬	개섬	건너섬	고깔섬	곰섬	꽹이섬	끝섬
노루섬	농섬	닭섬	대섬	돌섬	돝섬	둥근섬
뒷섬	뚝섬	매섬	모래섬	박섬	범섬	북섬
새섬	소쿠리섬	숲섬	시루섬	애기섬	옥섬	왼섬
자라섬	장구섬	쥐섬	키섬	토끼섬	피리섬	

그래서 남이섬(南怡島), 병풍섬(屛風島), 한산섬(閑山島) 들처럼 지금도 남아 쓰이고 있지마는, '섬'이 '도(島)'로 변질하여 강화도(江華島), 거문도(巨文島), 고금도(古今島), 금당도(金塘島), 여의도(汝矣島), 제주도(濟州島), 추자도(楸子島)처럼 많은 섬이 '도'로 불리고 있다.

언제까지나 중국식의 '도'를 따를 것이 아니라 우리 식으로 '강화섬, 거문섬, 고금섬, 금당섬, 여의섬(너의 섬), 제주섬, 추자섬'처럼 써야겠다.

1994. 10. 《럭금》

'역할'은 '구실'이나 '할일'

어느 나라에나 외래말이 있다. 들어오는 외래 문화를 따라 외래말도 들어오는 것이다. 우리에게 없는 새로운 것들이 들어오면 새로운 외래말도 쓸 수밖에 없다.

그런 경우에 조심해야 할 일은, 우리말이 있는데도 그것을 찾아 쓸 생각은 하지 않고, 외래말을 더 많이 쓰는 버릇이다. 더구나, 그것이 바깥세에 빌붙어 비굴한 처지에서 나온 것이라면 부끄러워해야 할 일이다.

1992년 2월 28일 《한겨레》 16쪽 머릿기사 제목에 "KBS TV 기동 취재 현장 감시자 역할 제대로 못 해"라는 것이 있었다. 다음날 《조선일보》 5쪽 아래쪽에는 "유엔 역할 무역 체제로 대립"이란 것도 있었다.

신문만이 아니라, 100사람이면 99사람이 '역할'이라는 말을 쓴다. 심지어 '역할론'이란 말까지 쓰이어 우리 말살이를 어지럽히고 있다.

'역할'이란 말은 전에는 쓰이지 않던 말이다. 그렇기 때문에 1957년에 나온 《큰사전》에는 그 말을 싣지 않았다.

'역할'은 일본에서 만든 말이다. 일본에서 연극할 때 각각 맡아서 하는 일을 '야쿠'라 하고, 그 '야쿠'를 나누어 맡기는 일을 '야쿠와리'라고 한다. '와리'라는 일본말은 우리말로는 "나누기"라는 뜻이다. 그러니까 일본말 '야쿠와리'는 우리말로는 "맡은 일 나누기"다. 또 "나누어 맡은 일"이란 뜻도 있는데, 그것이 번져 "사람이 살아 가는 사회에서 저마다 해야 하는 일"이란 뜻으로도 쓰이게 되었다.

그 '야쿠와리'라는 일본말을 일본에서 한자로 '役割'이라고 적는다. 그러니까 '役割'은 일본말이지 한자말이 아니다.

그런데, 쓰레기 사전들인 1961년에 나온 《국어대사전》과 1974년에 나온 《새우리말큰사전》에 다음과 같이 실어, '역할'은 우리말 '구실'과 같은 말이라고 하여 쓸데 없는 빌미를 만들어 놓았다.

"역할(役割): 구실."

'役割'을 한자말로 알고, 그 한자를 우리 한자음으로 읽어 '역할'이라고 한 것이다. 우리말을 싫어하고 한자와 왜말을 좋아하는 사람들의 짓이다. 그래 놓고도 모자라, 1982년에 나온 쓰레기 《국어대사전》 2판에는 다음과 같이 '역할'이란 말이 쓰인다고 해 놓았다. 그 사전은 일찍부터 왜말 찌꺼기투성이로 유명하다.

"역할(役割) : 소임. 구실. (보기: 중대한 역할)."

한편, 우리 국어 사전들에 다음처럼 '구실'이라는 말을 올려 놓았다.

"구실: 제가 하여야 할 제 앞의 일."

예로부터 써 오던 "사람은 사람 구실을 하고, 물건도 다 제 구실을 한다"라는 말이 있다. 이처럼 우리는 '구실'을 오랜 동안 써 왔다. 그러므로, '감시자 구실, 유엔의 구실, 구실론' 들처럼 '역할'을 '구실'로 바꾸어 제대로 써야 한다.

'나라 구실, 정부 구실, 대통령 구실, 우리 구실, 거울 구실'처럼 쓰다가 '구실'이란 말이 잘 안 쓰여 온 탓에 서투르게 느껴지면, '할일'이나 '소임'을 쓰더라도 '역할'이라는 왜말 찌꺼기는 쓰지 말아야 한다.

만일에 '역할' 같은 새 말을 만들어 쓰려면 '배역(配役)'처럼 '할역'이라고 해야 한다. 돌(石)을 나눔(割)을 일본에서는 '이시와리(石割)'라고 하는 것을, 우리는 '할석(割石)'이라고 하는 것과 같다.

'할역'을 '역할'이라고 하면, '배역'을 '역배(야쿠구바리)'라 하고, '할석'을 '석할(이시와리)'라고 하는 것과 같다.

'연륙교'는 '섬다리'

경상남도 창원군 구산면 구복리 앞바다에 '돝섬'이라는 섬이 있다. 모양이 돼지 같다고 해서 붙은 이름이다.

근래에 돝섬과 뭍 사이에 다리를 놓았다. 그 다리를 돝섬 사람들은 '돝섬다리'라고 한다. 그런데 우리네 공무원들은 '돝섬'도 싫고, '돝섬다리'도 싫다. 그래서 돝섬을 일찍부터 '저도'라 하고, 새로 놓은 '섬다리'도 '저도연륙교'라고 하여 말썽이 되고 있다. 서울 '여의섬둑'을 엉뚱하게 '윤중제'라고 함과 같다.

. 다리에는 두 갈래가 있다. 하나는 물 위(수상)에 놓는 다리고, 다른 하나는 뭍 위(육상)에 놓는 다리다. 물 위에 놓는 다리를 또 세 가지로 나눈다. 한강다리처럼 강에 놓인 다리는 '강다리'라고 하고, 진도다리처럼 섬과 뭍 사이에 놓인 다리는 '섬다리'라고 한다. 남해다리처럼 바다에 놓인 다리는 '바닷다리'다. 그런데, 이 가운데 '섬다리'를 '연륙교'라고 하여 말썽이 되고 있는 것이다.

볼썽사납게도 《국어대사전》 2판(민중서림, 1982)부터 이 '연륙교'가 실리기 시작했다.

무릇, '연륙'이란 말은 중국에도 일본에도 없고 우리만 만들어 쓰는 말이다. 비슷한 말로는 "끊임없이 이어진다"는 뜻으로 '육속(陸續)'이란 말이 있는데, 이것을 일본에서 '리쿠쓰즈키'라고 읽고, 그것을 '지쓰즈키(地續)'라고도 한다. 이 말은 "뭍과 섬 따위가 이어져 있다"는 뜻으로, 우리말로 하자면 '땅잇기 · 이은땅(연륙)'이라고 할 수 있다.

뭍과 섬 따위가 잇닿아 있으면 거기에는 다리가 필요 없다. 그러므로 정신나가지 않은 중국과 일본에는 '연륙교'라는 말이 없다.

우리말을 살려 쓰려는 새바람

비행기를 타러 공항에 갔다. '비행기'나 '공항'이 왜말인 것까지 굳이 탓하려 하지 않는다. 다만 비행기를 타는데, "항공권을 사서 하물을 탁송하고 탑승권을 받아 탑승구에서 탑승하고 하기한다"라는 어색한 말을 들었다. 절차를 밟아 비행기를 타고 내리는 짓을 나타내는 데에 쓰이는 이 말이 거슬린다는 것이다.

비행기를 타는데, "비행기표를 사서 짐을 부치고 표를 받아 타는 문에서 타고 내린다"라고 하면 듣기도 좋다.

자동차 용어도 '일단정지 → 일단멈춤, 정차 → 섬, 주차 → 둠, 추월 → 앞지르기'처럼 다듬어서 지금도 쓰이고, 전철역에서는 '승강장 → 타는 곳, 승환장 → 갈아타는 곳'처럼 바뀌어 제대로 되어 있다.

그런데도 비행장에서는 왜 우리말 쓰기를 외면하는 것일까? 그런 버릇은 공항뿐만 아니라 다른 데에서도 볼 수 있다.

'타다'라고 하는 경우에도 다음과 같은 말들을 쓴다.

승차하다(차를 타다)　승선하다(배를 타다)　승마하다(말을 타다)

그리고 '내리다'라고 하는 경우에도 다음과 같이 쓰는 것이다.

하차하다(차에서 내리다)　하선하다(배에서 내리다)　하마하다(말에서 내리다)

일찍이 중국에서 페이지(飛機)라고 하는 것을, 일본에서 '히키(飛機)'라고만 하면 어색하니까 히코오키(飛行機)라고 바꾸어 쓰는데, 우리는 중국말을 그대로 풀어서 우리말로 '날틀'이라고 하자는 의견이 있었다. 그러나 왜말을 좋아하는 사람들이 비행기를 좋다 하고 우리말을 싫어하여 날틀이 받아들여지지 않았다.

그러나 지금은 세상이 달라지고 있다. 젊은 세대, 특히 대학 사회에서는 우리말을 쓰려는 흐름이 강하다. 그래서 워드프로세서를 '문서편집기'라고 하다가 '글틀'로 바꾸어 쓰자는 의견이 있었다. 프로그램을 '풀그림'으로 바꾸어, 프로그래밍은 '풀그리기'라 하고, 프로그램을 짜다는 '풀그리다'라고 하자는 의견도 있다.

컴퓨터를 북한에서는 전자계산기라고 한다는데, 남한 젊은 세대들은 '셈틀' 또는 '슬기틀'이라고 하잔단다. 이 의견에 대해서는 거부반응이 있는 것 같다. 하지만, 전자계산기는 괜찮고 셈틀, 슬기틀은 안 괜찮다는 것은 이해가 안 간다.

물론 컴퓨터가 계산기 구실만 하는 것은 아니다. 그런데도 계산기라는 말이 따라다니는 것은 본디 컴퓨터가 계산기로부터 발전한 것이기 때문이다. 어쨌든 계산기나 셈틀이라는 말이 부족하다거나 알맞지 않아서 그것에 걸맞은 말을 만들어야 한다고 한다면 더 바랄 것이 없다. 그러나 만일에 계산기는 한자말이니까 괜찮고 셈틀은 우리말이니까 싫다고 한다면 더욱 큰 문제다. 다른 좋은 말이 나타나면 몰라도, 전자계산기나 셈틀, 슬기틀로밖에 할 수 없을 바에는, '셈틀'이나 '슬기틀'로 하는 것이 순리다.

우리에게는 이미 '기름틀, 발틀, 베틀, 손틀, 솜틀, 술틀, 쥄틀'이라는 말들이 있다. 또 풀 베는 제초기를 '김틀', 맨손체조에서 뛰어 넘는 도마를 '뜀틀', 숨을 쉬는 기관인 호흡기를 '숨틀', 이가 박혀 있는 위아래의 턱뼈인 치조를 '이틀'이라고 써 왔다.

남의 것보다 내 것이 더 소중하다고만 여기면 안 될 것이 없다.

1993. 9. 《럭금》

‘유부남’은 ‘핫아비’, ‘유부녀’는 ‘핫어미’

요새 ‘유부남, 유부녀’라는 말이 유행한다. 중국에 ‘유부(有夫)’라는 말이 있고, 일본에 ‘유부간(有夫姦: 아내가 남과 통함)’이란 말이 있지만, ‘유부남’이나 ‘유부녀’라는 말은 우리 나라에만 있는 것 같다.

그러나 우리에게도 그런 것은 필요 없었다. 우리에게는 ‘핫-’이라는 말 조각이 있어서 다음과 같이 쓰인다.

- 핫것: 솜을 둔 옷이나 이불.
- 핫바지: 솜을 둔 바지.
- 핫저고리: 솜을 둔 저고리.
- 핫두루마기: 솜을 둔 두루마기.
- 핫이불: 솜을 둔 이불 = 솜이불.
- 핫퉁이: 솜을 많이 둔 옷. 또는 그런 옷을 입은 사람.

그래서 옛날부터 있어 온 다음과 같은 만들을 살려 쓰면, 요새 부는 복고바람에도 어울린다.

- 핫아비: 아내가 있는 남자.
- 핫어미: 남편이 있는 여자.

잘못하다가는 ‘홀아비’, ‘홀어미’가 ‘무부남, 무부녀’로 불릴라.

'육교'는 '구름다리'

중국과 일본에는 하늘다리가 있다. 天橋를 중국에서는 '톈챠오'라 하고, 일본에서는 '아마하시'라 하지마는, 여기서는 그들의 말씨를 따지자는 것이 아니니까 그냥 우리말 '하늘다리'라고 하자.

대만《중문대사전》(중화학술원, 1973. 10.)에 보면 다음과 같이 되어 있다.

"하늘다리: 옛적 군대가 성을 칠 때에 나무를 공중에 건너질러서 다리를 삼았는데, 이를 하늘다리라고 했다(天橋: 古時軍隊攻城, 以木架爲橋, 謂之天橋)."

풀이로 보아 중국의 하늘다리는 구름사다리와 같다. 같은《중문대사전》에 다음과 같이 해 놓은 것이 그것이다. 이렇게 보면, 하늘다리(천교)나 구름사다리(운제)는 성을 칠 때 쓰는 것이었다. 그러나, 지금은 없는 옛날 것이다.

"구름사다리: 옛날 성을 치는 기구(雲梯: 古代攻城之具)."

《현대한어사전》(북경중국과학원, 1978. 12.)에 보면 다음처럼 되어 있다.

"구름사다리: 성을 치거나 불을 끌 때 쓰는 긴 사다리(雲梯: 攻城或救火時用的長梯)."

이 구름사다리의 풀이를 ① 성을 칠 때 쓰는 긴 사닥다리, ② 불을 끌 때 쓰는 긴 사닥다리의 둘로 나눌 수 있다. 풀이 ①의 '성을 치는 사닥다리'는 없어졌고, ②의 '불을 끄는 사닥다리'는《우리말큰사전》(한글학회,

1991. 12. 15.)에 아래와 같이 되어 있는 것과 걸맞다.

“구름사다리: 높은 사닥다리. … 구름사닥다리. 비제(飛梯). 운전거(運轉車).
운제(雲梯). 운제충거(雲梯衝車). 윤제(輪梯).”

그리하여, 하늘다리라는 말이 요즘에는 달리 쓰인다.《현대한어사전》
에 다음과 같이 풀이가 달라져 있는 것으로 보아도 알 수 있다.

“하늘다리: 정거장에서 손님이 철길을 가로 건너기 위하여 철길 위 공중에
건너지른 다리.(天橋: 火車站里爲了 旅客橫過鐵路, 而在鐵路上空架設的橋)”

이것은 구름사다리가 아니라 구름다리다.《우리말큰사전》에 아래와 같
이 되어 있는 것이 그것이다.

“구름다리: 한길이나 철길 들을 건너질러 공중에 높이 놓은 다리. …고가
교(高架橋). 교각(橋閣). 운교(雲橋). 운잔(雲棧).”

구름다리라는 말은 중국에도 있기는 있다(일본에는 없다).《중문대사
전》에 아래처럼 되어 있다.

“구름다리: ① 높은 데 놓인 다리. ② 은하수에 놓인 다리. (雲橋: ①高處之橋
也. ②天河之橋也)”

이 가운데 ①의 “높은 데 놓인 다리”가 그것이다. 그러나, 그 말이《현
대한어사전》에는 올라 있지 않은 것을 보면 잘 쓰이지 않는 것 같다. 바꾸
어 말하면, 중국에서는 구름다리보다는 하늘다리라는 말을 쓴다는 것이
다. 물론 중국의 하늘다리는 우리의 구름다리다.

일본에도 하늘다리라는 말이 있으나, 중국의 하늘다리와는 다른 뜻으
로 쓰인다. 일본 이와나미 책점의 《광사원》(1955. 5. 25.)에 다음과 같이 되
어 있다.

"하늘다리(天橋): ① 하늘뜬다리. ② 하늘로 오르는 사닥다리."

"하늘뜬다리(天浮橋): 신이 하늘나라에서 땅 위로 내려올 때, 하늘과 땅 사이에 걸린다는 다리."

여기에서 하늘뜬다리를 다시 일본 박문관의 《사원》(1935. 2. 5.)에서 찾아 보면, 아래와 같이 되어 있다.

"하늘뜬다리(天浮橋): 신화 시대에 신들이 하늘과 땅 사이를 오갔다던 길에 놓였던 다리. 이자나기·이자나미 두 신이 이 다리에 서서 큰 바다를 찾아 오노코로섬을 얻었다고 전한다."

군말이지만, 일본 신화에 이자나기·이자나미가 하늘뜬다리에 서서 창으로 푸른 바다를 끌어 올린 때, 창 끝에서 떨어진 물방울이 굳어서 된 섬에 내려서 일본 나라 섬들을 낳았다고 한다. 그 오노코로섬은 지금의 아와지섬(淡路島) 서남 또는 서북쪽의 작은 섬이라고 전해 내려온다.

어쨌거나, 일본에서는 하늘다리가 하늘뜬다리 또는 구름사다리의 뜻으로는 쓰이나, 구름다리와는 달리 쓰인다. 그럼 우리 구름다리를 일본에서는 뭐라고 할까?

일본 사이토오 모키치(齋藤茂吉: 1882~1953)가 1913년에 쓴 노래집 《적광(赤光)》에서 '뭍다리'를 찾아 볼 수 있다.

"뭍다리〔陸橋〕에 이르렀을 때 병정이 왔는데 …"

그리고 하야시 후미코(林芙美子: 1903~1951)가 《여인 예술》에 연재한 것을 1930년에 펴낸 《방랑기》에서도 볼 수 있다.

"신쥬쿠역의 뭍다리〔陸橋〕에 보랏빛 시그널이 빛나 …."

陸橋를 일본에서는 릿쿄오라고 하지마는, 여기서도 그냥 우리말 '뭍다리'라고 하자.

이 뭍다리를 일본 삼성당의 《광사림》(1925. 9. 25.)에서 찾아 보면, 아래처럼 되어 있다.

"뭍다리(陸橋): 철길 선로에 걸쳐 공중에 건너질러 놓은 다리."

또한 일본 박문관의 《사원》(1935)에는 다음과 같이 되어 있다.

"뭍다리(陸橋): 철길 선로에 걸쳐 건너질러 놓인 다리."

그러고 보니, 일본에서는 우리 구름다리를 1900년대 초기부터 뭍다리(육교)라고 썼던 것을 알 수 있다.

그것을 우리 《국어대사전》 수정판(영창서관, 1954. 6. 15.)에 아래와 같이 실어 놓았다.

"육교(陸橋): 구름다리."
"구름다리: 길 위로 걸쳐 놓은 다리."

일본 육교는 우리 구름다리라고 밝혀 놓은 것이다.(《국어사전바로잡기》 陸橋 항을 볼 것)

1993.《말과 글》가을호

'윤중'은 '방죽골'

《국어대사전》 2판(민중서림, 1982)부터 다음과 같이 '윤중제'를 올려 놓았는데, 이 말은 '섬둑'의 잘못된 말이다.

"윤중제(輪中堤): 강섬의 둘레를 둘러쳐서 쌓은 제방."

'윤중'이라는 말은 중국에도 없고, 우리 나라에도 없고, 오직 일본에만 있다. 일본 국어 사전을 보면 아래와 같이 되어 있다.

"와쥬우(輪中): 에도(江戶: 1590~1868) 때, 큰물을 막기 위하여 하나 또는 여러 마을이 둑으로 둘러싸여 물막이 협동체를 이룬 것."

그 '와쥬우'라는 일본말 한자 '輪中'를 일부 얼빠진 사람들이 우리 한자음으로 읽은 것이 '윤중'이다.

일본의 '와쥬우'와 같은 것으로 우리 나라에는 '방죽골'이 있다. 마을이 강어귀에 있거나, 낮은 지대에 있거나 하여, 물이 불으면 그 물에 잠기므로, 그 마을 둘레에 둑을 쌓아, 흘러드는 물을 막는다. 그 둑이 '방죽'이다. 우리 국어 사전을 보면, 다음과 같이 되어 있다.

"방죽: 물을 막고자 쌓은 둑."

그 방죽으로 둘러싸인 마을이 '방죽골'인 것이다.

《지명총람》(한글학회, 1986. 8. 28. 완성)을 보면 '방죽' 갈래 마을이름이 방죽안(98), 방죽말·방죽머리·방죽목·방죽물(61), 방죽골·방죽굴(50), 방죽거리(9), 방죽(6), 방죽안말(5), 방죽뜸(4), 방죽동(3)과 그 밖의 것들(13)을 합쳐 249개나 있다.

그러나 이 우리말 '방죽'을 일부 사람들이 한자로 적어 '방축(防築)' 갈래 마을이름도 방축동(防築洞)(58), 방축(防築)골·방축굴(50), 방축리(防築里)(43), 방축(防築)(40), 방축(防築)말·방축매기·방축머리·방축메·방축목(17), 방축(防築)안(3), 방축촌(防築村)(2)과 그 밖의 것들(9)을 합쳐 222개나 있는 것이다.

두말할 것도 없이 방축(防築)이라는 것도 이 세상에는 없는 허깨비다. 그런데도 우리 공무원들이 다루는 행정 땅이름에는 허깨비인 '방축(防築)' 천지다.

방죽골의 둘레에 쌓인 방죽을 일본말로 '와쥬우테이(輪中堤)'라고 한다. 이 '와쥬우테이'를 한자로 쓴 것을 우리 음으로 읽은 것이 '윤중제'다.

1968년에 여의도에 섬둑을 쌓고는 무슨 영문인지 '윤중제'라는 왜말로 이름을 붙였다.

1986년 6월 27일에 서울시에 바로잡으라고 건의했다. 그리하여 이듬해 지명 위원회에서 '여의방죽'으로 바로잡았다. 그러나 이렇게 바로잡아 놓아도 우리 공무원들은 '여의방죽'이라는 우리말보다는 '윤중제'라는 왜말을 좋아한다. 그래서 '여의방죽길'을 '윤중로'라고 하는 것이다.

"윤중로에 자전거 전용 도로" - 1993. 3. 21. 《조선일보》 17쪽

여의도 국회 의사당 뒤의 둑길에 자전거만 다니는 길을 낸다는 기사의 제목이다.

'윤중로'는 허깨비니, '국회 뒤 여의방죽길'이라고 하든지, '국회 뒤 섬둑길' 또는 '국회 뒤 둑길'이라고 하거나, 아예 '국회 뒷길', '여윗둑길'이라고 해도 된다.

1994. 11. 24. 《포스코》

'이산 가족'은 '헤진 가족'으로

　신문 제목에 "분단의 비애, 1천만 이산 가족"이라는 것이 있었다. 케이비에스에서 쓰기 시작하여 하도 들어 쌓아서 귀에 익은 말이다. 또, 누구나 그렇게 쓴다.

　그러나, 곰곰 따져 보면 꼭 그렇게 해야만 하는 것도 아니다. 본디 '분단'이라는 말은 중국에도 없고, 우리 큰사전에도 없다. 그런데, 일본에서 "하나로 되어 있는 것을 잘라 따로따로 나누어 끊는다"는 뜻으로 그 나라 국어 사전에 올려 놓으니까, 요즘 우리 국어 사전들이 어김없이 들여다 베껴 넣으면서, 여러 개로 나누어서 끊는다고 풀이한다.

　그리하여, '분단의 비애'는 (여러 개로) 나뉘어 끊어진 비애라는 뜻이 된다. 어느 나라 말이 그 모양인가?

　암만 생각해도 알아듣기 어렵다. 그것이 알아들을 수 있는 말이라면 중국이나 우리가 안 썼을 리가 없다.

　아마 나라가 두 동강으로 갈라진 비애라는 표현을 줄인 말일 것이다. 그렇다면 '갈라진 슬픔' 또는 '갈라진 설움'이라고 하는 것이 우리말 투로 순한 말이라 알아듣기 쉬울 것이다.

　'이산'이라는 말은 다 쓴다. 산산이 떨어진다는 뜻이다. 우리 국어 사전들에서는 헤어져 떠난다, 또는 떨어지거나 헤어져 흩어진다고 풀이한다.

　그리하여, '이산 가족'이라는 말은 산산이 떨어진 가족이란 뜻이 되는데, 우리 국어 사전대로라면 헤어져 떠난 가족, 또는 떨어지거나 헤어져 흩어진 가족이라는 뜻이 된다. 아무래도 이상하다. 아마 '함께 못 살고 헤어져 사는 가족'이라는 말을 그렇게 나타냈을 것이다. 그렇다면, '헤어진 가족', 줄여서 '헤진 가족'이다. 늙은이나 어린이들도 알아들을 수 있는 말이다.

위 제목을 "갈라진 안타까움, 1천만 헤진 가족"으로 하면 알기 쉽고 겨레말다운 맛이 날 것이다.

이처럼 신문이나 방송에서 쓰고 있는 '분단', '이산' 따위 말들은 언론이 얼마나 우리 말살이를 잘못 이끌고 있는가를 보여주는 본보기 말들이다.

없는 말을 들여다 쓰면서까지 있는 겨레말을 저버리는 버릇을 부끄럽게 여겨야 한다.

1992. 1. 31. 《한겨레》

‘이서’는 ‘뒷보증’이나 ‘배서’로

문서 따위의 앞면에 적힌 것에 대한 주석·승인·보증의 뜻으로, 그 문서의 뒷면에 적는 글 같은 것이 있는데, 사전에서는 다음과 같이 풀이하고 있다.

“① 수표·어음·증권 들이 유효함을 증명하기 위해 적힌, 그 뒷면의 주소·성명·날인 따위, ② 서화 뒷면에 적힌 주석·고증 따위, ③ 소송 문서 뒷면에 적힌 판결문·소환 기일 따위”

그리고 일반적으로는 이것들을 다 뭉뚱그려서 “어떤 사실이 확실함을 보증하는 것”이란 뜻으로 쓰고 있다. 이것을 중국에서는 ‘페이수(背書)’라 하고, 일본에서는 ‘우라가키’라고 한다.

일본에서 ‘우라가키’를 한자로 ‘裏書’라고 적는다. 그러니까 ‘우라가키(裏書)’는 일본말이다. 그 일본말을 한자로 적은 것을 우리 친일 학자들이 우리 한자음으로 읽어 ‘이서’라고 한다.

‘이서’는 일본말도 아니고 그 찌꺼기이다. 따라서 이것을 바로잡기 위해 1957년 10월 9일에 한글학회에서 펴낸 《큰사전》에 다음처럼 왜말 찌꺼기를 버리고, 우리가 쓴 ‘뒷보증’이란 말로 바꾸어 쓰도록 이끌었다. 그리하여 ‘이서 금지(裏書禁止)’도 ‘뒷보증 금지’로 바꾸어 쓴다.

“이서(裏書): =뒷보증.”

그런데 1961년 12월 28일에 민중서관에서 펴낸 《국어대사전》에 다음과 같이 실어, 우리가 쓰고 있는 ‘뒷보증’을 마다하고 왜말 찌꺼기 ‘이서’를 표준으로 했다.

“뒷보증(—保證): 이서(裏書).”

그래 놓고 그 ‘이서(裏書)’ 항목에 일본 국어 사전에 있는 풀이를 그대로 마치 우리 것인 양 정성껏 옮겨 베껴 넣었다.

한편, 1974년 9월 15일에 삼성출판사에서 펴낸 《새우리말큰사전》에는 다음과 같이 일반말에는 ‘이서’를 쓰고, 법률말로는 ‘배서’를 쓰는 걸로 했다. ‘배서’만으로도 충분한데,《국어대사전》의 영향으로 ‘이서’를 못 버린 것이다.

“이서(裏書): ① 종이 뒤에 씀. ② 서화 뒤에 씀. ③《법》=배서(背書).”

《국어대사전》은 왜말 찌꺼기를 가장 많이 쓸어 넣은 사전인데, 가장 많이 팔려 우리말을 가장 많이 망치고 있다.

1997. 4. 30.《포스코》

‘이자’는 ‘길미’

‘이자’는 ‘利’에 ‘子’를 붙여 중국의 말만들기 방식으로 만든 말이지만, 일본식 한자말이다. 중국에서는 리시(利息)라 하고, 우리말로는 ‘길미’라고 한다. 그렇다면, 우리말 ‘길미’와 일본식 한자말 ‘이자’가 어떻게 사전에 나와 있는지 살펴보자.

《큰사전》(1957)에는 다음과 같이 제대로 되어 있다.

“길미: 빚돈 얼마에 대하여 얼마 동안에 얼마씩 붙는 돈.”
“이자(利子): = 길미.”

그런데 《국어대사전》(1961)부터 일본 사전 것을 일본식 표현 그대로 베껴 넣고, 두 말을 비슷하게 풀이해 놓았다.

“길미: 빚돈에 대하여 덧붙이는 돈, 이식, 이자, 변리.”
“이자(利子): ① 길미, 변리, 이식, ② 화폐의 이용의 대상으로서 지불되는 금액.”

그러자, 《새우리말큰사전》(1974)에서는 한술 더 떠서 아주 일본식 한자말 ‘이자’로 표준을 바꾸어 버렸다.

“길미: = 이자(利子).”
“이자(利子): 남에게서 돈을 빌어 쓴 대가로 치르는, 일정한 비례의 돈, 길미, 변리, 이식”

이런 것은 정상적인 사고 방식이 아니다.

‘이지메’는 ‘조련질’

일본에서 ‘이지메’라는 말이 들어왔을 때 다듬은 말이 ‘(집단) 괴롭힘’
이었다.

‘이지메’를 직역한 말이다. 잘 했다. 그러나 헛짓이다. 직역했대서가 아
니라, 다듬기 전에 우리말에 그런 말이 있는지 알아 보아야 했다.

그런 말이 우리 사전에 있다. 다만, 그 우리말이 엉뚱한 한자말에 파묻
혀 있어서 찾을 길이 없었을 뿐이다.

우리 사전들을 보면 다음처럼 요약되는 항목이 있다.

“조련(操鍊 · 調鍊): ① 못되게 굴어 남을 괴롭힘. ② =교련 · 연병 · 훈련.”

그런데 ‘操鍊 · 調練’은 군사 용어로 “교련 · 연병 · 훈련”의 뜻이다.

그런 것을, 그 말에다가 “못되게 굴어 남을 괴롭힘”이라는 뜻을 덮씌
워 놓았다.

그 뜻의 일본말이 ‘이지메’고, 우리말이 ‘조련’인데 흔히 ‘조련질’이라
고 한다.

알고 보면 우리말 ‘조련’의 ‘조’는 긴소리고, 한자말 ‘操鍊 · 調鍊’의
‘操 · 調’는 짧은소리여서 맞지도 않는다. 게다가 통탄할 일은 ‘調練 · 調
鍊’은 《중문대사전》이나 《한국한자어사전》에는 없고 일본 사전에만 있는
데, 그것이 썩어빠진 우리 국어 사전들과 《한한대사전》(동아출판사)에 버젓
이 올라 있는 것이다.

‘이형단면사(異形斷面絲)’는 ‘모실’

1982년에 민중서림에서 펴낸《국어대사전》에 다음과 같이 실려 있다.

“이형단면사(異形斷面絲): …단면이 3~10각형으로 된 실.…”

우리말을 비비꼬아서 망치려고 만든 말이다.

우리는 모가 난 기둥을 ‘모기둥’이라고 한다. 그렇다면 모가 난 실은 ‘모실’이다.

‘모실’이라고 하면 쉽고 다 아는 것을 일부러 ‘이형단면사’라고 할 것까지는 없다.

농담으로라도 그런 식 말을 만들면 안 된다.

‘인터체인지’는 ‘나들목’

　고속길 따위의 길을 달리는 차가 지체되지 않도록 교차하는 부분을 입체적으로 만들어 막힘없이 다닐 수 있게 한 곳, 곧 차가 맘대로 나고 들고 할 수 있는 길목이 ‘인터체인지’다. 줄여서 ‘아이시’라고도 한다.

　이러한 길목을 2000년께에 한국 땅이름 학회에서 ‘나들목’이라 하자고 의견을 모았다. 그리하여 신문에서는 아직까지 ‘IC’라고 하지만, 라디오에서는 2001년께부터 ‘나들목’으로 하고 있다.

　그 전체가 ‘나들목’이라면 고속길로 들어오는 길목은 ‘들목’이고, 고속길에서 나가는 길목은 ‘날목’이다.

　참고로, 북한에서는 일반 건물의 ‘출입구’를 ‘나들문’이라고 한다. (《말다듬기》 편 “‘톨게이트’는 ‘길샀목’이나 ‘샀길목’”을 볼 것)

'입장'은 '처지'

우리는 '입장'이라는 말을 쓰고 있다. 입장은 일본말 '다치바'가 둔갑한 것이다. '다치바'에 "설 자리, 처지"라는 뜻이 있는데, 그 중 우리가 '입장'의 뜻으로 쓰는 것은 "처지"다.

'처지'라는 말은 우리가 만든 말이다. '역지사지'라는 말은 처지를 바꾸어 생각한다는 뜻이다. 그 '역지'의 '지'가 처지의 준말이다. 그러므로 '역지사지'라는 말은 중국에나 일본에는 없다.

일본말 '다치바'를 한자로 '立場'이라고 적는다. '立場'은 '다치바'를 한자로 표기했을 뿐이지 한자말이 아니다. 물론 그런 것은 중국에도 없다. 그런데, 그것을 한자말인 줄 알고 우리 나라 사람들이 우리 한자음으로 '입장'이라고 읽은 것이다. 그러기 때문에 '입장'은 제대로 된 말이 아니고, '다치바'라는 일본말의 껍데기인 것이다.

그런데도 그 찌꺼기를 '처지'라는 뜻으로 쓰일 자리에만 쓰는 것도 잘못인데, 한술 더 떠서 쓰면 맞지도 않는 자리에까지 함부로 쓰는 것이다.

"우리 입장(처지)으로서는 아직도 참고 견뎌야 한다"고 하면 처지란 말과 걸맞게 쓰인 보기이지만, 그런다고 '입장'이라고 해서는 안 된다. 다음과 같은 것들은 쓰일 자리가 아닌 데에 쓰인 보기이다.

"이랬다 저랬다 하지 말고 입장(태도)을 분명히 해라."

"옛 총독부 청사를 헐어 버리자는 것이 나의 입장(주장)이다."

"개혁을 하는 데 대한 그대의 입장(의견)을 들어 보자."

"그런 가리사니(지각) 없는 짓으로 네 입장(체면)이 말이 아니다."

"우리 입장(형편)이 좋지 않다."

“빼도 박도 못 할 입장(상황)이다.”
“일망타진한다는 입장(방침)을 정했다.”
“문제 없다는 것이 정부측 입장(견해)이다.”

위에서처럼 ‘태도, 주장, 의견, 체면, 형편, 상황, 방침, 견해’ 따위를 쓸 자리에 모두 ‘입장’을 쓰고 있는데, 그 밖에도 ‘심정, 생각, 의사, 결심, 지위, 자리, 희망, 위치, 견지, 관점 …’ 들 대신 쓰고, 그런 잘못이 자꾸 늘어나고 있다.

‘입장’이라는 말을 자꾸 써 쌓으면, 그 뜻이 불어나고, 나중엔 쓰지 않으면 안 되게 되는 반면에, 우리말 ‘처지’는 자꾸 움츠러들어 결국에는 없어지고 만다.

우리말을 안 쓰고 남의 말만 쓰면, 남의 종살이를 하게 되고 망하는 것이다.

1996. 7. 18. 《포스코》

'자제'는 '아드님'

어떤 어른의 아들이 좋은 일을 했거나 출세를 해서 같은 마을에 사는 사람들이 축하 인사를 한다.

상대가 자기들보다 손위인 어른이라 "아들이 훌륭하십니다", "아들이 성공하셨군요"라고 하기가 어색하다. 이러한 때에 '자제'라는 말을 써서 "자제가 훌륭하십니다", "자제가 성공하셨군요"라고 하는 경우가 종종 있다.

국어 사전에서 이 자제라는 말을 찾아 보면, 다음과 같이 되어 있을 정도니까, 일반인들은 그것이 옳은 줄로 착각하고 있는 것이다.

"자제(子弟): '남의 아들'의 높임말."

한자는 글짜마다 뜻이 있는 뜻글짜다. '모녀'라고 하면 그 뜻이 어머니와 딸이듯이, '자제'는 뜻이 아들과 아우로 '부형'의 반대말이지, 아들의 높임말이 아니다. '자제'에는 기껏해야 "제자, 낮고 어린 사람, 방탕아" 따위 뜻밖에 없다.

그렇더라도, 우리말에 '아들의 높임말'이 없으면 아무 거나 가져다 쓸 수밖에 없지만, 우리말이 있다면 '자제'를 쓸 필요가 없다. 국어 사전에 다음과 같이 '아드님'이 올라 있다.

"아드님: '남의 아들'의 높임말"

그렇다면 "아드님이 훌륭하십니다", "아드님이 성공하셨군요"라고 하면 되는 것이다. 얼마나 다정스럽고 상냥한가?

그럼에도 '아드님'이라는 말을 놔두고, 되지도 않은 '자제'라는 말을 쓰면서 아는 체 하는 것이다. 그뿐이 아니다. '아드님'이라는 우리말을 쓰기 싫어한 나머지 국어 사전에 '자제'와 비슷한 말로 다음과 같이 적어 놓았다.

귀식(貴息)　　　영랑(令郞)　　　영사(令嗣)　　　영식(令息)

영윤(令胤)　　　영자(令子)　　　옥윤(玉胤)　　　윤군(胤君)

윤옥(胤玉)　　　자사(子舍)　　　현식(賢息)

이 무슨 해괴한 것들인가? 우리 나라 사람들의 짓일까?

1995. 4. 6. 《포스코》

'장소'는 왜말, '곳'을 써야

본디 우리는 '장소'나 '처소'가 아닌 '곳'이라는 우리말을 썼다. 다음처럼 지금과는 달리 '곳' 하나만으로도 완전하게 쓰였던 것이다.

"곳이 넓다, 곳이 좁다, 곳이 알맞다"

그런데 한글이 아직 없을 때 '곳'을 글로 적기 위해 '처소'라는 한자말을 빌어다가 썼는데, 이 '처소'는 '곳'을 이르는 중국말 '추쒸(處所)'이다. 즉, 말로는 '곳'이라 하고 글로는 '처소'라고 쓴 것이다.

그러다가 우리말보다 한자말을 더 좋아하는 우리네 몇몇 사람들로 말미암아 '곳'보다는 한자말 '처소'를 더 많이 쓰게 되었다.

"처소가 넓다, 처소가 좁다, 처소가 알맞다"

이처럼 '처소'라는 말을 많이 쓰게 되니 '곳'이라는 말이 약해져서 제대로 쓰이지 못하고 "넓은 곳, 좁은 곳, 알맞은 곳"처럼 앞에 '넓은, 좁은, 알맞은' 같이 꾸미는 말이 와야 쓰이는 병신말이 되었다.

그래서 '이 곳, 그 곳, 저 곳, 여러 곳'처럼 반드시 앞에 꾸미는 말이 오거나 하다못해 '때와 곳'처럼 다른 말과 어울려야지 '곳' 하나만으로는 쓰이지 않게 된 것이다.

그러다가 일제 때부터는 '처소'를 버리고 '장소'라는 말을 쓰기 시작했다.

일본은 '처소'라는 한자 대신에 '바쇼(場所)'라는 말을 만들어 썼는데, 우리는 이 '바쇼'를 우리 한자음으로 읽은 '장소'를 지금까지 쓰고 있는 것이다. '바쇼'가 우리말의 영향을 받은 말이라고 하나, 우리 나라에서는 쓰이지 않고, '곳'이라는 말이 있으니까 구태여 쓸 필요가 없다.

'곳'이라는 우리말이 '처소'라는 한자말에 밀리고 '처소'는 '장소'라는 왜말에 밀려 왔다. 이러다가 언젠가는 '플레이스(place)'라는 영어에 치일 날이 올지도 모른다.

이처럼 줏대 없이 남의 말만 좋아하다가는 우리말 '곳'은 설 자리가 없어진다. 그래서는 안 된다. 완전히 없어지기 전에 우리말 '곳'을 되살려 써야겠다.

조선 후기 실학자 이덕무(1741~1793)가 네 철을 읊은 넉 줄 시 가운데 '가을편' 끝 귀가 "막대 끌고 나와 보니 곳마다 가을일레"이다. 이 시에서 "곳마다 가을일레"라고 읊어 '곳'이 제대로 쓰였다. 우린들 그렇게 못할 것이 있을까 보냐.

"곳이 좋아야 많이 모인다. 들놀이할 곳을 알아 보자."

이렇게 '곳'이 자연스럽게 쓰일 날을 기다린다.

1995. 2. 16.《포스코》

'-제(祭)'는 '제사', '굿·잔치'와 구별해야

　1997년 10월 4일 6시 40분, SBS 토요 특집 〈출발! 모닝 와이드〉 2부
에서 영화 배우 김명곤 씨가 '제35회 대종상 영화 축제'를 소개했다. 그
러자 진행자 민창기 씨가 "대종상 영화 축제는 성대한 영화 잔치이지요"
하고 해설했다.

　여기에서 '축제'와 '잔치'라는 말에 귀를 기울일 필요가 있다. 흔히
'-제, 제전, 축전, 축제' 따위를 쓴다. 이것들이 《중문대사전》에 다음과 같
이 되어 있다.

"제: ① 제사 ② 제사지냄 ③ 신령과 사귐 ④ 보답함 ⑤ 미루어 헤아림."
"제전: 제사 의식."
"축전: 축하 의식."
"축제: 제사 때 신에게 복을 비는 일."

　그런데 '제(祭)'를 일본에서 '마쓰리'라고 하여 "제사"란 뜻 이외에
"기념·축하·선전 따위를 위하여 여는 집단 행사"라는 뜻으로도 쓴다.

　그것을 본떠서 《국어대사전》(민중서관, 1961)에 아래와 같이 해 놓
았다.

"-제: 의식이나 제전을 뜻하는 말. 〔예술제〕"

　그래서 이렇게 쓰이는 줄 잘못 알고 사람들이 다음과 같은 헛소리들을
한다.

가요제　　군항제　　문화제　　연극제　　영화제　　음악제　　전야제

체육제   …

'-제'는 우리 나라에서는 '제사'라는 뜻으로 쓰이니까 다음과 같은 말에나 써야 한다.

견전제(노제)	고제	관혼상제	기우제	기제	기청제
당산제	대제	동제	묘제	산신제(시산제)	삼우제
위령제	초혼제	추모제	…		

'제전'도 1957년의 《큰사전》(한글학회)에 "제사 의식"이라고만 되어 있었다. 그런 것을 1961년의 《국어대사전》부터 쓸데없이 "성대히 열리는 예술 발표회나 체육회 들을 뜻하는 말. 〔음악의 제전〕"이라고 덧붙여 놓았다. 그러니 사람들이 이것을 보고 그래도 되는 줄 알고 '미의 제전, 민족의 제전, 백구의 제전' 따위를 서슴없이 쓰고 있다. 마치 '미, 민족, 백구'가 죽어서 제사를 지내는 것 같다.

'축전'은 몰라도 '축제'는 복을 빈다고 해도 제사지내는 것이니까 '영화 축제'라고 쓰는 것은 걸맞지 않다. '잔치'라는 좋은 말을 놔두고, '회(會)'나 '연(宴)'을 써도 미흡할 텐데, 하필이면 일본말을 쓸 필요가 있을까?

'제사'를 '리튜얼(ritual), 새크러파이스(sacrifice)', '잔치'를 '페이트(fete), 셀리브레이션(celebration)'이라고 한다. 그런데, 이처럼 갈라 생각하지 않고, 잔치와 제사를 아울러 뜻하는 '갈러(gala), 페스티벌(festival), 피스트(feast)' 들이 있다. 혹시 이들을 일본에서 '축제' 혹은 '축전'으로 옮기어 쓴 데서 말미암는다고 한다면 '축전' 쪽이 냄새가 덜 난다고 할까. 그렇다고 해도 우리말보다 뭐가 더 나은 것이 있다고 매스껍게 그래야 하는가. '잔치'가 있는데 ….

우리는 '-제, 제전, 축제' 따위가 아닌 '굿'이나 '잔치'라는 말을 즐겨 써 왔다.

'굿'은 "원시 종교에서 보통 노래와 춤으로 신에게 정성을 드리는 의식"이다. '굿'에는 영남 일대에서 '동신제'를 '골막이굿'이라 하고, 지노귀굿이나 씻김굿처럼 제사 형식도 없지 않다. 그러나 후대에 와서는 '굿'이 흔히 "여러 사람이 모여 연극 따위를 떠들썩하게 벌이는 구경거리"라는 뜻으로 쓰인다. 이 '굿'의 종류는 아래의 것들을 포함하여 약 3백 가지나 된다.

걸굿	결혼굿(저승혼사굿)	경사굿(영화씻김굿)	계면굿
고방굿	고사굿	곽머리씻김굿	광대굿
구능굿	굿거리굿	기신굿(도당굿)	긴삼채굿
긴오채굿	꽃노래굿	꽃맞이굿	나라굿

'잔치'는 "기쁜 일이 있을 때 음식을 차리고 손님을 청하여 즐기는 일"이다. '굿'에는 제사 형식도 있지마는 '잔치'에는 그런 것이 없다. 그러므로 '굿'보다는 '잔치'가 더 걸맞는 것 같다.

'잔치'란 말이 1957년 《큰사전》에 '도문잔치, 돌잔치, 밥잔치, 생일잔치, 술잔치, 축하잔치, 환갑잔치' 들처럼 실려 있다.

1961년 《국어대사전》에는 '노래잔치, 여혼(딸 혼인)잔치'가 더 실려 있고, '경로연, 고별연'도 있다.

1974년 《새우리말큰사전》에 '노인잔치, 민요잔치'가 더 실렸다.

1982년 《국어대사전》에 '아시아영화제, 예술제, 유두연, 음악제'라고 한 것까지 1992년 《우리말큰사전》에 '제'를 모두 '잔치'로 통일하여 '경로잔치, 고별잔치, 동기잔치, 밥잔치, 백날(백일)잔치, 빚잔치, 아시아영화잔치, 영화잔치, 예술잔치, 옷잔치, 유두잔치, 음악잔치, 저녁잔치, 춤잔치, 큰잔치, 큰집잔치' 들까지 실었다.

그리고도 항간에서는 '김치잔치, 떡잔치, 칠순잔치, 혼인잔치' 들이 쓰

이고, 신문이나 방송에서는 '경연잔치, 골잔치, 그림잔치, 글잔치, 나라사
랑잔치, 돈잔치, 마을잔치, 미술잔치, 스포츠잔치, 이웃사랑잔치, 집안잔
치 …' 들 별의별 '잔치'가 쏟아져 나오고 있다.

　때마침, 1997년 10월 3일부터 4일까지 강원도 평창에서 '강원 감자
큰잔치'가 열렸다. '제35회 대종상 영화 축제'라는 말보다는 흠이 없는
말이다. 따라서 '제35회 대종상 영화 잔치'라고 하는 것이 좋겠다.

1997. 10. 30~11. 6.《포스코》

'좌측 통행'은 '왼쪽 통행'

찻길 건널목 같은 데에 '좌측 통행'이라는 푯말이 서 있다. 사람은 왼쪽으로 다니라는 표시다. 왜 하필 '좌측'이라는 말을 썼을까?

'왼쪽'을 중국에서는 '쭤벤(左邊)'이라 하고, 일본에서는 '히다리가와(左側)'라고 한다.

'쭤처(左側)'라는 중국말이 있기도 하지만, 일본에서 '히다리가와'라는 일본말을 적는 데에 쓰이기도 한다. 그것을 우리 한자음으로 읽은 것이 '좌측'이므로 왜말 찌꺼기인 것이다. 그래서 '좌측 통행'이라는 말을 좋아하는 수수께끼가 풀린다.

1987년 초 노씨가 막 대통령이 되어서 국민에게 솔깃한 손짓을 한 일이 있다. 각계 각층의 의견을 들어 정책에 반영한다는 것이다. 교육계·학계 사람들도 불려 나갔다.

나도 한 마디 했다.

"우리 공무원들은 너무 우리말을 무시한다. 아주 간단한 한 가지만 고쳐 보자. 길가의 '좌측 통행'이라는 푯말을 '왼쪽 통행'으로 바꾸자는 것이다. 아마 고쳐지지 않을 것이다"라고 해 준 것이다.

뻔한 일이다. 공무원들이 "왜말 냄새가 나면 대수냐. 이미 쓰인 지 오래고 불편하지 않다. '좌측'을 '왼쪽'으로 고치는 것은 국수주의다. 많은 것을 고치려면 돈이 많이 든다. 새로 할 일도 많은데 예산 낭비다"라며 돈타령으로 끝냈을 것이다.

어찌 그것이 돈타령으로 끝낼 일인가? '좌측'이란 것만 써 쌓으면 '왼쪽'이라는 우리말도 없어진다는 것을 알아야 한다.

보라! 지금 그것이 어찌 되어 있는가? 찻길 건널목을 왼쪽이 아닌 오른쪽으로 건너라고 화살표까지 해 놓았다. '사람은 왼쪽으로 다닌다'는 기본 질서를 스스로 깨 버린 것이다. 질서를 지켜서 사고가 안 나게 해야지, 사고가 나니까 질서를 지키지 말라는 것인가? 사람이 왼쪽으로 갈 것인지 오른쪽으로 갈 것인지 몰라서 갈팡질팡하고 있다.

어떤 도시에서는 한길 건널목(횡단도로) 길바닥 왼쪽 첫머리에 '왼쪽을 보시오'라고 써 놓고, 왼쪽 차 조심하라고 탈(사고) 막이(방지) 알림을 하여 왼쪽 통행을 시키고 있다. 본받을 일이다.

1996. 7. 25.《포스코》

'중도'와 '중지도'는 '샛섬'

강이나 호수 가운데에 있는 작은 섬을 중도라고 하는데, 이 중도라는 이름을 가진 섬들이 전국 곳곳에 있다. 그러나 중도라는 이름에는 문제가 있다.

춘천시 의암호에 있는 중도는 일본말 '나카시마(中島)'를 우리 한자음으로 읽은 찌꺼기말이다.

전남 무안군 삼향면 왕산리에 있는 중도는 그 지방 사람들 사이에서 '가운데섬'이라고 불린다. 또 경남 진양군 이반성면 평촌리에 있는 중도는 그 지방에서 '중섬'이라고 한다.

어쩌면 원래 그 섬들에 이름이 없어 일본 사람들이 '중도'라고 이름 붙인 것을 그 지방 사람들이 '가운데섬'이나 '중섬'이라고 우리 식으로 부르는지도 모른다.

그러나 전남 여천군 화정면 여자리에 있는 섬은 '샛섬'이라고 하여 '중도'와 전혀 상관없이 우리말로 부르고 있다. 또 강원도 통천군 임낭면 앞바다에 세 섬이 나란히 있는데, 그 개섬도와 남송도 사이의 섬 이름이 '간도(샛섬)'다.

위의 보기들을 종합해 보면, 우리 나라에서 '중도'를 '가운데섬, 중섬, 샛섬'이라고 해 온 것을 알 수 있다. 그 가운데 '샛섬'은 일본말 '중도'와 아무런 관련이 없는 우리말이다.

'샛섬'을 한자로 간도(間島)라고도 하는데 중국에서 '간도'라고 하는 말은 만주 지린성(吉林省)에 있었던 우리 땅 '간도'를 가리키는 우리 한자말이다. 안수길이 《사상계》에 1959년에 발표하기 시작하여 1967년에 완성한 장편 소설 《북간도》의 '간도'가 이 '간도'다.

'북간도'는 '간도'의 중북부 지방인데, '간도'는 중국 지린성의 동남부 지역으로, 두만강 유역의 '동간도'와 압록강 유역의 백두산 부근의 '서간도'를 통틀어 일컫는다.

두만강과 마주한 지역이 '북간도'인데, 그 '간도'의 근원은 그 남쪽 두만강에 있는 '간도(샛섬)'라는 강섬이다.

'중도'와 비슷한 일본말 찌꺼기에 '중지도'라는 것이 있다. 일본말 '나카노시마'를 한자로 적은 中之島를 우리 한자음으로 읽은 것이다.

지금은 '중도'가 일본말이라는 인식이 널리 퍼져, 한강의 노량다리 중간에 있는 제일중지도를 '노들섬'으로, 양화다리 중간에 있는 제이중지도는 '선유도'로 고쳤다.

'노들섬'은 노량다리가 놓인 일대가 노들강변이기 때문에 붙은 이름이고, '선유도'는 양화다리를 놓기 전에 있었던 선유봉에서 따온 이름이다.

이렇듯 '중도, 중지도' 같은 왜말 찌꺼기가 주변에서 많이 고쳐져 가고 있지만, 여전히 우리 나라 구석구석에 많이 남아 있는 실정이다.

1995. 5. 10. 《포스코》

'지불'은 허깨비, '치름·지급'으로

돈 따위를 치러 준다는 뜻의 한자말에 '지급(支給), 지발(支發·支撥)' 들이 있다.

일본에서는 그것들을 쓰지 않고, 억지로 '시하라우(支拂)'라는 것을 만들어 쓴다. 그 근거는 다음과 같다.

첫째, '支(시)'에는 "받치다" 따위 뜻 밖에 "치르다"라는 뜻도 있다.

두째, '拂(하라우)'에는 ("치르다"라는 뜻은 없으나) "떨다"라는 뜻이 있는데, "떨다"라는 뜻의 일본말도 '하라우'다. "떨다"의 '하라우'와 '치르다'의 '하라우'와 소리가 같다. 그래서 일본에서 '拂'에 없는 "치르다"라는 뜻을 붙여 "떨다"라는 뜻과 함께 쓰기로 했다.

그리하여, '시(支)'는 뜻으로, '하라우(拂)'는 소리로 짜맞추어 '시하라우(支拂)'라고 쓰는 것이다. 그러므로, 일본에서는 '支拂'을 '시하라우(치르다)' 또는 '시하라이(치름·치르기)'라고 일본말로 읽고, '시후쓰'라는 일본 한자음으로는 읽지 않는다.

그러거나 말거나 그것은 일본에서 그런다는 것이고, 우리와는 상관없는 일이며, 그럴 필요도 없다.

우리는 '拂'자를 다음과 같이 세 가지 음과 여러 가지 뜻으로 쓴다(역시 "치르다"라는 뜻은 없다).

"① [불]: 떨다, …, ② [필]: 돕다, …, ③ [비]: 닮다, …"

그러니까 우리는 '支拂'이란 것을 쓸 수가 없다.

그런데 우리 친일 학자들은 일본말 '시하라우'를 적은 한자 '支拂'을 우리 한자음으로 읽어 '지불'이라고 한다.

나아가서 줏대 없이 남의 것만 좋아하여,《한한대사전》(동아출판사)처럼 '拂'에 '치르다'라는 뜻을 붙여 쓴다는 일본 자전을 그대로 베껴 넣은 썩어빠진 사전들이 나온다.

우리는 그 잘못을 깨닫고, 이미 '지불하다'를 '지급하다·치르다'로 바로잡았다. 그것이 법제처 법령 용어 심의회에서 다듬어 엮은 제3차《법령 용어 순화 편람》(1990)에 나와 있다.

틀려서 말이 안 되는 '지불' 같은 허깨비를 쓰지 말고, '치름·지급' 같은 옳고 말이 되는 것을 써야 한다.

1997. 5. 29.《포스코》

'체인점'은 '사슬가게'

'체인스토어(chain store)'를 대개 '연쇄점'으로 다듬는다. 그러나 그것은 말을 바꾸어 놓은 것뿐이지 다듬은 것이 아니다.

'연쇄'라는 말은 두 쪽을 맞걸어서 매는 사슬을 뜻한다. '사슬'은 쇠고리를 여러 개 걸어서 이은 줄이다.

'연쇄점'은 어우리 경영을 하여, 상품을 함께 사들이고, 같은 설비를 갖추어 파는 여러 곳의 가게다.

'연쇄'가 '사슬'이고, '사슬'이 '줄'이라면, '체인스토어'를 '연쇄점'으로 바꿀 필요 없이, '사슬점' 도는 '사슬가게'로 해도 된다. 그리하여, '연쇄가'를 '사슬거리'로 하듯, '사슬극, 사슬꼴, 사슬법, 사슬식' 들도 쓸 수 있게 된다.

'체인'과 '사슬'은 같은 말로, 본디부터 "이어져 있는 짜임새"란 뜻이 들어 있다.

'사슬'이란 말은 우리가 예로부터 즐겨 써 오는 말이다. '사슬고리, 사슬낫, 사슬누르미, 사슬누름적, 사슬돈, 사슬뜨기, 사슬문고리, 사슬산적, 사슬수, 사슬시조, 사슬코, 사슬테, 사슬편지 …' 들처럼 얼마든지 있다.

'연쇄'는 새로 쓰이는 말로, 괜히 유식한 체 하는 사람들이 좋아한다.

'추월'은 '앞치기'나 '제치기'

"서향순, 김진호 추월" - 1985. 7. 13.《조선일보》체육면

이처럼 '추월' 같은 왜말 찌꺼기가 남아 쓰인다. '추월'은 '오이코시'라는 일본말을 일본 사람들이 한자로 적은 것을 얼토당토않게 우리 한자음으로 소리내어 만든 찌끼말이다.

그 기사의 사진 설명에는 다음과 같이 제대로 되어 있다.

"여자부 선두로 나선 서향순은 … 김진호를 제치고 1위에 올랐다"

'추월하고'가 아니라 '제치고'로 되어 있는 것이다. 그렇다면 위 기사 제목의 '추월'도 '제쳐'로 고쳐야 한다.

'추월'에 대해서는 오랫동안 말이 많았다. '추월 엄금'이라고 어마어마하게 써 붙이고 다니는 무시무시한 지프가 그 '추월'이라는 것을 잘 하여 말이 많은 것을 얘기하는 게 아니다. '추월'을 '앞지르기'라고 하냐 마냐에 대한 말썽이다. 결국 '앞지르기'는 앞을 가로지르는 것이기 때문에 뜻이 들어맞지 않아 제쳐질 수밖에 없었다.

그래서 '새치기'라는 말의 생김새를 본떠 '앞치기'로 하거나, '제치다'라는 말도 있으니까 '제치기'라고 하면 어떠냐고도 해 보는 중이다.

독립문을 옮기고, 그 자리에 '독립문 지'라고 써서 묻었다고 꼬집은 신문에서 아직도 '추월'이라는 찌꺼기를 쓰다니, 남보고만 '독립문 터'니 '독립문 자리'라고 하라고 하지만 말고, 제 밑 구린 줄부터 알아야겠다.

물건을 사고 팔 때에 값을 한 번에 셈하지 않고 여러 번에 나누어 주고

받기로 하는 방식을 '할부'라고만 알고 있지 그것이 우리말 '드림'인 줄
은 모른다.

색칠할 때에 한쪽을 진하게 하고 다른 쪽으로 갈수록 차츰차츰 엷고
흐리게 하는 것을 일본말 '보카시'나 '그러데이션'이라는 영어를 갖다 대
어 부르곤 하는데, 유식한 사람은 '선염'이라고 우기기도 한다. 말다듬기
모임에서 '흐리기'라고 하자는 것을, 그보다는 우리말 '바림'으로 하자고
하여 채택된 일이 있다.

1985. 8. 《신문과 방송》

'취토장'은 '흙밭'

　　요즈음 '토취장'이라는 푯말을 여기저기에서 볼 수 있다. 흙일을 하려면 흙이 있어야 한다. 흙일에는 아무 흙이나 다 쓰이는 것도 아니고, 또 많은 흙이 필요할 때에도 많은 흙이 아무 데에나 있는 것도 아니다. 어떤 일에 알맞은 흙이 있는 곳을 찾아, 거기서 흙을 파다 쓴다. 그런 곳을 우리 공무원들이 토취장이라고 한다. 토취장이란 말을 흙을 채취하는 곳이란 뜻으로 쓴 것이다. '토취(土取)'라는 말은 일본말 투로 만든 말인데, 일본에서도 쓰이지 않는 것 같다. 우리 공무원들은 덮어놓고 이렇게 일본말 투로 말을 만들어 쓰는 것이 예사다.

　　동이 났다는 뜻으로 쓰는 '품절'이란 말은 일본말 '시나기레(品切)'를 우리 한자음으로 읽은 찌꺼기말이다. 그것을 절품(切品)이라고 하면 걸맞은 한자말이 된다. 따라서 '토취'를 '취토(取土)'로 바꾸어, 취토장으로 하자는 의견도 있다. 물론 그렇게 하면 일본말 투의 말이 아니다.

　　'취토'라는 말은 중국에도 없고 일본에도 없어, 우리만 쓰는 말이다. 우리가 쓰는 '취토'는 일본말 투 말 '토취'를 바꾼 '취토'라는 말의 뜻과는 달리 쓰이는 말이며, 장사지낼 때 쓰이는 용어의 하나이다. 널(관의 우리말)을 묻기 위해 파놓은 땅에 내릴 때에는 널에 밧줄을 걸어서 내린다. 내린 다음에는 밧줄을 빼 내는데, 잘 안 빠진다. 그래서 미리 널이 놓일 네 귀퉁이에 흙을 조금씩 놓는다. 그러면 널 밑면이 땅바닥에서 뜨니까 밧줄이 잘 빠진다. 그렇게 땅속 네 귀에 놓는 흙을 '취토'라 하고, 그 '취토'를 길한 방향에서 떠 오는 것을 '취토한다'고 한다.

　　그러니까, 흙일을 하려고 흙을 퍼 오는 것을 '취토'라고 하면, 관 밑에 놓으려고 떠오는 '취토'와 혼동하게 된다. 따라서 취토장이라고 하기도 어려우니 새로 말을 만들어야 한다.

돌 뜨는 곳을 '채석장'이라고 하니까 흙을 파는 곳을 '채토장'이라고 해도 될 것이다. 그러나 이왕이면 우리말로는 안 될까? 그래서 생각해 본 것이 '흙밭'이다. '흙밭'이라는 말은 자칫 잘못 생각하면 '흙을 가꾸는 밭'이라고 잘못 받아들여질 수도 있다. 설마 그럴 리야 없지만, 밭이 반드시 가꾸는 땅만은 아니다. 밭은 여러 가지가 있다. 식물을 가꾸는 밭으로는 다음과 같은 것들이 있다.

김장밭	고구마밭	나무밭	남새밭	녹두밭	땅콩밭
무밭	밀밭	배추밭	보리밭	복숭아밭	뽕밭
삼밭	수박밭	수수밭	외밭	차밭	콩밭

그러나 그 밖에도 무엇이 많이 있다는 뜻으로 쓰이는 다음과 같은 것들도 있는 것이다.

가시밭	갈밭(갈대밭)	개흙밭	눈밭	뻘밭	솔밭
자갈밭	잔디밭	풀밭			

눈밭에서 눈싸움을 하고, 자갈밭에서 자갈을 퍼 오고, 잔디밭에서 잔디를 떠 오고, 풀밭에서 풀을 베어 오듯, 흙이 많은 땅인 '흙밭'에서 흙을 파 오는 것은 당연하다.

흙을 파 오는 곳을 '토취장'이라고 하면 안 되고, '취토장'이라고 해도 본래 있던 우리 말과 혼동되니 '흙밭'이라고 하자는 말이다.

우리말 쓰기를 싫어하고 한자말 쓰기를 좋아하여 '흙밭'을 꺼리지만 않는다면, '취토장'을 '흙밭'으로 다듬어 봄직하다. '흙무덤, 흙방, 흙산, 흙집 …' 들도 있으니, 흙밭이라고 해서 안 될 것도 없다.

1994. 1.《럭금》

‘컨디션’은 ‘상태, 형편, 몸가락’

‘컨디션’을 “경우, 상태, 조건”이라고 하는데, 그렇게 하느니 차라리 “건강상태, 사정, 형편” 들이 더 낫다.

한때는, ‘조자’라고 한 일이 있었으나, 이제는 사라졌으니 다행한 일이다. 그것은 왜말 ‘죠오시(調子: 노랫가락, 말가락, 기세, 형편 따위 뜻)’의 우리 한자음이다.

우리가 ‘컨디션’을 가장 가깝게 많이 쓰는 경우는 몸의 상태를 말할 때이다. 여기서 ‘가락’이라는 말을 떠올려 본다. ‘가락’이란 말에는 “일하는 데에 오르는 기운이나 능률”이란 뜻도 있다. 그러니, 몸의 컨디션을 ‘몸가락’이라고 해 봄직도 하다.

그냥 ‘가락새’라고 하자는 의견도 있었으나, 그것은 ‘몸가락’이 아닌 경우에 쓰면 좋으리라.

'터널'은 '굴(길)'

'터널'이란 말을 좋아하고, '굴'이라는 우리말을 좋아하지 않아서, '터널'과 '굴'의 사전 풀이를 견주어 보았다.

"tunnel: ① 굴. 터널. 땅 밑 길. ② 굿(구덩이). (짐승의) 굴. 구멍. ③ (기선의) 굴뚝(funnel). ④ 연기 빠지는 길 …" -《신영한대사전》(어문각, 1964)

"굴: ① 땅굴, 바위굴. ② 산·땅 밑 굴. ③ 짐승의 굴 …" -《우리말큰사전》(어문각, 1992)

두 사전이 다 어문각에서 펴낸 것이다. 위 풀이를 보면, '터널'보다는 '굴'이란 말이 훨씬 뜻이 걸맞아 쓰기에 좋은 말이다.

따라서 1995년 4월 7일에 지명 위원회에서 새로 지었다는 '홍지문터널'과 '정릉터널'은 '홍지문굴(길)'과 '정릉굴(길)'로 해야 한다.

‘토양수’는 ‘흙속물’

1982년의 《국어대사전》(민중서림)에 다음과 같이 해 놓았다.

“토양수(土壤水): 토양수대에 있는 물.”
“토양수대(土壤水帶): 통기대의 상층 부분 ….”

그런데, 위에서 보듯이 ‘토양수’의 뜻을 알려면 ‘토양수대’가 무엇인지 알아야 하고, 또 이 ‘토양수대’의 뜻을 알려면 그 풀이에 나오는 ‘통기대’의 뜻을 알아야 한다. 그러나 이 사전에 ‘통기대’라는 올림말이 없다. 그러니 ‘토양수’가 무엇인지 알 수 없다. 이렇게 뜻을 찾아 보아야 하니 알기 어려운 것이다.

한편, ‘토양’이라는 말은 꼭 우리가 써야 할 말이 아니다. 남이야 뭐라든 우리는 우리말로 ‘흙’이라고 하면 된다. ‘토양수’를 우리가 써 준다고 중국이나 일본에서 고맙다고 할 리 없고 도리어 비웃을 것이다.

‘토양수’는 우리말로 ‘흙속물’이다. 사전에 다음과 같이 해 놓으면 어린이들도 쉽게 알 수 있는 것이다.

“흙속물: 흙 속에 있는 물.”

언제까지나 바깥세에 질질 끌려 다닐 것이 아니라, 우리 중심으로 말을 할 수 있어야 한다.

‘토양수대’도 그렇게만 만들지 말고, 우리말로 ‘흙속물띠’라고 해서 안 될 것이 없다.

‘톨게이트’는 ‘길삯목’이나 ‘삯길목’

‘톨게이트’는 ‘길삯, 찻삯, 뱃삯, 짐삯, 텃세’ 따위를 받는 길목이다. 고속길이나 삯길(유료 도로)에서 길삯(통행료)을 받는 길목도 그것이다.

그래서 ‘톨게이트’란 말은 ‘표 사는 곳’으로 다듬어져 있다. 그러나, ‘표 사는 곳’은 맞는 말이기는 하지만, 지하철 역이나 고속버스 정류장의 ‘표 사는 곳’도 포함되므로 정확히 뜻을 나타내지 못한다.

삯길의 표 사는 곳에 한정하려면, 삯길에서 길삯을 내고 삯표를 받는 길목이라는 뜻을 모두 담아 ‘길삯목’이라고 하든지 ‘삯길목’이라고 하면 된다. (《말다듬기》편 “‘인터체인지’는 ‘나들목’”을 볼 것)

‘포터블’은 ‘손–’

‘포터블(portable)’을 ‘몸에 지니는 것’ 또는 ‘들고 다니는 것’이라고 하면 풀이이지 낱말로 다듬은 것이라고 할 수가 없다.

여기서 참고로 알아 두어야 할 것이 있다. 우리가 써 오는 말 가운데, 들고 다니는 가방인 ‘손가방’, 몸에 지니는 거울인 ‘손거울’, 들고 다니는 전등인 ‘손전등’과 같은 말들이 있다는 것이다. 그러니까, (몸에) 지니거나 (손으로) 들고 다니거나 하는 물건 이름 앞에 ‘손–’을 붙이는 것이다.

- 휴대용 기계 → 손기계
- 휴대용 라디오 → 손라디오
- 휴대용 컴퓨터 → 손컴퓨터
- 휴대용 텔레비전 → 손텔레비전
- 휴대폰 · 핸드폰 → 손전화

‘하코비(運び)’는 ‘나르미’

　　음식점에서 음식이나 그릇을 나르는 사람을 ‘하꼬비’라고들 부르고 있다. 이 말을 국어심의회 국어 순화 분과 위원회에서 ‘나르미’라고 다듬은 일이 있다. 이렇게 다듬은 말들은 안 쓰면 서투르지마는, 자꾸 쓰면 버릇이 되어 자연스럽게 쓰이게 된다.

　　‘나르미’는 다음 말들과 얼개가 같다.

　　가르마　　거르개　　고르개　　누르개　　누르미　　다리미　　디디미

　　‘나르미’가 여자라면 남자는 ‘나르비’다. ‘나름이’는 남녀 양쪽 다를 일컫고. (〈낱말 상식〉 “‘도우미’와 ‘지킴이’”를 볼 것)

‘행선지’는 ‘갈·가는·간 곳·데

최은희, 신상옥이 북한을 빠져 나왔다는 기사가 거의 날마다 신문을 뒤덮고 있던 때, 1986년 3월 19일 아침 신문에는 미국서 이들의 “行先地 결정에 융통성을 부여”한다고 하는 제목의 기사가 났다.

그러자, 그 날 텔레비전에서도 그 行先地 라는 말이 많이 나왔다.

왜들 이러는가?

일본에서는 행선지라고 하지 않는다. ‘유쿠사키’라고 한다. 우리말로는 ‘가는 곳’이다. 일본에서는 한자를 쓸 수밖에 없으니까 한자를 쓰되, 그들 말을 한자로 적는다. 그러니까 行先을 ‘유쿠사키’라고 읽는 것이 아니라 ‘유쿠사키’를 行先이라고 적는 것이다.

이런 식의 일본말은 그에 걸맞은 우리말이 없더라도, ‘목적지’나 ‘所向’이라는 말을 쓰거나, 새말을 만들어서라도 쓰지 말아야 한다. 하물며 우리에게는 ‘갈 곳, 가는 곳, 간 곳, 갈 데, 가는 데, 간 데’ 들이 있는데, 무엇이 모자라서 왜말 찌꺼기를 써야 할까?

1986. 4. 《신문과 방송》

'휴게소'는 '쉼터'가 좋다

고속길에는 대개 중간에 '휴게소'라는 것이 있다. 길고 지리한 여행길에 볼일도 보고 잠깐 쉬어 가는 곳이다. 그런데, 그 '쉬어 가는 곳'을 하필 '휴게소'라고 하니 딱하기만 하다.

'휴게'라는 말은 '쉰다'는 뜻이다. 그렇기는 하나, 우리는 잘 쓰지 않는 말이고, 일본에서 즐겨 쓰인다. 우리는 같은 뜻의 '휴식'이라는 말을 쓴다.

그렇다고 해도 '쉬어 간다'고 하지, '휴식하고 간다'고는 하지 않는다. 더더구나 '휴게하고 간다'고는 아무도 하지 않는다.

그러니까, '휴게소'라는 말은 일본 냄새가 나는 말이고, 우리는 '휴식처'라고 하는 것이 보통이다. 그러니 '휴게소'라는 말은 우리 정서에 맞지도 않고 필요도 없는 말이다.

우리말보다는 남의 나라 말이나 남의 나라 냄새가 나는 말을 더 좋아하는 정서가 공무원이나 유식층 사회에 깊이 깔려 있다. 여의도에 '섬둑'을 쌓아 놓고 왜말 찌꺼기인 '윤중제'라고 하는 따위가 그러한 보기다.

공무원이나 유식층이 아닌 일반 풀뿌리 서민들은 우리 정서에 맞는 우리말을 좋아한다. 공무원이나 유식층에서 '중지도'라고 하는 것을 '노들섬'으로 고치게 하고, '여의도 선착장'을 '노들나루'로 바로잡게 한 것 들이 그러한 보기다.

요즘 '휴게소' 대신 '쉼터'라고 하는 말이 나타나 쓰이기 시작했다. '휴게하는 곳'이 아닌 '쉬어 가는 곳'이니까, 쓰임새로 보아도 '휴게소'보다는 '쉼터'가 훨씬 걸맞은 말이다.

'터'라는 우리말은 '터다지다, 터닦다, 터잡다, 터전(터를 잡아 앉은 곳),

터주(집터를 지키는 지신)' 들처럼 쓰이며, '나라터, 나루터, 낚시터, 놀이터, 마전터(생베를 여러 번 삶아 빨아 바래는 곳), 배움터, 빨래터, 살터(활터, 어살터: 고기 잡으려고 물 가운데 둘러 꽂은 막대기나 발), 삶터(무리 지어 사는 본거지), 샘터, 옛터, 일터, 집터, 활터' 들처럼 좋은 데에 쓰이는 말이다.

쓰이지도 않고, 더구나 일본 냄새가 나는 말인 '휴게소'를 쓸 것이 아니라, 우리 정서에 맞고 우리가 잘 쓰는 말로 만든 '쉼터'라는 말이 빛을 보게 하자.

1996. 5. 30.《포스코》

4. 뜻 다른 말

　‘갱신’과 ‘경신’은 다른 말이고, ‘경신’은 많이 쓰지마는 ‘갱신’은 여간해서는 쓰지 않는다. 그런데, 중국에서도 음이 [껑신](지금 외래말 적기로는 [겅신]), 일본에서도 [고오신](지금 외래말 적기로는 ‘고신’)뿐이어서 구별을 하지 않은 탓인지 ‘갱신’이나 ‘경신’만 쓰려는 경향이 있다.

　‘큰 집’과 ‘큰집’은 다른데, 어째서 다른지 어느 것이 어느 것인지 잘 모르고, ‘찾아 가다’와 ‘찾아가다’가 다르건만 국어 사전에서도 밝히지 않고 섞어 놓아서 탈이다.

　‘판자집’은 판자로 지은 집이고, 판잣집은 판자를 파는 집인데, 우리 국어 사전에는 판자로 지은 집을 ‘판잣집’이라고만 해 놓았다.

　이렇게 뜻이 다른 말을 구별하지 않고, 띄어쓰기 원리를 모를 뿐 아니라, 사이시옷에서 오는 다른 말도 왜곡하고 있으니, 우리말이나 한글이 과학적이라고 말은 하면서도 그것을 스스로 허물고 있는 것이다.

‘갱신’과 ‘경신’

운동 경기 따위에서 기록을 깼을 때, ‘기록을 경신했다’고도 하고 ‘갱신했다’고도 한다. 어느 것이 옳을까?

‘更’은 ‘다시’라는 뜻으로 쓰일 때에는 ‘갱’이라 읽고, ‘고친다’는 뜻으로 쓰일 때는 ‘경’이라고 한다. 우리 국어 사전에 다음처럼 풀이해 놓았으나 그 차이가 뚜렷하지 않다.

“갱신(更新) : 다시 새롭게 함.”
“경신(更新) : 고쳐 새롭게 함.”

일본에서는 ‘更’을 뜻이 ‘다시’일 때나 ‘고친다’일 때나 똑같이 ‘고오(지금 우리 외래말 적기로 ‘고’라고 함은 잘못)’라고 읽기 때문에 일본 사전에는 다음과 같이 하나로 올라 있다.

“고오신(更新) : 새로워짐. 새롭게 됨.”

우리 법률 용어가 이것을 따라서 ‘갱신’으로 잘못 통일하였다.

중국 것은 더 볼만하다. 대만에서 나온 《중문대사전》에는 다음과 같이 되어 있다.

“껑신(更新) : 마치 ‘고치어 새롭게 함(革新)’이나 ‘고치어 시작함(更始)’과 같은 말.”

북경에서 나온 《현대한어사전》에는 아래와 같이 풍월 읊듯 해 놓았다.

“껑신(更新) : 옛것은 가고 새것이 오는 것.”

(지금 우리 외래말 적기로는 '껑'을 '경'으로 적는다)

　일본과 중국 때문에 '갱신'과 '경신'이 왔다갔다 하는데, 결론부터 말해서 우리 국어 사전 풀이를 다음처럼 해서 확실히 구별해 놓아야 한다.

　"갱신: 예전 것을 다시 고치어 새롭게 함."
　"경신: 지금 것을 달리 고치어 새롭게 함."

　운동 경기 따위의 기록을 깬다는 것은, 지금의 기록을 깨서 새롭게 한다는 것이지, 이미 깨져 지난 기록을 다시 깬다는 말이 아니다. 그러므로 기록의 경우에는 '경신'밖에 없다.

　'갱신'이라는 말은 여간해서는 쓰이지 않는다. 그렇다고 전혀 안 쓰이는 것도 아니다.

　가령, 존속 기간이 다 지나 버린 어떤 예전 법률 관계가 좋고 아쉬워서, 그것을 끌어다가 다시 지금 것으로 연장하려고 한다 하자. 그 예전 법률 관계를 내용은 바꾸지 않고 기간만 바꾸어서 다시 계약을 해야 한다. 그런 때의 계약 행위를 계약 '갱신'이라고 한다. 그러나 현재 존속하는 계약 내용을 바꾸는 행위는 계약 '갱신'이 아니라 '경신'이다.

　주민등록증을 발행한 지 오래되면, 용지가 닳거나 잃어버리거나, 가짜가 생기거나 해서 온나라 등록증의 규격이나 모양을 새것으로 바꿔야 한다. 이것은 '경신'이다.

　이 경우와는 달리, 어떤 곳에 사건이 생겨, 그 지방에만 임시 주민증을 발행하게 될 경우를 생각해 보자. 시간이 지나 사건이 해결되면, 예전 등록증을 다시 쓰게 될 것이다. 그런데 이 때에는 규격이나 모양을 바꾸지 않고, 날짜만 바꾸거나 표시만 하여 쓴다. 이것은 '갱신'이다.

　주민등록증도 '경신'은 계획적으로 하지만, '갱신'을 하는 일은 거의 없다.

　그 구별을 돕기 위해 '갱정 · 경정(更訂)'의 경우를 살펴 보자.

　나라에서 한 해 본예산을 짜서 집행한다. 그런데 갑자기 전쟁이 나서 본예산을 미루어 놓고, 전시 예산을 짠다. 그리고 전쟁이 끝나면 본예산을 다시 꺼내 고쳐서 '갱정' 예산을 짠다. 전쟁 같은 사건이 흔하지 않으므로, 갱정 예산을 짜는 일은 별로 없다.

본예산을 집행하고 있는데, 날이 가물어서 농촌을 도와야 하는 상황에 놓였다. 이 때 본예산 총액은 늘리지 않고 내용을 고쳐서 농촌 돕기 '경정' 예산을 짠다.

이렇게 '갱정'과 '경정'을 견주어 보면 '갱신'과 '경신'의 구별에 도움이 될 것이다.

1996. 5. 2. 《포스코》

‘거섶’과 ‘고섶’

‘거섶’이란 말이 있다. 비가 많이 오면 물살이 세어지고, 그러면 강둑이 개개어 무너질 위험이 있다. 이럴 때, 그 물이 바로 둑에 스쳐 흐르지 않게, 둑 가에 말뚝을 늘여 박고 댓개비 같은 것으로 겯는다(‘모래막이’ 공사라고 한다). 이것이 ‘거섶’이다. 그 밖에 삼을 벗길 때 찌는 구덩이(‘삼굿’이라고 한다) 위에 덮는 풀이나, 비빔밥에 섞는 나물붙이도 ‘거섶’이라고 한다.

한편 ‘고섶’이라는 말이 있다. gossip의 한글 표기일까? 아니다. 외래어 맞춤법에는 ‘고십’이라고 적기로 되어 있다. 그럼 무엇일까? ‘고십’이 아니라 ‘고섶’이라고 한다. 그렇다면 외국말은 아닌 것 같다.

우리는 곳간이나 장농, 함, 상자, 서랍 따위에 물건을 넣어 두는데, 그것들의 문이나 뚜껑을 열면, 가장 가까운 앞 부분에 자질구레한 일용품이 눈에 띈다. 곳간 문을 열면, 저 안에는 굵은 독이나 연장 들이 있고, 문 가까운 데(그런 데를 ‘들머리’라고 한다)에는 낫, 호미, 꽃삽, 못그릇, 망치 들이 있다. 또 책상 서랍을 빼 보면, 안쪽 깊숙이에는 서류 같은 것이 쌓여 있고, 손잡이 가까운 들머리에는 볼펜, 라이터, 지우개, 손톱깎이, 도장, 수첩, 손거울, 귀이개 들이 너절하게 어질러져 있다. 이렇게 물건을 넣어 두는 데에서 가장 손쉽게 물건을 꺼내 쓸 수 있는 곳이 ‘고섶’이다.

1983. 10. 《열매》

‘걸’과 ‘-ㄹ껄’, ‘게’와 ‘-ㄹ께’

1988년에 개정된 맞춤법의 제6장 제53항을 보면, 다음과 같이 되어 있다.

“다음과 같은 것은 예사소리로 적는다.
(ㄱ을 취하고 ㄴ을 버림)

ㄱ	ㄴ
-ㄹ거나	-ㄹ꺼나
-ㄹ걸	-껄
-ㄹ게	-ㄹ께
-ㄹ세	-ㄹ쎄
…	…”

이를 ‘하다’라는 말과 ‘이다’라는 말에 맞추어 견주어 보면, ‘할거나’와 ‘할꺼나’, ‘일세’와 ‘일쎄’는 어느 쪽으로 적든지 뜻이 같고 어느 쪽도 준말이 아니며 헷갈리지도 않는다. 그래서 그 규정대로 ‘할거나·일세’로 적어도 된다. 그러니까, “꽃 구경할거나”, “좋은 말일세”라고 해도 거리낄 것이 없다.

그러나, ‘할 걸’과 ‘할껄’, ‘할 게’와 ‘할께’는 사정이 다르다. 한쪽은 준말이고 한쪽은 준말이 아닌데다가 뜻도 달라서 그 규정대로 적어서는 안 된다.

자칫 잘못하면 헷갈릴 수가 있다. ‘할 것을’의 준말이 ‘할 걸’이고, ‘할 것이’의 준말이 ‘할 게’인데, ‘할껄’과 ‘할께’는 준말이 아니고 본디부터 그렇게 되어 있는 말이다.

실제로도 그렇게 쓰고 있다.

"너에게 말할 걸 잊었다", "너에게 말할 게 있다"처럼 쓰이는데, '걸'과 '게'는 이 때의 '것을'과 '것이'의 준말이다. 그러나, "그것을 나는 안 할걸", "그것은 내가 해 줄게"처럼 쓰이는 '걸'과 '게'는 준말이 아니다. '할걸'은 '할 것이다'라는 뜻이고, '줄게'는 '주겠다'는 뜻이다.

맞춤법을 쉽게 하는 것은 바람직하다. 그러나 쉽게 하는 것과 헷갈리게 하는 것은 구별되어야 한다.

'큰 집'과 '큰집'은 뜻이 같은 말로 이루어져 있으니까 할 수 없이 띄어쓰기로 구별하지만 '걸 · 껄'과 '게 · 께'는 뜻이 다른 말과 꼴로 이루어져 있으니까 띄어쓰기와 상관없이 구별이 된다.

1995. 6. 1. 《포스코》

'견인 지역'과 '견거 지역'

자동차가 많아지니까 탈(사고)이 많이 난다. 특히 언덕길이나 굽은 길 같은 데서는 더하다. 그런 곳에 한때 '사고 다발 지역'이라는 팻말을 세워 주의를 주었다.

그래 가지고, '사고 다발'이 무어냐고 익살장이들의 입길(입초시)에 올랐다. 견디다 못해 '사고 빈발 지역'으로 하지 않고, '사고 많은 곳'으로 고쳤다. 그러나, '빈발(頻發)'이 "자주 남"이라면 '다발(多發)'은 "많이 남"이어서 '사고 빈발 지역'이 틀린 말은 아니다.

차 둘 데가 없어서 멀쩡한 길가에 차를 세워 두는 사람들이 있다. 한데 그렇게 해 놓으면 길이 좁아져 차가 다니지 못하게 된다. 그런 곳에 '견인 지역'이라는 팻말을 세운다. 차를 끌어가겠다는 것이다. 그리고 실제로 끌어가 버린다. 이것은 약속이 다르다.

왜냐하면, '견인(牽引)'이라는 말은, '牽'도 "끌다"는 뜻이고 '引'도 "끌다"는 뜻이어서 결국 "끌다"는 뜻이지 "끌어간다"는 뜻이 아니기 때문이다.

"끌어가다"라는 뜻의 말은 따로 있다. '견거(牽去)'라는 말이다. '牽'은 "끌다", '去'는 "가다"여서 '견거'는 "끌어가다"가 된다. 이 '견거'는 우리 국어 사전들에도 올라 있다.

'견인 지역'은 "(차를) 끄는 지역"이지 끌어가는 지역이 아니고, '견거 지역'이 "(차를) 끌어가는 지역"이다. '견거'라고 해야 할 것을 '견인'이라고 잘못 써 온 것이다.

그렇지만, 일껏 '견인 지역'으로 해 온 것을 '견거 지역'으로 바로잡으려고 해도, 이제껏 써 온 '견인'의 뜻도 모르는 판에 '견거'라고 한다고 해서, 역시 그 뜻을 알 턱이 없으니, 읽었을 때 마음에 쏙 들어올 리가 없다. 따라서 쉽게 고쳐지지도 않을 것 같다.

그러나, 틀린 것을 어찌하랴. 틀린 표현은 아니었던 '다발 지역'도 '많은 곳'으로 고치지 않았던가. '견인 지역'도 '끌어가는 곳'으로 하면 될 것이다.

처음 쓰기 시작할 때 잘 알아 보고 하는 버릇부터 들여야 한다.

1997. 3. 14. 《포스코》

‘공부’와 ‘工夫·功夫’

　　우리 국어 사전들은 “학문이나 기술을 배우고 익힌다”는 뜻의 우리말 ‘공부’ 뒤에 하나같이 ‘工夫’라는 한자를 붙여 놓았다. ‘공부’와 ‘工夫’가 같다는 것이다. 왜 그런 생각을 할까?

　　우리말 ‘공부’를 중국에서는 ‘쉐시(學習), 뚜수(讀書), 녠수(念書), 융꿍(用功)’이라 하고, 일본에서는 ‘벤쿄오(勉强)’라고 한다.

　　두 나라 다 ‘工夫’라고 하지 않는 것을 보면, ‘工夫’가 우리말 ‘공부’와는 다르다는 것을 환하게 보여 주고 있다.

　　한자말 ‘공부(工夫)’를 여러 가지 사전에서 찾아서 종합해 보면, ‘공부(功夫)’와 함께 쓰이는데, “일, 방법, 수단, 일과 일꾼, 생각을 굴림, 마음의 수양, 한가한 시간, 공사판 막일꾼, 의지 단련에 마음씀” 들 별의별 뜻이 다 있으나, 학문이나 기술을 배우고 익힌다는 뜻은 없다.

　　우리말 ‘공부’는 ‘공부꾼, 공부놀이, 공붓방’ 들에 쓰인다. 한편, 한자말 ‘工夫’는 중국에서 ‘꿍푸차(工夫茶)’라는 말에나 쓰이는데, 푸젠성 장저우(漳州), 취안저우(泉州)와 광둥성 차오저우(潮州)에서 베풀어지는 찻법으로, 당나라 육우(陸羽)의 다경(茶經)에 있는 방식이다. 일본에서는 ‘구후우(工夫)’라고 하여, 주로 “여러 가지로 생각하여 좋은 방법을 얻으려고 함”이란 뜻으로 쓰인다.

　　그런데, 우리 국어 사전에는 뚱딴지같이 다음과 같은 것까지 올려 놓았다.

“공부승(工夫僧): 불경을 공부하는 중.”

이것은 ‘工夫僧’이 아닌 ‘공부僧’이라고 해야 한다.

'귀고리'와 '귀걸이'

조선 순조 때 조재삼이 엮은 백과사전《송남잡지》에 "다룬 사슴가죽에 쓴 가로왈(日) 자는, 가죽을 잡아당기는 대로 '일(日)' 자도 되고, '왈(日)' 자도 된다는 뜻으로, 사람이 일정한 주견이 없이 이랬다저랬다 함을 비유하는 말"인 '녹비에 가로왈(熟鹿皮曰字)'이란 말과 함께 '귀에 걸면 귀걸이, 코에 걸면 코걸이(耳懸鈴鼻懸鈴)'란 말이 실려 있다.

우리 나라에만 있는 말로, 어떤 사실이 이렇게도 해석이 되고 저렇게도 해석이 될 수가 있어서 종잡을 수가 없을 때 쓴다. 그런데, 여기서 '귀걸이'는 무엇을 말하는 것일까?

여자들이 귓불에 다는 '귀고리(耳環)'는 잘 안다. 역사 박물관에나 민속 박물관에 가면 옛날 귀부인들이 달았다는 귀고리를 흔히 볼 수 있다.

그런데, '귀걸이'는 잘 모른다.

'귀걸이'는 '귀마개'라고도 하는데, 보통 토끼털 따위로 똬리처럼 둥글게 만드는 것으로, 겨울에 귀가 시리지 않도록 귀에 걸어서 귀를 감싸 보호하는 물건이다.

‘그슬다’와 ‘그을다’

‘그슬다’는 “불에 겉만 약간 타게 한다”는 뜻으로 “장승 밑동을 그슬어서 동네 어귀에 세웠다”에서처럼 쓰이며,

‘그을다’는 “햇볕이나 연기 따위를 오래 쬐어서 검게 되다”라는 뜻으로 “해수욕을 갔다 왔더니 살갗이 구릿빛으로 그을었다”와 같이 쓰인다.

‘그슬다’나 ‘그을다’나 말할 때는 흔히 ‘탔다’고 하고, ‘태웠다’고 하지만, 약간 타는 것은 ‘그슬다’고, 타지 않고 빛만 변하는 것은 ‘그을다’다.

닭이나 돼지를 잡을 때에는 그슬어야 털이 말끔히 없어지고, 시골 부엌 벽은 연기에 그을어서 검다.

‘꼭’과 ‘똑’

‘꼭 같은지 똑 같은지’ 알쏭달쏭하다.

‘꼭’은 무슨 일을 하는 경우에 “반드시, 어김없이”란 뜻으로 “약속을 꼭 지켜라”, “꼭 가야 한다”처럼 쓰인다.

‘똑’은 무슨 모양이나 상태 따위를 말할 때 “조금도 틀림이 없이, 똑바로”라는 뜻으로 “쌍둥이 얼굴이 똑 같다” 또는 “꽃분을 똑 바르게 놓아라”처럼 쓰인다.

“꼭 성공할 것이다”와 “똑 알맞다”처럼 ‘꼭’과 ‘똑’이 쓰이는 자리가 다르다. 그러니까 ‘꼭 같은지’는 틀렸고, ‘똑 같은지’가 옳다.

'너머'와 '넘어'

　'산 너머 산'과 '산 넘어 산'이 어떻게 다른지 모르겠다고도 하고 헷갈린다고도 한다. 사실, '코에 걸면 코걸이, 귀에 걸면 귀걸이' 같기도 하다.

　그러나, 이처럼 모양과 쓰임이 비슷한 말이 둘이 있으면 어떻게 갈라 쓰느냐를 알아 보아야지, '세째(차례)'와 '셋째(수량)'를 혼동한다고 '세째'를 없애 버리는 무지한 짓을 해서는 안 된다.

　'너머'는 어떤 '곳'을 나타내는 말 다음에 쓰이어, 그 곳의 '저쪽'이라는 뜻으로 '고개(의) 너머, 담(의) 너머' 들처럼 쓰인다. 따라서 김동환이 짓고 김동현이 붙이고 박재란이 부른 '산 너머 남촌에는'의 첫절 "산 너머 남촌에는 누가 살길래"의 '너머'는 옳게 쓰였다.

　'넘어'는 하는 '짓'을 나타낼 때 쓰이어, 높은 데를 지나간다는 뜻으로, "고개(를) 넘어, 담(을) 넘어" 들처럼 쓰인다.

　'너머'와 '넘어'가 구별이 잘 안 될 경우에는 '에'와 '-서'를 붙여 보아 '에'가 붙어서 '너머에'로 말이 되면 '너머'고, '-서'가 붙어서 '넘어서'로 말이 되면 '넘어'다. '너머서'라는 말이 없고, '넘어에'라는 말도 없기 때문이다.

　'산 너머 산'은 "산의 너머에 있는 산"이고, '산 넘어 산'은 "산을 넘어서 가는 산"이다.

　문제가 되는 것은, 산을 넘으면 또 산이 있어 고생하는 '산 넘어 산'과, 산이 겹겹이 막아 서서 무슨 일이 겹겹으로 막히는 상황을 말하는 '산 너머 산'의 구별이다.

'-노라'와 '-느라고'와 '-로라'

'하노라고 했다'라는 말은 보통으로 쓰인다. 그런데도 '하느라고 했다'가 아니냐고 말썽이다.

'-노라'는 자기가 하는 짓을 선언하거나 느끼게 할 때에 쓰인다.

"가노라 삼각산아, 다시 보자 한강수야."
"독립국임을 선언하노라."
"이기려고 왔노라."
"지조를 지키겠노라고 다짐했다."

대개 '-도다' 대신 쓰이었다.

'-느라고'는 앞 일이 뒤 일의 원인이 될 때에 다음과 같이 쓰인다.

"웃음을 참느라고 애썼다."
"먼 길 오느라고 힘들었다."
"시집살이 하느라고 고운 청춘 다 보냈다."

'하느라고 했다'는 원인이 되는 경우가 아니고, 느끼게 하는 경우에 가까우므로, "하노라고 했다"가 알맞겠다.

'-로라'는 '-로다' 대신 쓰이어 그 앞 말의 뜻을 의식적으로 드러내고자 할 때에 다음처럼 쓰인다.

"내로라 하고 뽐낸다."
"영웅이로라고 뻐긴다."
"성공이로라고 자랑한다."

‘늑장’과 ‘늦장’

　“늑장을 부린다”고 할 경우에 흔히 “늦장을 부린다”고 하기 일쑤다.

　‘늑장’은 “당장 할 일이 있는데도 그 일을 하지 않고 꾸물거리는 짓”이다.

　‘늦장’은 “늦게 서는 장” 또는 “느직하게 보러 가는 장”인데, “어떤 일이 다 끝나갈 무렵에 끼이어 드는 짓”이나 “끝나갈 무렵의 때”를 가리키기도 한다.

　‘늑장’은 부리고, ‘늦장’엔 간다.

‘는·은’과 ‘에는’

“때는 바야흐로 녹음방초 우거지는 호시절이다.”
“꽃이 만발할 철은 아무래도 따뜻한 봄이다.”

여기에서 쓰인 ‘때는’과 ‘철은’은 제대로 쓰이었다. 그런데, 다음에 쓰인 ‘때는’과 ‘동안은’은 잘못 쓰이었다.

“차를 탈 때는 줄로 서서 기다렸다가 차례로 타야 한다.”
“학생이 공부할 동안은 옆에서 조용히 해야 한다.”

‘때는’과 ‘철은’은 ‘때’와 ‘철’ 자체를 가리키기 때문에 “때는 호시절이다”, “철은 봄이다”라고 할 때의 ‘때는’과 ‘철은’은 옳은 표현이다. 그러나, “차를 탈 때는 차례로 타라”, “공부할 동안은 조용히 해라”라고 할 때의 ‘때는’과 ‘동안은’은 ‘때’와 ‘동안’ 자체를 가리키는 것이 아니라, ‘차를 탈 경우에는’, ‘공부할 경우에는’이라는 뜻인 것이다.

따라서 ‘때에는’과 ‘동안에는’이라고 하여, “차 탈 때에는 차례로 타야 한다”, “공부할 동안에는 조용히 해야 한다”처럼 써야 한다.

“좋지 못한 일은 피하고, 좋은 일에는 뛰어들어라”의 ‘일은’과 ‘일에는’에서 ‘은’과 ‘에는’을 익혀 두자.

‘다르다’ 와 ‘틀리다’

1991년 초복날 문화 방송 라디오 〈아침을 달리다〉에서 남녀 두 사람이 닭고기가 (좋아서) 쇠고기와 ‘틀린다’고 14번이나 말했고, 그나마 사회자가 단 한 번 ‘다르다’고 맞게 말하였다.

‘다르다’는 “같지 아니하다”라는 뜻이고, ‘틀리다’는 “옳지 아니하다, 맞지 아니하다”라는 뜻이라는 것은 다 잘 안다. 그러면서도, ‘다르다’라고 해야 할 경우에 흔히 ‘틀리다’라고 한다. 보기를 들면, “남자와 여자는 다르다”라고 해야 할 것을, “남자와 여자는 틀린다”라고 한다.

키가 작은 사람과 큰 사람은 다른 사람이지, 틀린 사람이 아니다. 우리가 ‘다르다’를 ‘틀리다’고 하게 된 까닭은, 일본에서 “(저 사람은 나와) 고토나루(다르다)”라고 해야 할 경우에, 흔히 “… 지가우(틀리다)”라고들 하니까, 그 영향인 듯도 하다.

‘다르다’의 반대말은 ‘같다’고, ‘틀리다’의 반대말은 ‘맞다, 옳다’다. 그러니까 아래와 같이 같지 않은 것은 다르고 맞지 않거나 옳지 않은 것은 틀린다라고 해야 한다.

“너와 나는 다르다.”
“동쪽과 서쪽은 다르다.”
“세모와 네모는 다르다.”
“강한 것과 약한 것은 다르다.”
“답이 15인데 13이라고 하면 틀린다.”
“종이를 유리라고 하면 틀린다.”

1992. 2. 28. 《한겨레》

'다음 날'과 '다음날'

'다음 날'은 "다음의 언젠가의 날"로 '뒷날'과 같고, '다음날'은 "그 날의 바로 뒤에 오는 날"로 '이튿날'과 같다.

이와 같이, '다음 날'과 '다음날'은 구별이 되는데, '다음 달'과 '다음달'은 구별이 덜 확실한 것 같다. '다음달'은 확실한데, '다음 달'이 확실하지 않다는 것이다. '다음 해'와 '다음해'도 확실히 구별하기가 어렵다.

이런 경우가 띄어도 되고 붙여도 되는 경운데, 그 문장이 띄어쓰기를 철저히 하는 계제라면 띄어 쓰고, 그렇지 않으면 붙여 써도 된다. 다만, 붙여 쓰는 '다음달'과 '다음해'는 띄어서는 안 된다.

‘더 하다’와 ‘더하다’

‘더 하다’는 “잇달아 한다”는 뜻으로 “하던 일이니까 조금만 더 하자” 와 같이 쓰이고, “더 많이 한다”는 뜻으로 “형이 아우보다 공부를 더 한다”, 또는 “실패를 열 번도 더 했다”처럼 쓰인다.

‘더하다’는 “합친다”는 뜻으로, “둘에 셋을 더하면 다섯이다”와 같이 쓰이고, “곁들인다”는 뜻으로는 “회장 의견에 총무 의견을 더해서 결정했다”처럼 쓰인다.

그런데, ‘더하다’는 정도나 상태가 “어떤 기준보다 많다”는 뜻으로 “네 욕심이 돼지보다 더하다”와 같이 쓰이기도 하며, “더 크거나 심하다”는 뜻으로 “추위가 날이 갈수록 더하다”처럼 쓰이기도 한다.

‘돌’은 생일, ‘돐’은 주기

‘돌’이라는 말은 태어나거나 처음 생긴 뒤에 한 해씩 차서 해마다 돌아오는 그 날, 곧 ‘생일’에만 쓰는 말이다.

‘돐’은 어떤 현상이 일정한 동안마다 똑같이 되풀이될 때, 그 일정한 동안을 이르는 말, 곧 ‘주기’를 가리키는 말이다. ‘돐’은 생일을 나타내는 말로는 쓰지 않는다.

그러므로 ‘돌’은 ‘첫돌, 두 돌 …’처럼 사람의 생일이나 회사의 창립 기념일, 정기 간행물의 창간 기념일, 모임의 발족 기념일 따위와 같이 한 해 만에 한 번씩 돌아와서, 그것을 기념하는 그런 날이다.

‘돐’은 지구는 24시간이 자전하는 돐이며, 365일이 공전하는 돐이라고 할 때처럼 쓰인다. 일주일은 이레가 돐이고, 토성의 공전 돐은 30년, 명왕성의 공전 돐은 247년이다.

한 해 만에 돌아오는 어떤 날도 생일이 아니기 때문에 ‘돌’이 아니고 ‘돐’이라고 하는 경우도 있다.

3월 삼짇날에는 제비가 온다. 삼짇날은 한 해(열 두 달, 365일) 만에 돌아온다. 한 해라는 동안이 단위이지만, 생일이 아니기 때문에 제비는 제 돐에 오는 것이지, 제 돌에 돌아오는 것이 아니다.

설도 한 해 만에 오기에 보통 설의 주기는 한 해라고 한다. 우리말로는 돐이라고 한다. 즉, 설의 돐은 한 해라고 하는 것이다. 대보름, 단옷날, 추석, 동지 들도 모두 마찬가지다.

그런데, 우리네 백성들은 ‘돌’과 ‘돐’을 잘 구별하지 못하고 혼동해서 쓰기 일쑤였다. 그러자, 학자들이 그럴 바에야 그 중 하나를 없애서 혼동을 막자고 해서 ‘돐’을 없애기로 했다. 그것이 1988년 문교부에서 고친 말글 규정이다.

그러나, 그러는 것이 아니다. 잘 몰라서 혼동해서 쓰면 옳게 가르쳐서 바르게 쓰도록 해야지, 혼동한다고 멀쩡한 말을 없애다니 말도 안 된다.

없는 말도 만들어 써야 하는 판에, 있는 말을 없앤다는 것은 자기 말을 사랑하는 나라에서는 있을 수가 없는 일이다.

또, '돐'이라는 말이 없어지면 쓰기 싫어도 '주기'라는 한자말이 살아난다. 우리 것을 싫어하고 남의 것을 좋아하는 사람들의 행동을 경계하고 우리말을 살려 써야겠다.

1995. 3. 2. 《포스코》

'돌아 가다'와 '돌아가다'

옛날 맞춤법에 '돌아 가다'라고 띄어 쓰는 것과 '돌아가다'라고 붙여 쓰는 것은 '돌아'의 뜻이 살아 있느냐 변했느냐가 열쇠다.

'돌아'의 뜻이 살아 있는 경우에는 다음과 같이 '돌아'와 '가다'를 띄어 쓴다.

"바람개비가 <u>돌아 간다</u>(축을 중심으로 둥그렇게 돈다)."

"옆길로 <u>돌아 간다</u>[먼 쪽으로 돌아서(둘러서) 간다]."

"세상 돌아 가는 이야기를 <u>돌아 가면서</u>(일이 어떻게 되거나, 차례로 돌아 오면서) 한다."

"머리는 잘 돌아 가지 않는데, 자금은 잘 <u>돌아 간다</u>(기능이 제대로 작동하거나 유통이 잘 된다)."

"입이 왼쪽으로 <u>돌아 갔다</u>(다른 곳으로 향했다)."

'돌아'의 뜻이 변한 경우에는 다음처럼 '돌아'와 '가다'를 붙여 쓴다.

"고향으로 <u>돌아간다</u>(복귀한다)."

"백군에게 승리가 <u>돌아갔다</u>(제 차지가 된다)."

"수포로 <u>돌아갔다</u>(끝을 맺는다)."

"할아버지께서 <u>돌아가셨다</u>('죽다'의 높임말)."

옛날 맞춤법에서는 이렇게 구별했었는데, 지금의 잘못된 교과서에는 '돌아 간다'는 없고, '돌아가다'만 있다.

그러나, "아버지가 (먼 길로) 돌아(서) 가셨다"를 "아버지가 돌아가셨다('죽었다'의 높임말)"로 혼동할 수가 있으니 조심해야 한다.

'두껍다'와 '두텁다'

"후안(厚顏)"이란 말이 있다. '후안무치(無恥)'와 같은 말이다. "뻔뻔스러워서 부끄러운 줄 모른다"는 뜻이다.

'厚'자가 "무겁다(厚重), 크다(厚德), 많다(厚酬), 정성스럽다(厚遇), 높다(厚亭), 좋다(厚酒), 깊다(深厚), 짙다(濃厚)" 들 여러 가지 뜻으로 쓰이는데, 특히 "두껍다(厚薄), 두텁다(厚恩), 후하다(厚價)"의 뜻으로 많이 쓰인다.

'두껍다'는 "넓적하게 생긴 것의 두께가 크다"라는 뜻이어서 "두꺼운 옷, 두꺼운 벽, 두껍닫이" 따위에 쓰인다.

'두텁다'는 "서로 맺고 있는 관계가 굳고 깊다, 남에게 쓰는 마음이 알뜰하고 크다"라는 뜻이어서, '두터운 정, 두터운 신임' 따위에 쓰인다.

이처럼 '두껍다'는 '두꺼운 베'처럼 눈에 보이는 물체에 쓰이고, '두텁다'는 '두터운 우정'처럼 눈에 보이지 않는 마음이나 힘 같은 것에 쓰인다. 그럼 낯가죽은 두꺼운 것일까, 두터운 것일까? 살가죽은 얇아서 부드럽기도 하고, 두꺼워서 거칠기도 하다. 한편, 뻔뻔스러운 사람을 철면피라고도 하고, 철판을 깔았다고도 한다.

철판도 눈에 보이고 살가죽도 눈에 보이는 물체다. 그러므로 뻔뻔스러운 사람의 낯가죽은 두껍다고 해야 한다. '두껍다'의 반대말은 '얇다'다. 얇지 않은 것이 두꺼운 것이다.

1997. 4. 10.《포스코》

'두째'와 '둘째'

'두째'는 죽은 말이 아니라 살아 있는 말이다. 한 자리 수 차례말에는 '첫째, 둘째 …'처럼 '둘째'라고 하면서도 두 자리 수 이상의 차례말에서는 '스물 두째, 백 마흔 두째, 천 백 예순 두째'처럼 '둘째'라 하지 않고 '두째'라고 하는 것이다.

많은 사람들이 특히 서울 사람들이 두째나 둘째를 같은 말이라고 생각하는데, '두째'와 '둘째'는 뜻이 다른 별개의 말이다.

'두째'는 차례를 나타내는 말이고, '둘째'는 수효를 나타내는 말이다. 이 두 말이 쓰이는 보기를 들어 보자.

'두째'는 첫째의 다음 차례라는 뜻으로, "이 아들은 두째다"처럼 쓰여 맏아들이 아니고, 그 다음 차례 아들임을 가리킨다.

'둘째'는 하나째보다 하나 더 많은 수효라는 뜻으로 "아들을 둘째 군대에 보냈다"처럼 쓰이어 군대에 아들 하나를 보내고 또 한 아들을 보내어 두 아들이 군대에 가 있음을 가리킨다.

그런데도 지금의 표준말 규정대로라면 "아들 두째를 보냈다"는 틀리고 "아들 둘째를 보냈다"만 옳은 것이 된다. 그런데, 이렇게 '둘째'만을 쓰면 두째 아들 하나만 보냈는지 아들 둘을 다 보냈는지 알 수가 없다. 표준말 규정에 맞지 않는다고 해서, 엄연히 살아 있는 '두째'를 없애는 것보다는 잘 살려 쓰는 것이 우리말을 더 풍요롭게 하는 길이다.

1988년에 나온 고친 표준말 규정에 '두째, 세째, 네째를 버리고 둘째, 셋째, 넷째만 쓴다'고 되어 있다. 그렇게 하기로 한 까닭이 다음과 같다. ① 서울말에 '두째'라는 말이 없고 '둘째'만 있다. 그러니까 '세째, 네째'도 버린다. ② 사람들이 '세째, 네째'와 '셋째, 넷째'를 잘 구별해서 쓰지 못하고, 흔히 그 두 갈래의 말을 혼동해서 쓴다. 그러니까 아예 '세째, 네째'를 버리고 두 갈래의 경우를 다 '셋째, 넷째'로만 쓰게 하여 혼동을 막는다는 것이다. 그러나 그런 사고 방식은 너무나 무책임하다. 혼동한다고 버리려고만 들어서는 안 되는 이유를 생각해 보자.

우리 나라와 일본의 산골짜기에 나는 포췻과(나도밤나뭇과)의 '나도밤나무'와 울릉도 특산인 참나뭇잎과의 '너도밤나무'가 있다. 그런데, 그 두 나무이름을 보통 잘 구별하지 못하여 혼동해서 쓰는 경우가 많다. 그렇다고 한쪽 나무이름을 없애 버리고 다른 쪽 나무의 이름으로 두 가지 나무를 두루 부르게 할 수는 없다.

'첫째, 두째 …'와 '하나째, 둘째 …'를 구별하지 못하면 잘 가르쳐서 구별해 쓰도록 힘써야지, 멀쩡한 말을 없애는 것은 천부당만부당하다. 그러나, 알 수 없는 것은 고친 규정의 비고란에는 엄연히 차례를 나타내는 두째(제2), 세째(제3), 네째(제4)와 수효를 나타내는 둘째(두 개째), 셋째(세 개째), 넷째(네 개째)라는 풀이까지 하고 있는 것이다. 그러면서도 왜 없애 버렸는지 알다가도 모를 일이다.

이렇게 쓰임을 따라 그 두 갈래로 말을 만들어 썼던 우리 조상들은 과학적인 슬기를 가진 뛰어난 겨레였던 것이다.

1995. 2. 23 · 3. 16. 《포스코》

‘등살’과 ‘등쌀’

‘등살’과 ‘등쌀’은 소리가 똑같이 [등쌀]이어서 헷갈리기 쉽다.

‘등살’은 “등에 붙은 힘살”이다. 한자말로는 ‘배근(背筋)’이라고 한다.

“등살이 꼿꼿하다”라고 하면, “일이 매우 거북하거나 고되어서 꼼짝달싹할 수가 없다”는 뜻이다. “등살이 달다”라고 하면 “일이 뜻대로 되지 않아 몹시 안타까워한다”는 뜻이다.

‘등쌀’은 “몹시 귀찮게 수선부리는 짓”이다.

“아이들 등쌀에 못 견디겠다”처럼 쓰이기도 하고, “탐관오리 등쌀에 나라가 구긴다”처럼 쓰이기도 한다.

‘등쌀놓다’라고도 하는 ‘등쌀댄다’는 “남을 지겹도록 귀찮게 수선부린다”는 뜻이다.

‘등살’은 ‘힘살(근육)’이고, ‘등쌀’은 귀찮게 구는 ‘짓’이다.

‘또’와 ‘또는’과 ‘또한’

‘또’와 ‘또는’과 ‘또한’은 각각 다른 말인데 흔히 혼동해서 쓴다.

‘또’는 한문으로 ‘又’여서 주체가 같을 때 ① “거듭”의 뜻으로 한 사람이 “또 온다, 또 했다”, ② “더”의 뜻으로 어떤 물건이 “또 있다, 또 필요하다”, ③ “그뿐 아니라”의 뜻으로 한 사람이 “종교가이면서 또 철학가다”, ④ “의심스럽다”의 뜻으로 무슨 일이 일어났을 때 “일은 또 무슨 일” 들처럼 쓰인다.

‘또는’은 ① “이것 아니면 저것”이란 뜻으로 “돈 또는 명예”, ② “그렇지 않으면”이란 뜻으로 “내일 또는 모레, 비 또는 눈이 오겠다”처럼 쓰인다. ‘또는’은 ‘내지(乃至)’와 관계가 있다.

한편, 우리말 토 ‘(이)나’가 둘 이상에서 ① “하나만”의 뜻으로 “나나 너”, ② “다”의 뜻으로 “돈이나 쌀”, ③ “어느 것”이란 뜻으로 “산이나 들”처럼 쓰인다.

‘또는’과 ‘(이)나’가 통하는 데가 있지마는, ‘또는’은 꾸밈말이고, ‘(이)나’는 토이므로 형편따라 가려 쓰면 된다.

‘또한’은 주체가 다를 때 ① “같다”는 뜻으로 저것과 이것이 묘할 때 “이것 또한 묘하다”, ② “게다가”의 뜻으로 이것과 저것을 이어서 말할 때 “머리도 좋고 또한 힘도 세다” 처럼 쓰인다.

‘또한’은 ‘亦(亦是)’이다.《논어》, 〈학이〉편의 “학이시습지면 불역열호아, 유붕자원방래면 불역낙호아, 인부지이불온이면 불역군자호아”에서 ‘불역’의 ‘역(亦)’이 “또한”인 것이다. 그래서 ‘불역열호아’는 “또한 기쁘지 아니하냐”, ‘불역낙호아’는 “또한 즐겁지 아니하냐” ‘불역군자호아’는 “또한 군자이지 아니하냐”로 풀이된다.

‘-러’와 ‘-려’

“배우러 가는지 배우려 하는지”에서 ‘-러’와 ‘-려’가 어떻게 다른지 아리송하다. 어떻게 구별해야 할까?

‘-러’는 ‘가거나 오거나 할 때에 그 목적을 나타낼 경우’에 “공부하러 미국 유학 간다”, “무엇하러 학교에는 왔느냐?” 처럼 쓰인다.

‘-려’는 ‘무엇인가를 하고자(하려고) 할 경우’에 “언니가 내일 여행을 떠나려 한다”처럼 쓰이고, ‘곧 일어날 일의 변화를 나타내려고 할 경우’에 “자동차가 막 움직이려 하는데 비가 왔다” 들처럼 쓰인다.

‘-러’는 주로 ‘가다, 오다’ 앞에 쓰이고, ‘-려’는 ‘하다’와 통하거나 어울리는 말 앞에 쓰인다.

“운동하러 운동장에 간다.”
“건강 유지하려 음식을 먹는다.”
“먹으러 와서(가서) 먹으려 하지 않다니.”

위 보기들에서 ‘-러’와 ‘-려’가 다르게 쓰이는 것을 알 수 있다.

'만큼'과 '만치'

지난 날, '만치'가 표준말이 아니고, '만큼'만 표준말이다가 1988년에 고친 표준말 규정에서 둘을 겹수 표준말로 했다. 그런데, 그 둘이 정말 같은 말일까?

애초에 다른 것을 같다고 잘못 본 것 같다는 것이다.

'만큼'은 다음 뜻으로 쓰인다.

- 정도(보기: 일한 만큼 받는다, 먹을 만큼 먹는다).
- 근거(보기: 그가 손댄 만큼 제대로 고쳐졌을 것이다).
- 비슷(보기: 나도 너만큼 할 수 있다).

'만치'는 김소월의 '산유화'에 "산에 피는 꽃은 저만치 혼자서 피어 있다"고 했듯, '만큼'과는 달리, 멀고 가까운 거리를 나타내는 경우에 "저만치 가 서 있거라"처럼 쓰이는 말일 수 있다.

따라서 지금처럼 겹수 표준말로 하지 말고 두 말을 다 살려서 다른 말로 써 봤으면 한다.

‘매무새’와 ‘매무시’와 ‘맵시’

옷을 입을 때 단정하게 매고 보기 좋게 여미고 하는 따위를 뜻하는 ‘옷매무시’를 그냥 ‘매무시’라고 하는데, “매무시를 가다듬다, 매무시를 잘 하다” 들처럼 쓰인다.

‘옷매무새’라고도 하는 ‘매무새’는 “옷을 아름답고 곱게 입은 맵시”로, “매무새가 단정하다”, “매무새가 헝클어지다” 들처럼 쓰인다.

‘매무새’와 ‘매무시’를 구별하자면, ‘매무시’를 한 뒤끝이 ‘매무새’이다. 그리고 ‘매무시’에는 ‘-하다’가 붙어 ‘매무시하다’라고 쓰이지마는, ‘매무새’에는 ‘-하다’가 붙지 않는다.

‘맵시’는 “아름답고 보기 좋은 모양새”로, “맵시가 나다, 맵시를 내다, 맵시를 부리다, 맵시가 있다” 들처럼 폭넓게 쓰이는데, ‘태깔’의 ‘태’와 같은 말이다. 여러 ‘맵시’ 가운데 ‘옷맵시’가 ‘매무새’와 통한다.

한편, ‘맵시’에도 ‘-하다’가 붙지 아니한다.

‘못 되다’와 ‘못되다’

‘못 되다’의 ‘못’은 ‘되다’의 내용이 되는 일을 “할 수 없다거나 그 일이 이루어지지 않는다”는 뜻을 나타내어, 다음처럼 쓰인다.

“못 되면 조상 탓.”
“용도 못 되는 이무기.”
“그 일을 해낼 재목감이 못 된다.”

‘못되다’는 “바탕이나 하는 짓이 좋지 않거나 고약하다”는 뜻으로 아래와 같이 쓰인다.

“못된 송아지 엉덩이에 뿔 난다.”
“못된 음식이 뜨겁기만 하다.”
“못된 일가 항렬만 높다.”

사전에는 ‘못 되다’는 없고 ‘못되다’만 있는데, 더러 ‘못 되다’를 ‘못되다’에 섞어 놓은 사전도 있으니 속으면 안 된다.

‘못 쓰다’와 ‘못쓰다’

‘못 쓰다’는 “쓰지 못하다”라는 뜻으로 “팔을 못 쓰니 글씨를 못 쓴다”처럼 쓰인다.

‘못쓰다’는 “몸이 상하다”라는 뜻으로 “얼굴이 못쓰게 되었다”와 같이 쓰이고, “옳지 않다”는 뜻으로는 “거짓말하면 못써”, “게을러서 못쓰겠어”처럼 쓰인다.

‘못 쓰다’와 ‘못쓰다’를 구별하려면 ‘못’이 쓰인 자리에서 ‘못’을 빼 보면 안다. ‘못’을 빼도 말이 되면 ‘못 쓰다’고, 말이 안 되면 ‘못쓰다’이다.

“글씨를 못 쓰다”에서는 ‘못’을 빼도 “글씨를 쓰다”로 말이 되지마는, “얼굴이 못쓰게 되었다”에서 ‘못’을 빼면 “얼굴이 쓰게 되었다”로 말이 안 되는 것이다.

'못 하다'와 '못하다'

'못 하다'는 "그 일을 할 수 없다"는 뜻으로 아래와 같이 쓰인다.

"공부를 못 하다"
"못 하는 소리가 없구나"
"컴퓨터를 못 하면 취직이 안 된다"

'못하다'는 "견줄 대상에 못 미치다"라는 뜻으로 다음과 같이 쓰인다.

"아우가 형보다 못하다"
"건강이 전보다 못하다"

"적게 어림잡아도"의 뜻으로는 아래처럼 쓰인다.

"못해도 89점은 된다"

'못 하다'와 '못하다'가 구별이 안 될 때에는, '못'이 쓰인 자리에서 그 '못'을 빼 보면 안다. '못'을 빼어 버려도 말이 되면 '못 하다'고, 안 되면 '못하다'다. "공부를 못 하다"에서 '못'을 빼도 "공부를 하다"로 말이 되고, "아우가 형보다 못하다"에서 '못'을 빼면 "아우가 형보다 하다"로 말이 안 된다.

그리고, 앞말이 '-지'로 끝난 꼴일 때에는 "가지 못하다", "먹지 못하다", "뜻을 이루지 못하다"처럼 '못하다'가 붙는다.

‘무엇(뭣) 하다’와 ‘무엇(뭣)하다’

‘무엇(뭣) 하다’는 “무슨 일을 하다”라는 뜻으로 ‘하다’라는 말의 뜻이 살아 있어서 아래와 같이 쓰인다.

“하라는 일은 안 하고 무엇(뭣) 하느냐?”
“네가 무엇(뭣) 했다고 큰소리냐?”

‘무엇(뭣)하다’는 준말인 ‘뭣하다’ 꼴로 많이 쓰이는데, ‘거북하다, 곤란하다, 난처하다, 딱하다, 미안하다, 싫다’ 따위 언짢은 느낌을 나타낼 경우에 알맞은 말이 없거나 생각이 나지 않을 때 임시로 둘러대는 말로, 다음과 같이 쓰인다.

“무엇(뭣)한 말이지만 이 일 좀 맡아 주게.”
“정 무엇(뭣)하면 내가 대신 해 주겠네.”

‘무엇(뭣)하다’에는 ‘무엇(뭣) 하다’와 달리 “무슨 일을 하다”라는 뜻이 없다.

1996. 4. 12. 《포스코》 95호

'방'과 '房'

　　사전마다 우리말 '방'과 한자말 '房'을 같은 것으로 다루고 있다. 그러나 '방'과 '房'은 다르다.

　　제주도에서 '-방'을 '-댁'과 같이 "아내"의 뜻으로 남편 이름 따위에 붙여 쓰기도 하고, 동네이름 따위에 붙여 "시집간 여자"의 뜻으로 쓰기도 하지마는, 본디 우리말 '방'은 '온돌방'이 기본형인 것 같다.

　　'구들'을 '온돌'이라고 함은 구들이 온(全) 돌(石)로 이루어지기 때문이다. 그 온돌로 된 '방'이란 말은 한자가 없을 때에도 있었을 것이다. 그 '방'을 모르고 '房'만 아는 것은 한글이 없을 때 '방'을 '房'으로 적었기 때문이다.

　　우리말 '방'은 "사람이 살거나 일을 하기 위하여 벽 따위로 막아 만든 칸"이다. '방'에는 다음과 같은 것들이 있다.

각시방	갓방	건넌방	건넛방	골방
구둣방	구들방	글방	꽃방	다락방
다림방	도장방	뒷방	마루방	머릿방
머슴방	바깥방	복덕방	봉놋방	사랑방
아랫방	안방	옆방	윗방	작은방
장판방	찬방	찬ㅅ방	책방	큰방
함지방	해산방(산방)	흙방		

　　그리고 '방'과 어울리는 말에는, 다음과 같은 것들이 있다.

방각시   방고래   방구들   방구석   방머리   방바닥
방비   방세   방장

그리고 20세기 말엽부터 세상이 달라져, '방'에 관한 말이 '게임방, 공
붓방, 공주방, 과외방, 구슬방, 김치방, 꼬까방, 꽃방 …' 들 서른 남은 개
나 생겼다. (〈낱말 상식〉에서 "보는방 이야기"를 볼 것.)

그리고, 우리말 '방'에는 '건설방, 만무방, 심방, 짐방, 창방(농악대의 양
반 광대)' 들에서 보듯이 "사람"이란 뜻도 있다.

한자말 '房'은 "① 국(局), 거실, 침실, ② 주거, ③ 저택, ④ 가옥, ⑤ 관아,
⑥ 사당, ⑦ 벽장, ⑧ 고방, ⑨ 화살집, ⑩ 둥지, ⑪ 꽃받침, ⑫ 처첩, ⑬ 분가,
⑭ 도마, ⑮ 별이름, ⑯ 향시, ⑰ 둑, ⑱ 나라이름, ⑲ 성씨 …" 들과 그 밖
의 잡다한 뜻의 말이다.

'방'을 중국에서는 '팡젠(房間)'이라고 하는데, 한자 '房'은 진시황 때
'阿房宮', 조선 때 '工房, 兵房, 禮房, 吏房, 刑房, 戶房', 그리고 한자말
'房星, 房宿, 官房, 閨房, 煖房, 茶房, 獨房, 山房, 僧房, 尼房, 廚房,
寢房 …' 들에나 쓰이는 것 같다.

‘번’과 ‘番’

우리네 사전에 올림말로 ‘번(番)’이라고 하여 마치 우리말 ‘번’과 한 자말 ‘番’이 같은 것처럼 해 놓았다.

우리말 ‘번’에는 “일의 차례나 고비”라는 뜻이 있어서 ‘다음번, 이번, 저번, 지난번, 첫쨋번, 한꺼번’ 들처럼 쓰이고, “일의 횟수”라는 뜻이 있 어서 ‘한 번, 몇 번, 여러 번’ 들처럼 쓰인다. 이러한 우리말 ‘번’의 경우 를, 중국에서는 주로 ‘츠(次), 후이(回)’라 하고, 일본에서는 ‘한(般: 過般·先般), 카이(回), 다비·도(度)’라고 한다.

한자말 ‘番’에는 다음과 같은 소리와 뜻이 있다.

[반] : 땅이름(보기 : 番吾[반오] : 허베이성에 있음. 番禺[반우] : 광둥성에 있음)

[번] : ① 차례로 일을 맡음(보기 : 當番) ② 차례(보기 : 隨番) ③ 횟수(보기 : 數番) ④ 갯수〔보기 : 十番(10개, 10장)〕 ⑤ 번성함(보기 : 番昌) ⑥ 잡목 울타리(보기 :籬) ⑦ 짐승의 발바닥 ⑧ 오랑캐(보기 : 番船 : 외국배)

[파] : (보기 : 番番[파파] : ① 날램, ② 머리털이 흼)

한편, 한자 ‘번(番)’이 우리 나라에서도 쓰이는 경우가 있다.

“어떤 범주에 딸린 차례”라는 뜻으로 ‘3번 버스, 4번 타자, (0학년 0 반) 5번 학생’ 들의 ‘번’에 쓰이고, 한자말 ‘번병, 번지, 번호, 금번, 당번, 순번, 윤번, 지번’ 들의 ‘번’에 쓰인다.

한자말 ‘번(番)’에도 우리말 ‘번’에 있는 “① 일의 차례, ② 일의 횟수” 따위 일부 통하는 부분도 있으나, 한자의 일부 뜻이 통한다고, 그것이 바 로 우리말과 같거나, 우리말의 말밑이 되는 것은 아니다.

우리는 ‘番’이 없다고, ‘대번, 이번, 한꺼번’도 쓸 수 없는 미개한 겨 레가 아니다.

'번째'와 '-쨋번'

　가령, 제3회 회사 창립 기념식이 있다고 하자. 단상 맨 앞의 플래카드에는 '세 번째 회사 창립 기념식'이라고 쓰여 있다. 그리고 단상 왼쪽부터 상무, 전무, 사장, 회장, 내빈들이 차례로 앉아 있는데, 사회자가 사람 소개를 하면서, "세 번째가 사장님이십니다"고 했다.

　이런 경우, 흔히 기념식 차례도 '세 번째', 앉은 차례도 '세 번째'라고들 한다. 과연 둘 다 옳은 말일까?

　이렇게 헷갈리는 것은 국어 사전에서 혼동할 수 있게 해 놓은 탓도 있다. 사전에는 '번째'를 "차례나 횟수를 나타내는 말"이라고 했고, '-쨋번'은 그나마 없기 때문이다.

　그렇다면 우리가 편하게 쓰는 말을 보기로 들어 생각해 보자.

　ㄱ회사 사람이 다른 회사에 와서, 다음 두 가지 말을 했다고 하자.

"열 번째 왔습니다"
"제가 열쨋번에 왔습니다"

　우리가 언뜻 듣기에는 그 말이 그 말 같고 차이를 느끼지 못하기 쉽지만 두 말은 분명히 다른 것이다.

　첫째 말은 듣는 사람이 속으로 '무던히 사람도 없는가 보다' 하고 ㄱ회사를 작은 회사라고 여기게 만들지만, 두째 말은 듣는 사람이 'ㄱ회사는 무던히 사람이 많은가 보다' 하고 생각하게 하는 차이를 가지고 있다.

　왜 그런고 하니 열 번째 왔다는 '번째'는 한 사람이 계속해서 열 번 왔을 때에 쓰이고, 열쨋번에 왔다는 '-쨋번'은 몇몇 사람이 번갈아 열 번 왔을 때에 쓰이는 말이기 때문이다.

　기념식 차례의 '세 번째'는 기념식 하나를 세 번 계속해서 한다는 말이고, 앉은 차례는 한 사람이 아니라, 각기 다른 사람이 차례로 앉아 있으니까, 앞서 보기로 든 사장은 "세쨋번에 앉아 있다"고 해야 한다.

　'번째'와 '-쨋번'은 다음과 같이 정리해 볼 수 있다.

　"세 번째 사과를 먹는다"고 하면 사과 한 가지를 세 번 먹는데, 첫 번째와 두 번째에도 사과를 먹었고 세 번째에도 사과를 먹는다는 말이다.

　"세쨋번에 사과를 먹는다"고 하면, 각각 다른 것을 세 번 먹는데 첫째, 두쨋번에는 사과가 아닌 다른 것을 먹고 세쨋번에는 사과를 먹는다는 말이다. 즉 '번째'는 주체가 같은 때에 그 횟수에 쓰이고, '-쨋번'은 주체가 다른 때에 그 차례에 쓰인다.

1994. 10. 27. 《포스코》

‘벌’과 ‘뻘’과 ‘펄’

‘벌’과 ‘뻘’과 ‘펄’은 언제나 누구에게나 헷갈리는 말들이다.

‘벌’을 모르는 사람은 없다. “넓고 평평하게 생긴 땅”으로, ‘들’이나 ‘평야’와 통하는 말이다.

‘뻘’은 ‘개흙’과 같은 말이다. ‘개흙’은 “갯바닥이나 늪바닥에 있는 거무스름하고 미끈미끈한 고운 흙”이다.

‘펄’은 ‘벌’의 거센말이다.

이 말들은 홀로 쓰이기보다는 ‘갯벌, 개뻘, 개펄’ 들로 더 많이 쓰인다.

‘갯벌’은 “바닷물이 드나드는 모래톱 또는 그 주변의 넓은 땅”이다. 이 갯벌에서 조개도 잡고 게도 잡는다.

‘개뻘’은 사전들에서 대개 ‘개펄’이나 ‘갯벌’의 잘못된 말로 다루고 있으나, 쓰이는 것을 보면 그렇지도 않은 것 같다. ‘뻘’이라는 흙은 ‘늪바닥’에도 있는데, ‘개뻘’은 ‘개(바닷물이 드나드는 강이나 내)’에나 ‘개울(골짜기나 들에 흐르는 작은 물줄기)’에만 있는 흙이다.

‘개펄’은 ‘갯벌’의 거센말로, 개흙이 깔려 있는 ‘갯벌’이다. 썰물과 밀물의 차이가 큰 바닷가에 발달한다.

'비겨'와 '비껴'와 '비켜'

    1996년 8월 15일치 신문들의 커크 태풍 기사를 보면, "태풍이 우리 나라를 비껴 갔다"고들 했다. 그러나, 과연 태풍이 비껴 간 것일까?

    '비껴'와 헷갈리는 말이 '비겨'와 '비켜'다. 사전에 나온 가운데 비슷한 대목만 골라 정리해 보면 다음과 같다.

■ 비기다

    ① 비스듬하게 기대다(보기: 주인이 상반침에 비겨 앉아).

    ② 다른 것에 빗대다(보기: 인생을 고해에 비기다).

    ③ 서로 견주다(보기: 달은 해와 비길 수 없다).

    ④ 승부를 내지 아니하다(보기: 바둑을 비기다).

    ⑤ 상쇄하다(보기: 주고 받을 셈을 비기다).

■ 비끼다

    ① 비스듬히 놓(이)거나 늘어지다(보기: 남북으로 비낀 은하수).

    ② 비스듬하게 비치다〔보기: 서산에 놀(노을)이 비끼다〕.

■ 비키다

    ① 피하여 조금 자리를 옮기다(보기: 자전거가 나갑니다, 비켜나셔요).

    ② 피하여 조금 방향을 바꾸다(보기: 비켜 가다).

    태풍이 우리 나라에 영향을 끼치지 않고 지나가 버린 것은 '비키다 ②'의 경우다. 말하자면 태풍은 비껴 가는 것이 아니라는 것이다.

    그러므로, 신문에서도 "태풍이 우리 나라를 비켜 갔다"라고 해야 한다.

1996. 10. 30. 《포스코》

‘빌다’와 ‘빌리다’

‘빌다’라는 말은 남의 물건을 돌려주기로 하고 받아 쓴다는 뜻이고, ‘빌리다’는 내 물건을 돌려받기로 하고 남에게 주어 쓰게 한다는 말이다.

즉, ‘빌다’는 내가 빌어 오고 ‘빌리다’는 남에게 빌려 주는, 정반대의 뜻이다. 그러던 것을 1988년에 고친 말글 규정에서 ‘빌다’도 ‘빌리다’로 쓰기로 했다.

그 까닭은, 사람들이 ‘빌다’와 ‘빌리다’를 제대로 가려 쓰지 못해, ‘빌다’라고 해야 하는 경우에도 흔히 ‘빌리다’라고 잘못 쓰기 때문이란다.

‘빌리다’로만 쓰면, 말은 혼동하지 않고 편할지 모르지만 실제 말글살이에서는 도리어 혼동하는 탈이 생길 수 있다.

“돈을 빌어(借) 쓴다”고 해야 하는 경우에까지, “돈을 빌려(貸) 쓴다”고 하게 되어, 돈을 꾸어 왔을 때에도 ‘빌려’라 하고, 돈을 뀌어 주었을 때에도 ‘빌려’라고 해야 한다.

‘빈 돈(借入金)’과 ‘빌린 돈(貸與金)’으로 구별할 수 있었던 것을, 빌어 온 돈도 ‘빌린 돈’, 빌려 준 돈도 ‘빌린 돈’이라고 하게 되어, ‘빌린 돈’만으로는 빌어 왔는지 빌려 주었는지 구별이 안 된다.

사람들이 혼동한다고 ‘두째’처럼 멀쩡한 말을 없애서, 이치에 맞지 않는 말살이를 하게 할 경우에 일어나는 혼란도 생각해 봐야 한다.

‘빌어 오다’의 ‘빌어’와 ‘빌어 먹다’의 ‘빌어’는 같은 경우의 말인데도, ‘빌어 먹다’를 ‘빌려 먹다’라고는 하지 않기로 했단다. 아무리 ‘빌다’를 없애고 ‘빌리다’로만 쓴다고 해도, 실제 우리 말살이에서는 ‘빌다’가 아직 살아 있다. 살아 있는 말을 억지로 없앨 수는 없는 법이다.

1995. 3. 9. 《포스코》

'빠르다'와 '이르다'

1992년 3월 3일 《조선일보》 27쪽 머릿기사 '레저 총정보' 제목에 "꽃소식 예년보다 4~5일 빠르다"와, 3월 8일 5쪽 '중국 보혁 대결' 기사 제목에 "빠르면 20일 전인대서 판가름"이란 것이 있었는데, '이르다[早]'와 '빠르다[速]'란 말이 잘못 쓰인 보기다.

아침 9시 반에 친구가 왔다. 10시에 만나기로 했는데 30분이나 앞당겨 온 것이다.

"야! 빨리도 왔구나."

이 말에 친구가 갸우뚱한다. 조금도 서두르지 않고 천천히 왔는데, 빨리 왔다고 하니 이상하게 여긴 것이다.

"아냐 천천히 왔어."
"그런데 이렇게 빨리 와? 10시에 만나기로 해 놓고 9시 반에 왔으니 30분 빨리 온 것 아니야?"
"그건 빨리 온 게 아니라 30분 일찍 온 거지."

같은 상황을 두고 두 사람 가운데에서 한 사람은 '빨리' 왔다 하고, 한 사람은 '일찍' 왔다고 하니 어느 쪽이 옳을까?

10시에 올 것을 9시 30분에 왔으면 30분 일찍(이르게) 왔고, 10시 30분에 왔으면 30분 늦게 온 것이다. 그러니까, 일찍 왔다고 하는 친구의 말이 맞다.

그런데, 일찍 온 것을 덮어놓고 빨리 왔다고들 한다. 빨리 왔다고 하면, 보통 1시간 걸릴 거리를 30분밖에 안 되는 짧은 시간에 온 것이고, 반대로 느리게 왔다고 하면, 1시간 걸리는 거리를 1시간 30분이나 되는 긴 시간에 온 것을 말한다.

요약해서 말하면 '일찍'이나 '이르다'는 시각의 앞뒤를 가리키고, '빨리'나 '빠르다'는 시간의 길이를 말한다. 또, '이르다'의 반대말은 '늦다'고, '빠르다'의 반대말은 '느리다'라는 것으로, 앞에서 말한 것을 정리할 수 있다.

걸음걸이는 빠를 수도 있고 느릴 수도 있으나, 이를 수도 없고 늦을 수도 없다. 또, 시각은 이르거나 늦을 수가 있어도, 빠르거나 느릴 수가 없다.

시계도 항상 5분 앞당겨 있으면 5분 이르고, 항상 5분 뒤처져 있으면 5분 늦다. 1시간에 65분 가면 5분 빠르고, 55분밖에 안 가면 5분 느리다.

'이른 봄'이나 '늦은 봄'이란 말은 있어도, '빠른 봄'이나 '느린 봄'이란 말은 없다. 철이 이르면 꽃이 일찍 피고, 철이 늦으면 꽃이 늦게 피는 것이다.

"꽃소식 예년보다 4~5일 빠르다"는 틀리고, "… 4~5일 이르다"라고 해야 맞다.

한 해에 봄, 여름, 가을, 겨울 네 철이 있는데, 그런 철이 빨랐다 느렸다 하면 큰일이다. 철이 빨라서 한 해에 다섯 철이 돼도 야단이고, 느려서 세 철밖에 안 돼도 야단이다.

이른 봄은 봄의 앞 부분이고, 늦은 봄은 뒤 부분일 따름이다. 다만 철이 빠르다고 할 수는 있다. 세월이 빠르다고 하는 것은 세월이 빠른 것이 아니라, 세월이 흐르는 것이 아까워 세월이 빠른 것처럼 느끼는 것이다. 세월이 빨라도 큰일이다.

1994년 10월 26일치 어느 일간지에 실린 칼럼에서, "… 코어타임은 정해 놓고 그 앞뒤 2~3시간을 빨리 또는 늦게 출퇴근하는 가변시간대 …"의 '빨리'는 '일찍'으로 바로잡아야 한다.

1994. 11. 17. 《포스코》

'삐주기'와 '삐죽이'

'-하다'가 붙어서 생김새나 바탕(성질) 또는 느낌을 나타내는 말 '건건하다, 불뚝하다, 납작하다'의 뿌리 '건건, 불뚝, 납작'에 '-이'가 붙어서 된 말은 '건건이, 배불뚝이, 코납작이' 들처럼 그 뿌리의 원형을 밝혀 적으므로 다음과 같이 적어야 한다.

- 삐죽이('삐죽하다'의 '삐죽'에 '-이'가 붙은 말): 끝이 삐죽하게 생긴 물건.
- (코)오똑이('오똑하다'의 '오똑'에 '-이'가 붙은 말): 코가 오똑하게 생긴 사람.
- 털털이('털털하다'의 '털털'에 '-이'가 붙은 말): 바탕이 털털한 사람.
- 푸석이('푸석하다'의 '푸석'에 '-이'가 붙은 말): 물러서 느낌이 푸석한 사람.

한편, '-거리다'가 붙어서 움직임새나 소리를 나타내는 말 '깍둑거리다, 싹독거리다'의 뿌리 '깍둑, 싹독'에 '-이'가 붙어서 된 말은 '깍두기, 칼싹두기' 들처럼 그 뿌리의 원형을 밝혀 적지 않으므로 아래와 같이 적어야 한다.

- 삐주기('삐죽거리다'의 '삐죽'에 '-이'가 붙은 말): 입을 삐죽삐죽 움직이는 사람.
- 오또기('오똑거리다'의 '오똑'에 '-이'가 붙은 말): 자빠뜨려도 오똑오똑 일어나는 장난감.
- 털터리('털털거리다'의 '털털'에 '-이'가 붙은 말): 낡아서 털털털 소리가 나는 자전거 따위.
- 푸서기('푸석거리다'의 '푸석'에 '-이'가 붙은 말): 단단하지 못하여 푸석푸석 부서지거나 소리가 나는 물건.

그렇건만, 고친 맞춤법에서 '-거리다'가 붙어서 된 말의 뿌리를 '깔쭉

이, 꿀꿀이, 눈깜작이, 더펄이’ 들처럼 밝혀 적기로 한 것은 ‘깍둑이, 칼싹
둑이’ 들처럼 적자는 것이니 대단한 잘못이다.

- 삐죽이: 끝이 삐죽한 물건.
- 삐주기: 삐죽거리는 사람.

위 두 말이 어떻게 다른가를 비교해 보고, 다음 말들이 어떻게 다른지
비교해 보자.

오똑이 / 오또기
털털이 / 털터리
푸석이 / 푸서기

(‘오또기’는 ‘오뚜기’라고 많이 한다)

또, ‘얼룩이’와 ‘얼루기’는 얼룩하거나 얼룩거리는 것이 아니라, ‘얼룩
이’는 ‘얼룩’이라는 말에 ‘-이’가 붙은 점이고, ‘얼루기’는 털빛이 얼룩얼
룩한 짐승이라는 뜻의 말이다.

1995. 9. 7.《포스코》

‘산(山) 중(中)’과 ‘산중(山中)’

‘산 중’과 ‘산중’을 흔히 혼동해 쓴다. 다 그런 것은 아니지만, 낱말은 띄어 쓰는 경우와 붙여 쓰는 경우의 뜻이 다르기 마련이다.

‘산 중’으로 띄어 쓰는 것은, 산이 여러 개 있을 때 그 낱낱의 산을 가리키는 경우에 쓰인다.

“산 중에는 높은 산도 있고, 험한 산도 있다”고 할 때에 띄어 쓰는 것과 같다.

‘산중’으로 붙여 쓰는 것은, 낱낱의 산이 아니고 하나의 산 속이나 여러 산과 산 사이를 가리키는 경우에 쓰인다.

“산중에 들어가니 사방이 괴괴하고 찬기가 돌더라”고 할 때에 붙여 쓰는 것과 같다.

‘산 중’은 ‘산 가운데’로 바꾸어 써도 말이 되고, ‘산중’은 ‘산 속’으로 바꾸어 써도 말이 되니까, 구별해 쓸 때 참고로 하면 된다.

한문에는 띄어쓰기가 없으니까, ‘산 중’이나 ‘산중’을 모두 ‘山中’으로 적는다. 한글에는 띄어쓰기가 있으니까, ‘산 중’과 ‘산중’을 갈라 적는다.

‘산중’으로만 적으면, 적기는 편할는지 모르나 혼동하기 쉽고, ‘산 중’과 ‘산중’으로 갈라 적으면, 적기는 귀찮을는지 모르나 적어 놓으면 혼동하지 않아서 편하다.

세상 만사가 편하기만 하지는 아니한 것인가 보다.

'수작'과 '酬酢 · 酬酌'

우리 국어 사전들에 '수작(酬酌)'이란 올림말이 있다. 그 뜻풀이를 대개 "① 술잔을 주고 받음. ② 말을 주고 받음"이라고 했다.

그리고 그 쓰임으로 '수작질'과 '수작 걸다'를 들어 놓았는데,《우리말 큰사전》(한글학회, 1992)에는 '수작 떨다'가 더 있다.

이것들은 통틀어 아귀가 잘 맞지 않는다. 왜 그럴까?

본디는 "수작(酬酢): ① 응대함(應對報答). ② 술잔을 서로 주고 받음.(主客 互相敬酒)"이었다. 그것을 우리는 '酬酌'이라고 써 온다.

'酬酢 · 酬酌'의 뜻에 북한《조선말대사전》(1992)에는 그 뜻풀이에 "③ 남의 말과 행동을 얕잡아 이름. ④ 음흉한 속꿍꿍이나 속셈"이 더 있다.

이것은 무얼 말하는 것일까? 그런 뜻의 '수작'은 한자말이 아니고 우리말이다. 그래야 그 쓰임으로 '수작질'이나 '수작 걸다, 수작 떨다'만이 아니라, 일반 말살이에서 쓰이는 '수작 건네다, 수작 꾸미다, 수작 부리다, 수작 붙이다, 수작이 수상하다, 수작에 말려들다, 뻔한 수작, 엉뚱한 수작' 들과 어울린다.

그 '수작'은 '酬酢'도 아니고, '酬酌'도 아니다.

우리가 쓰는 '수작'은 우리말이어서 자주 쓰는데, 한자말 '酬酢'이나 '酬酌'은 쓰는 일이 없다. 쓰인다고 하더라도 우리말 '수작'과 한자말 '酬酢 · 酬酌'은 다른 말이다.

우리 국어 사전들은 우리말의 뜻을 그 말과 음이 같은 한자말에다가 합쳐서 한자말로 녹여 버린다.

사전장이들이여! 우리말과 한자말을 구별할지어다.

‘신’과 ‘신발’

‘신발’이 ‘신’과 같은 뜻으로 잘못 쓰이는 것을 바로잡지 않고, 1988년에 복수 표준말로 하기로 하여 말살이를 흐리고 있다.

‘신’은 “발에 신고 걷는 데에 쓰이는 물건”으로, 가죽신, 고무신, 구두, 실내화, 운동화 들을 통틀어 일컫는 말이다. 쓰임을 보면 다음과 같다.

“신 벗고 따라도 못 따른다.”
“신 신고 발바닥 긁기.”

‘신발’은 ‘신’도 아니고, ‘맨발’도 아니고 “신을 신은 발”이다.

쓰임을 보면 ‘구둣발’로 걸어차고, ‘버선발’로 달려나와 반갑게 맞는다고 하는데, 그 ‘구둣발, 버선발’이 ‘신발’이다.

짚신을 신고 그 겉을 발감개로 발을 감는 것을 ‘신발하다’라고 하는데, 만일에 ‘신발’과 ‘신’이 같다면 그것을 ‘신하다’라고 하게 되지만, 그런 말은 없다.

‘아니 하다’와 ‘아니하다’

　물론, 사전에는 ‘아니 하다’는 올라 있지 않고, ‘아니하다’만 올라 있다. 그런다고, ‘아니 하다’가 없는 것이 아니다. 체재상 ‘아니 하다’는 사전에 올라 있지 않아, ‘아니’와 ‘하다’를 따로 찾아서 읽어야 한다.

　‘아니 하다’의 ‘아니’는 ‘하다’를 아니라고 하거나 반대의 뜻을 나타낼 때 ‘아니 가다, 아니 먹다, 아니 보다’들의 ‘아니’처럼 쓰이고, 보기를 들어 보면 다음과 같다.

　“하라는 공부는 아니 하고 놀기만 한다.”
　“저 사람들은 시끄러우니까, 아니 할 말로 안 있어 주었으면 좋겠다.”

　‘아니하다’는 따로 쓰이는 것이 아니라, 앞말이 ‘-지’로 끝난 꼴 다음에 쓰이는데, 보기를 들어 보면 아래와 같다.

　“졸업한 지 얼마 되지 아니하여 취직했다.”
　“상사의 눈살이 곱지 아니하여 조심한다.”

　‘-지 아니하다’가 아닌 ‘-를(을) 아니 하다’는 다 띄어 쓴다.

‘안갚음’과 ‘앙갚음’

1590년대 중국 명나라 이시진(李時珍)이란 사람이 지은, 한방에서 약재나 약학을 연구하는 부문을 서술한 《본초강목》이란 책에 ‘반포(反哺)’라는 말이 나온다.

‘반포’란 말은 “까마귀가 처음 나서 어미가 예순 날 동안 먹이를 물어다가 새끼를 먹여 살리고, 새끼가 자라면 어미를 예순 날 동안 먹이를 물어다가 어미를 먹여 살린다”는 말이다.

이 ‘반포’라는 말을 우리말로는 ‘안갚음’이라고 한다. ‘안갚음’이란 말은 “까마귀 새끼가 자라서 늙은 어미를 먹여 살림”이라는 뜻이 번져, “자식이 자라서 부모를 봉양하는 일”로 쓰인다.

그런데, ‘안갚음’이란 말의 발음을 조심해야 한다. 그냥 아무 생각 없이 소리내면 ‘ㄴ’ 소리가 ‘ㄱ’ 앞에서 ‘ㅇ’으로 변하여 ‘앙갚음’이 된다. 그러면 큰일난다. ‘앙갚음’이란 소리의 말이 따로 있는데, ‘안갚음’과는 정반대의 말이기 때문이다.

‘앙갚음’은 “남이 자기에게 끼친 만큼은 자기도 그에게 해를 입힌다”는 뜻의 말이다. 이 말은 다음과 같이 쓰인다.

“그동안 받아 온 멸시와 모욕, 차별에 대한 앙갚음으로 혼쭐을 내어 주는 화풀이를 했다.”
“앙갚음이 무서워서 그의 죄를 말하지 않았다.”

‘앙갚음’과 같은 한자말에는 ‘반보(反報 · 返報), 보복(報復), 보원(報怨)’들이 있다.

‘안갚음’은 은혜를 갚는 일이지만, ‘앙갚음’은 원수를 갚는 일이다.

'안 되다'와 '안되다'

'안 된다'라고 띄어 쓸 것을 흔히들 '안된다'라고 붙여 쓰기를 좋아한다. 그래도 괜찮을까?

'안 된다'라고 띄어 쓰면, "일이 잘 안 된다" 다시 말하면 "일이 잘 풀려서 제대로 되어야 할 텐데, 그렇지 못하다"라는 뜻이 된다. 그래서 '안 된다'는 다음처럼 쓰인다.

"내가 하는 일마다 안 된다."

"일을 그렇게 해서는 안 된다."

"부모님을 공경하지 않으면 안 된다."

"장사가 잘 안 된다."

"일이 안 되기를 바라는 사람은 없다."

"이번 시험에 안 되어도 절망하지 마라."

'안되다'라고 붙여 쓰면, "일이 되고 안 되고"가 아니라, "마음이 언짢거나 얼굴이 상하다"라는 뜻으로 다음과 같이 쓰인다.

"그것 참 안됐군."

"어린 것을 보내기가 안돼서 배웅했다."

"사업에 실패하더니 얼굴이 안됐구나."

"신색이 안돼 보입니다."

'안 된다'와 '안되다'의 구별법은 '안 된다'는 '된다'로 바꾸어 놓아도 결과는 정반대로라도 말은 되지마는, '안되다'는 '되다'로 바꾸면 도통 말이 되지 않는다는 것이다.

‘알갱이’와 ‘알맹이’

‘알갱이’는 “곡식 따위의 낱알이나, 작고 구슬 같은 물질”이란 뜻으로 “쌀이나 보리, 밀 알갱이는 잘고, 은행이나 도토리 알갱이는 굵다” 또는 “속새(사포)는 금강사나 유리 따위의 가루 같은 잔 알갱이를 발라 만드는 데, 쇠붙이에 슨 녹을 닦거나, 나무 제품 거죽 따위를 반들반들하게 문지르는 데에 쓰인다”처럼 쓰인다.

‘알갱이’라는 말을 모르는 사람은 흔히 ‘입자(粒子)’라고 한다.

‘알맹이’는 “물건을 싸고 있는 껍데기나 껍질을 벗기고 남은 속 부분”이란 뜻으로, “땅콩을 까서 알맹이를 모아 놓은 것보다 남은 껍데기가 더 수북하다”처럼 쓰이고, “핵심”이란 뜻으로 “이번 강연회는 시간만 오래 끌고, 미사여구만 너절하게 늘어놓았지, 얻어들을 만 한 알맹이가 별로 없었다”처럼 쓰인다.

‘알갱이’는 셈낱말로도 쓰이어 “한 알갱이, 두 알갱이 …”라고도 하지마는, ‘알맹이’는 그렇게는 쓰이지 않는다.

'알아 보다'와 '알아보다'

'알아 보다'라고 띄어 쓰면 '알아'와 '보다'의 뜻이 확실히 살아 있어서, "알려고 힘써 본다"는 말이다. 다시 말하면, "애써(노력을 해서) 살펴보아(조사하여) 알려고 한다"는 말이라는 것이다.

'알아 보다'가 쓰이는 보기를 들어 보면 다음과 같다.

"시험 날짜를 알아 보고 대비를 해야지."
"비행기가 뜨는지 못 뜨는지 알아 보아라."
"탄저균의 근원지를 알아 보았더니 아프가니스탄이 아니라 아메리카였다."

'알아보다'라고 붙여 쓰면, '알아'와 '보다'의 뜻이 약해져서, "알려고 노력하지도 않고 살펴볼 필요도 없이 그냥 알게 된다"는 말로 변한다.

그 쓰임을 보면, "눈으로 보고 그냥 알아차린다"는 뜻으로 "네가 나를 알아보겠느냐?"고 할 때에 쓰인다. "잊어버리지 않는다"는 뜻으로는 "오래 전의 친구가 나를 알아보고 알은 체를 한다"고 할 때에 쓰이고, "사물의 값어치를 밝히어 안다"는 뜻으로는 "이번 일로 그 사람의 사람됨을 알아볼 수 있었다"고 할 때에 쓰인다.

'알아 보다'에는 '알아 보아라'고 하는 시킴꼴이 있지마는, '알아보다'에는 스스로 알게 된다는 뜻이 있어서 그런 시키는 꼴이 없다.

‘에’와 ‘에게’

　　1985년 1월 1일치 《조선일보》 14쪽에 "남편에 큰소리"라는 제목이 있었다. 이 ‘에’는 계속 나타나, 12일치 9쪽 제목에도 "선수에 수혈", "데커는 버드에 사과하라" 들이 있었고, 16일치 5쪽 미국의 교육 개혁 소개 특집 제목 가운데에 "모든 학생에 컴퓨터 교육"이 있었고, 20일치 9쪽에도 "우리 선수에 낯선 잔디 코트", 그리고 13일치에는 7쪽에 "주민들에 개방"이 나갔는가 하면, 26일치 7쪽에 "86 게임용 작품 기성 작가에 위촉"이라고 나갔다(여기에 드는 보기들은 모두 신문 제목들이다).

　　이 ‘에’는 ‘에게’라고 해야 할 것이었다. ‘에’라는 말을 사전에서 찾아보면, 다음과 같이 풀이되어 있다.

　　　① 곳을 나타내는 토(보기: 마당에 구르는 공).

　　　② 가는 방향을 나타내는 토(보기: 학교에 간다).

　　　③ 까닭을 나타내는 토(보기: 바람에 날리는 갈대).

　　　④ 여러 개를 벌여 보이는 토(보기: 밥에 술에 고기에 많이 먹었다).

　　　⑤ ‘에다가’의 준말(보기: 국에 밥을 말았다).

　　그리고 ‘에게’를 찾아 보면, 다음과 같이 풀이되어 있다.

　　　① 사람, 동물을 뜻하는 말에 붙어, 행동이 미치는 상대편을 나타내는 토(보기: 그대에게, 홍길동에게).

　　　② 상대 되는 자리를 나타내는 토(보기: 선생님에게 칭찬을 들었다).

　　그러니까 앞에 든 여섯 군데의 ‘에’가 모두 잘못 쓰인 것인데, 차라리 지면이 좁아서 하는 수 없이 ‘에게’를 ‘에’로 쓴 것이라면 얼마나 좋을까.

1985. 2. 《신문과 방송》

‘5 일’은 “다섯 날”, ‘5일’은 “초닷새”

한글 맞춤법에 단위를 나타내는 말은 띄어 쓰지만, 차례를 나타내는 단위말은 붙여 쓸 수 있게 해 놓았다. 특히 아라비아 숫자 다음에는 붙여 쓰는 걸로 되어 있다. 잘 된 것이다.

날수를 나타내는 ‘오 일’은 띄어 쓰고, 차례를 나타내는, 그 달의 다섯째 날인 ‘오일’은 붙여 쓸 수 있는데, ‘5일’은 붙여 쓴다는 것이다.

그러나, 어디까지나 뜻이 같고 달라지지 않을 경우에는 붙여 쓰나 띄어 쓰나 상관없지만, 뜻이 달라지면 문제는 다르다. 아라비아 숫자 다음에도 ‘5 일’과 ‘5일’은 다르다. ‘5 일’은 “닷새 동안”이고, ‘5일’은 그 달의 “다섯째 날”, 곧 “초닷새”다.

갯수나 차례와 상관없이 쓰이는 ‘다섯 개’는 띄어 쓰고, ‘5개’는 붙여 쓴다는 것을 알아야 한다. ‘5개’는 붙여 쓰나 띄어 쓰나 뜻이 다르지 않다.

‘용트림’과 ‘용틀임’

막걸리나 맥주를 마시면 으레 트림이 나온다. 그렇게 자연스럽게 나오는 트림은 용트림이 아니다. 또 용트림은 용이 하는 트림도 아니다. 용이 트림을 하는지 아니 하는지는 아무도 모른다.

‘용트림’의 ‘용’은 “크다”는 뜻의 말조각이다. 그러니까 ‘용트림’은 “일부러 거드름을 피우며 크게 소리내어 하는 트림”이란 말로 쓰인다.

그 말과는 아무 관련도 없는, 소리가 같고 뜻이 다른 말이 있다. ‘용틀임’이다.

‘용틀임’은 용의 모양으로 틀어 새긴 장식이거나, 여기저기 비틀거나 꼬거나 하여 틀어서 움직이는 것같이 보이는 것이다. 오래된 담쟁이덩굴이 용틀임하며 절벽으로 뻗어 오르고, 등나무도 곧게 뻗지 않고 용틀임을 하며 받침대를 뒤덮는다. ‘용틀임’은 몰라도 한문 지식이 있는 사람은 ‘교룡’이라고 알고 있다.

‘용버들’은 줄기나 가지에서 아래로 처진 잔가지가 꾸불꾸불해서 붙은 이름인가 보다.

‘우리 말’과 ‘우리말’

‘우리 나라’란 말은 붙여 써도 별반 다를 바 없다. 그러나, 붙이고 띄고 하는 데 따라서 뜻이 달라지는 말들이 있다. ‘큰 집’은 집이 커다란 고루거각이고, 집이 작아도 큰아버지 집이나 형님 집은 ‘큰집’이다.

띄어쓰기의 원리가 띄어 쓰면 각 낱말의 뜻이 살아 있고, 붙여 쓰면 각 낱말의 뜻이 약해지거나 변하거나 없어져 버리거나 하므로, 원칙적으로 띄어 쓰는 경우와 붙여 쓰는 경우에는 말감이 같더라도 뜻이 다르다.

‘우리 말’과 ‘우리말’도 많이 쓰이는데, 구별해 쓸 수가 있다.

‘우리 말’은 우리가 쓰는 모든 말이다. ‘한국말’이라고 한다. ‘우리말’은 우리 말(한국말) 중에서 고유한 말, 토박이말이라고 하는 말이다.

‘말, 언어, 우리, 한국’들은 ‘우리 말’이다. 그 가운데에서 ‘말, 우리’들은 ‘우리말’이다. ‘우리 말’에는 한자로 적을 수 있는 것도 있으나, ‘우리말’에는 한자로 적을 수 있는 것은 없다.

'웃-'과 '윗'

전에는 '웃도리, 웃마을, 웃목' 들로 흔히 써 왔는데, 지금은 '아랫도리, 아랫마을, 아랫목'이 있기 때문에 '윗도리, 윗마을, 윗목'으로 쓰기로 되어 있다.

'웃-'은 '위-'의 뜻을 더하는 말조각으로, '웃거름, 웃국, 웃돈, 웃보다, 웃비, 웃소금, 웃어른, 웃옷, 웃자라다 …' 들에 쓰인다.

'윗-'은 '아래위'나 '위아래'의 '위'라는 말에 '사이시옷'이 붙은 말조각으로 '윗길, 윗니, 윗동네, 윗머리, 윗방, 윗부분, 윗사람, 윗자리 …' 들에 쓰인다.

북한에는 '우'라는 말이 있으나, 남한에는 없으므로 '웃-'은 변함이 없다. '웃-'의 'ㅅ'은 '사이시옷'이 아니고 붙박이다.

그러나 '윗-'과 '위'는 다르다. 된소리, 거센소리 앞에서는 '사이시옷'이 붙지 아니하므로 '위'가 '위뜸, 위씨방, 위쪽, 위채, 위층, 위큰정맥, 위턱, 위팔 …' 들처럼 쓰인다.

'웃자라다'냐 '윗자라다'냐가 확실하지 않은 때에는 '아랫자라다'가 있느냐 없느냐로 구별한다. '아랫자라다'가 없으니까 '웃자라다'이다.

'일체'는 "모두", '일절'은 "도무지"

밥집에나 술집에 가서 벽에 써 붙인 차림표를 보고 고개를 갸우뚱하는 일이 있다.

'찌개'를 '찌게'라고 잘못 썼거나 '육개장'을 '육계장'으로 잘못 쓴 정도는 그것이 잘못된 글짜라는 것을 누구나 쉽게 아니까 문제가 없다. 그러나, 알쏭달쏭한 말을 잘못 썼을 경우에는 사정이 달라진다.

한 보기로 '안주 일절'을 살펴보자. 잡다한 설명 없이 이 차림표 하나만 붙어 있어도, 손님에게는 강한 느낌을 전달하게 된다. 그런데 문제는 안주 일절이라는 것이 안주가 모두 준비되어 있다는 것인지 아닌지 알 수가 없다는 것이다. 그럼 우선 '일절'이라는 말의 뜻과 쓰임을 알아 보자.

사전에서 찾아 보면 '일절'은 "전연, 전혀, 통, 도무지, 무슨 일이 있든지" 들의 뜻으로, 그렇지 않다고 잡아뗄 경우와 같은 부정형의 표현에 주로 쓰인다.

- 전연(보기: 일절 터무니 없는 말).
- 전혀(보기: 일절 모른다).
- 통(보기: 일절 소식이 없다).
- 도무지(보기: 일절 하는 일이 없다).
- 무슨 일이 있든지(보기: 일절 말하지 마라).

그러니까 '안주 일절'은 안주가 있다는 말이 아니라, 안주가 아무 것도 없다는 말이 된다. 식당에서 안주 일절이라고 써 붙인다면, 그 식당은 어떠한 안주이든지간에 준비된 것이 없다는 말이다. 모든 안주가 가능하다는 뜻으로 쓰려면 '일절'이 아니라 '일체'를 써야 한다. 그러면, 이번에는 '일체'라는 말의 뜻을 알아 보자.

'일체'는 "① 전체, 온통, 모든 것 ② 모두, 온갖 ③ 죄다, 모두, 모조리, 남김없이, 있는 대로 다" 들의 뜻으로 모든 사물이 다 그렇다고 끄덕일 경우에 다음과 같이 쓰인다.

① 전체(보기: 일체가 잘 되었다).

온통(보기: 동산이 일체 진달래다).

모든 것(보기: 일체를 털어놓아라).

② 모든(보기: 일체 비용을 책임진다).

온갖(보기: 일체 소리를 듣는다).

③ 죄다(보기: 네 속을 일체 안다).

모두(보기: 살림살이는 일체 있다).

남김없이(보기: 잡풀을 일체 뽑아라).

있는 대로 다(보기: 일체 가져가거라).

그러니까 안주가 다 있다는 말은 '안주 일체'라고 해야 한다.

'일절'은 우리 집에서는 음식의 맛을 자연 그대로 내기 위해 맛난이(조미료)를 쓰지 않는다고 할 경우에 '맛난이 일절'처럼 써야 한다.

그러나 '일절'을 쓸 자리에 '일체'를 써도, 이해하는 데에는 그다지 지장이 없으므로, 괜찮다는 주장도 있다.

1994. 10. 6.《포스코》

'잘 하다'와 '잘하다'

국어 사전에는 어떻게 되어 있든지, "잘 하다"는 "익숙하게 한다"는 뜻으로 "글쓰기를 잘 한다"처럼 쓰이고, "바르게 한다"는 뜻으로는 "부모님께 잘 한다"처럼 쓰인다. 또 "누구보다도 낫게 한다"는 뜻으로 "무엇을 해도 잘 한다"처럼 쓰인다.

'잘하다'는 "버릇으로 자주 한다"는 뜻으로 "웃고 울기를 잘한다"처럼 쓰이고 "늘 한다"는 뜻으로는 "숙제 잊기를 잘한다"처럼 쓰인다.

요약하면 "잘 하다"는 "좋게 한다"는 뜻이고, "잘하다"는 "좋고 나쁘고 간에 버릇처럼 늘 한다"는 뜻이다.

공부나 운동은 '잘 하고', 망각이나 실수는 '잘한다'.

'-장이'와 '-쟁이'

고치기 전 표준말은 사람에게는 '-장이', 사람이 아닌 것에는 '-쟁이'를 붙여 똑똑하게 구별해 놓았다. 그래서 표준말을 고치기 전에 나온 사전들을 보면, 사람에 관한 것으로는 다음 것들을 포함하여 100개가 넘는다.

가살장이	갈이장이	감투장이	갓장이	거짓말장이
게걸장이	게으름장이	고리장이	그림장이	꼼꼼장이
꼽꼽장이	…			

사람이 아닌 것으로는 다음과 같이 서른 남은 개나 있다.

고쟁이	갈고쟁이	곤쟁이	골목쟁이	곱쟁이
는쟁이	능쟁이	담쟁이	두우쟁이	모쟁이
발목쟁이	복쟁이	소금쟁이	소루쟁이	쑥부쟁이
오쟁이	(가는갯 · 갯)는쟁이		(가는잎 · 묵밥 · 참)소리쟁이	

(가는 · 가새 · 개 · 까실 · 섬 · 큰개)쑥부쟁이

(광대 · 깨알 · 실 · 애 · 좀등빨간)소금쟁이

이 국어 사전의 구별법은 잘 된 것이어서 아무 문제가 없다.

그런데, 고친 표준말 규정 1부 9항 '붙임'에 뚱딴지같이 "기술자에게는 '-장이', 그 밖에는 '-쟁이'를 붙인다"고 하여, 사람에 관한 것을 '미장이'와 '멋쟁이'처럼 갈라 쓰도록 해 놓았다.

이것은 고친 것이 아니라, 쓸 수 없게 흐트러 놓은 것이다.

담장이(담병·창병 환자)와 담쟁이(담쟁이덩굴)처럼 구별이 되던 것을, '담장이'가 기술자가 아니어서 지금처럼 '담쟁이'로 해 놓으면, 사람인지 풀인지 구별이 안 된다.

국어 사전대로라면 양복을 입는 사람은 '양복장이'인데, 고친 표준말 규정대로라면 기술자가 아니니 '양복쟁이'로 고쳐야 할 것이다. 그러므로 국어 사전을 따라 '양복장이'로 불러야 할지, 고친 표준말 규정을 따라 '양복쟁이'로 불러야 할지 알 수가 없다.

구별할 수 있게 잘 되어 있는 것을 구별할 수 없게 흐트러 놓는 것은 큰 잘못이다. 예전처럼 '산비장이', '작은멋장이', '큰멋장이' 들은 사람이 아니고 식물이니까 '산비쟁이', '작은멋쟁이', '큰멋쟁이'로 바로잡는 것이 바람직하다. 그러면 '멋장이'는 사람, '멋쟁이'는 식물로 구별이 된다.

1995. 12. 14.《포스코》

'저희'와 '우리'

'저희 나라'라고 하는 사람들이 있어서 말거리가 되고 있다.

집안 식구들끼리 말을 할 때에 다음과 같이 말한다.

"우리 집은 좋은 집이다."

"우리 집 식구는 좋은 사람들이다."

이런 경우에는 같은 식구들끼리니까 '우리 집'을 '저희 집'이라고 낮추어 말할 필요가 없다.

그러나, 이웃집 어른을 만났을 때에는 '우리'를 낮추어 '저희'라고 하여 다음과 같이 말하는 것이 예의에 맞다.

"저희 집도 좋은 집입니다."

"저희 집 식구도 좋은 사람들입니다."

나라는 커다란 집과 비길 수 있다. '나라'는 '집'이고 '국민'은 '식구'다. 국민들끼리 말을 할 때에는 다음과 같이 말한다.

"우리 나라는 좋은 나라다."

"우리 나라 국민은 좋은 사람들이다."

국민들끼리는 '우리 나라'를 '저희 나라'라고 낮출 필요가 없다.

그러나, 이웃나라 사람들을 만났을 때, 특히 나라 대표들이 만났을 때에 '우리 나라'를 '저희 나라'라고 겸손하게 하는 경우가 있다.

'제비초리'와 '제비추리'

대폿집에서 소주 안주로 구워 먹는, 소의 안심에 붙은 고기가 맛이 좋다. 그런데 그 고기 이름이 알 듯 말 듯 하다. 바로 '제비추리'다.

'제비추리'의 '제비'가 뽑는 제비도 아니고, 날아다니는 제비도 아니고, 굿은 하지 않고 잔심부름이나 하는 무당도 아니고, 그렇다고 경남 사투리 수제비도 아니어서 무엇을 뜻하는지 알 길이 없다.

그런데다 비슷한 소리가 나는 '제비초리'라는 말이 있어서 헷갈리기도 한다. 이 '제비초리'는 쇠고기가 아니고, 뒤통수의 한가운데로나 그 좌우 양쪽 아래로 뾰족하게 내민 머리털이다. '제비초리'는 없는 사람도 많다.

'제비추리'와 '제비초리'가 헷갈릴 경우에는 '제비초리 경대'를 떠올리자. '가께수리(カケスズリ) 경대'나 '사모싸기 경대'와 같이 '제비초리 경대' 겉면에는 '제비초리' 모양으로 아래가 뾰족한 장식이 있다.

'지난 해'와 '지난해'

'지난 해'라는 말은 띄어쓰기에 따라 뜻이 달라지므로 조심해야 한다. 혹 국어 사전에서 잘못 다루고 있더라도 홀려서는 안 된다.

'지난 해'는 "지나간 여러 해"고, '지난해'는 "지나간 해 가운데에서 그 해의 바로 앞의 해", 곧 "작년"을 뜻한다. '지난 해'는 해가 여럿이고, '지난해'는 해가 하나다.

지난 달은 "지나간 여러 달"이고, 지난달은 "그 달의 바로 전달"이다. 지금이 5월이면 지난달은 4월인 것이다. 그리고 지난 달은 아무 할 일도 없이 그저 지난 달들을 허송했다고 할 때에 쓰인다.

한편, '지난 밤'은 "헬 수 없이 지나간 수많은 밤들"이고, '지난밤'은 "어젯밤"이다.

'찾아 가다'와 '찾아가다'

'찾아 가다'와 '찾아가다'를 어느 한쪽으로만 쓰자는 의견이 있는데, 그래도 되는 것일까?

'찾아 가다'라고 띄어 쓰면 "잃어버렸거나, 맡겨 두었거나, 빌려 주었던 것을 찾아 또는 돌려받아 가지고 가다"라는 뜻이 되어 '찾아'라는 말의 뜻과 '가다'라는 말의 뜻이 제대로 살아 있다.

그래서 '찾아 오다'는 "은행에 가서 돈을 찾아 가지고 오다"라고 할 때에 쓰인다.

참고로 여기에서, '돈을 찾다'라는 말은 우리 식 표현인데, 그 우리말을 안 쓰고 '돈을 인출하다'를 쓰고 있다. 이것은 잘못이다. '인출'이란 것은 '히키다스'라는 일본말을 한자로 적은 '引出'을 우리 한자음으로 읽은 찌꺼기말이기 때문이다.

'찾아가다'라고 붙여 쓰면 "사람을 만나거나 볼일을 보러 가다"라는 뜻이 되어 '찾아'라는 말의 뜻이 변해 버린다. 그래서, 다음처럼 쓰인다.

"친구를 그의 집으로 찾아갔다."
"설날에 세배하러 제자들이 집에 찾아왔다."

'-처'와 '쳐'를 구별할 경우

　　1935년 여름《조선일보》출판국에서 있었던 일이다. 점심 때 노산 이은상 주간과 여러 사원들이 설렁탕 여러 그릇을 시켰는데, 소금 봉지는 하나였다.

　　남자 사원들이 소금을 치고 나서, 여자 사원에게 봉지를 밀어 주면서 "쳐 잡수시오" 했다. 이 말이 소동의 불씨가 되었다.

　　"뭐요? 처먹으라니, 아무리 여자라고 그렇게 무시하기여요?"

　　"무시하다니, '쳐 자시오'가 왜 무시한 거요?"

　　"그럼, '처자시란 말'이 점잖은 말씨입니까?"

　　티격태격하다가 끝내는 여자 사원이 울고 말았다.

　　남자들이 소금을 '쳐 자시라'고 한 것을, 여자가 그냥 '처먹으라'고 한 것으로 잘못 들은 것이다.

　　그 때, 누가 "쳐서 잡수시오"라는 말이라고 다독거렸으면 될 텐데, 재미로 심술을 부리느라고 웃어만 댔던 것이다.

　　'처-'와 '쳐'의 구별을 잘 해야 한다.

　　'처-'는 "마구, 매우, 심히, 함부로" 따위 뜻으로, 어떤 말 앞에 붙어 쓰이는 말조각이다.

- 처걸다: 굳게 닫아 걸다.
- 처넣다: 마구 집어 넣다.
- 처대다: 함부로 대다.
- 처들이다: 마구 들이다.
- 처때다: 불을 심히 때다.

• 처뜨리다: 처지게 하다.

…

'쳐'는 '치다'의 바꾸인 꼴 '치어'의 준말이다.

• 쳐가다: 쳐서 가져가다.

• 쳐다보다: 치어다보다.

• 쳐들다: 들어서 올리다.

• 쳐들어가다: 무찔러 들어가다.

• 쳐들어오다: 무찔러 들어오다.

…

그러므로 다음과 같은 말은 구별해서 써야 한다.

• 처내다: 불이 몹시 내다.

• 쳐내다: 쓰레기 따위를 쳐서 내다.

1996. 1. 25. 《포스코》

‘출산’과 ‘해산’

1960년대까지도 전화 번호부의 전화기 사용법에 다음과 같이 되어 있었다.

“수화기를 들고 번호를 돌려 송화구에 입을 알맞게 대고 …”

옛날 전화기는 수화기와 송화구가 따로따로였다.

1970년대 초에 김보현 체신부장관이 〈전화 걸 때 주의할 점〉이라는 글을 봐 달라고 사람을 보내 왔다. 다 잊어버렸으나 수화기와 송화구가 그 전과 달리 같이 붙어 있으므로 수화기를 송수화기라고 하라고 고쳐 준 기억만 난다. 그래서 전에 수화기라고 하던 것을 70년대 이후에는 송수화기라고 하게 되었다. 그것은 별로 큰 문제가 아니었다.

큰 문제는 다음과 같은 것이다.

1980년대 중반에 전화 번호부 담당자가 〈경조 전보 약호와 문례〉를 봐 달라고 왔다. 역시 다 잊어버렸으나 안 잊은 것이 하나 있다. 고치라고 한 것 가운데에서 하나를 고치지 않은 것이다.

이 약호의 종류에 ‘출산’이라는 항목이 있다. ‘출산(出産)’이란 말은 중국 사전들에는 “지방에서 나는 물품을 말한다(謂地方生産之物)”라고 되어 있다. 그러니 흔히 말하는 ‘산물’이나 ‘소출’과 같은 말이다.

그런데, 일본 사람들은 이 말을 “아이낳이” 곧 “출생”이라는 뜻으로도 쓰고 있다. 그리고 중국에는 없는 ‘소출’이라는 말도 “출생”이란 뜻으로 쓰기도 한다.

우리는 어떻게 해 왔을까? “아이낳이” 곧 “분만”의 뜻으로 ‘해산(解産)’이란 말을 쓴다. 중국에도 일본에도 없는 이 ‘해산’이란 말은 다음과 같이 쓰인다.

"해산달(아이 낳을 달)에, 해산방(아이 낳을 방)에서, 해산(아이 낳음)한 해산때(아이 낳은 직후)의 해산어미(아이를 갓 낳은 부인)에게 해산미역(해산어미가 먹을 미역)과 해산쌀(해산어미가 먹을 쌀)로 해산바라지(해산구완, 해산 시중)를 하는 데"

담당자가 이런 설명을 듣고 좋아라 하고 갔으나, 그의 말이 공무원 사회에서는 먹혀들지 않았다. "아이낳이"란 뜻으로 일본에서만 쓰는 '출산'과 우리만 쓰는 '해산'을 놓고, 특히 친일 고급 공무원은 어느 쪽을 택할까? 결과는 뻔한 것이다.

1996. 12. 12. 《포스코》

‘표’와 ‘標’

우리 사전들이 “표(標)”처럼 올림말 ‘표’ 뒤에 ‘(標)’를 붙여 놓아, 우리말 ‘표’와 한자말 ‘標’가 같다고 해 놓았다. 그러나 그럴 리가 없다. 한자가 없을 때에도 우리는 ‘표’라는 말을 쓰고 살았다.

우리말 ‘표’는 ① “증거가 될 만 한 자취”란 뜻으로 “표를 한다”, ② “다른 사물과 분간할 수 있는 특징”이란 뜻으로 “표를 낸다”처럼 쓰인다.

한자말 ‘標’에는 “① 우듬지, ② 높은 가지, ③ 끝, ④ 꼭대기, ⑤ 시작, ⑥ 기둥, ⑦ 과녁, ⑧ 표, ⑨ 표함, ⑩ 세움, ⑪ 깃발, ⑫ 모습, ⑬ 칭찬함, ⑭ 드러냄, ⑮ 적음(기록), ⑯ 별이름, ⑰ 투창 …” 따위 뜻과 그 밖에 자질구레한 뜻들이 더 있다.

이들 가운데 “⑧ 표. ⑨ 표함”이 우리말 ‘표’와 통하는 데가 있고, 나머지는 도무지 관련이 없다. 일부 통하는 데가 있다고 그것이 바로 우리말 ‘표’의 말밑이 되는 것만은 아니다. 우연히 같을 수도 있는 것이다.

한자 ‘標’는 우리 나라에서는 ‘표’라고 홀로 쓰이지 않고, ‘표고, 표방, 표본, 표어, 표적, 표제, 표준, 표지, 표징 …’ 들과 같이 뒤에 오는 말에 붙여서는 쓰인다.

‘한 번’과 ‘한번’

‘한 번’이라고 띄어 쓰는 것은 어떤 일을 계속해서 할 때 그 일의 차례나 횟수를 나타낼 때 쓰인다. 그러므로 ‘한 번’은 ‘두 번, 세 번, 네 번 …’으로 이어질 수 있어야 한다. 어떤 일의 차례를 나타낼 때, “한 번 해 보아서 실패하면 두 번, 세 번 더 해 보아 성공할 때까지 해야 한다”와 같이 쓴다. 이 때의 ‘한 번’은 “한 차례”의 뜻으로 쓰였다.

어떤 일의 횟수를 나타낼 때 “무슨 일이든지 여러 번 해 보아야지 한 번만 해서는 그 일의 참맛을 알 수가 없다”처럼 쓴다. 띄어 쓴 ‘한 번’이 하는 일의 ‘횟수’의 뜻으로 쓰인 경우다.

‘한번’이라고 붙여 쓰는 것에는 여러 가지 경우가 있다.

어떤 일을 시험 삼아 해 볼 때, “한번 해 보는 것도 나쁠 것은 없다”, “그 골짜기 경치가 하도 좋다니까, 한번 가 볼 만 한 곳으로 알고 있다”처럼 붙여 쓴다. 여기에서 ‘한번’은 “일단”의 뜻으로 쓰였다.

어떤 기회를 나타낼 때에도 “짬을 내서 점심에나 한번 모시겠습니다”, “한번은 깜짝 놀랄 일을 했다”와 같이 붙여 쓴다.

그리고 어떤 것을 힘주어 나타낼 때 “실제로 와 보니 과연 이 마을 인심 한번 고약하구나”, “너 말 한번 잘 했다, 그래 정치가는 백성을 잘 살게 해야지, 싸움질만 해도 괜찮다는 게냐?”처럼 붙여 쓴다. 여기에서 ‘한번’은 ‘인심’이나 ‘말’을 두드러지게 나타내려고 힘주어 말한 경우다.

띄어 쓴 ‘한 번’은 생략하면 안 되지마는, 붙여 쓴 ‘한번’은 생략해도 말이 된다. 그렇게 해도 ‘한 번’과 ‘한번’의 구별이 어려우면 그것을 ‘두 번’과 바꾸어 보아 말이 되면 ‘한 번’이고, 말이 안 되면 ‘한번’이다.

‘한참’과 ‘한창’

“우리가 길을 떠난 지 한창 되었는데, 다 와 가는가 어떤가.”

이렇게 더러 ‘한창’이란 말을 쓰는데, 과연 옳게 쓰이는 걸까.

‘한창’이란 말은 “일이 왕성하고 무르익을 때”라는 뜻으로 “지금 가을
걷이가 한창이다”처럼 쓰이고, 또 ‘일이 무르익고 활기 있게’라는 뜻으로
“대학에 들어가면 한창 공부해야 할 텐데, 우리 집 아이들은 놀기만 한
다”처럼 쓰인다.

한편 “떠난 지 한창 되었다”고 하면 어울리지 않는다. 이럴 때에는 ‘한
참’이란 말을 써야 한다. ‘한참’은 “시간이 어지간히 지나는 동안”이란 뜻
으로 “한참 걸었더니 땀이 난다” 또는 “만나기로 한 친구를 한참 기다려
도 오지 않는다”처럼 쓰인다.

그러니까 앞에 든 말은 “길을 떠난 지 한참 되었다”라고 해야 한다.

‘한참’은 옛날에 역참과 역참 사이의 하나를 뜻하던 말이었는데, 시간
이 흘러 그 뜻이 “시간”이나 “동안”으로 번진 것이다.

‘한참’과 ‘한창’의 구별이 잘 안 되면, 그 말이 쓰인 자리에 ‘한동안’을
바꾸어 넣어 보면 안다. 말이 되면 ‘한참’이고, 말이 안 되면 ‘한창’이다.

‘해 보다’와 ‘해보다’

“해 볼 테면 해 봐”라고들 한다. 물론 맞다. 그러나, “해볼 테면 해봐”도 맞다. 이들이 어떻게 다른가는 아는 사람만 안다.

‘해 보다’를 띄어 쓰면 무슨 일을 일단 해서(치러서) 그 결과를 눈으로 본다(확인한다)는 뜻의 말이 된다. 그리하여, 시험 삼아 한다고 “말을 해 보아야 어찌 될 것인지 알 수 있다”처럼 쓰이고, 겪었음을 나타내어 “해 보지 않은 사람은 그 사정을 모른다”처럼 쓰인다.

‘해보다’라고 붙여 쓰면 ‘해(하여)’나 ‘보다’의 뜻이 변하여, 맞겨룬다는 뜻으로 “죽든지 살든지 사생결단하고 되는 데까지 해보자”처럼 쓰이고, 대들어 싸운다는 뜻으로 “어디 한번 해보자” 또는 “해볼(싸워서 이길) 자신이 있느냐?”처럼 쓰인다. 그런데, 만일 “어디 한 번 해 보자”라고 띄어 쓰면 대들어 싸운다는 뜻이 아니고 ‘시험 삼아 해 보자’라는 뜻으로 변해 버린다.

‘해 보다’는 일반적으로 널리 쓰이니까, 잘 안 쓰이는 ‘해보다’의 경우만 알고 있으면 구별이 된다.

해 볼 테면 해 봐. = 시험 삼아 해 봐.

해볼 테면 해봐. = 싸울 테면 싸워 봐.

이렇게 익혀 두면 띄어쓰기의 묘미를 터득할 것이다.

‘홀몸’과 ‘홑몸’

“홑몸도 아닌데, 무거운 것 들지 말고, 놀라지 말고, 과로하지 말고 몸조심
해라.”

흔히 아이를 가진 여자에게 몸조심하라고 이를 때에 하는 말이다. 그
런데, 그 첫마디 ‘홑몸’이 맞느니 틀리느니 하고 말씨름을 한다. ‘홀몸’이
아니라 ‘홑몸’이 맞다는 게다.

아닌게아니라, ‘홀’과 ‘홑’은 글짜 꼴도 비슷하고 뜻도 통하는 데가 있
지마는 다른 말이다.

‘홀몸’은 배우자가 없는 사람이다. 특히 ‘독신’이나 ‘혼잣몸’이라고도
한다. ‘홀몸’은 부모, 형제, 친척, 친지 들은 있으나 짝이 없이 홀로 외롭
게 지내는 사내나 여자다.

‘홀몸’에는 ‘총각, 처녀, 홀아비, 홀어미’ 들이 있다.

‘총각’은 장가들 나이가 되고도 아직 장가들지 아니한 남자다. 높여서
‘도령’이라고도 한다.

‘처녀’는 시집갈 나이가 되고도 아직 시집가지 아니한 여자다. 보통
‘낭자(娘子), 실녀(室女), 처자(處子)’라고도 하고, 높여서 ‘아가씨, 소저(小
姐)’라고도 한다.

‘홀아비’는 아내를 잃고 홀로 지내는 사내다. ‘광부(曠夫), 독부(獨夫),
환부(鰥夫)’라고도 한다.

‘홀어미’는 남편을 잃고 홀로 지내는 여자를 뜻한다. ‘과녀(寡女), 과
부(寡婦), 과수(寡守), 독부(獨婦), 미망인(未亡人), 상아(孀娥), 이부(嫠婦)’
라고도 한다.

‘홑몸’은 딸린 사람이 없는 혼자의 몸을 뜻하며, ‘단신(單身), 척신(隻身)’이라고도 한다. 또한 아이를 배지 아니한 몸을 뜻하기도 한다.

‘홑몸’은 부모, 형제, 친척, 친지는 물론이고 주위에 아무도 없는 사내나 여자고, 또 짝은 있으나 아이를 배지 아니한 여자다.

“홑몸이 아니라”고 하면 둘레에 사람이 있거나 아이를 밴 여자라는 말이다.

그러므로, 첫머리에서 보기로 든 “홀몸도 아닌데, 무거운 것 들지 말고 …”에서는 ‘홀몸’이 아니라, ‘홑몸’이라고 해야 한다.

1997. 11. 20.《포스코》

5. 말글 산책

일본에 건너간 우리말 '가라, 가야' 나 '곰' 이 일본말로 둔갑하여 쓰이고 있지만 그 말들은 일본말로는 풀리지 않고 우리 옛말로 풀어야 풀린다. 일본 규우슈 기리시마 산달에 있는 가라쿠니다케(韓國岳)의 '가라' 도 일본말로는 안 풀리고, 우리 남쪽에 있었던 '가라' 라는 나라이름으로라야 풀린다.

중국에서는 지금 '鞦韆(그네)' 을 '秋千' 으로 적는데, 그것은 표의자가 아니고 표음자다. 중국 대중이 '猥藝' 은 몰라도 그 음을 적은 로마자 'ueisie' 는 안다.

이 책 내용을 유형별로 〈낱말 상식〉, 〈바로잡기〉, 〈말다듬기〉, 〈뜻 다른 말〉로 나누었는데, 위와 같이 그 어느 것에도 끼이지 않는 것도 있다. 그런 것은 이 〈말글 산책〉에 수록했다. '겹말, 글짜의 됳, 우리말 자유자재로, 한국말과 일본말의 역사 고리' 들의 제법 무게 있는 것도 있다.

'게이요오시'와 '그림씨'

1982년은 우리 말살이에 일대 변환을 가져오게 된 역사적인 해다. 온 천하가 떠들썩했던 일본의 역사 왜곡이 도화선이 되어 우리 스스로도 돌아보아야 한다는 반성론이 나온 것이다. 그리하여 역사 용어도 다음과 같이 바꾸어 써야 한다고 했다.

이씨 조선 → 조선 왕조　　　　한일 합방 → 일본 강점(병탄)

을사 보호 조약 → 침략 조약　　병자 수호 조약 → 강화도 조약

한편, 일본 천황도 자기들끼리 천황이지 우리에게는 천황일 수 없다고 일본 왕으로 불러야 한다고 주장하기에 이르렀다.

이런 문제는 말을 연구하는 국어 국문 학자들이 앞장서서 밝히고 왜식 용어 순화에 힘써야 할 텐데, 그들 가운데에는 정반대로 왜식 용어라야 역사성이 있고, 사회성이 있고, 일본에서 쓰니까 우리도 써야 한다고 할 뿐 아니라, 우리말을 쓰자고 하면 삿대질을 하며 핏대를 올려 비웃고 못마땅해하는 사람들이 있다. 게다가 멋도 모르는 그들의 추종자들까지 덩달아 맞장구를 치고 나서니, 어쩌자는 것인지 알 수가 없다. 거짓말 같지만, 우리말로 된 땅이름을 모조리 한자로 된 땅이름으로 고치려는 움직임이 드러나서, 신문에 얻어맞은 일은 모두가 알고 있을 것이다. 이것은 일본 사람들이나 하던 짓이다. 말본 용어로 보기를 들어 보자.

우리 나라에서 1909년에 유길준이 '형용ᄒᆞᄂᆞᆫ 말'로 시작한 말본 용어를 그 뒤에 '엇(1910, 주시경)', '언(1916, 김두봉)', '언씨(1925, 김윤경)', '꼴말(1921, 강매)', '어떻씨(1929, 최현배)' 들의 여러 안을 거쳐, 1949년에 문교부에서

‘그림씨’로 하자고 하였는데, 그 뒤에 일본식인 ‘형용사’로 하기로 하여, 이전의 것들을 엎어 버렸다.

일본에서는 1778년에 후지타니 나리아키라가 ‘요소이(裝)’로 시작한 말을 그 뒤에 ‘아리카타노 고토바(形狀の詞; 1824, 스즈키 아키라)’, ‘게이죠오겐(形狀言; 1833, 기몬)’, ‘교타이겐(虛體言; 1833, 쓰루미네 시게노부)’들의 여러 안을 거쳐, 1897년에 오오쓰키 후미히코가 쓰기 시작한 ‘게이요오시(形容詞)’를 써 온다.

어째서 우리 문교부 용어 제정 위원회가 정한 ‘그림씨’는 남의 나라 말 같고, 오오쓰키라는 사람이 써 본 ‘게이요오시’는 우리말 같다는 말인가?

우리 나라는 제쳐놓고 일본밖에 모르는 우리 일부 학자들은, 우리 ‘그림씨’는 우리말이기 때문에 인위적이고 사회성이 없는데, ‘게이요오시’는 일본말이기 때문에 자연발생적이고 사회성이 있다고 침이 마르도록 기리고 자랑하면서, 그것을 소리만 바꾸어 눈가림한 왜식 용어인 ‘형용사’를 써야 한다고 우기고 나선 것이다.

그런데 일본 역사 왜곡이 자극제가 되어 전국 방방곡곡 구석구석에 왜식 용어 일소를 비롯한 우리말의 순화 운동이 일기 시작했다.

일본말을 연구하는 데에도 우리 용어를 써서 나쁠 것이 없거늘, 어째서 우리말을 연구하는 데까지 왜식 용어를 써야 할까.

1983. 8 《열매》 104호

'겹말'이라는 것

1. 우리말 겹치기

'달아 달아 밝은 달아'에서 네 마디의 말 가운데 세 마디가 똑같은 말인데도, 말의 중복감이나 싫증이 나지 않는다.

평안도 지방의 '배꽃 타령'에도 다음과 같은 부분이 있다.

배꽃일세 배꽃일세 큰애기 얼굴이 배꽃일세…．
도화라지 도화라지 큰애기 얼굴이 도화라지…．
난초로세 난초로세 큰애기 얼굴이 난초로세…．

고산 윤선도는 아래와 같은 시조를 남겼다.

메는 길고길고 물은 멀고멀고,
어버이 그린 뜻은 많고많고 하고하고,
어디서 외기러기는 울고울고 가느니.

하서 김인후의 '절로 시조'도 '절로' 투성이인데 그런대로 잘 짜여 있다.

청산도 절로절로 녹수도 절로절로,
산 절로절로 수 절로절로 산수간에 나도 절로절로,
그 중에 절로절로 자란 몸이 늙기조차 절로절로.

'갉작갉작, 날름날름, 달그락달그락, 말랑말랑, 반짝반짝, 사부랑사부랑, 아장아장, 잘강잘강, 찰그랑찰그랑, 카랑카랑, 타박타박, 파닥파닥, 허위적허위적' 들도 그렇지마는, '가득가득, 너무너무, 더욱더욱, 문득문득, 부쩍부쩍, 살짝살짝, 어서어서' 들에 이르러서는 강조하는 의도가 엿

보이고, '겹겹, 곳곳, 거듭거듭, 사람사람, 하나하나' 들은 '여러' 곧 '많음'을 나타낸다.

2. 한자말 겹치기

'造淸'이 사람의 손으로 만든 꿀이라면, '淸蜜'은 '꿀'이란 뜻의 글짜가 겹친 말이다. '집'이란 뜻의 말에 다음과 같은 것들이 있다.

家舍	家屋	家第	家宅	家戶	舍館	舍屋	舍宅
屋舍	屋宇	屋宅	邸館	邸舍	邸第	邸宅	第館
第舍	第宅	宅舍	宅屋	宅宇	宅第		

이 말들에 쓰인 '家, 館, 舍, 屋, 宇, 邸, 第, 宅, 戶' 들이 모두 '집'이란 뜻이다. 우리에게는 '집' 하나만 있으면 된다.

중국에서는 '배'라는 뜻의 한자를 모조리 동원해서(아래에는 한자 말고 한글로만 적는다), 다음과 같이 여러 가지로 '배'를 나타내고 있다.

가선	가함	공주	박선	방정	방항	선가	선박
선방	선함	정함	주박	주선	주정	주함	함선
함정	항맹						

이 말들에 쓰인 '舸, 艓, 艨, 舶, 舫, 船, 艇, 舟, 艦, 航' 들이 모두 '배'라는 뜻이다. 그러나 역시 우리에게는 '배' 하나만 있으면 되고, 경우에 따라서 그 '배' 앞에 다음과 같은 말들을 붙여 쓰는 것으로 충분하다.

거룻배	고깃배	나룻배	낚싯배	놀잇배	빠른배	싸움배
작은배	장삿배	큰배	…			

3. 섞이는 겹치기

신재효의 판소리 춘향전에 나오는 "한산 세저 구슬빛 옥색 몸에 맞게 지은 도포 …"의 '구슬빛 玉色' 같은 겹말들도 있다.

角뿔	개浦	羹국	구슬玉	그물網
끝端	끝末	낫歲	난生(처음)	낱箇
넋魄	늘常	담墻	堂집	垌둑
두메山골	말談	木나무	몸體	묵重(하다)
미치狂(이)	本밑	살아生(前)	時도때도(없다)	時時때때(로)
알라神	앞先	앞前	夜밤	堰둑
얼魂	울墻	院집	意뜻	足발
眞참	村마을	他남	彈알	湯국
푸르靑靑(하다)	限도끝도(없다)	해年(마다)		

위와 같은 말들은 거의 쓰이는 것 같다. 그러나 '굳健(하다), 글字, 金 쇠, 뼛骨, 온全(하다), 場마당, 菜나물, 튼實(하다)' 따위는 《표준국어대사전》(국어연구원)에 있는 '金쇠'가 "금 긋는 쇠"니까 '금쇠'고, '튼實'이 "튼튼 실팍"이니까 '튼실'이듯, 겹말이 아니거나 한자가 아니거나 한 것이다.

4. 꺼리는 겹치기

유·불·선 3교의 정신을 받들고 5계와 3덕을 신조로 하여 애국 애족을 표방하는 정신이 '화랑 정신'인데, '화랑도(道)'라고도 한다. 그런데, 흔히 '화랑도 정신'이라고 한다. "일락 서산에 해 떨어지고"라는 노랫가락의 '일락'과 '해 떨어지고'가 겹치는 것처럼 '도'와 '정신'이 겹친 것이다.

1981 ~ 1984 《말과 글》 '겹말' 가운데에서

'겹말'의 이모저모

1. 완전 겹치기

■ 풀이 부분이 앞에 오는 것

거창한 집회 같은 곳에서 내빈이 단상에 올라 점잖게 축사를 하는 경우에, "청한 바 所請'대로 '지나간 過去'를 돌아보고 '지금 現在', '얻은 바 所得'이 컸다"고 하면서, "… '느낀 바 所感'을 '본 바 所見'대로 털어놓고 나서, '믿는 바 所信'껏 '맡은 바 所任'을 다하겠다"고 '품은 바 所懷'의 일단을 말하는 일이 있다.

그런 점잖은 내빈만 비웃을 것이 아니라 우리는 "이제 '바라는 바 所望'대로 '원하는 바 所願'을 풀었다"고 하고 있지 않은지 스스로를 되돌아 봐야 겠다.

■ 풀이 부분이 뒤에 오는 것

"우리 나라의 수도는 서울이다"라고 할 때의 '수도'와 '서울'은 다르다. 그러나 '수도 서울'은 겹말이 아니라고 할 수 만도 없다. 한 나라의 중앙 정부가 있는 곳이라는 추상적인 뜻의 '서울'은 '수도'와 같은 말이기 때문이다.

1982년 5월 9일치 《조선일보》 '만물상'에 "… 수렵 시대 때"라는 말이 쓰이었는데, '期間 동안', '粉末 가루', '新年 새해', '十五夜 보름밤', '波濤 물결', '喊聲 소리' 들과 마찬가지로, 꼭 그렇게 해야 할까?

■ 풀이 부분이 앞뒤로 갈리는 것

'그대로 放置해 둔다'고 하면 썩 잘 어울리는 말같이 여기고들 있다.

그렇다면 '마른 枯木 나무'는?

'늙은 老齡 나이', '아름다운 美談 이야기', '헌(옛) 古家 집' 들은 물론이고, '날 擇日 받다', '살아 生存하고 있다', '흩어져 散在하고 있다' 들을 옳다고 여기고 쓴 일은 얼마나 많을까?

어쨌거나 '스스로 자살하여 죽었다'는 말까지는 듣지 말아야겠다.

2. 앞 부분 겹치기

■ 이름말 겹치기

'황 정승' 하면, 정승을 지낸 황씨가 여러 사람일 경우 누구인지 알 수 없고, 그런다고 '황희 정승'이나 '희 정승'이라고 하기도 뭣하여 '황희 황 정승'이라고 하는 복잡한 말이 예사로 통한다.

1980년 9월 6일치《조선일보》5쪽 소설 "… 사냥용 엽총"은 '사냥총'이나 '엽총'이라고 하면 되지 않았을까? 이 밖에도 아래 보기들을 포함하여 얼마든지 있다.

가을추수	가죽혁대	노래가사	말의 어폐	모래사장	밥반찬
비우산	속내막	속내의	술주정	말안장	지금현상

■ 꾸밈말 겹치기

"군신의 의는 곧 부자의 정과 같으니, 아버지에게 효하지 아니하고, 임금에게 충하는 자가 일찍 未有하니라."

개화기의 윤리학 교과서 두쨋권 9쪽에 위와 같이 "일찍 未有"라고 되어 있으니, 이런 정도의 표현은 괜찮을 듯 하다.

'未久, 未滿, 未信, 未審' 들의 '未'는 '아직'과 겹치는 것이 아니다. 한편, 1925년 8월 29일치《동아일보》사설 가운데 "… 아직도 우리의 기억이 尙新하지 않은가"는 알쏭달쏭하다. 그러나 "아직도 尙新하다"는 "아직도 새롭다"라고 하는 것이 바람직하지 않겠는가?

아래 말들의 '미'는 '아직'과 같이 쓰일 때 겹치게 된다.

未刊	미개척	未見	미결	미급	미납	미달	未了
미문	미발표	미비	미생	미수	미숙	미완	미지
미진	미착	미필	미혼	미흡	…		

■ 풀이말 겹치기

'근거 없는 낭설'은 '낭설'을 강조하기 위한 표현인데, 결과적으로는 '낭설'이 아니게 되고 만다. 긍정의 긍정은 긍정인데, 부정의 부정도 긍정이라는 논법으로, "그 낭설은 근거가 없다" 곧 "낭설이 아니다"가 되고, 바꾸어 말하면 "그 풍설은 근거가 있다"가 되는 것이다.

《새우리말큰사전》(1974)의 '전총(專寵)' 풀이에 "…을 혼자서 독차지함"이란 것이 있는데, 아무래도 겹친 말 같다. 다음 말들은 어떠한가?

가는 행방	가려운 소양증	가지고 있는 소지품	거친 황무지
걸어서 보행하다	곁에서 방관하다	그런 연후에	기대어 의지함
긴 장죽	길가는 행인	…	

'가뭄에 대한 대책'을 잘 세워야 하지마는 말만은 '가뭄 대책'이 나을 것 같다.

3. 끝 부분 겹치기

■ 이름말 겹치기

연세대학교 뒤 봉원사(새절)를 로마자로 'Bongwonsa Temple'이라고 적는데, Temple은 없어도 되지마는, 그렇게 해야 알기 쉬운 모양이다.

'손녀'면 그만이건만 '손녀딸'이라고 귀엽게 부르고 싶은 것이 할아버지의 마음인가 보다.

뻔히 겹친 줄 알면서도 강조하거나 친절하게 표현하기 위해, 또는 버릇이 되어 버젓이 쓰이는 다음과 같은 말들이 있다.

사기그릇	전대띠	수양버들	승도복숭아	고함소리	농삿일
예삿일	실백잣	면도칼	장도칼	…	

■ 풀이말 겹치기

1982년 초등학교 실과 4학년 48쪽 "… 학교 갈 준비를 다 갖춰 놓는다"의 '준비를 다 갖춰 놓는다'는 '준비를 다 해'라고 해야 정상이다.

또한 1980년 9월 12일치 《조선일보》 '만물상'에 "… 인간의 정신도 좌우할 수 있는 물체가 엄존하고 있다는 것을 …"의 '엄존하고 있다'는 '엄존한다'고 해야 정상이다.

4. 건너 겹치기

■ 앞말이 다음 말의 끝과

1980년 5월 29일치 《조선일보》 사설에 "… 대립된 상대의 의견을 발전적인 미래로, 새 열매를 결실해 나가는 것이오 …"라는 대목이 있었다. 그런데, 이 가운데 '열매를 결실해'는 '열매'와 '결실'의 '실'과 겹치니 '열매를 맺어'라고 해야 한다.

'몸보신'이란 말을 흔히 쓰는데, '몸보신'은 '몸'과 '보신'의 '신(身)'과 겹친 것이다.

■ 앞말 처음과 다음 말과

1980년 8월 13일치 《조선일보》 4쪽 소설에 갑신년(1884년) 윤5월 2일

치 한성순보 기사에 "… 四人이 모두 被刺(피척)되었음을 啓하다 …"라는
대목이 있다. 그런데, '피척되었음'의 '피'와 '되었음'이 겹쳤다.

1907년, 학부에서 편찬한 개화기 교과서 보통학교 학도용 교과서《국
어독본》네쨋권 233쪽의 "姪도 被選도었삽나이다"와《동아일보》1922년
3월 20일치 사설에서 "… 外來 분자에게 被奪되는 것은 … 土地마저도
被奪당한다면 …"도 겹친 경우다.

5. '-화하다'의 경우

본디, 완전한 말인 '화하다'에는 "어떤 일에 아주 익숙하게 되다, 어떤
상태가 다른 상태로 되다, 또는 한 물질이 전혀 다른 물질로 바뀌다"의 뜻
이 있으니, '되다'가 뒤에 올 수 없다.

그런데, '-화하다'는 그 앞에 붙는 말의 뜻을 받아 그것이 전문으로 되
면 '전문화하다', 액체 물질로 되면 '액체화하다' 들처럼 쓰이는 말조각
이다.

이 말조각인 '-화하다'에는 '그렇게 된다'는 뜻만 있는 것이 아니라,
'그렇게 되게 한다'는 뜻도 있다. 완전한 말인 '화하다'가 쓰인 '수포로
화하다'에는 "수포로 되다"라는 뜻밖에 없는데, 말조각이 쓰인 '수포화하
다'에는 "수포로 되다"라는 뜻 밖에 "수포로 되게 하다"라는 뜻도 있다는
것이다.

그렇다면, '수포화되다'가 성립할 수 있을까? 먼저 '-화하다'가 어떻
게 쓰이고 있는지 현실을 들여다보자.

■ 제대로 쓰인 보기

전남일보사 부설 통일문제연구소에서 1978년 11월 10일에 발행
한《통일 한국의 미래상》에는 다음과 같이 제대로 쓰인 것을 볼 수
있다.

"… 베트남이 공산화하여 …." - 24쪽

"… 서구화한 오늘의 일본 …." - 55쪽

"… 구석구석까지 문명화하리라고 예견된다 …." - 75쪽

이 밖에 신문에서도 찾아 보면, 다음과 같은 말들이 있다..

"… 2,3분도 못 참아 '쳤다'로 초속화한다 …." - 1981. 6. 14.《조선일보》'만물상'

"… 일본 사람들의 형식화해 버린 지나친 친절 …." - 1982. 3. 16.《조선일보》

"야당화한 당무위" - 1981. 4. 7.《조선일보》 3쪽 정당 기사 소제목

"지역 감정 예각화할 듯" - 1982. 1. 23.《조선일보》 5쪽 지구촌 '아메리카 재발견' 소제목

"… 무산화하여 가는 오족의 경제 생활에는 일대 각오를 요한다 …."

　　- 1923. 5. 28.《조선일보》 사설

"… 자유의 사상이 보급이 될수록 정치는 민중화하여 …." - 1924. 1. 3.《동아일보》

"… 주인이 노예화하든지, 노예가 주인화하든지, 그 중의 하나가 되지 아니하면 …." - 1925. 5. 15.《동아일보》

"… 우리의 민족 문화도 그것이 평범화하면 할수록 …." - 1934. 1. 2.《동아일보》

"… 인구가 증가하면 증가할수록 인류 상호의 접촉 부면도 다각화하므로 …." - 1935. 6. 26.《동아일보》

"… 단일국 사이의 전쟁이 국제화할 가능성이 규지된다 …." - 1936. 2. 13.《동아일보》

■ '되다'가 겹쳐 쓰인 보기

"… 가장 절실한 의미에서 일체화된 하나의 표상이다 …." - 1980. 7. 26.《조선일보》'만물상'

"미의 한국 중시 현실화되고 있다." - 1981. 3. 26.《조선일보》 9쪽 '얘기 좀 들어 봅시다'의 제목 컷

"… 하자는 움직임이 일본에서 표면화되고 있는 것이다 … 그 움직임이 노골화되자 …." - 1982. 8. 17.《조선일보》 3쪽 내리닫이 끝 부분

"… 최근 몇 년 동안 핵가족 제도가 보편화되고 ….″ - 1980. 7. 9.《동아일보》3

　　쪽 '세태 80' 오갈 곳 없는 노후 기사 가운데

"경기 과연 활성화 될까" - 1981. 4. 4.《동아일보》3쪽 프랑스 외상 퐁세 방한 해설 제목

"세속화된 굿 원형 훼손 우려" - 1980. 7. 31.《한국일보》5쪽 화제의 여성 제목

"잇따라 음악화된 시들 …" - 1980. 8. 31.《주간조선》76쪽 음악 관계 기사 제목

"불상 봉안 상업화되었다" - 1980. 10. 15.《주간종교》3쪽 톱 컷

"획일화된 일차원 인간" - 1980. 11월호《삼성사보》20쪽 믿음과 사랑 기사 소제목

"… 이미 사실화된 것이나 …" -《국어대사전》(민중서관) '-ㄹ새' 풀이 가운데

■ 두 가지가 다 옳을까?

사전에 홀로 쓰이는 '화하다'는 있어도 '화되다'는 없다. 어떤 낱말에
붙어 쓰이는 말조각 '-화'에 '-하다'가 붙는 것도 마찬가지다. 그런데, 그
말조각 '-화하다'에는 난데없이 '-화되다'가 따라 붙어, 근래에 와서는
점점 확산하는 현상이다.

혹, '-화되다'가 겹말이라 하더라도, '초이틀'이면 될 것을 '초이튿날'
이라 하듯, 강조하거나 똑똑히 한다는 핑계도 있으니까 별것이 아니지마
는, 과연 그럴 필요가 있을까? 또, 만일 두 가지 가운데 한 가지를 택한다
면 어느 것을 택할까 하는 문제도 있을 수 있다.

'수포화'는 수포화시켜서 수포화되는 것 같아도, 사전 뜻풀이대로라
면, 수포화하니까(수포로 되게 하니까) 수포화한다(수포로 된다)고 하는 것이
정상적인 쓰임이다. 그것은《조선일보》1982년 7월 30일치 3쪽 제목 '休
紙된 아파트 覺書'의 '휴지된'이 '휴지화한'과 똑같은 표현이라는 데
서 증명된다.

■ 한 음절에 '-화'가 붙는 경우

'-화하다'와는 별개 문제이지만, '-화하다'의 문제를 해결하기 위해
'-화'가 한 음절 말조각에 붙는 말을 살펴보자.

‘문화, 조화’에는 ‘-하다’가 안 붙지마는, ‘-하다’가 붙는 말 가운데
에는 ‘-하다’ 대신 ‘-되다’가 붙어도 되는, (그 말의 동작이 대상에 미치
는) 아래와 같은 말들이 있다.

교화하다	극화하다	녹화하다	덕화하다	미화하다
정화하다	훈화하다			

그리고 (그런 말의 동작이 자신에게만 그치는) 다음과 같은 말들은
‘-화하다’의 경우처럼 겹친다고 할 수도 있다.

개화하다	격화하다	경화하다	귀화하다	노화하다
동화하다	둔화하다	변화하다	산화하다	심화하다
악화하다	약화하다	우화하다	이화하다	진화하다
퇴화하다	풍화하다			

또, 다음과 같은 말들은 ‘-하다’가 붙는 것이 원칙이고, ‘-되다’가 붙
기도 하지마는 ‘-화하다’와 같이 ‘-되다’가 안 붙어도 ‘-하다’로 충분한
것(그 말의 동작이 자신에게 그치기도 하고, 상대에게 미치기도 하는 말)
들이다.

감화하다	강화하다	속화하다	순화하다	신화하다
액화하다	연화하다	염화하다	적화하다	전화하다

■ 세 음절 말에 붙는 경우

“… 자유 사상에서 출발한 민족 … 운동이 생존권화하여 가고, 생존 의식
에서 출발한 사회 운동이 자유권화하여 가는 것이 현하의 대세라 한다 …”

- 1925. 1. 14. 《동아일보》 사설

"한국 헐뜯는 비한국화된 한국인" - 1980. 8. 14. 《조선일보》 3쪽 시사 해설 제목

"…이른바 性加速化 현상이라는 것이지만…" - 1981. 11. 18. 《조선일보》

이상 예문에서 '생존권화, 자유권화, 비한국화, 성가속화' 들이 세 음절 말에 '-화'가 붙고, '-하다'가 붙는 경우인데 역시 필요 없이 '-되다'도 '비한국화' 하나에만은 붙어 있다.

그리고, 다음과 같은 말들도 심심하지 않게 눈에 뜨인다.

난투극화   독과점화   무질서화   비국민화   비능률화   사교장화
수라장화   오락장화   전근대화   핵가족화

■ 네 음절 말에 붙는 경우

"… 실업 문제는 해마다 달마다 중대문제화하고 있다 …" - 1932. 3. 14. 《동아
  일보》 사설

"… 조선쌀 생산 제한 문제가 여론화하고, 정치문제화하였으며 …" - 1933.
  9. 11. 《동아일보》

"… 그리고 산업사회화하면 할수록 양자의 관계는 보다 밀접한 것이 돼
  간다 …" - 1981. 11. 18. 《조선일보》 '만물상'

"… 사회문제화하면 …" - 1982. 7. 3. 《조선일보》 6쪽 소설

위 보기들 가운데 '중대문제화, 정치문제화, 산업사회화, 사회문제화' 들이 네 음절 말에 '-화'가 붙고, '-되다'가 붙은 말은 없다.

신문 제목 같은 데에 '국제문제화, 오리무중화, 처리불능화' 따위를 쓰면 편리할 듯 한데, 다음과 같은 말들이 더러 눈에 띄기도 하고 있음직도 하다.

고정관념화	국내문제화	국제도시화	기정사실화
무지막지화	민족국가화	사실무근화	제이월남화
지리멸렬화	청천백일화	허위사실화	형사사건화.

뿐만 아니라, 이런 것도 있을 수 있는 말일까?

형편무인지경화

■ 서양식 말에 붙는 경우

1923년 6월 17일치 《동아일보》 사설의 ‘부르조아화’처럼 서양식 외래 말에 ‘-화하다’가 붙어 된 말도 쓰인다.

한편, 그 때에는 다소 어색했을는지 모르지만, 《조선일보》 1982년 11월 7일치 6쪽 ‘풍물학 뿌리’에서 “… 바지나 고쟁이가 맥시화하면서 버선목이 미니화하고 …”는 자연스럽게 쓰인 것 같다.

영화의 ‘토키화’는 미국에서 1927년에 이루어졌고, ‘컬러화’는 1939년 〈바람과 함께 사라지다〉가 시초라고 한다.

“… 그는 개인적 · 절대론적 음영을 찾아, 그것의 보편적 양상을 알레고리화하고 있었던 것이다.…” - 삼성판 한국 현대 문학 전집 ‘송영의 문학’ 해설

“… 이것은 독일의 탈나치화의 이데올로기 같은 것이었다.…” - 1980. 11. 16. 3쪽 《조선일보》 기자 수첩

“프로화되며 승부욕에 지나치게 매달려” - 1981. 4. 10. 《조선일보》 5쪽 스포츠 상식란 제목

“드라마의 퍼스낼리티화도” - 1981. 3. 31. 《한국 일보》 8쪽 라디오 드라마 프로 개편 기사 제목

이상 예문에서 ‘프로화되며’에만 ‘-되다’가 붙었는데, 다음과 같은 말

들도 있다.

로보트화   마이크로필름화   메커니즘화   비디오화   세트화
스테레오화   에너지화   에스테르화   이슈화   코드화
타이트화   픽션화

1981~1984 《말과 글》 '겹말' 중에서

글짜살이가 나라를 좌우한다

아이신기요로 누르하치(1539~1626)는 1583년에 남만주 쑤쯔허(蘇子河) 중류 지역 여진족의 추장이 되었다. 차츰 동족을 정복하고, 젠저우(建州)를 통일하여, 이른바 만주 오부(五部)를 이룩한 다음, 12세기부터 썼다는 여진글짜를 버리고, 중국말도 적을 수 있게 몽골글짜를 개조하여 16세기 말부터 만주글짜를 만들기 시작했다.

만주 중앙부를 장악한 누르하치는 1616년에 황제 자리에 올라 나라이름을 허우진(後金)이라 했다.

1618년에 명나라를 치기 시작하여 1620년에 랴오양(遼陽), 1625년에 선양(瀋陽)을 빼앗고, 1626년에 닝위안청(寧遠城)을 치다가 죽었다.

그 뒤를 이은 태종이 만주글짜를 완성하고 1636년에 나라이름 허우진을 칭(청)으로 개칭했다.

1644년에 명나라가 망하자, 청나라는 중국을 차지하여 도읍을 베이징(北京)으로 옮겼다.

청나라는 18세기 말까지 몽골, 티베트, 타이완, 신쟝(신강)까지 차지하여, 강희, 건륭 시대에는 극성기를 이루었으나, 만주말과 만주글짜를 펴는 데 실패하고, 도리어 한족 문화에 동화하여 나약해져서, 19세기에 들어서는 내란과 청일 전쟁 패배, 1911년의 신해 혁명으로 1912년에 청나라 선통제가 퇴위하고 망했다.

여진족의 청나라가 망한 것은, 만주글짜를 펴지 못하고 한족 문화에 도취했기 때문이다.

글짜의 돐

최초로 글짜 구실을 하며 둘레에 영향을 준 글짜로 대개 이집트 그림 글짜와 메소포타미아 쐐기글짜를 친다. 서력 기원 3천 여 년 전부터 쓰인 것으로 여기고 있으니까 지금부터 5천 여 년 전이다. 주로 이집트와 바빌로니아·앗시리아·페르시아 등지에 퍼져 쓰이었다.

그 다음에 나타난 것이 중국의 한자다. 서기 전 십 수 세기의 은나라 때에 이미 쓰이었다고 하니까, 지금부터 약 3천~3천 5백 년 전에 싹트기 시작했다. 주로 중국·한국·일본을 비롯한 동양 여러 나라에서 쓰이다가 일부에서는 없어져 가고 있다. 일본 가나는 둘레에 상당히 영향을 주고 있으나 일본 글짜가 아니고, 가타카나는 한자의 반자(약자)로 된 것이고, 히라가나는 한자의 흘림체(초서체)를 다듬은 것이어서, 일본에서만 쓰이고 중국에서는 쓰이지 않지마는 중국의 한자다.

그 다음에 나타난 것이 로마자다. 현재 온 세계에 퍼져 있는 로마자는 페니키아 글짜에서 발달한 그리스 글짜에서 유래한 것인데, 지금부터 약 2천 년 전부터 쓰이기 시작했다. 로마자는 소리글짜로서, 쓰기 쉬워서 유럽·아메리카를 비롯한 세계 여러 나라에서 가장 널리 쓰인다.

그 다음에 나타난 글짜가 한글이다. 한글은 나타나면서부터 한자 세력에 눌려 기를 펴지 못하다가, 반포된 지 꼭 5백 년 만에 8·15 광복을 만나 햇빛을 보게 되고, 88 올림픽 덕택으로 세계에 퍼져 나가고 있다.

여기서 그 글짜들이 나타난 때와 동안을 살펴볼 필요가 있다. 약간의 더덜은 있으나 어림잡아 쐐기 글짜는 약 5천 년 전, 중국 한자는 약 3천 5백 년 전, 로마 글짜 약 2천 년 전, 우리 한글은 약 5백 년 전에 나타났다. 그러니까, 그 글짜들이 대개 1천 5백 년 터울로 나타난 것이다. 다시 말을 하자면, 글짜의 돐(주기)이 1천 5백 년이라고 할 수 있다. 그것은 곧 세종 임금은 한글이 세계를 지배할 것이란 것을 미리 알고, 세계 글짜의 돐에 맞추어 한글을 창제 반포한 것 같음을 짐작하게 한다.

그림 · 쐐기 글짜는 이미 쓰이지 않은 지 오래다. 한자도 너무 어려워서 일부 지역에서는 없어졌거나 없어져 가기도 하고, 본토에서도 2천 236자의 간체자를 만들어 쓰고 있는데, 저우언라이(周恩來, 주은래)가 말한 것처럼 장차 소리글짜화할 운명에 놓여 있다. (《말글 산책》의 "한자의 운명"을 볼 것)

로마자도 표음 능력이 모자라 본바닥 밖 지역 말을 적기는 불편하다. 그와 견준다면 한글은 쓰기도 쉽고, 배우기도 쉽고, 표음 능력이 뛰어나므로, 앞으로 널리 쓰일 가망성이 있다.

유네스코 세계 기록 유산 국제 자문 위원회는 한글을 세계적으로 보존할 가치가 있다고 인정하여 1999년 10월 1일에 세계 기록 유산으로 선정했다.

한글이 반포된 지 이제 5백여 년 지났으니까, 글짜의 돐으로 보면 21세기부터 나머지 1천 년 동안 세계를 뒤덮을 것이다.

'꽃갑' 이란 말을 만든 사연

2002년 4월 초, 꽃샘비가 촉촉히 내리는 토요일 오후에, 경기도 일산에 있는 한 건물에서 수필집 《우리가 꽃갑(甲) 이라네》의 출판 기념회가 있었다.

제목이 암시하듯 지은이는 한 사람이 아니라 다섯 명이다.

연회장 어귀에는 의례적인 화환 대신 진분홍빛으로 만발한 연산홍 꽃분과 난분들이 커다란 리본을 달고 손님을 맞이했는데, 한복을 곱게 차려입은 저자들의 모습이 꽃 사이로 어른거리고 있었다. 때마침 벚꽃과 진달래의 꽃철인데도, 사람들의 발길을 외부에서 그 곳으로 이끈 힘은 무엇이었을까?

흔히 노년의 시작으로 보는 환갑의 나이에, 문단의 중견 여류들이 함께 지어 묶어 낸 수필집이지만, 그 제목이 주는 강력한 흡인력 때문이 아니었나 싶다.

회갑 기념 문집이라면, 얼른 대학의 풍경이 떠오른다. 제자들이 논문을 써서 책으로 엮어 지도 교수에게 바치는 것이, 학계에선 흔히 있는 하나의 관례이기도 하다. 그런데, 여고를 함께 다닌 동기동창생 네 명이 수필을 쓰고, 화가는 그 모습을 스케치해서 표지를 꾸미고, 컷을 그려 넣었다니, 보기 드문 사건인 것은 분명하다.

그런데, 책을 만드는 과정에서, 가장 고심하는 부분이 책 제목을 정하는 일이라고 했다.

한문 학자들이라면 "환갑 기념 동호인 문집"라 하겠고, 한글 학자들이라면 "갑돌 기념 동아리 글모음"이라 하겠지만, 이도 저도 썩 마음에 들지 않는다.

지은이들이 만든 제목이 "우리가 회갑이라네"인데, 일단은 기가 막힌 걸작품이다. 옛날같이 맵짜지는 않더라도 시집은 시집이다. 위아래 보살 피며 좋은 세월 다 보내고 한숨 돌릴까 하니 벌써 회갑이란다. 우리네 청춘은 어디로 갔나라는 아쉬움의 여운이 느껴지는 말투다.

어디 그뿐인가? 환갑을 정면으로 받아들일 수 없다. 환갑은 남의 일처럼 바라보면서 거리를 두고 비켜 가련다. 우리는 환갑이 싫은데, 남들이 우리를 보고 환갑이라고 한다네 하는 놀람과 거부의 심리가 은근하게 드러나는 맛깔스런 표현이기도 하다.

3월 초순이었다. 그 책의 출판을 맡은 한글사에서 저자들이 모여 그 제목을 놓고 설왕설래하는 자리에, 누가 부르기나 한 것처럼 내가 우연히 들르게 된 것이다.

"선생님, 마침 잘 오셨습니다. 이 제목이 어떤가요? 혹시 생각나시는 좋은 제목 없으십니까?"

한 작가가 반색을 하며 나에게 매달렸다. 젊은 시절부터 보아 오기도 했지만, 아직도 젊어 보이는 그 모습에 회갑이라는 노티나는 말은 가혹하다는 생각이 들었다.

소녀에서 처녀로, 부인으로 세월따라 변신하지만, 여자는 영원히 꽃이기를 바란다. 화갑이 남성의 전유물이었다면, 뜻만 따 와 여성의 전유물을 만들 수도 있겠다. 그 순간 번개처럼 스치는 영감으로 "꽃"자를 잡아냈다.

제목의 기본 틀은 그대로 살리고 회갑을 꽃갑으로 바꾸어 "우리가 꽃갑이라네".

좌중에 박수와 환성이 터져 나왔다.

길이 쓰이길 바라는 아름다운 새말, '꽃갑'이 탄생하는 순간이었다.

나랏말을 바르게

　말을 바르게 하려면 무엇보다도 관심을 가져야 한다. 관심이 없는 곳에 바르고 그르고가 있을 수 없다.

　외국 말이나 글에는 관심이 있으면서 자기 나라 말이나 글에는 관심이 없다면, 바른 자기 나라 말을 기대할 수 없다.

　그리고, 관심을 가지되 '나'를 중심으로 하여 통일하는 방향으로 나가야 한다. 우리말을 중심으로 표준이 되는 대원칙 밑에서 모두가 그 원칙을 지켜 나가야지, 아무리 관심을 갖는다고 해도, 각각 딴전을 부리고 있으면 통일이 안 되며, 통일된 원칙이 없는 곳에 바른 말이 있을 수 없다.

　본디 우리에게는 '센다'라는 말이 있어서, 물건 값이나 일의 삯 따위의 주어야 할 돈을 따져서 치르는 일을 '셈'이라 하여, '셈치다, 셈치르다, 셈하다' 따위로 써 왔고, 한글을 안 쓴 옛날에도 '셈'을 細音으로 취음하여, 자연스러운 말을 보존하여 왔다. 그런데, 한자말을 숭상하게 되면서부터 계산(計算) 또는 회계(會計)라 써 온 것이다.

　물론 국민 전부가 아니라 유식층의 일부에서 그런 것이지만, 그런 버릇은 사라지지 않아, 일제 시대에는 '간죠'라는 말을 쓰게 되었다. 간죠라는 말은 중국에서 "헤아려 정한다"는 뜻으로 쓰는 勘定에 일본 사람들이 '셈'이란 뜻을 붙여 일본식으로 쓴 것이다.

　그러다가 8·15가 되었다. 나라가 묶였던 굴레에서 벗어났으면 말도 풀려나야 할 것인데, 시대 사상에 젖은 그 버릇은 어찌 하지 못하여, 또 다른 나라 말을 써 왔다. 나라를 찾았으면 '간죠'고 '계산'이고 다 집어치우고 '셈'을 써야 할 것이어늘, 분명히 '셈'이란 좋은 말이 있음에도 '카운트'를 쓰는 것이다.

'나'는 어디 두고 '남'의 말만 따라 써야 하는가? 무턱대고 질질 끌려 다니지만 말고 관심을 가지고 볼 일이다.

우리 말을 풍부하게 하고 윤택하게 하고자 우리 말을 찾아 쓰고 만들어 쓰고 하는 한편, 외래말도 섞어 쓰는 것은 비단 우리만 그러는 것이 아니라 어느 나라나 그렇게 하고 있다.

우리가 세계에서 제일 좋다는 한글을 가지고 있음은 남들도 다 알고 있는 사실이다. 그럼에도, 우리 한글을 자기 나라 글짜에 섞어 쓰는 나라는 한 군데도 없다. 우리만 우리 한글에 한자나 로마자 따위를 섞어 쓰고 있는 것이다.

심한 예로는, 자기 명함의 한 면에는 한자로, 다른 한 면에는 로마자로, 주소나 이름을 박아, 외국 사람들에게서 마치 우리 나라에는 우리 나라 글짜가 없는 것처럼 오해를 받기도 하고, 때로는 우리 나라가 독립국이 아니고, 중국이나 다른 나라의 속국이나 되는 것처럼 오해를 받기도 한다는 것이다.

우리 말에, 대지(垈地), 전답(田畓) 이라는 말이 있는데, 그 '垈, 畓' 들은 중국글짜가 아니고 우리 나라에서 만든 글짜다. 그런 글짜들을 일본이나 중국에서는 찾아 볼 수가 없다. 그런데, 우리는 중국글짜는 물론 있는 대로 써 왔고, 일본글짜까지 부끄러움도 없이 마구 써 오는 것이다. 착유(搾油), 선병질(腺病質) 따위를 거리낌 없이 써 오는데, 그 搾, 腺은 중국글짜가 아니고 일본에서 만든 글짜다. 그런 글짜를 안 쓰고, 착유는 '기름짜기', 腺은 '샘'으로 하여, 甲狀腺은 목밑샘 또는 갑상샘으로, 淋巴腺은 임파샘 또는 림프샘으로, 腺病은 샘병으로 해서 조금도 이상할 것 없다. 唾腺, 汗腺, 淚腺 들을 침샘, 땀샘, 눈물샘 들로 하면 얼마나 쉬운가. 쉬울 뿐 아니라, 얼마나 떳떳한 일이겠는가.

바른 말을 쓰는데도 바른 말을 알아야 한다. 덮어놓고 바른 말을 쓰자고 입으로만 떠들어서 되는 일이 아니다.

표준말의 개념이 달라져 가고 있고, 우리 나라에서도 서울 중류 사회의 현대말이라는 표준말의 뜻이 희미해져 가고 있다. 어느 한 지방의 독특한 사투리로서 널리 쓰이지 않는 말은 되도록 피해야 하는 것이다.

흔히 중부 지방에서 "보구 오세요"라는 말을 쓰는데, 이 말은 중부 지방의 사투리다. 남쪽에서도 북쪽에서도 잘 안 쓰이는 말이다.

"보고 오셔요, 보고 오시오, 보고 오십시오" 들 얼마든지 표준말이 있는데, 어째서 남쪽에서나 북쪽에서 온 사람들까지 하필 사투리인 "보구 오세요"라고 하는지 알 수가 없다.

그러나, 어느 지방 특유의 말이라 하더라도, 그에 해당한 표준말 같은 것이 없으면, 그것을 표준말로 해야 할 것이오, 혹은 지방 특산물에 관한 말은 그 고유의 말이 표준말이 되어야 할 것이다. 또한, 널리 쓰이는 한뜻말은 말법에만 맞다면 살려서 함께 씀으로써, 말을 풍부하게 하여 표현을 자유롭게 해야 한다. 현재 우리 사전들의 대표말만을 쓸 것은 없다는 것이다.

전라도에서 '솔', 경상도에서 '정구지'라고 하더라도 서울서 '부추'라고 하면 부추가 표준말이 되어야 하지만, 서울서 '매가리'라 하더라도, 잡히는 해안 지방에서 '전갱이'라 한다면, 전갱이가 표준말이 되어야 할 것이다. 또한, '일찍이'와 '일찍'은 한뜻말인데 사실은 약간 다른 뜻으로 쓰이듯, 어거지와 억지도 그런 정도로 허용하는 것이 옳은 것이다.

1969. 9. 20. 《내일》 2호

‘-닐다’가 붙는 말들

‘굼뉘’라는 말이 있다. 바람은 불지 않는데 크게 치는 물결을 뜻하는 말이다. 그런데, 이 말의 생김새가 본디부터 그랬던 것은 아니었다. ‘굼니는 뉘누리’가 줄어서 된 말인 것이다. ‘뉘누리’는 물살이나 소용돌이의 옛말이다.

요즘, 말다듬기 모임에 가 보면 대담하게 말을 만들려고들 하지 않는다. 그러니까, 재미있는 우리말이 생겨나지 않고, 도로 한자말로 되돌아가는 일을 더러 본다.

말을 만들 때에는 한자나 서양식 말 또는 왜말만 흉내내지 말고, 바로 우리가 쓰는 말로 만드는 버릇을 들여야겠다. ‘관계하지 아니하다’가 ‘괜찮다’로 줄어 변하여 쓰인다고 나쁠 것이 없는 것이다.

어쨌든, ‘굼니는 뉘누리’가 ‘굼뉘’가 되었으니, 말만들이로서는 대담한 방법이다.

■ 굼닐다

‘굼니는’의 기본꼴은 ‘굼닐다’인데, 그 원말은 ‘굽일다’이다. 뜻은 “구부렸다 일으켰다”로 보고 있으나, 본디는 “굽이쳐 일어나다”였는데, 그렇게 변한 것이다. 그 본디의 뜻으로 된 말이 바로 줄어지기 전의 본디말이라 할 수 있다.

‘구부렸다’에서 ‘굽’만 남기고, ‘일으켰다’에서 ‘일’만 남겨서 이 둘을 합친 것이 ‘굽일’인데, 끝 ‘다’가 붙어서 ‘굽일다’가 되었다. 그런데 그 소리가 [구빌다]가 아니고, [굼닐다]이어서 맞춤법도 아주 소리대로 변해 버린 것이다.

말이 이루어지는 과정은 달라도 '굼닐다'와 생김새가 비슷한 '-닐다' 꼴 말은 더러 쓰인다.

▪ 거닐다

우리가 흔히 쓰는 '거닐다'도 그런 식 말이다. 이리저리 한가로이 걸어 다닌다는 뜻의 말이다. 길에서는 거닐면 길 가는 사람들에게 방해가 되지 마는, 공원 같은 데서는 거니는 것이 예사다.

뜰에 정원을 꾸미는 것은 눈요기나 하려는 것이 아니라, 거닐기 좋은 곳으로 만들기 위해 그렇게 하는 것이다. 뜰을 거니는 것을 걸어다닌다고 하지는 않는다.

▪ 나닐다

나비나 새들이 꽃밭이나 하늘을 여기저기로 오락가락 날아다닌다. 비행기가 날아다니는 것은 나니는 것이 아니지만, 나비나 새는 한가하게 자유로이 나닐 수 있을 것이다.

▪ 노닐다

모든 일 제쳐놓고 한가하게 이리저리 왔다갔다하면서 놀고 있는 모양을 나타낸 말이다. '놀고 있다'고만 하면 '노닐다'처럼 한가한 맛이 나면서 이리저리 왔다갔다하는 모습이 떠오르지 않는다.

▪ 도닐다

운동장이나 공원 같은 데의 가장자리를 빙빙 돌며 한가하게 거니는 모양을 나타낸 말이다. 그냥 '돌아다니다'보다는 한가하게 놀며 돌아다닌다는 말맛이 있다.

▪ 부닐다

붙임성이 있거나 남을 도와서 고분고분하게 군다는 뜻이다. 앞에서 본 바와 같이 '-닐다' 하면 대개 이리저리 왔다갔다한다는 뜻이었는데, 부닐다는 그렇지 않다.

■ **좇닐다**

졸졸 따라서 여기저기 다닌다는 뜻이다. 드문 일이기는 하나, 한가하게 거닐거나 노니는 아빠를 따라 나선 어린이는 별수 없겠다.

우리는 과거에 한자를 써 왔기 때문에, 우리말을 잘 안 쓰고 안 만들어서, 우리말보다 한자말이 더 많다고도 한다. 따라서 '-닐다' 꼴 말도 더 없는지 찾아도 보고 새말을 만들어 보기도 했으면 한다.

우선 하나 만들어 보자.

공원에 가서 혼자서 맨주먹으로 거닐 수도 있고, 마을을 노닐거나 도닐 수도 있으나, 혹시 아기차를 끈다든지 할 수도 있을 것이다. 그런 경우에, 아기차를 '끌고 돌아다녔다'고 길게 말하지 않고, 특히 운문 같은 데에서는 뭉뚱그려서 '끄닐었다'고 하는 것이 효과적일 것이다.

1986. 5. 《가는정 오는정》

'뛰어나다' 대신 쓰는 한자말

우리 사전에 "여럿 가운데서 남보다 뛰어나다"라는 뜻을 나타내는 우리말은 '뛰어나다' 밖에 없다. 그것만으로는 양에 안 차니까 우리는 꾀를 내어 다음과 같은 말들을 앞에 내세워 못다한 말맛을 돋운다.

남달리	더할 나위 없이	두드러지게	매우	썩
월등히	특별히	훨씬		

그런데, 우리네 사전들은 그런 순리를 따르지 않는다. '뛰어나다' 대신 쓸 수 있는 한자말을 쓰이거나 말거나 모조리 동원하여 말수를 늘리는 재주를 부리고 있는 것이다. 그래 놓고 한자말이 많다고 자랑한다.

우리 사전들에서 '뛰어남'에 걸맞은 한자말을 동원한 실태를 알아 보면 다음과 같다.

걸연(傑然)	걸출(傑出)	고탁(高卓)	괴수(魁殊)
도월(度越)	발군(拔群)	발류(拔類)	발췌(拔萃)
불군(不群)	용발(聳拔)	우수(優秀 · 優殊)	일군(逸群)
일출(逸出)	절군(絶群)	초탁(超卓)	출군(出群)
출등(出等)	출려(出侶)	출류(出類)	출범(出凡)
출인(出人)	출중(出衆)	탁관(卓冠)	탁락(卓犖)
탁발(卓拔)	탁월(卓越)	탁절(卓絶)	탁출(卓出)
…			

그 한자말에 '-하다'를 붙여서 아주 우리가 다 쓰는 양 늘어 놓았다.

이 가운데에서 '걸출하다, 우수하다, 출중하다, 탁월하다' 따위는 '뛰어나다'와는 약간 다른 뜻으로 쓰이는 것 같다. 그러나, 나머지는 없어도 '뛰어나다'라고 하는 것으로 충분하다. 사전들이 크게 깨달아야 한다.

띄어쓰기의 원리

'물, 돌, 솔, 대, 달' 이나 '개, 닭, 새, 말, 소' 들은 붙여 쓸 수도 없고, 더구나 쉼표까지 찍어야 하니까 문제도 되지 않는다. 또, '말 갈 데 소 갈 데 꼭 다 가 큰 일 다 해'도 붙일 수가 없다. 그건 그렇다 하고, '좀 더 이 곳 저 곳 집 값 셈 끝 …'들까지 또박또박 띄어 써야 하느냐 하는 문제가 있다.

맞춤법의 띄어쓰기 규정은 대략 "각 낱말은 띄어 쓰되, '토'와 '이다'는 앞 말에 붙여 씀을 원칙으로 하고, 경우 따라 '이곳, 저곳, 이분, 저분, 더욱더, 좀더, 더더욱' 들처럼 붙여 쓸 수 있다"라고 되어 있다. 그래서, '좀더 이곳 저곳 집값 셈 끝 …' 정도로는 적을 수 있다. 그리고 그것이 현실이다.

그러나, 띄어쓰기는 규정만 가지고는 잘 안 된다.

낱말을 띄어 쓴다는 것은, 그 각 낱말을 독립시켜 그 뜻을 낱낱이 인정한다는 것이다. 그러니까, 그런 경우 낱말은 제 뜻을 제대로 지니고 있고 변함이 없다. 바꾸어 말하면, 붙여 써 놓으면 따로따로 독립이 안 되기 때문에, 낱낱의 말은 제 지닌 뜻이 약해지거나, 그나마도 지니지 못하고 달라져 버린다는 것이 된다.

'그 날'이라고 띄어 쓰면, 무슨 일이 있었던 날을 꼭 집어서 가리키는 말이 된다. "정월 초하루인 '그 날'에는 세배를 한다"와 같다.

그런데, 어떤 날을 꼭 집어서 말하지 않는 날인 '그날'은 "별로 하는 일 없이 '그날 그날' 보낸다"의 경우에 쓰인다.

영어에도 'a round'는 "한 바퀴"고, 'around'는 "둘레"이듯, 띄어쓰기가 엄격하다.

'좋아'와 '하다'를 붙여서 '좋아하다'로 하면, 좋게 느끼거나, 하고 싶어하거나, 먹고 싶어하거나, 사랑하거나 한다는 뜻이 생긴다.

한때, 여학생들 사이에 '아기다리 고기다리 던데이트' 또는 '아기다리 고기다리 던푼수 나라대 마왕'이라는 장난말이 유행한 일이 있다. 이 말들은 '아 기다리고 기다리던 데이트'와 '아 기다리고 기다리던 푼수나라 대마왕'의 띄어쓰기를 달리 하여 말장난을 친 것이다. 띄어쓰기가 어떤 것인가를 보여 주는 본보기라고 하겠다.

'불 있는 난로 가'의 경우에는 난로에 불이 있지마는, '불 있는 난롯가'의 경우에는 불이 난로에는 없고, 난로의 가에 있는 것이다.

'너나좀꾸며라'도 두 가지로 띄어 쓸 수 있다. 하나는, '너나 좀 꾸며라'인데, 너를 꾸미라는 뜻이고, 다른 하나는, '너 나 좀 꾸며라'인데, 나를 꾸며 달라는 뜻이다.

꾸미는 따위 정도는 남에게 해를 끼치거나 자기가 해를 입거나 하지는 않으니까 상관없을지 모르나, "너나 먹어라"하여, 먹이려는 것과 "너 나 먹어라"하여 스스로 먹히는 것과는 딴판이다.

밤과 낮을 '밤 낮'처럼 띄어 쓰면 '밤'이란 말과 '낮'이란 말의 뜻이 살아 있어서 밤과 낮의 구별이 있는데, '밤낮'처럼 붙여 쓰면 '밤'과 '낮'의 구별이 없어지고 그 뜻이 '늘, 항상'으로 달라진다.

'다 해'는 '일을 다 해' 할 때 쓰이고, '다해'는 '정성을 다해, 힘을 다해'처럼 쓰인다.

띄어쓰기의 규정이 문제가 아니라, 그 원리가 중요하다.

1986. 1.《가는정 오는정》

'하다'의 띄어쓰기

'하다'도 앞말과 띄어 쓰는 경우와 붙여 쓰는 경우가 있다.

띄어 쓰는 경우는 '많이 하다, 공부를 하다, 점심을 하다, 떡을 하다, 나무를 하다, 편지를 하다, 얼굴을 하다 …' 따위다.

붙여 쓰는 경우는 '일하다, 고요하다, 반짝하다, 가득하다, 좋아하다, 착하다 …' 따위다.

이 띄는 경우와 붙이는 경우는 구별이 확실하므로 다 잘 알고 아무 문제가 없다.

그러나 다음과 같은 경우에는 '하다'를 띄는 경우와 붙이는 경우를 조심해야 한다.

붙는 '하다'를 띄는 경우가 있다. '말하다, 공부하다, 일하다' 따위의 '-하다'도 그 말 앞에 매기는(한정하는) 말이 오면 다음 처럼 띄어 쓰는 것이다.

　무슨 말 하다　　큰 일 하다　　산 공부 하다

이제까지 사전에 있는 것처럼 '듯하다, 만하다, 법하다, 뻔하다, 양하다, 척하다, 체하다' 따위의 '-하다'는 붙여 써 왔는데, 그 말들 앞에 '-ㄴ, -ㄹ'의 매기는 꼴이 오면 아래와 같이 띄어 쓴다.

　온 듯 하다　　갈 듯 하다　　할 만 하다　　그럴 법 하다　　죽을 뻔 하다
　어린 양 하다　아는 척 하다　모른 체 하다

1996. 4. 12.《포스코》

'2천년대'와 '3 천년대'는 같다

1997년 3월 어떤 신문에 '3천년대와 인류'라는 글이 실려서 그 제목이 말거리가 된 일이 있다. '2천년대'도 아닌'3천년대'라고 했으니, 너무 먼 훗날 이야기가 되어 이상하게 여긴 것이다. 누가 보아도 이상하다. 그러나 똑 이상한 것만도 아니다. 여기에는 이상하게 보이게 한 수수께끼가 있다. 그 수수께끼만 풀면 이상하지 않은 것이다.

'2 천년'이라고 하면 '천년'이 둘이다. 그것을 서력 기원(서기)으로 따지면, 서기 1년의 처음(1월 1일 0시)부터 서기 999년의 끝(12월 31일 24시)까지의 천년이 하나고, 서기 1000년의 처음부터 1999년의 끝까지의 천년이 또 하나여서, 그 두 천년이 2 천년인 것이다.

한편, 서기 '2천년대'라고 하면, 서기 1999년이 막 지난 2000년의 처음(1월 1일 0시)부터 2999년의 끝(12월 31일 24시)까지의 1천 년 동안이다. 곧 '천년대'가 하나다. 그런데, 우리는 '천년대'를 두 개째 보냈다. 첫째 천년대는 서기 1년 처음부터 서기 999년 끝까지이고, 두째 천년대는 1000년의 처음부터 1999년의 끝까지다. 세째 천년대는 2000년 처음부터 2999년 끝까지다. 우리가 맞은 '2천년대'는 '세째 천년대'가 된다. 그 '세째 천년대'를 '3천년대'라고 하여 붙여 쓴 것이 이상한 것이고 잘못이다.

세째 천년대는 '3 천년대'라고 띄어 써야 한다. '3천년대'라고 붙여 쓰면 서기 3000년 처음부터 3999년 끝까지다. 띄어쓰기의 참모습과 묘미가 나타나는 수수께끼다. '2천년대'라고 붙여 쓰면 천년대가 하나고, '2 천년대'라고 띄어 쓰면 천년대가 둘인 것이다. 지금의 맞춤법 띄어쓰기에는 아라비아 숫자 다음에 단위를 나타내는 말을 붙여 쓸 수 있게 되어 있지만, 함부로 붙이면 안 된다.

'말'은 쓰지 않으면 없어져 버린다

우리말은 일찍이 1,700여 년 전에 일본으로 건너갔다. 일본에서 가장 오래된 역사책 《일본서기》에, 백제 왕인 박사가 서기 285년에 일본으로 글짜를 가져와서 가르쳤다고 적혀 있다. 그 때 왕인 박사가 일본 왕자나 상류 사람들에게 가르친 말이 바로 우리 백제말이었던 것이다.

그래서, 일본말에 우리말이 많이 섞여 있고, 특히 땅이름에 많이 남아 있다. 만일 그때 우리에게 한글이 있어서 왕인 박사가 한글을 가지고 갔더라면 일본은 지금 우리말을 쓰고, 글짜도 한글을 쓰고 있을 것이다. 그런데, 우리가 한자를 갖다 주었기 때문에 일본에서는 한자를 쓰게 된 것이다.

당나라에 끌려 두 나라를 물리친 신라는 당나라에 눌려 종살이를 시작했다. 그 첫사업이 우리말을 없애고 한자말로 바꾸는 일이었다. 그 때까지 모두 우리말이었던 벼슬이름, 땅이름, 그 밖의 행정 용어 들을 당나라 식으로 고쳤다. 그리고, 우리말을 한자로 적고 우리말로 읽던 이두식을, 우리말로 읽지 않고 한문 투로 음독하는 방식으로 바꾸었다. 그리하여 우리말은 없어지고 한자말만 늘어나게 되었다. 보기를 들면 '새벌'을 東京이라고 적었는데, 그것을 '새벌'이라고 읽지 않고 '동경'이라고 읽음으로써 '새벌'이었던 경주가 '동경'이 되어 버린 따위다.

일본에서는 우리에게 배운 대로, 한자로 쓰고 이두식으로 읽어서 우리말과 일본말이 쓰이는데, 우리 나라에서는 우리말보다 한자말이 행세하게 되는 불행한 처지에 놓였다.

그러나, 한자는 우리말을 적는 글짜가 아니므로, 한글이 필요하게 되었다. 그래서 세종 임금이 한글을 만들게 된 것이다. 한글이 있어도 중국의 종살이를 하는 우리네 학자들은 한자를 좋아했다.

일본에는 일본말 성씨와 이름이 많은데, 우리 나라에는 가엾게도 우리 말 성씨는 없고 모두 한자다. 성씨가 제 나라 말이 아니라니 불쌍한 나라다. 그토록 우리는 한자의 종놈이 되어, 얼이 썩어서 우리말을 천시(격하) 하고 한자말을 미화(격상)해 왔다. 그리고 그 때문인지 겨레의 뿌리를 잃고 갈팡질팡하다가, 홀로서지 못하고 마침내 나라를 잃고 말았다.

나라의 운명이 다하지 않았던지, 어느 구석에 우리말과 한글이 살아 있어서, 나라를 되찾았을 때, 한자 세상에서 한글 세상으로 바뀌었다. 우리는 세계에서 가장 문맹이 없는 나라가 되었다. 유치원 다니는 어린이부터 시골 할머니까지 한글을 모르는 사람이 별로 없다. 다른 나라에서는 볼 수 없는 희한한 일이다.

한글은 첨단 과학 익히기에 좋은 거름이 되었고, 올림픽에도 다리를 놓았다. 우리 나라에서 서울 올림픽 경기가 열려, 온 세계가 우리가 중국 속국도 아니고, 일본 식민지도 아니고, 우리말과 한글이 있다는 것을 알고 갔다.

유네스코는 1989년 6월 21일부터, 지구촌의 문맹을 없애기 위해 크게 힘쓴 단체나 개인을 뽑아, 3만 달러의 상금과 함께 '세종임금상(King Sejong Prize)'을 해마다 주고 있다. 그럼에도, 우리는 거의가 한자의 종놈이 되어 그러한 상이 있는지조차 몰랐다. 알아도 대수롭지 않게 여긴다. 이 무슨 창피한 노릇인가?

도이치 베를린 훔볼트대학교 동양학 연구소 한국학과를 비롯, 세계 많은 나라 대학에서 우리말을 가르치고, 영국 비비시(BBC)를 비롯한 여러 나라 방송에서 우리말 방송을 하고, 심지어 도나우강 헝가리 부다페스트 유람선까지에서도 우리말 방송이 흘러 나온다. 태권도가 올림픽 경기로까지 채택되어, 그 우리말 구령이 온 세계에 울려 퍼지고 있다. 태권도에 관한 용어만도 100가지쯤 된다고 한다.

이제 우리말은 우리만의 말이 아니다. 장차 세계를 휩쓸 날이 멀지 않았다. 어찌 우리말이라고 소홀히 할 수 있겠는가. 그런데, 우리네 현실은 한심하다. 그 좋은 우리말을 놔두고, 되지도 않은 외래말을 좋아하는 것이다.

외래말만이 아니고 우리가 만들어 쓰는 말도 외래말처럼 만든다.

누이들이 낳은 조카를 '생질'이라고 한다. '생질'이라는 말은 누이가 낳은 조카(甥)와 사내 형제가 낳은 조카(姪)를 합친 것이다. 그러니까 틀렸다. 어째서 누이가 낳은 조카는 사내 형제가 낳은 조카라는 말을 붙여 아무렇게나 틀리게 불러도 되는가.

우리가 쓰는 '생질'을 중국에서는 '와이성(外甥)'이라고 한다. 중국식이 더 낫다. 우리는 그런 무책임한 말을 쓰지 말고, 생질을 '누이아들'이라 하고, 생질녀를 '누이딸'이라고 하면 그만이다.

영어 행커치프(handkerchief)를 일본에서 '항카치'라고 한 것이 우리 나라로 건너와서, 일제 때까지 쓰였다. 그러다가, 이 '항카치'라는 말이 20세기 초엽에 '손수건'으로 바뀌었다. 인제는 '항카치'라는 말이 없다.

일제 때에 '세비로'라는 말을 많이 썼다. 세비로는 영국 런던에 있는 세빌로(Savile Row)라는 양복점 거리 이름에서 온 말이라고도 하는데, 시빌 클로스(Civil Clothes)라고도 한다. 어쨌거나 남자 평상복 이름이다. 이 말이 어느새 없어지고 그냥 양복이라고 한다.

이상에서 본 바와 같이, 우리말은 떳떳하고 자랑거리라는 것을 깨달아야 한다. 우리말에 없는 것은 외래말이라도 써야겠지만, 있는 것을 찾아 쓰고, 없는 것은 새로 만들어서라도 우리 정서에 맞는 말로 하는 것이 정상이다. 무엇보다 중요한 것은 있는 말을 가꾸고 다듬어서, 잘못 쓰이면 잘 쓰이도록 이끌어야지, 잘못 쓰인다고 없애 버리면 안 된다. 우리말 한 마디 한 마디에 우리 조상들의 얼이 깃들어 있음을 알아야 한다.

1994. 9 · 10월호 《거양개발》

반자(半字)는 소리글짜

　우리가 戰爭이라고 쓰는 것을 중국에서는 战爭이라고 쓰고, 일본에서는 戦争이라고 쓴다. 세 나라가 다 다른 모양으로 쓰고 있다.

　반자라는 것은 본자인 정자가 있은 다음에라야 본자로 되돌려 뜻글짜로서의 구실을 하게 할 수 있는 것이다.

　國의 口는 사방의 둘레를 빙 두른 모양으로, 나라의 경계를 나타낸다. 戈는 창이니 무력, 곧 권력으로서 나라의 줏권을 상징한다.

　口는 먹는 입이니 사람, 곧 인구로서 국민을 뜻한다.

　一는 지평선으로서 대개 땅의 모양으로 통한다. 여기서는 영토다.

　창(戈)을 든 사람(口)이 사방의 경계(口)안의 땅(一)을 지키는 나라. 다시 말하면 줏권(戈)과 국민(口)과 영토(一)가 있는 얼안(口)이 곧 國(나라)이다.

　그런데, 그 國을 약화한 속자는 囯이니, 왕의 나라, 곧 전제 나라일 수밖에 없고, 国이나 그 밖의 옛글짜 같은 글짜들이 五, 六 자 있으나 뜻이 달라져 있다.

　어떤 반자는 아무 뜻도 나타내지 못하고 뜻글짜가 아니라 완전히 소리글짜화해 버리기도 한다.

　學의 본자는 지금은 음이 다른 斅[효]였는데, 敎와 冂, 臼를 합친 글짜이다. 冂은 여기서는 어린아이, 臼는 받든다는 뜻이니, 본뜻은 어린아이가 가르침을 받들어 무지를 연다는 뜻으로서, 진(秦)나라 이후에 攴(攵)을 떼어 버리고 學으로 써 온다. 그것을 학으로 쓰면 그런 뜻을 찾을 길이 없다.

　우리가 쓰는 廣, 廳, 藝, 靈, 龜, 關, 單, 兒, 氣, 豐 들을 일본에서는 広,

庁, 芸, 霊, 亀, 関, 単, 児, 気, 豊 들로 약화해서 쓰고, 중국에서는 广,
厂, 艺, 灵, 龟, 关, 祷, 儿, 气, 丰 들로 더 철저하게 약화한다. 이렇게
글짜들을 약화하면 일본 가나와 같은 소리글짜가 되고 만다.

중국과 일본에서 台, 医 들을 臺, 醫 들의 반자로 쓰고 있으나, 그들은
소리나마 같으니까 가능하지만, 우리는 台(별 태), 医(동개 예)와 臺(돈대
대), 醫(의원 의)로서, 뜻과 소리가 모두 다르기 때문에 불편하다.

欠(하품 흠), 芸(향풀 운)자를 일본에서 缺(이지러질 결), 藝(재주 예)의 반자
로 쓰고 있는 것도 마찬가지다.

반자는 뜻글짜를 소리글짜화하는 과정에 있으며, 약자가 철저하게 되
면 소리글짜가 되는 것이다. 그 보기를 일본에서 볼 수 있다.

일본 히라가나는 한자의 흘림체이지만, 가타카나는 한자의 철저한 반
자인 것이다. 阿, 伊, 宇, 江, 於 들은 뜻글짜였지만, 그것들의 일부를 떼
어 반자로 쓴 ア, イ, ウ, エ, オ 들은 완전히 소리글짜다.

일본은 어차피 자기 나라 글짜가 없으니까 한자를 반자화해서 가나로
쓸 수밖에 없고, 가나만이 아니라, 내친김이니 다른 글짜도 더 반자화해
서 편하게 쓰려고 할 것이다. 한글 같은 글짜가 없는 아쉬움을 달래보려
는 몸부림이다.

일본에서는 220여 자의 반자를 만들어 쓰고 있는데, 일본 '로마자회'
소식으로는 중공에서 로마자를 실험한다니 이해할 만 하다.

일본에서 萬 → 万, 圓 → 円, 缺 → 欠으로 쓰는 것도 뜻글짜가 아닐
바에야 로마자로 쓰는 것과 다름이 없으며, 그보다는 '만, 원, 결'의 한글
이 훨씬 발달한 표기이다.

1984. 7.《열매》

부름말의 어제와 오늘

아이가 나면 이름부터 짓는다. 그러나 그 이름은 족보에나 올라 있을
까 출생 신고, 혼인 신고, 사망 신고 들 특별한 경우나 공식적인 필요가
없으면 부르고 불릴 기회가 드물다. 그렇다면 무엇이라고 불렀을까? 조
선 시대 26대 임금의 경우를 보기로 들어 본다.

홍선(대원)군이 두째아들을 낳아 아명을 '명복'이라고 짓고, 오래 살라
는 뜻에서 '개똥'이라는 속명으로 불렀다. 나이 들어 관명을 '재황'이라
했고, 나중에 본명을 '희'라 했는데, 어른이 되고 장가들어 이름 대신 부
른 자를 처음에는 '명부'라 했다가 나중에 '성림'이라고 고쳤다. 나이 지
긋해서는 호를 '성헌, 주연' 두 가지로 지었다. 1907년에 임금을 그만두
었는데, '고종'이라는 칭호가 붙기 전 임금 때에는 '상감' 또는 '전하'라
고 부르다가, 1910년에 '태황제'라고 하여 지금까지 '이 태왕' 또는 '고
종 황제'라고 부른다.

보통 사람도 본이름 대신에 '아명, 자, 호(벼슬이 높거나 공이 많으면 죽은
뒤에는 '시호')'가 있어서 이름을 안 부르고도 지낼 수 있었다. 청백리의 거
울로 이름난 황 정승의 이름이 '희', 아명은 '수로', 자는 '구부', 호는
'방촌', 시호가 '익성'인 것은 익히 알려져 있다.

그러나, 지금은 옛날과는 다르다. 남녀를 불문하고 친하면 이름을 부
르며 터놓고 지내거나, '씨'를 붙이거나, 남자는 '형'을 붙이기도 하는데,
서양식으로 '미스터, 미스'를 쓰기도 한다.

"주인, 두목, 교장, 대가, 석사, 선장" 따위의 뜻인 master의 'a'를 'i'로
바꾸어 놓은 것이 mister다. 그러니 여자들이 화가 났다. 그래서 'ess'를
붙여 mistress(여주인, 여왕, 여학자, 여선생, 애인, 부인)라는 말을 만들었다. 남

자는 Mr, 여자는 Mrs.로 통하는데, 여자는 줄어진 형태인 missis도 쓴다. 이번에는 처녀들이 불평이다. 그래서 'is'를 떼어버리고 miss로 만들었다. 이제는 부인들이 불안하다. 's'를 하나 더 떼어 내어, 처녀도 부인도 아닌 'mis'가 벌써 사전에 '미즈'로 실리게 되었다.

본음이 '냥'인 '양'에 처녀라는 뜻 외에 어미라는 뜻도 있어서, '야양'이라고 하면, 아비와 어미 즉 부모란 뜻이다. 따라서 '양'은 어미에게는 좋을는지 몰라도 처녀에게는 기분 나쁘다.

그러면 직장에서는 무엇이라 불러야 좋을까? '씨'를 (남자들은 '형'도) 붙이는 것이 보통이지마는, 다른 더 좋은 말은 없을까? 남자에게는 '선비'가 어떨까? 여자에게는 '아가씨'가 싫다면 '아씨'가 좋겠다.

평교 사이에는 격식도 없고, 경양어가 필요 없지마는, 그렇다고 이름을 마구 부를 수는 없으니(남녀 사이에 이름을 부르면 깊은 관계라고도 하고), 남자나 여자가 남자에게 '김 선비', 여자나 남자가 여자에게 '이 아씨'라고 하면 되지 않을까. 또 실제로 그렇게 부르고 있는 직장도 있다. 설사 '선비, 아씨'가 딱 들어맞지 않는다고 하더라도 '미스터, 미스, 군, 양, 씨'보다는 낫다.

설화 용어 분룻법

《조선일보》1986년 3월 21일치 7쪽에 '전래 설화 유형 분류' 기사가 났다. 그 기사에서 전래 설화의 분류 용어를 과거에는 지략담, 영웅담, 신비담, 동물담 들로 하던 것을 정신 문화 연구원에서는 우리말로 했다고 했다.

그 상위 유형 이름 8개가 '이기고 지기, 알고 모르기, 속이고 속기, 바르고 그르기, 움직이고 멈추기, 오고 가기, 잘되고 못되기, 잇고 자르기' 이다.

그리고 그 다음 단계 유형 이름의 보기를 들면, '속이고 속기'를 나눈 '속일 만 하기'와 '속을 만 하기'이다.

그 다음 단계로는 '속일 만 하기'가 '속일 만 해서 속이기'와 '속일 만 한데 속이기'로 나뉘고, '속을 만 하기'는 '속을 만 한데 속기'와 '속을 만 해서 속기'로 분류했다고 했다.

이런 식 분룻법을 그 기사에서는 독특하다고 표현했는데, 분룻법만 독특한 것이 아니라, 그 용어들이 순 우리말 중심으로 되어 있는 것도 독특했으리라.

여기서 그 기사에는 나타나 있지 않지만, 어째서 '지략담'이라는 말을 '속이고 속기'로 해야 했는지를 생각해 봐야 하겠다.

'지략담' 같은 한자말로 시작하면 8개의 상위 유형 이름은 되겠지마는, 그 다음 단계 '속일 만 하기'와 '속을 만 하기'부터는 곤란해지기 시작하고, 더구나 그 다음다음 단계인 '속일 만 해서 속이기'와 '속일 만 한데 속이기' 또는 '속을 만 한데 속기'와 '속을 만 해서 속기'라는 분류 용어들을 한자말로 나타낼 수가 있는가 하는 것이 문제였을 것이다.

아마, 그 연구 팀이 처음부터 우리말식 용어로 하기로 하고 시작한 것이 아니라, 한자말식으로 해 가다가 표현에 막히어 할 수 없이 우리말식으로 하기로 하지 않았나 싶다.

어느 쪽이든 상관없다. 결과적으로 우리말이 아니면 안 되었고, 안 되고, 안 될 것이라는 사실이 중요하니까.

1986. 4.《신문과 방송》

'소'와 '사람'의 인연

서기전 9세기께에 호메로스가 정리했다는 그리스 신화에도 소가 나타난다. 페니키아 왕녀 에우로페에게 반한 제우스가 흰 소로 변하여, 그를 업고 크레타섬에 가서 사랑을 이루었다는 이야기다. 그러니까 3천 년 전에 이미 소가 있었다는 말이다. 그 때, 흰 소를 타고 돌아다닌 왕녀의 이름 에우로페(Europe)를 영어식으로 발음하여 현재의 '유럽'이 되었다는 설도 있다.

단군 신화에 한웅이 한인에게서 천부인을 받아, 무리 3천을 데리고 한밝산 신단수 아래 내려와, 풍백, 우사, 운사를 거느리고 360가지 인간 일을 맡아 다스리고 교화했다고 했다. 그 인간 일 가운데 농사 짓는 일도 있었으니 소를 부렸을 가능성이 있다. 4천 3백 년보다 이전의 일이다.

인류가 사냥 생활에서 논밭갈이 생활로 바꾸이는 때를 신석기 시대 초기로 보고 있으니, 5천 년도 더 되어 단군 신화와도 맞아떨어진다.

집소의 역사가 이라크의 모술(mosul) 부근에서 발견된 화석에서 시작된다고 친다면 6천 5백~7천 년 전으로 추정할 수도 있다.

사람과 소는 역사적으로 깊은 관계일 뿐만 아니라, 일상 생활에서도 특별한 관계가 있다. 소는 살아서 사람에게 노동력을 제공하고 젖을 공급하며, 인내심 많고 충직하여 교훈을 보이고, 죽어서도 고기, 가죽, 뼈를 이바지하여, 신성시당하기도 한다.

그러므로 '소'라는 말은 우리네 둘레의 땅이름에 많이 들어 있다.

충청북도 영동군 상촌면 흥덕리와 경상북도 금릉군 구성면 마산리 사이의 산 이름이 '우두산(소머리산)'인 바, 그 산이 소머리처럼 생겼고, 그 산에 있는 재가 '소머리재(牛頭嶺)'이다.

전라남도 완도군 금일면 동백리 서남쪽 큰 산 남쪽에 역시 소의 머리처럼 생긴 '쇠머리산'이 있으며, 무안군 삼향면에는 '소머리섬(牛頭島)'이라는 무인도가 있고, 같은 삼향면 남악리 오룡 동쪽에 '암소머리'라는 마을이 있다.

강원도 춘천시 동북쪽의 '우두산' 밑에 '우두동'이 있으며, 원주시 우두산 남쪽에 있는 마을은 '우두산'의 '두'를 빼고 '우산동'이라고 한다.

제주도 제주시 서쪽 북제주군 애월읍의 바닷가와 한라산 기슭의 중간 지점에 옛날에는 숲이 우거져 있어서, 겨우 소 한 마리가 지나다닐 정도의 좁은 길밖에 없었다. 그래서 그 곳에 소길이 있다고, '소길마을(召吉里)'이 되었다는 것이다.

제주시 북제주군 구좌읍 동쪽의 연평리를 이루는 섬이 있는데, 동남쪽의 '쇠머리오름(牛頭嶽)'이 소의 머리와 비슷해서 이름이 소섬(牛島)이다.

전라남도 신안군 압해면 장감리에 있는 한 섬도 마치 소처럼 생겨서 '섯섬, 숏섬(牛島)'이라 하고, 비금면 신원리에도 지형이 소 형국인 섬이 있어서 '소섬'이라고 한다.

완도군 금일면 사동리 중동 남쪽에도 '쇠섬'이 있고, 목포시 충무동 관할의 눌도동에도 '우도(牛島)'가 있다. 고흥군 과역면 도천리의 '소섬'은 남양면 남양리로 소속이 바뀌었다.

무안군 삼향면 왕산리의 한 섬에 옛날 어느 부녀가 살았는데, 딸이 아버지에게 소 우는 소리를 하고 섬을 세 바퀴 돌라고 했다는 이야기가 전해 내려와 그 섬 이름이 '소섬'이 되었다고 한다.

충청남도 보령군 주산면 증산리의 시루메 서쪽에 소처럼 생긴 '쇠섬'이 있는데, 썰물 때에만 다닐 수 있다. 서산군 지곡면 도성리 새섬 서쪽에는 모양이 소처럼 생긴 바위가 있는 '소섬(쇠섬)'이 있으며, 경상남도 통영군 욕지면 연화리 본촌 서북쪽에도 '소섬'이 있다.

전라남도 고흥군 점암면 우천리와 남열리에 걸쳐 쇠꼬리처럼 생긴

‘우미산(牛尾山)’이 있고, 신안군 압해면 가룡리 하룡 동북쪽에 있는 골짜기는 소를 놓아 먹였다고 ‘소랑굴골’이라고 하며, 그 하룡에서 거친 멀로 넘어가는 고개는 ‘소랑굴재’, 압해면 대천리와 동서리 경계에는 ‘소맨골’, 하의면 곰실(熊谷里) 서북쪽에 있는 마을인 앞너리섬(前廣島) 밑의 전광마을 동남쪽에 있는 논은 ‘소뜸’, 대구 내당동에는 ‘소전거리’가 있다.

헤아리자면 한이 없다. 이 역시 소와 우리의 가까운 관계를 애기해 주는 것이라 하겠다.

우리 나라 외래말

■ 우리 나라는 큰 나라였다

세 나라 초기에는 한자말이 없었다. 따라서 '고려'와 '구려'는 한자말이 아닌 우리말이다. 여기에서 '고'와 '구'는 '크다'의 '크'를 나타낸 것인데, 나중에 글짜로 나타낼 때 한글이 없어서 "가(加, 可, 伽), 거(居, 巨), 고(高, 固, 古), 구(句, 仇, 丘), 기(崎, 寄)" 들로 나타냈던 것이다. 따라서 '고려'와 '구려'는 같은 말이다.

'백제'는 '밝잣(밝은 나라)', '신라'는 '새라(새 나라)'다. 수나라 양제가 113만 대군으로 고구려(큰 큰 나라)를 치다가 망하고, 그 뒤를 이은 당나라 태종도 30만 대군으로 고구려를 치다가 혼났다. 그 아들 고종이 제 아비 원수를 갚겠다고 신라와 짰는데, 백제는 방심하여 망하고, 고구려는 내란으로 망한 것이다.

신라는 당나라 힘으로 두 나라를 물리쳤으므로, 만주 저쪽 몽골 지경까지의 고구려 땅을 몽땅 당나라에 내주어, 우리 나라(신라)는 보잘것없는 조그마한 반섬나라로 쭈그러들었다.

■ 한자말로 물들기 시작

후기 신라는 종살이를 시작했다. 경덕왕이 당나라 제도를 들여온 것이다. 보기를 들어 '물골(지금의 '수원')'을 '수성'이라고 고쳤다. 이런 식으로 우리말은 한자말로 물들기 시작했다.

우리가 잘 아는 신라 처용가의 첫머리 '시블'을 한자로 '東京'이라고 적은 것이 우리 이두식 적기다. 그것을 '동경'이라고만 읽게 하여 우리말 '새벌'은 없애 버렸다.

그런 버릇이 번져, '온(百)'은 '온갖' 따위에나 "많다"는 뜻으로 남아 있고, '즈믄(千)'은 '즈믄해(千年)' 따위에 쓰는 옛말이 되었다. '골(萬)'은 '골백번'에나 쓰이고, '잘(億), 울(兆)' 따위는 완전히 없어져, 아는 사람이 없다.

땅이름도 한밭이 大田, 가마메가 釜山, 삼개가 麻浦, 검은돌골이 黑石洞이 된 것처럼 모조리 바뀌었다.

남의 아들을 높이어 부르는 '아드님'이라는 우리말을 안 쓰고 종살이 버릇으로 '子弟'라고 하는데, 그 뜻이 "아들과 아우", 즉 '부형'의 반대말이어서 맞지 않다. 그러니까 중국에서는 '닌얼쯔(您兒子)'라고 한다.

'영감'도 '令監'으로 적는데, '영'은 긴소리고, '令'은 짧은소리여서 맞지도 않을뿐더러, 중국에는 그런 말은 없고, '라오터우얼(老頭兒)'이라고 한다.

자매끼리의 아들(딸)을 '姨姪(女)'이라고 하는데, 이것도 그 뜻이 "이모의 조카(딸)"이니 맞지 않다. '언니아들, 언니딸, 아우아들, 아우딸'이라고 하면 그만인 것이다.

우리가 쓰는 말에 한자말이 절반 가량 섞여 있는데, 더욱 한심스러운 것은 제 이름을 지금도 되놈의 종놈처럼 한자로 쓰는 썩어빠진 생각이다.

■ 일본말로 물들기

청나라는 만주글을 무시하여 한문화로 망하고, 조선은 우리글을 무시하여 청문화로 망했다. 일본 천지가 된 우리 나라는 창씨개명 전에 땅이름부터 일본식으로 바뀌었다. '한성'이 '경성'으로 바뀌고 진고개를 본정(충무로), 구리개를 황금정(을지로), 덩굴내(만초천)를 욱천으로 고쳤다. 이름이 없는 데조차 한강의 중지도(일본말로 '나카노시마'), 의암호의 중도(일본말로 '나카시마')처럼 일본말로 만들어 붙였다.

음식말에도 다음과 같은 일본말들을 쓰고 있다.

가마보코(생선묵)　　　가바야키(장어구이)　　　간즈메(통조림)

고노와타(해삼창자)　　나라즈케(왜장아찌)　　다마네기(양파)

다쿠앙(단무지)　　　　돔부리(덮밥)　　　　　벤토(도시락)

사시미(생선회)　　　　스시(초밥)　　　　　　스키야키(전골)

아나고(붕장어)　　　　아부라아게(유부)　　　아지(전갱이)

오뎅(꼬치)　　　　　　와사비(고추냉이)　　　우동(가락국수)

젠자이(단팥죽)

그 밖에 다음 말들이 쓰이게 됐는데, 지금은 없어졌거나 없어져 가고
있다.

가타(골, 틀)　　　　　고테(인두)　　　　　　구로토(익수)

구루마(수레, 달구지)　기지(옷감)　　　　　　나라비(줄서기)

나카오리(우묵모자)　　다라이(큰대야, 함지)　다타미(짚자리)

단도리(준비, 채비)　　도리우치(납작모자)　　미다시(표제, 제목)

사라(접시)　　　　　　사시카에(갈아꽂이)　　스리(소매치기)

시보리(물수건, 조리개)시아게(마무리)　　　　시타(곁꾼)

아카지(교정지, 결손)　아타라시(새것)　　　　앗사리(깨끗이)

에리(깃)　　　　　　　오봉(쟁반)　　　　　　와리바시(쪽저, 소독저)

하코비(나름이)　　　　혼다테(책꽂이)　　　　후미키리(건널목)

■ 서양말로 물들기

외래말은 어느 나라에나 있는 것이다. 품이 낮고 독한 소주를 '아랑주'
라 하고, 그 찌끼를 '아랑, 아래기, 아랭이'라고 한다. 한편, 자바, 말레이
지방의 arak가 아라비아의 araq에서 네덜란드의 arak를 거쳐 중국의 阿刺
吉酒, 또는 일본의 '아라키'가 되었다. 그 araq가 영국의 arrack, 도이치의
Arrak, 프랑스의 arack로 발전하였고, 페르시아의 '알렉', 티베트의 '아이

라크', 터키 지방의 '라크'들도 있다. '아랑', '아래기', '아랭이'는 이들과
한 계통이다.

그 나라에 알맞은 말이 없으면 외래말이라도 쓸 수밖에 없다.

8·15 광복 전에도 개화기의 1885년에 프랑스 처녀 손탁(Sontag)이 정
동 29번지 왕실 소유 땅에 손탁 호텔을 지었다. 1894년께부터 정동 구락
부가 생겨 민영환, 이완용, 서재필, 윤치호, 민상호, 이학균, 이풍래, 다
이, 언더우드, 아펜젤러, 리젠더 들들 당시 실력가들이 회원이었다. 그들
은 '비어홀'에서 '비르'를 마시고, 아탈리아, 도이치, 프랑스, 영국, 미국
들 나라에서 쓰이는 '브라보'를 외쳐 댔다. 또한 그들은 네덜란드에서
jak, 프랑스와 포르투갈에서 jaque, 영국에서 juck, 우리와 일본에서 '조
끼'라고 하는 것을 입고 있었다.

당시의 교과서에 '레일, 박테리아, 후루고투, 몬데스규, 하밀돈, 컬넘
버스, 구덴쎄그, 후미리, 프링클닌·프링클린·흐란그린, 와싱돈, 베스도,
나이딩겔, 쥬난, 사로탈(沙魯脫), 로이(路易), 영길리(英吉利), 파리(巴里), 의
태리(意太利), 파셔(巴西), 아라스(俄羅斯), 토이기(土耳其)' 들이 등장했다.

신문에도 '쯔아, 카이사, 쌀칸, 알메니아, 란신구, 섹스피어, 나포륜,
모르히네, 맑스, 부류셀, 넉아웃, 캄프라치, 렛텔' 들이 쓰이었다.

광복 뒤에도, 미국에서 '아파트, 부기우기, 빌딩, 컴백, 커머셜, 디파
트(멘트스토어), 개설린, 하이킹, 오케이, 냅킨, 뉴딜, 나일론, 서브웨이, 타
잔'이 들어왔다.

그리고 영국에서는 '오터메이션, 어나운서, 보디빌딩, 캔슬, 컴퓨터,
딜럭스, 드라이, 스쿠버, 스모그, 티비'가 들어왔다.

프랑스에서 '에티케트, 엘리트, 데카당, 코발트', 도이치에서 '코로나,
디젤, 카제인', 일본에서는 '가라오케, 오너드라이버, 버스걸, 골인' 들이
들어왔으며, 그 밖의 나라에서도 수없이 들어왔다.

1997. 《말과 글》 봄호

외래말 쓰기와 자주성

1. 다른 나라의 외래말

인류는 움직인다. 나라와 나라도 얼어 붙어 있는 것이 아니라, 합쳤다 떨어졌다 모였다 흩어졌다 하는데, 이 동안에 말의 이동도 눈부시게 나타난다.

외래말은 어느 나라에나 있지만, 여기서는 동양은 일본과 중국, 서양은 영국의 경우를 간단히 살펴보기로 한다.

(1) 일본

일본은 백제의 왕인 박사를 모셔다가 중국글을 배움으로써 한어(漢語)를 받아들이게 되었다. 또한 구두래(부여읍 구교리)를 가져다가 구다라(百濟)로 쓰는 것을 비롯하여, 시라기(新羅), 가미(神), 고마(高麗), 구마모토(熊本), 나라(奈良), 쓰시마(對馬) 들의 우리말이 많이 건너갔다.

‘데라’도 일본 학자들인 아라이(新井白石)는 백제·고려의 말일 것이라 했고, 다니카와(谷川士淸), 오오쓰키(大槻文彦)도 한국말이라 했다.《일본문학대사전》에도 조선말에서 온 것 같다고 하여, 우리 ‘뎔’을 말밑으로 삼았는데, 발리말 ‘테라’, 펀자브말 ‘데라’, 힌두스탄말 ‘탈라’ 들과 한 계통이라고 볼 때, 대륙과 일본 사이의 우리 위치를 알 만 하다. 요즘에 와서는 일본말의 뿌리가 한국말이라고 하는 주장들이 일고 있다.

일본에서는 한자 쓰기와 외래말 쓰기가 불가피하다. 그들이 제 나라 글짜가 없어, 한자의 일부를 빌어서 만든 가나 체계로는 모두 112음절밖에 나타내지 못하니, 그것만 가지고는 글짜 노릇을 할 수가 없는 것이다.

1543년 8월에 포르투갈 배가 일본 규우슈 남단에 닿았고, 그 이후 스

페인, 네덜란드, 영국, 프랑스, 도이칠란트, 러시아, 미국 들이 가서 장사
도 하고 종교 활동도 했다.

그래서 포르투갈말 크리스탕우(Cristão = Christian)를 기리시땅(吉利支丹·
幾利紫旦 …)으로 받아들였고, 박해하면서는 切支丹, 切死丹으로 적기도 했
다. 우리도 쓰는 빵, 뎀뿌라, 라사 들도 포르투갈말이며, 네덜란드말에서 기
푸스(깁스), 고레라(콜레라), 소다 들이 들어갔듯 여러 나라 말이 들어갔다.

(2) 중국

5, 6세기 무렵에 강성해진 게르만의 한 부족인 프랑크족이 8, 9세기에
서유럽을 휩쓸자, 중국에서는 유럽 사람들을 푸랑지(佛郎機)라 하였는데,
명나라 때에는 이 말을 포르투갈, 스페인 사람들이 오니까 그들을 가리키
는 말로 썼다. 또한 그들이 가져온 대포이름도 푸랑지, 푸랑지파오, 파라
후(叭喇唬)라고들 했다.

1260년에 이탈리아 사람 마르코 폴로가 중국에 가니까 그를 馬可波羅
라 하였다. 근래에도 미국말 지프를 吉普 또는 基輔, 카피를 咖啡, 블루
스를 布魯士, 영어의 미스터를 密斯特, 마이크로폰을 麥克風 들처럼 소
리로 받아들이기도 했다. 또한 사람이름 喀來爾(칼라일), 佛蘭克林(프랭클
린), 땅이름 歐羅巴(유럽), 華盛頓(워싱턴)은 별수 없지만, 코카콜라 可口可
樂(커커우컬러)라고 하는 것처럼 소리와 뜻을 아우르는 방법을 써서 메리
야스를 莫大小, 달리아를 大麗花로 하기도 했다. 그러다가, 소리를 버리
고 뜻으로 옮기기 시작했다. 賞錢(팁), 成歡(데이트), 淋浴(샤워), 擲手(피
처), 收音機(라디오), 電視機(텔레비전), 狂歡節(카니벌), 全景圖(파노라마), 老
姑娘·怨女(올드메이드)처럼 쓰는 것이다.

(3) 영국

7세기 말엽의 문헌에 쓰인 옛영어, 곧 5세기께부터 자리잡은 앵글로색
슨말을 영어의 모체로 삼는다면, 1066년 노르만 사람들의 정복 이후 영

국에 들어간 외래말은 엄청나다.

우리 말도 중국과 일본을 통해서 건너갔다. 도이칠란트 사람 엥겔베르트 켐퍼가 1683년부터 1694년까지 일본에 있다가 돌아가 쓴 책《일본 역사 이야기》에 나오는 고오라이(高麗)는, 그 전에 이미 중국음 까오리를 코리어로 받아들인 뒤라 쓰이지 않았다. 얄루(鴨綠)도 중국음이다.

진셍(ginseng)은 인삼(한국음), 런선(중국음), 닌징(일본음) 가운데 어느 것이 아니라, 우리 인삼의 일본음인 진상인 것 같다.

깅코(gingko 또는 ginkgo)는 중국에서 은행나무(公孫樹)를, 잎사귀가 오리발 같다고 표준 발음으로 야줴(鴨脚)라고 하는데(그것을 광둥(꽝뚱) 지방에서 이쟈오라고 하니까 일본에서 이쵸오라고 한다), 열매가 희고 작은 살구 같다고 인싱(銀杏)이라고도 한다. 이 인싱을 가져와 우리가 은행이라고 하는 것을 그 일본음 깅코가 영국으로 건너간 것이다. 그것은 쉬든(스베려)의 박물학자 카를 폰 린네(1707~1778)가 켐퍼를 존경하여 은행나무 학명을 깅코켐프(gingko kaemph)라고 지은 것에서 알 수 있다.

그러나 영국에서 서울을 소울, 부산을 푸산이라 하고, 이승만을 싱만리라고 해도, 금잔디를 코리언 론 글라스, 잣나무를 코리언 파인이라고 하듯, 고유이름 이외의 부분은 자기 나라말로 옮겨 부르는 것이 보통이다. 그렇지 않으면 프랑스말 프렝스를 자기식대로 프린스라고 읽어 버린다. 어쨌든 영어에는 세계 각국 외래말이 섞이어 55퍼센트를 차지한다고 한다.

2. 우리 나라 외래말

우리 나라는 주로 중국, 일본, 영국, 미국에서 말을 받아들였고, 또는 그 나라들을 통해서 서양 여러 나라말을 받아들이다가, 이제는 직접 받아들이고 있다.

(1) 중국에서

우리가 우리의 글짜가 없을 때에 한자를 빌어 썼기 때문에, 한자말이 필연적으로 들어와서 우리 국어 사전의 낱말 절반을 차지하고 있단다. 역사가 워낙 깊으니까 외래말같이 여겨지지도 않는다.

한자말은 물론이고, 중국의 외래말인 기하(지오메트리), 아편(오피엄), 함수(펑크션) 들은 그렇다 치고, 와사(가스), 질부사(티푸스), 호열랄(콜레라), 임파(림프) 들까지 멋도 모르고 쓰고 있는 실정이다.

(2) 몽골에서

1231년부터 30년 동안의 몽골 침략은 전국을 휩쓸었다. 그 뒤로도 1264년에 고려왕 원종이 燕京에 갔다 왔고, 1289년 11월에 고려 충렬왕, 공주, 세자 들이 원나라에 갔다가 다음해 3월에 돌아왔고, 어떤 때에는 고려왕이 잡혀 갔다 오기도 했다. 이러한 많은 접촉으로, 여러 몽골말들이 들어왔는데, 보기를 들면, 다음과 같다. 몽골말 '모린'이 '물'로 변하여 말이 되었다. 또한 괼메가 들어와 길마로 변하여 쓰인다. 임금의 진지인 수라, 상감 마마의 마마도 몽골말이다.

(3) 일본에서

왜구와 접촉은 서기전 50년(신라 박혁거세 8년)부터 시작되어 끊일 사이가 없었다. 1355년에는 황해도 오차포에 400척이 넘는 해적선이 몰려왔고, 1372~1389년에는 해마다 40~50회씩 침범, 어찌나 심했던지 세종 임금이 1419년에 왜구의 소굴인 쓰시마를 정벌하기도 했다. 1592년에 일어난 임진란 때에는 하마터면 나라마저 뺏길 뻔 했다.

이러는 동안 많은 일본말이 들어왔는데, 춘향전에 나오는 가께수리를 비롯하여 다쿠앙, 가보, 아망위 들도 일본말에서 왔다. 1910년에는 아예 우리 나라를 저희나라에 합쳐 버려, 지금도 그 때 버릇으로 역할(구실), 개소(군데), 장소(곳) 들을 쓰며, 불란서(프랑스), 낭만(로망) 들까지 버리지 못하고 있는 형편이다.

1986. 2. 《방송 심의》 56호

외래말을 원음으로 적는 까닭

　몇 해 전에 일본에서 '최창화'라는 우리 겨레가 제 이름을 일본 사람이 '사이쇼오카'라고 불렀다고 송사를 일으켜 세상을 떠들썩하게 한 일이 있었다.

　일본 신문에서는 '박정희'를 '보쿠세이키'라고 일본식으로 하지 않고 '파쿠죤히'라 하여 한국식 이름으로 적고 있다. 이렇게 적은 근거는 그들의 '외래말 적기'에 있다.

　일본 문화청에서 1974년에 펴낸 《현대 나랏말 적기》의 '외래말 적기'에서 "외국 땅이름, 사람이름 적기는 되도록 그 나라 일컫기를 따라 적는다"고 했고, "땅이름 부르기와 적기는 그 나라 나름, 그 지역 나름의 부르기를 따라 적는다"고 했다.

　그 가운데, '한국 땅이름 부르기와 적기'에서 "원음으로 읽고 적는다"고 하며 페쿠토(백두)산, 테베쿠(태백)산, 푸죤(부전)호, 나쿠톤(낙동)강 들을 보기말로 들어 놓았다. 되도록 현지 원음주의를 취하고 있는 것이다.

　지난 13일 중국 장쩌민 주석이 우리 나라에 왔다. 우리의 일부 신문·방송에서는 강택민이라고도 했다. 그럼 장쩌민에게 대놓고 '강택민'이라 불러 보라. 어떤 얼굴을 할까? 제2의 최창화 사건이 일어날는지 모른다.

　우리 현행 외래말 적기에는 어떻게 되어 있을까? 그 원칙에 "원지 음을 따르고, 중국 현대 사람이름과 땅이름은 중국말로 적고, 일본 사람이름과 땅이름은 옛것도 일본말로 적는다"고 되어 있다.

　이 원칙에 따르면, 공자는 옛날 사람이니까 '궁쯔'라는 중국말로 적지 않되, 장쩌민은 현대 중국 사람이니까 강택민이라는 한국 한자음으로 적어서는 안 된다.

그런데, 땅이름 적기 규정에 "한국 한자음으로 읽는 관용이 있는 것은 허용한다"고 해, 상해·상하이, 도쿄·동경을 함께 쓸 수 있도록 단서를 붙여 놓았다. 그러나 그 허용이라는 규정은 솔깃하기는 하나, 위험이 따른다. '도오쿄·동경'의 경우, 나이든 층은 동경만 알고, 젊은 층은 도오쿄나 동경이 둘 다 편하고, 어린 층은 도오쿄밖에 모른다.

한자말로 '東京'이라고 쓰면 동경, 도오쿄, 둥징, 통킹 가운데 어느 것을 일컫는 것인지 구별이 안 된다.

그 곳들이 있는 곳이 각각 다르므로 동경, 도오쿄, 둥징, 통킹이라고 써야 어디 있는 곳인지 구별이 된다. 따라서, 외래말의 현지 원음주의에는 나름대로 이런 까닭이 있는 것이다.

중국 사람들이 London을 倫敦(룬둔), New York을 紐約(뉴야오) 또는 紐育(뉴요)라고 하고, 우리 '서울'을 '한청'이라 한 것은 옛날 거들먹거렸던 버릇이 남은 탓이고, 일본 사람들이 아직도 '대전'을 '다이덴'이라고 하는 것은 그들의 외래말 적기 규정이 일반화하지 않아서 그런 것이다.

사람이름, 땅이름 적기는 어느 나라나 현지 원음주의를 취해야 서로 비슷해서 알기 쉽고 통일하기 편하다.

1995. 11. 15. 《한겨레》

우리말을 자유자재로

   한글장이들은 입으로만 떠드는데, 한문에 능하고, 한글 학자도 아닌, 한글로만 쓰기를 싫어하는 한글·한자 섞어쓰기 으뜸주의자인 동국대학교 이병주 국문과 교수는 그의 수필집에 다음과 같은 말들을 자연스럽게 쓰고 있다.

   이름말로 쓰인 말에는 다음과 같은 것들이 있다.

거룩	고약	미욱	그윽	휘갑	어수룩	어수선
갸륵	싱숭	서운	시무룩	그악	엉뚱	넉넉
초라	허전	의젓	후련	듬직	엉거주춤	거추장
시원	심심	수월	야릇	거덜	지지리	짐짓
넘실	꼬장	대견				

   또한, '악둥이, 비롯음, 죽살이, 맘부림, 울부림' 들이 있고, 그 가운데 몇 개는 신문 제목에도 등장했는데, 한글 학자들 사이에는 말썽이 있을 것이다.

   풀이말로 쓰인 말에도 다음과 같은 것들이 있다.

옮다니다	들보다	덮쌓다	높넓다	높깊다
잇붙이다	붓쏟다	넘짚다	쏟지르다	얼섞이다
거세차다	짓숙다	흘지다	어설키다	나솟다
들섞이다	드세우다	어리비치다	부더일다	

또는 다음과 같은 것들도 있다.

향수겹다	하소거리다	꾀바르다	곁따르다	흐능청스럽다
멋겹다	아오라지다	차운하다	보들하다	뜨겁히다

나아가서 "펑퍼지다, 갈무리다, 부끄리다" 들이 있고, '노냥' 이라는 꾸밈말까지 등장했다. 한글 학자들에게 이런 떳떳용감이가 있느냐 말이다.

1960년대에 '고요' 가 이름말이 안 된다고 파문이 일었지만, 지금엔 '고요 속에 잠긴 '삼라만상' 이라는 표현을 나무라는 사람은 없다.

1970년대 초엽에 일본말 '도오아게(여럿이서 한 사람의 몸을 뉘어 던져 올리기)' 의 우리말이 뭐냐는 질문이 왔다. 얼떨결에 '헹가래' 라는 말이 있으나 꼭 들어맞는 말은 아니라고 했음에도 아랑곳없이 그로부터 '헹가래' 라는 말이 신문마다에 쓰이어 이제는 아주 익어 버렸다.

사전에 '글씨, 날씨, 말씨, 솜씨, 마음씨' 들이 있으니까 '구름씨, 비씨, 바람씨, 눈씨, 입씨, 혀씨, 낯씨, 발씨, 몸씨, 일씨, 짓씨, 힘씨, 춤씨, 생각씨' 들도 살려서 "솜씨는 좋은데 입씨, 몸씨는 나빠서 못된 짓씨로 탈을 낸다"고 해 봄직하다.

이미 '냄새, 매무새, 먹음새, 모양새, 생김새, 짜임새' 들이 쓰이고 있다. 또한 1974년 3월 3일치《조선일보》5쪽 패션 기사 제목에 '옷입음새'가 쓰였듯이, "움직새, 거느림새, 담배피움새, 술마심새, 고움새, 더움새, 곧음새, 기욺새, 흐름새, 놓임새, 꽃핌새, 빛남새" 들도 얼마든지 쓰일 수 있다. 우리 속담 '얼굴보다 사람새' 에서 '사람새' 를 뒷받침하는 '걸음새나 앉아놂새 또는 말함새나 손발놀림새', 게다가 '인사차림새' 나 '마음씀새' 들도 있다. 어쨌든 학자들도 입으로만 떠들 것이 아니고, 언론 종사자들도 사람들이 우리말을 자유자재로 부리도록 이끌어 주기를 바란다.

1980. 10. 11.《조선일보 사보》453호

되살려야 할 우리말

제24회 올림픽 서울 경기 대회의 성공은 우리에게는 남다른 뜻을 가져다 주었다. 온 세계가 우리를 알고 간 것이다.

우리를 아는 것 가운데에는 나라가 있다는 것, 역사가 오래다는 것, 단일 겨레라는 것, 내림 문화가 있다는 것, 그 밖에 여러 가지 소중한 것들이 있겠고, 잘 살게 되었다는 것도 빼놓을 수 없을 것이다.

그러나 그러한 보람들은 우리보다 더 옹근 나라도 있다. 단 한 가지 어디도 무엇으로도 따라올 수 없는 금메달 감은 바로 우리 글짜다. 입장식 때, 세계 모든 나라의 이름과 사람 이름을 한글로 적었다. 어떤 글짜보다도 가장 가깝게 소리를 나타냈다.

그리고, 제 나라 말이 없는 일부 나라들에서는 우리에게 말이 있다는 것이 부러웠을 것이다. 우리에게는 말이 있다. 그런데 그 말이 변질했다. 무분별한 외래말, 외국말의 남용 때문에 오염한 것이다.

일본에서는 글짜가 없어서 한자를 쓰는데, 거의 일본말로 쓴다. 그래서 그들은 제 나라말을 잃지 않았다. 제 나라 말을 고스란히 살려 쓰면서, 거기다가 필요한 중국식 한자말이나 서양식 외래말을 보태서 말수를 풍부하게 했다. 싸움에 지고서도 앞선 나라가 된 것은 제 나라 말을 잃지 않았기 때문이다.

우리도 본디 말은 있었으니까 사람이름이나 벼슬이름, 땅이름 들이 우리말이었다. 글짜가 없어서 중국 한자를 빌어 썼으니까, 중국식 한자말이 섞여 쓰이기도 했으나, 그래도 처음에는 우리말이 중심이었다.

보기를 들면 사람이름인 거칠마로(荒宗), 임금 칭호인 마리한(麻立干), 땅이름인 곰나루(熊津) 들이다.

그러던 것을, 불행하게도 신라 경덕왕 때 제도·땅이름 들을 당나라식으로 고치면서부터 우리말 이름이 사라져 갔다.

우리는 내일이 없는 겨레라고 비관하는 사람도 있다. '그끄제·그저께·어제·오늘·내일·모레·글피·그글피' 들처럼 거의 우리말인데, 그 가운데 '내일' 하나만 우리말이 아니어서 우리에게 내일이 없다고 하는 것이다. 참말로 그럴까? 고려 때 송나라 손목이 엮은 《계림유사》에 보면 '금일 왈 오날, 명일 왈 할재'라고 되어 있다. '오늘'은 온 날이라고 할 수 있다. '할재'는 '할 제'일 것이고, '할'은 '올'이 아닌가 여기고 있다. '제'는 때를 뜻하는 말이다. 그러하다면 내일의 우리말은 '올제'라고 할 수 있다.

우리는 '암초'라는 말은 알아도 '여'는 모른다. '여'에는 세 가지가 있다. 물 위에 드러나 있는 바위섬은 '염' 또는 '난여'라 하고, 밀물과 썰물 따라 잠겼다 드러났다 하는 바위섬이 대표적인 '여'이며, 항상 물 속에 잠겨 있는 바위섬은 '숨은바위', '숨은여' 또는 '든여'라고 한다. '숨은여'가 저 무서운 진짜 암초다.

제주도 남쪽에 '이어도'라는 여가 있다. 물 속에 잠겨 있어 나타나지 않아, 상상의 나라로 되어 있다. 때로는 지나가는 배를 삼켜 버리기도 한다. 알고 보면 암초다. '이어도'는 그리운 나라의 상징으로 연극의 제목에 쓰이기도 한다. 이 '이어도'의 '이어'가 줄어들면 '여'가 된다. '여'라는 말의 뿌리가 '이어도'일는지도 모른다.

올림픽 서울 경기 때 쓴 '성화 봉송'은 우리말로 하면 '횃불 맞이'다. 그런데, 그 뜻이 맞지 않으므로 '횃불 나르기'라고 해야 한다. 좋은 말을 놔두고, 엉뚱한 거짓말을 했던 것이다. 올림픽도 여름 올림픽이 있고, 겨울 올림픽이 있다. 그것을 신문마다 방송마다 하계 올림픽, 동계 올림픽이라고 했다. '여름(철) 올림픽, 겨울(철) 올림픽'이라고 해야 한다.

우리 국어 사전은 국어 사전이 아니다. 한자말 사전이다. 그것도 제대로 한자말을 다루면 외래말 사전이라고나 할 수 있다. 그렇지도 않다. 쓸

데 없는 한자말이 대부분이다. 우리말이 버젓이 있는데, 일부러 한자로
바꿔서 그것이 원말인 양 풀이하고 있다.

　'오시다'라는 우리말은 없고, 그 대신 '왕림하다'라고 한 것처럼 '광
고(光顧)·광림·내가·내림·비림·왕가·왕고·왕굴·혜고·혜래·
혜림·혜왕' 들, 쓰이지도 않는 것을 10개 이상이나 실어 놓았다.

　사람이 볼일이 있어서 밖에 나갔다 오는 일을 '나들이'라고 한다. 이
나들이라는 말이 변질했다. '출입'이라는 말이 들어온 것이다. 그래서, 여
자가 하는 출입은 '나들이'이고, 남자가 하는 나들이는 '출입'이라고 하
게 되었다. 그런데, 바오로 교황이 서울에 왔을 때에는 '서울 나들이'라고
들 했다. 그러고 보니까 '서울 출입'이라는 말이 도리어 어색하다.

'우리말'을 '한자말'로 바꾸다니

취음하면서 어떤 것은 음만 따서 적는다는 것이, 다른 뜻의 말이 되는 수가 있다.

'마감'이라는 말은 '막음 → 막암 → 마감'처럼 변하여 된 말인데, 소리가 같은 '磨勘'으로 써 온다. 하지만 '磨勘'은 옛날 중국에서 벼슬아치들의 행적을 심사하는 제도였다.

한자로 적는 데에는 그런 위험성이 따른다. 그래서 교활한 사대주의자들은 소리를 따지 않고 한자말 같은 것을 썼다.

'귀밝이술, 귀울이'를 '明耳酒, 耳鳴'으로 적고, '언발, 언붓'을 '凍足, 凍筆'로 만들어 적고, 도둑막이로 여기저기 흩어 놓는 마름 모양의 쇳덩이 곧 '마름쇠'를 '菱鐵, 藜鐵, 蒺藜鐵, 鐵蒺藜' 들로 적었다.

'씨아'는 목화 송이에서 그 씨를 앗아 내는 틀이라는 뜻으로 된 말인데, 그예 '攪車, 碾車, 去核機' 따위로 썼다.

활 같은 시위에 자루를 감아 잡아당겼다 밀었다 하여, 뱅뱅 돌려 구멍을 뚫는 '활비비'라는 송곳도 '舞錐'로 적었다.

그런 식으로 해서, 한데서 밤을 새우는 '한둔'이라는 말은 모르게 하고, 그 대신 '露宿'만 알게 해 놓았다. 억지로 속을 빼고 비틀어서 병신을 만들어 놓은 꼴이다. 우리 말글 반역자들의 짓이다.

그러나, 일은 결국 옳은 데로 돌아가는 법이다.

우리 농촌 풍습에 〈비를 비는 말씀〉이라는 '도마뱀 비빌이' 때에 어린이들에게 불리는 노래가 있다.

도마뱀아, 도마뱀아,

안개를 토하고 구름을 일으켜

비나 흠씬 내려 흘려

이 타는 가뭄 씻어 주렴

그것을 "蜥蜴蜥蜴, 吐霧興雲, 降雨滂沱, 滌此惔焚"이라고 적으면, 그 음은 "석척석척, 토무흥운, 강우방타, 척차담분"이니, 통할 리가 없다.

우리는 '마포, 대전, 주교동'으로 둔갑한 것을 '삼개, 한밭, 배다릿골'로 제대로 찾아 쓰도록 해야겠다.

1983. 11.《열매》

어린이와 우리말 뿌리

　태초에 'ᄀᆞ르'라는 말이 있었다. 'ᄀᆞ르'의 뜻은 "큰 땅"인 것 같다. 땅이름을 보면 '가, 거, 고, 구…' 들이 "크다, 좋다…" 들의 뜻으로 쓰이고, '라, 려, 로, 리…' 들이 "땅, 나라, 곳…" 들의 뜻으로 쓰임을 알 수 있다.

　'ᄀᆞ르'의 홀소리 'ᆞ'는 흔히 '아래아'라고 하는데, 그 소리가 지금은 제주도에만 남아 있고, 뭍(육지)에서는 'ㅏ, ㅓ, ㅗ, ㅜ, ㅡ, ㅣ, ㅐ, ㅔ…' 들로 변했다. 그래서 'ᄀᆞ르'는 '가라(가야), 구리(구려), 고구리(고구려), 고리(고려)' 들로 변해 갔다.

　고구려 시조 주몽의 아들 비류가 차지한 땅이 '미추홀(인천 부근)'이다. '미추홀'은 무슨 뜻일까? '미'는 '물', '추'는 'ㅅ(사이시옷)', '홀'은 '골'의 고구려말이다. 곧, '미추홀'은 '물ㅅ골'이다. '미(물)'는 일본으로 건너가 '미즈(물)', '미토(물문)' 들로 쓰이고, '골(고을)'은 일본에서 '고리(고오리)'로 쓰인다.

　서기 42년, 신라 3대 유리왕 19년 무렵부터 낙동강 하류 연안, 옛 세한 때의 변한 땅에 서기 562년, 신라 진흥왕 23년까지 '가라' 나라가 있었다. 이 '가라'라는 말이 일본으로 건너가 우리 나라를 일컫는 말이 되어, 규우슈 기리시마 산달의 최고봉 '가라쿠니다케(한국산)'처럼 쓰인다.

　'가라'가 우리 나라에서는 '가야'로 변하여 '금관가야(김해), 대가야(고령), 고령가야(함창), 소가야(고성), 아라가야(함안), 성산가야(성주)' 들 여섯 가야 이름이 되었다.

　'가라'가 '가야'가 되고, '물'이 '미'가 되는 것에는 공통점이 있다. 'ㄹ'이 'ㅣ'로 변한 결과인 것이다. 'ㄹ'이 'ㅣ'로 변하면 '가라'가 'ㄱㅏ

ㄹㅏ → ㄱㅏㅣㅏ → 가야'와 같이 변하여 '가야'가 된다. 'ㄹ'이 'ㅣ'로 변하면 '물'은 'ㅁㅜㄹ → ㅁㅜㅣ → 무이 → 뮈 → 미'처럼 변한다.

'물'과 '무이' 관계를 우리는 가까운 데에서 볼 수 있다. 어린이가 한 살이나 두 살 때에는 말을 잘 못 하는데, 물이 먹고 싶으면 "엄마, 무이!"라고 한다. '무이'를 달라는 것이다. 그 '무이'가 '물'이다. '물'의 'ㄹ'이 'ㅣ'로 변한 것이다.

이처럼 태초의 어린이 말에 'ㄹ'이 'ㅣ'로 변한다는 현재의 음운 변화 원칙이 들어 있었다. 할아버지가 저녁마다 반주를 하는 것을 보고, 저녁 상을 차리면 두 살 된 손자가 "하머니, 하버지 수이!"하고 외친다. 할머니는 알아듣고 술을 내어놓는다. 할아버지는 그것을 보고 '술'을 '수이'라고 하는 것은 '물'을 '무이'라고 하는 것과 같은 이치라는 것을 깨닫는다.

또, 밥상에 '고기'가 나왔을 때 반갑다고 '오지'라고 외친다. 이 '오지'에서는 'ㄱ'의 탈락과 구개음되기가 엿보인다.

웃음 시늉말

우리는 '깔깔깔, 껄껄껄' 웃는데, 영어로는 '하(ha), 하하(ha-ha), 호호(haw-haw)' 웃고, 중국에서는 '하하(哈哈), 허허(呵呵)' 웃으며, 일본에서는 우리 웃음소리와 가깝게 '가라카리(からから), 게라게라(げらげら)' 웃는다. '깰깰깰, 낄낄낄, 킬킬킬'을 다른 나라에서는 어떻게 웃는지 모른다.

이 웃음 시늉말이 어느 나라에서도 우리 나라에서처럼 피어난 것을 볼 수가 없다. 우리 나라 웃음 시늉말을 생각나는 대로 모아 보았는데, 이 밖에도 더 있을 것이다.

1. 소리 없는 웃음

(1) 눈웃음

① 귀엽게 웃음

상그레, 성그레, 생그레, 싱그레, 상글상글, 성글성글, 생글생글, (싱글상글, 싱글생글), 싱글싱글

② 다정스럽게 살짝 웃음

상긋, 상끗, 성긋, 성끗, 생긋, 생끗, 싱긋, 싱끗

③ 다정스럽게 계속

상긋상긋, 상끗상끗, 생긋생긋, 생끗생끗, (싱긋상긋, 싱끗상끗, 싱긋생긋, 싱끗생끗), 싱긋싱긋, 싱끗싱끗

④ 실없게 슬며시 웃음

샐샐, 실실

⑤ 싱겁게 살짝 웃음

쌕, 씩

(2) 입웃음

　⑥ 부드럽게 계속 웃음

　　방그레, 벙그레, 뱅그레, 빙그레, 방시레, 벙시레, 뱅시레, 빙시레,
　　배시시

　⑦ 부드럽게 계속 웃음

　　방글방글, 벙글벙글, 뱅글뱅글, (빙글뱅글, 빙글벙글), 빙글빙글,
　　방실방실, 벙실벙실, 뱅실뱅실, 빙실빙실

　⑧ 입을 냉큼 벌리어 웃음

　　방긋, 방끗, 뱅긋, 뱅끗, 벙긋, 벙끗, 빙긋, 빙끗, 방싯, 벙싯, 뱅싯,
　　빙싯

　⑨ 입을 벌리어 계속 웃음

　　방긋방긋, 방끗방끗, 벙긋벙긋, 벙끗벙끗, 뱅긋뱅긋, 뱅끗뱅끗,
　　(빙긋뱅긋, 빙끗뱅끗, 빙긋벙긋, 빙끗벙끗), 빙긋빙긋, 빙끗빙끗,
　　방싯방싯, 벙싯벙싯, 뱅싯뱅싯, 빙싯빙싯

　⑩ 입을 조금 벌리어 가볍게 웃음

　　배시시, 비시시

(3) 눈입웃음

　⑪ 눈과 입으로 웃음

　　상글방글, 성글벙글, 생글뱅글, 생글방글, (싱글방글, 싱글뱅글),
　　싱글벙글, 싱글빙글, 상긋방긋, 상끗방끗, 성긋벙긋, 성끗벙끗, 생
　　긋뱅긋, 생끗뱅끗, (싱긋방긋, 싱끗방끗, 싱긋뱅긋, 싱끗뱅끗), 싱
　　긋벙긋, 싱끗벙끗, 싱긋빙긋, 싱끗빙끗

(이상 '①~③'과 '⑧ · ⑨, ⑪'의 첫음절의 닿소리가 된소리로도 표현
된다.)

(4) 얼굴웃음

　⑫ 마음에 흐뭇하여 귀엽게 웃음

　　해죽, 히죽, 해쭉, 히쭉, 씩

⑬ 마음에 흐뭇하여 귀엽게 계속 웃음

해죽해죽, 히죽히죽, 해쭉해쭉, 히쭉히쭉

2. 소리 있는 웃음

(5) 목웃음

⑭ 입을 벌리고 웃음

하하, 해해, 허허, 헤헤, 호호, 후후, 히히, (하하하, 해해해, 허허허, 헤헤헤, 호호호, 후후후, 히히히, 핫핫, 헛헛, 홋홋, 힛힛)

⑮ 자지러기게 웃음

아하하, 어허허, 오호호, 우후후, 이히히, 와하하, 워허허, 애해해, 으하하, 으허허, (아하하하, 어허허허, 오호호호, 우후후후, 이히히히, 와하하하, 워허허허, 애해해해, 으하하하, 으허허허)

⑯ 짐짓 지어서 음침하게 웃음

으흐흐, (으흐흐흐)

⑰ 큰 소리로 웃음

깔깔, 껄껄, (깔깔깔, 껄껄껄)

⑱ 속으로 자꾸 웃음

깰깰, 낄낄, 킬킬, (깰깰깰, 낄낄낄, 킬킬킬)

⑲ 참을 수없어서

킥, 킥킥, (킥킥킥), 키득키득, 키드득키드득, 키들키들

(6) 코웃음

⑳ 업신여기거나 아니꼬울 때 웃음

흥, 힝

(7) 입술웃음

㉑ 비웃는 웃음

피, 피시, 피식, 피시시

㉒ 힘없이 가볍게 터뜨리는 웃음

픽, 픽픽, (픽픽픽)

(8) 함께웃음

㉓ 여러 사람이 자지러지게 깔깔 웃음

까르르, 깨르르

[( ) 안의 시늉말은 사전에는 없으나 실제로는 쓰인다.]

‘ㅟㅓ’의 준 꼴은 ‘ㅞ’가 아닐까

1964년 어느 날,《경향신문》제목에 ‘바꿔’라는 괴상한 맞춤이 나간 일이 있다. 세 음절인 ‘바뀌어’를 두 음절로 줄여야 했기 때문이다.

옷을 일만은 아니다. 신문 제목 같은 데에는 극도로 축약이 필요한 경우가 있다.

‘뀌어, 뉘어, 뒤어, 쉬어, 휘어, 나뉘어, 비취어, 사귀어’ 들도 준 꼴로 쓰여야 할 계제가 되면 어떻게 할까? 이론으로야 ‘ㅟㅓ’의 준 꼴은 ‘ㅕ’이지만 현실적으로 그런 규정이 없다.

‘죽다’의 낮은말로 쓰이는 ‘뒈지다’는 ‘뒤다(곧지 않고 구부러지거나 틀어지다)’가 번진 ‘뒤어지다’일 것이다.

우리네 사전에는 딱 하나 ‘쥐어’의 준말은 인정하여 ‘줴’가 있다.

쥒내깔리다　　줴뜯다　　줴바르다　　줴박다　　줴버리다　　줴살다
줴지내다　　줴지르다　　줴짜다　　줴치다　　줴흔들다

위 말들의 ‘줴’가 그것이다. ‘ㅟㅓ’가 ‘ㅞ’로 줄어진 셈인데, ‘뀌어, 뉘어, 뒤어, 쉬어, 휘어, 나뉘어, 비취어, 사귀어’들도 준말로 ‘꿰, 눼, 뒈, 쉐, 훼, 나눼, 비췌, 사궤’ 들로 써 봄직하다.

일본 '가나' 이름

　가나는 한자 가운데 어떤 것의 온자이거나 일부이다. 그것을 모르지 않으면서 가나를 일본문자로 여기기도 한다.

　일본의 사전들은 가나를 무엇이라고 풀이하고 있을까. 어느 사전이나 마찬가지이지만, 현재 우리가 흔히 이용하고 있는 일본 국어 사전 《광사원》에서 가나에 관한 것을 찾아 보면 다음과 같다.

- 가나(假名·假字) : (가리나(假名)가 변한 '간나'의 준말) 넓게는 만요가나(萬葉假名)·히라가나(平假名)·가타카나(片假名), 좁게는 히라가나·가타카나(片假名)를 말함 ….

- 만요가나(萬葉假名) : 한자의 음훈을 빌어 일본말의 음을 표기한 글짜. 6세기께의 금석문의 고유명사 표기에 나타나며, 나라(奈良) 시대에는 일본말 적기에 널리 쓰이었는데, 특히 만요슈(萬葉集)에 많이 쓰임. 마가나(眞假名). 오토코가나(男假名).

- 헨타이가나(變體假名) : 보통의 히라가나와 다른 체의 가나. 한자의 흘림체에서 철저하게 단순화하는 과정에 있는 가나.

- 소오가나(草假名) : 만요가나를 완전히 흘림체로 한 글씨체. 이보다 더 간략화한 것이 히라가나.

- 히라가나(平假名) : 8세기 말에서 9세기 초에 한자의 흘림체에서 만들어진 소오가나를 다시 간단하게 하여 만든 음절글짜 … 온나가나.

- 가타카나(片假名) : ('片'은 한자의 한 조각, 또는 완전하지 않다는 뜻) 가나의 하나. 주로 한자의 획을 줄여서 만들어진 일본말을 적는 데 쓰는 음절글짜의 하나. 보기 : 阿 → ア, 伊 → イ, 宇 →

ウ, … 久 → ク … 11세기 말엽부터 지금의 것에 가깝게 모양을 갖춤.

- 마나(眞名 · 眞字): 가나에 대해서 한자를 일컬음.
- 마가나(眞假名 · 眞假字): 한자를 소리글짜로서 쓴 것. 즉 만요가나.
- 가리나(假名): (거짓글짜란 뜻) 가나.
- 오토코가나(男假名): 사나이 글짜(한자)를 빌어서 가나로 쓰는 것. 만요가나.
- 온나가나(女假名): 히라가나.

이상 가나에 대한 일본 사람들의 풀이를 보면 여러 가지 사항을 알 수 있다.

첫째, 가나는 "만요가나의 흘림체→헨타이가나→소오가나→히라가 나"와 같이 변해 왔다는 것과 한자의 온통 또는 일부를 떼어서 쓰는 것이 가타카나라는 것.

두째, 가나는 임시로 쓰는 글짜거나 거짓 글짜이며 참글짜는 한자라 는 것.

세째, 만요가나는 우리 향찰과 같고, 가타카나는 우리 구결과 같다는 것.

네째, 일본에서는 뜻글짜인 한자를 뜻과는 상관없이 마음대로 소리화 하여 쓴다는 것.

약자나 대용글짜 모두가 가나와 같이 소리화한 것이니 로마자와 같은 구실을 한다.

1981. 5. 《신문과 방송》

'잠'에 관한 말들

"잠이 하도 많이 와서 이레를 잤더니 왕잠이 오더라."

위와 같은 속담이 있다. '왕잠'을 알아 보려고 사전을 찾아 봤다.

먼저 1957년에 나온 《큰사전》(한글학회)에는 아래와 같이 잠에 관한 말 26개가 있었다. (찾는다고 찾았지만 더 있을 수도 있다.) 그러나 '왕잠'은 없었다.

개(犬)잠	개(改)잠	귀잠	꾀잠	나비잠	낮잠
노루잠	늦잠	단잠	돌껏잠	등걸잠	말뚝잠
발칫잠	밤잠	새벽잠	새우잠	선잠	수잠
아침잠	애기잠	여윈잠	이승잠	일잠	첫잠
한잠	헛잠				

1961년에 나온 《국어대사전》 1판(민중서관)에도 '겉잠, 겨울잠, 여름잠, 풋잠, 한뎃잠'의 5개가 더 있을 뿐이었다. (역시 더 있을는지 모른다. 이 다음에 찾아 보는 사전에도 다 찾았는지는 모를 일이다.)

그 다음, 1974년에 나온 《새우리말큰사전》(삼성출판사)에는 '거짓잠, 굳잠(귀잠), 쪽잠, 토끼잠' 들 4개가 더 있을 뿐이었다.

또 1982년에 나온 《국어대사전》 2판(민중서림)에는 '벼룩잠' 하나만 더 있을 뿐, 여전히 '왕잠'은 없었다.

할 수 없이, 마침 1997년 '독립 신문' 창간 100돌을 맞아 《한국 신문 · 방송 말글 변천사》를 엮게 되어, 그 하권 제7장('사전'편) 제3절(사전에 없는 우리말)에 '왕잠'을 비롯한 15개의 '잠'에 관한 말을 새로 찾아 실었다.

그랬더니, 1999년에 나온 《표준국어대사전》(국어연구원)에, 그 15개 가운데 '갈치잠, 곤잠, 꽃잠, 꾸벅잠, 덕석잠, 멍석잠, 참잠, 칼잠, 통잠' 9개를 싣고, '덧잠(가첨잠), 도둑잠'을 더 실었다.

어째서 빠졌는지는 모르지만, 15개 가운데 빠진 6개 가운데 '왕잠'이 들어 있다. '왕잠'을 사전에 실으려고 갖은 고생을 했건마는, 《표준국어대사전》마저 외면해 버린 것이다.

《한국 신문·방송 말글 변천사》에 실린 15개 가운데 《표준국어대사전》에 9개를 싣고 남은 6개와 '깊은잠', '깜빡잠', '토막잠'을 더 보태어 소개한다.

- 개구리잠: 팔다리를 사방으로 뻗고 개구리처럼 엎어져 자는 잠.
- 깊은잠: 깊이 든 잠.
- 깜빡잠: 차 속 같은 데서 깜빡 드는 잠.
- 얕은잠: 깊이 들지 못하고 조그만 소리에도 쉽게 깨는 잠.
- 왕잠: 아주 오래 깊이 드는 잠.
- 이슬잠: 아무리 참아도 나른하고 자꾸 눈이 감기는 잠.
- 저승잠: 건드려도 느끼지 못할 정도로 깊이 드는 잠.
- 토막잠: 차 속 같은 데서 꼼짝못하고 자는 잠.
- 해바라기잠: 이불 하나에 여러 사람이 발을 가운데로 모으고 바큇살처럼 둥그렇게 누워 자는 잠.

이 밖에 '더클잠'이 있다고도 하는데 알아 보지 못했다.

‘장군’과 ‘장꾼’

　1957년 6월, 헌병 사령부에 배달된《서울신문》사회면에 ‘장군 6명 익사’라는 기사가 있었다. 장군(將軍)이 아니라 장꾼이 빠져 죽었다는 기사였다.

　김점곤 사령관이 한글학회로 전화를 걸었다.

　“한글 학자들이 무엇들 하는 거야. 장군과 장꾼도 구별 못 하고.”

　“다짜고짜 무슨 소리야?”

　“오늘 서울 신문을 보라고. 장꾼이 죽었는데, 장군이 죽었다고 했어.”

　김 장군과 나는 학교 동기생이다.

　6.25 전에《큰사전》(한글학회)이 3권까지 나와 있었다. 그 사전에는 어떤 말에 붙어 그 말의 바탕을 나타내는 ‘-갈’을 붙여 만든 말들 ‘땟갈, 맛갈, 빛갈, 색갈, 성갈, 탯갈’을 실어 놓았다.

　그리고 어떤 짓을 버릇이나 일삼아 하는 사람이라는 뜻의 ‘-군’을 붙여 만든 말인 ‘갈갯군, 거간군, 건달군, 곁군, 구경군, 길군…’ 들도 있다.

　어떤 말에 붙어 그 말을 낮은 말로 만드는 ‘-대기’도 ‘거적대기, 귓대기, 나뭇대기, 널판대기, 뱃대기, 볼대기, 뺨대기, 판잣대기, 헝겊대기’ 들도 실어져 있다.

　고치기 전의 ‘-갈, -군, -대기’가 예사소리로 되어 있었고, ‘장꾼’도 고치기 전이어서 ‘장군’으로 적혀 있었다.

1995. 9. 14.《포스코》

‘취음’ 이야기

‘珍古介’라는 간판이 여기저기 붙어 있다. 옛날에 서울 충무로에 비만 오면 질퍽거리는 고개가 있었다. 그 고개가 ‘진고개’다. 그 말이 마음에 드는지 음식점 이름으로 더러 쓰이는데, 우리말인데도 그렇게 한자로 적곤 하는 것이다.

우리 한글이 없을 때에는 한자를 쓸 수밖에 없었으니, 신라·고려 때에는 우리말도 한자로 적었다. 그것은 다른 도리가 없었기 때문이다.

그런데, 한글이 쓰이는 때에도 일부 얼빠진 사대주의자들은 그런 짓을 서슴지 않았다. ‘가리개’도 ‘加里介’로 적는가 하면, 조선 때 사복시에서 말을 맡은 일꾼을 ‘거덜’이라고 하는 것을 ‘巨達’이라 적었다. 곁에서 일을 거들어 도와 주는 ‘곁꾼’을 ‘格軍’이라고 적어야 속이 시원했고, 종이의 가장자리를 가지런히 베는 일을 ‘도련’이라고 하는데, 그것도 ‘刀鍊’이라고 적어야 흐뭇했나 보다. 또한 도련질하는 ‘도련장이’를 ‘擣鍊匠’ 또는 ‘搗鍊匠’으로 적고는 좋아했다.

어린 계집아이 댕기의 하나인 ‘도투락’을 ‘都多盆’이라고 적은 것은 꼭 그렇게까지 해야 하나 할 지경이다. 문짝에 돌쩌귀, 고리, 배목 따위를 박아서 문얼굴에 맞추는 ‘박배’도 ‘朴排’라고 적었다.

그런 것을 취음(소리 따 적음) 또는 음역(소리 옮김)이라고 한다.

‘사당(舍堂, 寺黨, 社黨, 沙嬨)’에서 묶음표(괄호) 안의 적기가 그것이다. 그러니까 조선 때 무리지어 떠돌면서 노래춤을 팔던 ‘사당’은 우리말이다. 그런데, 1980년대까지의 사전들에는 ‘남사당패(男寺黨牌)’를 한자말로 다루었다. 게다가 묶음표 안의 남(男)과 패(牌)도 취음이다. ‘남’과 ‘패’도 우리말이라는 것이다.

우리말 '놈'은 '남'이나 '놈'으로 변해 쓰이는데, 남진(사내)이라는 뜻
이 있어서, 조선 때 노래모음책 《시용향악보》(1540)에 있는 '남종'은 '남
진종'의 준말로, "사내종(奴)"이라는 뜻이다. 한자 신봉자들은 '남진'은
'男人'이고, '계집'은 '在家'라고들 하지마는, 그렇게까지 한자에 매달리
고 빌붙을 필요 없다.

우리말 '패'에는 "사람"이란 뜻이 있어서 '패거리, 놀이패, 싸움패' 들
에 쓰이는데, 한자말 패(牌)에는 '나무나 종이' 조각 따위 뜻은 있으나
"사람"이란 뜻은 없다. 우리말 패를 중국에서는 패(牌)라 하지 않고 파(派)
나 휘(伙)라고 한다.

'기별'을 취음한 '奇別'은 《동한역어》에 보이고, 본뜻과 달리 쓰이는
'記別'은 《송남잡지》에, '記莂'은 《법화경》에 보이는데, 뜻이 같다. 아무
근거도 없는 '寄別'은 쓰레기통인 우리 국어 사전에만 있다.

다음과 같은 말들은 지금까지 한자말로 알고 있었으나 우리말이고, 묶
음표 안의 한자는 취음이다.

도배(塗褙)

마리산(麻利山 · 摩璃山 · 摩利山 · 摩離山 · 摩尼山)

불한당(不汗黨)

인절미(仁切味 · 引切味)

임실(任實)

족두리(簇頭里 · 簇兜里)

천장(天障)

타령(打令 · 打鈴)

‘板門店’은 ‘널문이’

제 나라 말과 글짜가 있으면서 남의 나라 말이나 글짜를 쓰는 나라는 없다. 오직 우리만 우리 글짜가 있으면서 남의 나라 글짜를 일부에서 쓰고 있다.

정치적으로 외국에 예속되어 있었던 때의 버릇이겠으나, 이제 독립하고 싶다면 문화적 독립이 밑바탕이 되어야 한다. 문화적 독립 없이는 정치적 독립은 약하다.

남의 나라식 말을 쓰거나 남의 나라 글짜를 쓰는 한, 문화적 예속의 굴레를 벗어나지 못한다.

1985년 25일치 《조선일보》 8쪽 ‘민성란’에 “중국식 표기 板門店, 우리말로 고쳐 쓰자”라는 기사 제목이 있었다. 본디 우리말로 ‘널문이’인데, 중국 사람들이 그것을 板門으로 하자고 했고, 店도 중국식 땅이름 표기 방식이지 우리식이 아니라는 것이다. 이러고도 신문에서 板門店이라고 쓸 수 있을까.

1985. 8. 《신문과 방송》

'푸른 하늘'과 그 한자말

우리는 '푸른 하늘'이라는 말을 쓴다. 이 말은 우리 사전에는 없다. 그 대신 한자말로는 다음과 같은 것들이 있다.

穹蒼	碧空	碧落	碧霄	碧天	碧虛	霽天	蒼空
蒼穹	蒼天	蒼昊	靑空	晴空	靑穹	靑冥	靑天
晴天	晴虛	彼蒼					

몰라서 그렇지, 다음과 같은 한자말도 있는 것을 안다면, 쓰이는지 안 쓰이는지 알아 보지도 않고 허겁지겁 실을 것이다.

空碧	空靑	穹碧	靑霄	晴霄	晴昊	虛碧	碧漢
澄空	澄晴						

실제로 《표준국어대사전》에는 '碧宇, 碧玄'이 더 올라 있다. 그 많은 것들 가운데 우리가 몇 개나 쓸까? 한자말로는 아래와 같이 여러 가지로 푸른 하늘을 나타낸다고 자랑할지 모른다.

靑空(푸른 하늘)　　碧空·蒼空(짙푸른 하늘)　　霽天(갠 하늘)　　晴空(맑갠 하늘)
彼蒼(저 푸른 하늘)　…

그렇다면 우리말로도 다음과 같은 것들이 있다.

파란하늘	새파란하늘	샛파란하늘	파랑하늘	퍼런하늘
시퍼런하늘	싯퍼런하늘	퍼렁하늘	푸렁하늘	푸른하늘
검푸른하늘	높푸른하늘	연푸른하늘	짙푸른하늘	…

여기에다 다음과 같은 것들도 있다.

갠하늘	맑갠하늘	맑은하늘	해맑은하늘 …

또 아래 말들까지 동원하면 물구나무를 서도 한자말로는 따를 수가 없을 만큼 만들 수 있다.

파르당당	파르대대	파르댕댕	파르무레	파르스름
파르족족	파릇	퍼르스름	퍼르죽죽	푸르께
푸르데데	푸르뎅뎅	푸르무레	푸르스름	푸르죽죽
푸르퉁퉁	…			

인제는 '푸른하늘'이란 말을 우리 국어 사전에 올릴 수 있도록 길을 터야 할 것이다.

《국어사전 바로잡기》에서

‘한’이란 말의 쓰임

우리 나라에서 가장 많이 쓰이는 ‘한’이란 말이 중국과 러시아에서도 쓰이는데, 일본에서는 ‘간’으로 쓰여 우리 나라를 가리키며, 유럽 쪽에서는 ‘칸’으로 쓰인다.

1. ‘한’으로 쓰이는 보기

① 桓: <u>한</u>인이 <u>한</u>웅을 보내어 <u>한</u>검을 낳게 했다.

② 翰: 서발<u>한</u>(舒發翰), 단군 8세의 칭호가 우서<u>한</u>(于西翰 : 웃한)이다.

③ 韓: 세 <u>한</u>(마<u>한</u>·변<u>한</u>·진<u>한</u>), 한국 들 나라 이름에나 충남 서천 <u>한</u>산(韓山)면 따위에 쓰이었다.

④ 馯: 중국 《상서》,《공씨소》,《정씨 집운》에 쓰인 일이 있다.

⑤ 干: 가야 통치자들인 아홉 <u>한</u>(干), 신라의 눌지, 자비, 소지, 지증 왕들 칭호인 머리<u>한</u>(麻立干), 뿔<u>한</u>(角干).

⑥ 邯: 거슬<u>한</u>(居瑟邯), 신라의 뿔<u>한</u>을 한자로 적은 서불<u>한</u>(舒弗邯).

⑦ 漢: <u>한</u>강, <u>한</u>산, <u>한</u>성, <u>한</u>양, <u>한</u>탄. 또 단군 12세 아<u>한</u>(漢)은 큰 한인듯.

⑧ 汗: ‘추장’이란 뜻과 땅이름에.

  ㉠ 청지스<u>한</u>(成吉思汗·成吉斯汗: 1167~1227): 몽골 제국 태조.

  ㉡ 후빌라이<u>한</u>(忽必烈汗: 1215~1294): 청지스한의 손자. 몽골 5대 한. 위안(元) 초대 황제.

  ㉢ <u>汗</u>峙(大峙)·<u>汗</u>伊山(大伊山): 《진단 학보》제88호(1999. 12)에 실린 충남대 도수희 교수 논문 ‘한의 두 뿌리를 찾아서’에 광양 읍지에서 인용한 땅이름이다.

⑨ 汗國: 汗(khan)이 다스리는 나라.

　　㉠ 오고타이 한국 · 오카타이 한국(Ogotai汗國 · Ogatai汗國): 청지스
　　　한의 세째아들 오고타이(窩闊台: 1186~1241) 때의 몽골 제국.

　　㉡ 차가타이 한국 · 자가타이 한국(Chagatai汗國 · Jagatai汗國) : 청지
　　　스한의 두째아들 차가타이(察合台, ?~1242) 때의 몽골 제국.

　　㉢ 킵차크 한국(Kipchak汗國): 청지스한의 손자 바투(Batu)가 서시베
　　　리아 · 남러시아 일대에 세운 몽골 제국.

　　㉣ 부하라 한국(Bukhara汗國): 서아시아 우즈베크 부하라 지방에 우
　　　즈베크족이 1505년에 세운 나라. 부하라칸국.

　　㉤ 시비르 한국(Sibir汗國): 서부 시베리아 오비강 상류 시비르 지방
　　　에 쿠춤칸이 세운 나라(1556~1598). 시비르칸국.

⑩ 아스트라한(Astrakhan: 아스트라하니) : 아스트라한 지방. 러시아 카스
　피 바다 북쪽 가, 볼가강 어귀의 세모벌(삼각주) 위에 있는 항구. 군
　사 · 상업 · 공업(배 · 먹을거리 · 종이 · 목재) 도시. 인구 30만.

2. '칸'으로 쓰이는 보기

① 아스트라칸(astrakhan): 아스트라한 지방에서 나는 털가죽.

　　㉠ 러시아 아스트라한 지방이나 이란 등지에서 나는 새끼양의 털
　　　가죽.

　　㉡ 아스트라칸 털가죽 천. 또는 그 벨베트의 일종. 외투 · 목도
　　　리 · 모자 따위를 만든다.

　　㉢ 아스트라칸 털가죽 모자.

② 젱기스칸 · 젱기즈칸 · 징기스칸(Genghis Khan, Jenghis Khan, Genghiz
　Khan, Jenghiz Khan, Jinghis Khan): 청지스한을 서양에서 부르는 말.

③ 쿠블라이칸(Kublai Khan): 후빌라이한을 서양에서 부르는 말.

④ 쿠춤칸(Kucun Khan): 부하라 한국의 한족(왕족).

한국말과 일본말의 역사 고리

《일본서기》(720) 오오진(應神) 16년(서기 285년)에 "2월에 백제 와니(왕인) 박사가 와서, 태자 우지노와키이랏코가 스승을 삼아 여러 가지 글을 배워 통달하지 않은 데가 없었다. 왕인은 후미노우지(文氏·書首)들의 시조다"라고 적혀 있다.

그리고 《고사기》(712) 오오진 20년에 "이 해 백제 초고왕이 … 논어 10권, 천자문 1권, 합하여 11권을 이 사람에게 주어 보냈다"고 되어 있다.

여기서 그냥 보아 넘겨서는 안 될 것이 있다. 왕인 무리가 일본 사람들에게 글과 기술을 가르쳐, 우리 문화를 전달할 때 쓴 말이 어디 말이겠느냐는 점이다. 그 말이 백제말과 일본말이 섞인 것이었으리라는 짐작은 너무나 당연하다. 그래서 일본말에 한국말이 섞이게 된 것인데, 그와 같은 흔적은 다음과 같이 남아 있다.

あまつくに(아마쓰쿠니)
하늘ㅅ나라

うみつかぜ(우미쓰카제)
바다ㅅ바람

여기에서 'つ'와 'ㅅ'이 사이시옷 구실을 한다는 데에서 꼭 들어맞는다. 요즘 얼떨결에나 장난말로 하는 다음 말에도 남아 있다.

가깝くで 내리て 왔たり갔たり 했た

이 말은 우리말 "가까이에 내려서 오락가락 했다"와 일본말 "近くて降

りて來つたり往つたりした"의 비빔말인데, 그 가운데 '왔다리 갔다리'가 우리 말인지 일본말인지 잘 모르는 세대(generation)도 있다.

일본 사람들이 배운 한문은 중국 것이 아니었다. 한국말과 일본말이 섞인 비빔말로 가르치고 배우는 데에는 중국식은 통하지 않고, 우리와 일본의 말차례가 같으므로 우리 이두식이 제격이다.

그래서 《고사기》,《일본서기》,《만엽집》,《풍토기》 따위 일본 옛책에 이두식 표현이 많은 것이다.

1. '바'라는 말

일본 국어 사전의 대표격인 《광사원》(1955)에서 '바〔場〕'라는 낱말을 찾아서 한국말로 옮겨 본다.

"바〔場〕: ① 곳, 마당, 자리, 위치. ② 경우, 형편. ③ 연극의 한 장면. ④ 거래하는 곳. ⑤ 일이 벌어지는 곳. ⑥ 힘이 작용하는 범위….″

이 '바〔場〕'라는 낱말을 우리나 일본 사람이나 다 일본말로 알고 있다. 다시 일본의 《외래어사전》(가토가와 책점, 1967)에서 '바'를 찾아 보자.

"바〔…朝 pa〕(몽골말 ba. 렙차말 ba…. 場, 所의 뜻) 곳, 자리(보기말: 바아이, 바스에, 바치가이, 아시바, 고바, 데이샤바, 노리바, 모치바, 야쿠바). 《일본외래어사전》(우에다 가즈토시 지음, 1915)″

이처럼 '바'는 일본말이 아니라 외래말인데, 몽골말과 렙차말에도 있지만, 조선말 pa가 '바'의 말밑이라고 했다. 그 근거로 우에다 가즈토시(1867~1937)의 《일본외래어사전》(1915)을 들었다. 우에다는 도이칠란트에 가서 유럽말을 연구하고, 옛 일본말의 h음은 p음이었다고 주장해서 학계에 큰 반향을 부른 학자다. 일본 학자는 '바'가 한국말이라고 밝히고 있는 것이다.

그렇다면 우리가 쓰는 '바'는 어떤가. 《우리말큰사전》(1992)에 다음과 같이 되어 있다.

"바: ① … 앞엣말의 내용이나 일 따위를 나타내는 말(보기: 내가 본 —를 말하겠다. 말하는 —에 따라 우리가 할 —가 무엇이냐? 내가 생각하던 —와는 다르다). ② '방법'을 나타낸다(보기: 어찌할 —를 모르겠다). ③ … '기회, 경우' 따위를 나타낸다(보기:여기까지 온 —에 그를 만나지 않을 수 없다. 고생을 하는 —에 좀더 견딥시다. 이왕 늦은 —에 더 놀다 가렴. 거기에 갈 —에는 이것을 가지고 가지. 어차피 매를 맞을 —에는 먼저 맞겠다)."

일본 사람은 '바'가 우리말이라는데, 그 본고장인 우리 나라에서는 '바'가 피어나지 못하고 움츠러들었다.

앞에 든 일본《외래어사전》(가토가와 책점, 1967)에 있는 '바'의 뜻풀이인 '場'와 '所'를 우리 옥편과 자전 들에서 찾아서 정리해 보자.

"場(장): ① 마당. … ② 제사하는 곳. ③ 싸움터."

뜻은 일본말 '바'와 통하는 데가 있으나, 음은 '장'으로, '바'와 다르다.

"所(소): ① 바. 것. ② 곳. ③ 쯤. ④ 까닭. 때문. ⑤ 가짐. ⑥ 얼마."

뜻풀이를 종합한 것인데, 우리가 '所'를 새겨 읽을 때에는 흔히 "바소"라고 한다. 그리고 '所'는 다음과 같이 거의 '바'로 풀어 쓰인다.

- 소감: 느낀 바.
- 소견: 본 바.
- 소기: 기대한 바.
- 소득: 얻은 바.
- 소론: 논하는 바.
- 소망: 바라는 바.
- 소신: 믿는 바.

- 소원: 원하는 바.
- 소위: 이른바.
- 소임: 맡은 바.
- 소정: 정한 바.
- 소행: 행한 바.

어찌할 도리가 없다는 뜻으로 쓰이는 '바이없다'의 '바'도 '방법'과 비슷하게 쓰이는 경우다.

2. 구두, 냄비

우리는 지난날 '구두, 냄비'라는 말의 말밑이 일본말 '구쓰, 나베'라고 알고 있었다. 그러나, 《외래어사전》(가토가와 책점)을 보면 다음과 같이 되어 있다.

"구쓰[靴](구쓰를 조선말로 gutu, 몽골말로 gutul, 만주말로 gulxa라고 한다) 발에 신는 물건 …"

이것은 일본말 '구쓰'가 몽골말이나 만주말보다는 조선말 '구두'와 가깝다고 보고 있는 것이다. '두'가 '쓰'로 되는 것은 '두루마기'를 일본에서 '쓰루마기'라고 하는 것으로도 알 수 있다. 또한, 《외래어사전》(가토가와 책점)에 "나베[朝 nampi] 나베 …"이라고 되어 있어, 일본말 '나베'는 순전히 조선말 '남비'가 그 말밑이라고 밝히고 있다.

앞에 든 '바, 구두, 냄비'들은 한국말이 일본말로 된 것이고, 어떤 것은 서로 상대방말이라고 미루기도 한다. '잡도리'라는 말에 일본말이 섞인 것도 같고, '다대기'가 어느쪽 말인지 알 수가 없다. 어쨌거나, 일본의 '오오노야스마로'의 '마로', 홋카이도 '가무이부리'의 '부리'처럼 사람이름에나 땅이름에 우리말이 섞여 있으니, 한국말과 일본말은 뿌리부터 깊은 고리에 얽혀 있는 것이다.

1995. 《말과 글》 가을호

나라 사랑과 한글 세계화

우리 일부 학자들은 중국이라고 하면 꼬빡 죽고, 일본이라고 하면 숨이 넘어가, 한자말, 왜말을 자랑 삼아 쓰고 있다.

그러나 이미 단군의 아시아 지배설이 나돌고, 그것을 증명이나 하듯, 텔레비전에서는 가지가지 사실들을 방영하고 있다.

백제 왕인이 우리 문물을 가지고 가서 일본 원주민을 깨우쳤다는 것은 다 아는 사실이다. 일본에 우리말 땅이름이 구석구석에 퍼져 있고, 우리 이두 방식을 그들이 지금까지 쓰고 있으며, 일본말의 뿌리가 우리말이라는 것도 연구되고 있다.

역사 기록으로는, 무령왕이 일본에서 나서 백제로 왔다고 왜곡돼 있지만, 일본 지역의 백제 영토인 담로에서 태어났다고 보고 있다. 백제가 망할 때 지배층이 규우슈 휴우가에 집중 망명하여 일본을 경영했다고도 한다. 이처럼 일본 왕실의 뿌리가 백제라는 것도 이제는 비밀이 아니다.

텔레비전은 또 중국 대륙에서 베트남 가까운 곳에서까지 찾아 낸 백제향(鄕)이 백제의 옛 영토 진평군이라는 것까지 발견해 내고 있다.

지금은 중국 랴오닝(요령)성 차오양(조양)시부터 톈진(천진)과 베이징(북경), 허베이(하북)성 스쟈좡(석가장) 지역에까지 백제 흔적이 퍼져 있고, 중국 역사책에 기록된 백제 태수들의 임지가 중국 동해안을 따라 저장(절강)성 지역에까지 분포한다는 것도 밝혀 냈다.

특히 난징(남경) 박물원에 소장돼 있는 흑치상지 묘지명에서 "흑치(동남아) 지역에 봉해졌다"는 기록을 발견해, 백제가 동남아를 통치했다는 것도 알아 냈다.

이제 우리는 비록 국토는 좁아졌으나 거리낄 것이 없다. 되나 왜가 다 우리를 못살게 굴었지만, 그들을 용서할지언정 빌붙지 말고, 바른 역사로 돌아가 떳떳한 우리 길을 가야 한다.

또한 나라를 사랑한다고 나라를 붙들고 자랑만 할 것이 아니라 나라가 세계에 은혜를 베풀어야 한다.

1980년대 초에 일본 교오토 대학 니시다 다쓰오 교수가 볼리비아에 갔더란다. 볼리비아 사람들은 제 글짜가 없어서 스페인말을 쓴다. 따라서 그들은 그들 볼리비아말을 글로 나타내 보고 싶을 것이다.

그런데, 니시다 교수가 희한한 것을 발견했다. 볼리비아 사람들이 그들 말을 나타내 보려고 글짜 같은 것을 그리는 것을 본 것이다.

그들이 그리고 있던 것은 옛날의 이집트글짜나 쐐기글짜도 아니고, 그런다고 지금의 아라비아글짜, 로마자, 한자, 가나도 아닌데, 어디서 본 듯한 것이었다. 곰곰 기억을 더듬어 보니 그것이 한글이었다고 한다. 우리는 니시다 교수의 발견을 물 건너 이야기로만 들어 넘겨서는 안 된다. 쫓아가서 한글을 가르쳐야 한다.

인도네시아는 적도 둘레를 동서로 5천km에 걸쳐 1만 3천여 개 섬이 흩어져 있는 나라다. 넓이는 남한의 스무 곱절이 넘고, 사람수는 네 곱절이나 된다. 6천 개 섬에는 사람이 안 살고, 7천 개 섬에는 280 남은 겨레가 350가지 토박이말을 쓰며 살고 있을 뿐, 나라 공통말이 없었다. 그래 가지고는 나라를 다스릴 수가 없다.

결국 17세기 무렵부터 네덜란드 사람들의 지배를 받게 된다. 네덜란드 사람들은 로마자로 적을 수 있는, 인도네시아 주요 토박이말을 뼈대로 한 공통말을 만들었다. 만일에 우리가 지배했더라면 한글로 적을 수 있는 공통말을 만들었을 텐데, 아까운 일이다.

인도네시아 사람들은 어려서는 각자 토박이말을 쓰다가 학교에 가서는 온 나라 공통말인 인도네시아말을 로마자로 배워 쓴다. 마치 우리가 일제 시대에 어려서는 조선말을 쓰다가 학교에 가서는 일본말을 배워 쓴 것과 비슷하다. 말하자면 두 갈래 말살이를 하는 것이다.

새로 만든 말 체계로 에스페란토도 있다. 그러나 에스페란토는 이상일 뿐, 나랏말이 있는 데에서는 먹혀 들지 않는다. 그러나 말이 있는 데라도 글짜가 없으면 먹혀 들어갈 수가 있다. 여기서 우리는 어떤 가능성을 본다.

인도네시아는 공통말이 없기 때문에 새로운 말 체계가 있어야 했다. 다만 그 말 체계를 만든 사람들이 네덜란드 사람들이기 때문에 로마자로 적을 수 있는 말을 만든 것이다.

그런다고 우리가 낙담만 하고 있을 일이 아니다. 공통말에는 로마자가 있더라도, 토박이말에는 글짜가 없지 않은가. 볼리비아 사람들처럼 인도네시아 사람들도 자기네 토박이말을 글로 나타내고 싶을 것이다. 그럼에도 로마자로는 적히지가 않아서 못 적고 있는 것이다.

한글은 다른 어떤 글짜보다도 많은 소리를 적을 수 있다. 한글로 나타낼 수 없는 소리는 다른 어떤 글짜로도 나타내지 못할 것이다. 따라서 인도네시아 토박이말을 나타내 보이는 데에도 다른 어떤 글짜보다도 한글이 가장 알맞다.

인도네시아에 가서 그들의 토박이말을 한글로 나타내 보여 준다. 그러면 말은 그들 말이라도 글짜는 한글이어서, 인도네시아는 겉으로는 공통말을 로마자로 쓰고, 속으로는 섬마다 토박이말을 한글로 쓰는 한글 나라가 될 것이다.

그들 선생님 월급이 우리 돈으로 10만 원 정도, 식모가 한 달 동안 밥 짓고 빨래하고 차 심부름까지 하고도 보통 3만 원. 공장 직공 하루 삯이 1천 5백 원인데 줄을 서서 기다린다니, 돈 걱정은 별로 안 해도 된다. 그런 데다가 일부 사회에서는 우리말을 상당히 쓰고 있기도 하다.

지식인 7백 명이 한 해 동안만 구경 삼아 가서 살다 오면 된다. 한 사람이 한 섬에 한 달씩만 묵으면서 현지 한글 강사를 만들어 두는 것이다. 제 토박이말을 나타낸다는 그 신기한 한글은 저절로 퍼져 나갈 것이다.

글짜가 없는 데에다가 한글을 갖다 주는 것은 그들에게 은혜를 베푸는 것이고, 우리에게는 나라를 사랑하는 길이 되는 것이다. 글짜 없는 나라는 얼마든지 있다.

성균관대 중문과 전광진 교수가 한글 홀·닿소리 22개로 중국의 시짱(西藏) 자치구 동남부 히말라야 기슭에 살고 있는 소수겨레 로바(Lhoba)겨레말을 적는 시스템을 고안했다는 기사가, 2003년 1월 그믐께 신문에 보도되었다.

글짜 없는 데에 한글을 펴고, 다음에는 글짜 있는 데에도 바꾸어 주면 된다.

일본에서는 에도 시대에 한글이 얼마나 탐이 났던지, 히라타 아쓰타네가 쓰시마 아히루 집안에 전해 온다는 히후미(日文)가 일본 진다이 모지(신대 문자)라고 우기니까, 반 노부토모가 그것은 한글을 본뜬 것이라고 맞서는 등 한바탕 입씨름을 벌인 일도 있다.

중국에서는 동자, 속자, 신자, 고자, 와자 들 5만 자나 되는 한자(실제로는 1만 자밖에 안 된다)를 다 쓸 수는 없고, 육서의 전주, 가차 따위도 정리하여 7천 자만 쓰기로 했다가, 마오쩌둥(모택동) 전집만 읽을 수 있으면 된다고 3천 7백 자만 쓰기로 했다. 그러나 그것도 어렵다고, 2천 226자의 간체자를 만들고 또 7백 자를 더 만들었다가 퇴짜를 놓고, 전보·통신에는 로마자를 쓰는 등 몸살을 앓고 있다.

그들이 1978년에 펴낸《현대한어사전》은 차례와 발음이 로마자 중심으로 되어 있다. 로마자보다는 한글이 훨씬 낫다. 지난날 한자를 빌어 썼으니까, 인제는 그 빚을 한글로 갚아, 장차 한글을 쓰게 하는 것이 도리다.

1996.《말과 글》가을호(그 뒤 고친 데 있음)

미처 몰랐던 한글의 고마움

한자가 5만 자라고 한다. 하루 10자씩 음과 뜻과 쓰기를 배워 익히려면 쉬는 날 빼고 17년이 걸린다.

소학교 6학년을 졸업하면 2천 자 정도 배우는데, 글짓기는 못 하며, 고등 학교를 나와야 신문을 볼 수 있다고 한다.

쉽게 해 보려고 반자 2천 236자를 만들었다. 그것은 글짜도 아니고 부호도 아니고 본자를 알아야 하는 부담이 있다.

1958년에 '로마자 규칙'을 공포하고, 소학교 1학년부터 로마자를 가르치고 있다.

글짜마다 번호를 매겨 그 숫자로 전보를 쳐 왔는데, 지금은 체신부와 통신사에서는 로마자로 전보를 치고 있다.

글짜 개혁 위원회는 이러지도 못하고 저러지도 못하고 죽을 지경이다.

일본에서는 글짜가 없어서 한자와 한자로 만든 가나라는 것을 쓰고 있다: 73자의 가나로 112음절을 적는다. 글짜는 많은데 음절 수는 너무 적다.

한국은 24자로 2천 4백~2천 5백 음절쯤 적고 있으니, (1만 1천 172음절까지 적을 수 있다) 가나는 표기 능력이 한글의 20분의 1도 안 된다. 그것 가지고는 글짜 생활이 되지 않는다.

음절 수가 적으면 그만큼 소리가 같은 낱말이 많아진다.

우리 사전의 첫 대목에 '가이'라는 소리가 들어가는 낱말이 '가이('개'의 사투리), 가이(畛彝), 가이드(guide), 가이없다' 들 33개가 있는데 일본 사전에는 '가이'라는 소리가 들어가는 낱말이 '가이(조개), 가이(下意), 가이이레(買入), 가이카(開化), 가이료오(改良), 가이세키(會席), 가이제루(카이제르)' 들 무려 1,452개나 있다. 가나 '가이'가 한글 '가이'의 44곱절이다.

그 말들을 가나로만 써 놓으면 알아볼 재간이 없다. 그래서 일본에서
는 한자가 필요한 것이다. 가나도 한자니까 한자 전용이다. 일본 가타카
나는 우리의 구결과 같은 것이다.

일본에서 '고오'로 발음하는(적기는 '고우') 한자가 다음과 같이 25가
지가 있다.

① 江(강), 昻(앙), 航(항), 坑(갱), 行(행), 硬(경), 香(향), 衡(형), 高(고),
　　好(호), 交(교), 效(효).

② 工(공), 洪(홍), 肯(긍), 興(홍), 構(구), 後(후).

③ 光(광), 荒(황), 宏(굉), 橫(횡).

④ 甲(갑), 閤(합).

⑤ 劫(겁).

그러나 그와 같이 음이 같고 뜻이 다른 글짜들이 몇천 자가 될지 모른
다. 그것을 가나로 한 가지 음으로 적어 놓으면 구별할 도리가 없다.

그래서 옛날에는 역사적 가나즈카이라고, 그것들을 '① 가우, ② 고우,
③ 과우, ④ 가후, ⑤ 고후' 들 5가지로 갈라 적은 일이 있었다. 그러나, 그
역사적 가나즈카이도 우리 나라의 한자음을 알면 가능하지만, 모르면 안
된다. 그래서 그 적기를 포기하고, 현대 가나즈카이로 '고우' 한 가지로만
적고 있다.

아메리카에서 사회 생활을 제대로 할 수 없는 문맹자는 6천만 명으로,
전체 어른 인구의 3분의 1이 넘는다고 한다. 고등학교 3학년 학생들의
80%가 편지를 마음대로 쓰지 못하고 25%의 어른이 자기 주소를 쓰지
못한다. 그래서 미국에서는 문맹 퇴치 운동이 벌어지고 있다고 한다.

그 문맹 상태는 영국도 마찬가지다. 이유는 간단하다. 글짜가 과학적이
지 않고 불합리하기 때문이다.

A라는 글짜 하나가 "[아](보기: Park), [애](보기: cap), [어](보기: about),
[에](보기: train), [에이](보기: date), [오](보기: ball), [우](보기: coat), [이](보

기: image)" 들 8가지로 소리난다.

'이'라는 소리는 "A(보기: message), AY(보기: Sunday), E(보기: market), EA (보기: each), EE(보기: meet), EI(보기: receive), EY(보기: valley), I(보기: it), IE(보기: field), U(보기: business), UI(보기: build), Y(보기: boy)" 들 12가지로 적는다.

이런 것들은 소리만 듣고는 가려 적을 수가 없다. 그 낱말 적기를 하나씩 하나씩 모조리 배워서 외어 두지 않으면 적을 수가 없는 것이다.

영국이나 미국에서 사람 이름인 윌리엄 서머세트 몸의 '몸'을 소리만 듣고 'Maugham'이라고 적을 수 있을까.

우리 글짜는 우리 어린이들이 초등학교 2학년만 되어도, 소리만 듣고 무슨 말인지 몰라도 그것을 적을 수는 있다.

한글은 그래서 과학적이고 쉬워서 고맙다는 것이다.

1985. 1.《편지》

'니혼'과 '닛폰'을 공존시킨 한자

"'일본'이란 국호가 일본에서 '니혼'이라고 발음되는지 '닛폰'이라고 발음되는지, 확실하지 않다."

1969년 어느 날의 신문 해외 토픽에 실린 기사이다.

여론 조사에서 일본 국민의 3분의 1쯤은 니혼이 옳다고, 또 3분의 1쯤은 닛폰이 옳다고, 그리고 나머지 3분의 1쯤은 어느 쪽인지 알 수 없다고 나타났다는 것이다.

일본 사람들이 자기 나라의 이름을 잘 모르고 살아 왔다는 것은, 그 국민들을 나무라기에 앞서, 어딘가 잘못된 데가 있기 때문이다.

국호를 여러 가지로 바꿔서 어느 것이 쓰이는지 잘 모르겠다고 한다면 이해가 가지만, 한 낱말을 두고 어떻게 읽는지 모른다고 한다면 아무리 접어 생각해도 이상하다고 하지 아니할 수 없다.

일본의 국호는 법적으로 제정되어 있지 않고, 닛폰과 니혼이 같이 쓰이는데, 지금은 '니혼'을 쓰는 것이 보통이고, 외국말로, 영어로는 재팬으로, 도이치말로는 야판으로, 프랑스말로는 자퐁으로, 그리고 스페인말로는 하폰으로 일컬어지고 있다. 그런데, 지금도 닛폰과 니혼은 여전히 함께 쓰이고 있어 말썽을 빚는다.

이 문제는 1970년 7월 14일에 일본 각료회의에서 결판이 났다. 이데이치타로 우정상(체신부 장관)이 엑스포 70 기념 우표를 내놓으면서 거기에 실린 일본 국호의 로마자 표기대로 "닛폰"으로 하기로 한 것이다. 그래도 여전히 '니혼'도 쓰인다.

어쨌거나 일본의 국호가 1970년에야 공식으로 통일을 본 것이다. 이와 같은 것은, 영국에서 '오스트리어'라고 하는 것을, 도이치에서 '외스터르 라이히'라고 하는 것과는 다르다.

똑같은 스펠링을, 그것도 다름 아닌 국호의 발음을, 한 나라에서 통일하지 못했다는 것도 이해가 가지 않지만, 그것을 통일하는 마당에서도 우표의 로마자 표기가 근거가 되었다는 것은 난센스(논선스)가 아닐 수 없다. 어째서 그런 기적이 남아 있었을까?

우리네 어떤 사전을 들추어 보면, 무슨 일을 위하여 여러 사람이 돈이나 물건을 내는 일을 '갹출'이라 한다 했고, 또 다른 사전을 보면 그것을 '거출'이라 한다고 되어 있다. 어째서 뜻이 똑같은 하나의 말이 한 가지로만 읽히지 않고 두 가지로 읽힐까?

또, 모임이나 놀이의 비용으로 제각기 얼마씩의 돈이나 물건을 거두모으는 일을 '추렴'이라고 하는데, 그것을 '출렴'이라고도 한다는 사전도 있다. 어째서 '추렴'이면 추렴이지 '출렴'이라고도 한다는 것일까?

본래 한글이 있어서 한글로만 써 왔더라면 위의 '갹출', '추렴' 들은 어느 한 쪽으로만 써 왔으리라. 그러지 않고, 한자로 써 왔고, 그 한자를 여러 가지로 읽을 수 있기 때문에 그러한 문제가 일어나게 된 것이다.

한글로 '갹출'이라 써 놓고 '거출'이라 읽을 사람도 없고, '추렴'이라 써 놓고 '출렴'이라 읽을 사람도 없음은 물론이다.

마찬가지로, 일본에서도 자기 나라 글짜가 있어서 그것으로 썼더라면, 국호가 두 가지로 발음되지 않고, 이제 와서 통일한다는 난센스도 없지 않았을까.

일본의 가나가 낱낱이, 본래 한자의 일부 또는 전부를 빌어다가 쓰는 글짜이기 때문에, 일본 고유의 글짜가 아니지만, 그런대로 한자를 쓰지 않고, 가나로만 써 왔다면 국호를 두 가지로 읽는 이적은 없었을 것이다.

1971. 2.《배움나무》

본고장에서 싫어하는 한자

■ 이름 석 자도 못써

8·15 광복 직후 노(老)교장님들은 한글은 모르고 한자는 안다고 할 지경이었다. 한자에 젖은 그 교장님들은 한글 강의 때마다 '한자는 쉬운데 한글은 어렵다.'고 푸념했다.

그런 교장님들을 꼭꼭 불러내어 칠판에 한글과 한자로 그들 이름을 쓰게 했다. 거의가 한자로 쓴 것은 틀렸다.

入(입) 밑에 工 붙이면 全자와 같고, 人(인) 밑에 工 붙이면 同자와 같아서 구별이 있는 것인데, 入(입) 밑에 쓰는 全자를 흔히 人(인) 밑에 쓰기도 한다.

權(권)자의 왼쪽 조각 木(목)의 내리긋는 획 ㅣ(곤)은 亅(궐)이 아니건만, 朴, 朱, 宋, 李, 杜, 林, 柳, 秋, 柱, 秦, 梁씨 들도 그것을 모른다. 오른쪽 조각 雚의 윗조각 (ㅆ←丫 ; 개)는 卝(←卝 ; 관)도 卄(←艸 ; 초)도 아니라는 따위는 아예 관심도 없다.

吉자의 윗조각 士(사)가 土(토)가 아니라는 것조차도 모르는 이가 많다. 그러니까 8획인 奇를 9획으로 쓰고, 7획인 成씨를 6획으로 쓰며, 薛(설)씨가 薜(벽)씨로 둔갑해도 태평하다.

■ 중국에서도 싫어해

일본 사전 《광사원》에 보면, 가나(假名·假字)라는 것은, 한자의 음과 새김으로 말을 적는 만요가나(萬葉假名)를 간략화해서 쓰는 음절자이며, 가리나(カリナ=거짓자)가 간나(カンナ)로 변하고 가나(カナ)로 줄어든 것이라고 했다.

또, 가나에 대해서 한자를 마나(眞名·眞字)라 하고, 가나 가운데서도 간략화하지 않고 한자 그대로 쓰는 만요가나를 마가나(眞假名) 라고 한다고도 했다. (만요가나는 우리 향찰과 같고, 가타카나는 우리 구결과 같다.)

일본에는 자기 나라 글짜가 없고, 헨타이가나(變體假名)나 히라가나(平假名)까지 모두 한자다. 한글같이 만들면 19자면 충분한 것을 ….

일본 '로마자회' 소식으로는 중국에서는 한자가 얼마나 못마땅했는지, 이미 로마자를 들여다가 일부에서 쓰고 있으며, 어느 정도 효과가 있으면 장차 한자를 없애 버릴 기세라고 한다.

중국 베이징에서 1978년에 펴낸《현대한어사전》에는 어휘의 벌임 차례가 한자의 획순이 아니고 로마자 A B C 차례여서, 첫쪽 첫자가 '一[일]'이 아니라 '阿[a]' 고, 낱말마다 로마자로 음이 달려 있다. 그 사전에 '鞦韆(그네)' 은 없고, 그 대신 "秋千 qiuqian…"이 있으니, '秋千[츄첸]'이 "그네"란 말이다.

■ 갈피 잡을 수 없어

한자 5만 571자(우리가 만든 것도 포함)를 모아서 획수별로 살펴보면, 획수가 제일 많은 것이 64획이고, 12획인 글짜는 4천 112자로, 가장 많다. 15획이 4천 57자, 13획이 4천 9자, 14획이 3천 921자, 11획이 3천 737자, 16획이 3천 642자, 10획이 3만 3천 273자, 17획이 3천 255자로 10획에서 17획까지 모두 3만 6자나 된다. 또한 9획 이하가 8천 468자, 18획 이상이 1만 2천 97자다.

우리 한글이 획수가 많아야 13획 정도인데 몇 자 안 되고, 대부분이 5,6획이며 외래말용까지 합해도 모두 3천 자도 되지 않는 데에 견주면, 중국의 10억 인구의 거의가 한자를 싫어할 만 하겠다.

배워 두면 좋다는데, 배우기가 그리 쉬운가. '헤아리다' 라는 뜻의 한자만도 '計, 挍, 權, 規, 揆, 圖, 略, 量, 料, 謀, 謨, 算, 商, 數, 裁, 銓, 程, 籌, 策, 忖, 揣, 側, 秤, 度, 衡, 臆, 虞, 議(더 있을 지도 모름)' 들인데 무

슨 수로 구별할까?

　강희 자전 口부 4획에도 另가 있고, 木부 3획에도 똑같은 另가 있는
데, 木부 것은 그 풀이 끝에 "《설문》에 ㅂ를 따르고 ㅁ를 따르지 아니한
다(說文 从ㅂ 不从ㅁ)"고 했으니, 另가 另로 잘못되어 있는 것이다. 또
같은 口부 4획에 있는 呈呈도 그런 자는 없고, 呈이라야 한다. 几부 4획
에 나오는 充자는 3획에 나오는 充자의 와자라고 해 놓고서, 水부 6획에
는 沇, 流 두 자를 함께 실어 놓아, 몇 획인지 알 수 없게 해도 안 되지만,
己 → 紀, 已 → 圯, 巳 = 祀, 卩 = 卷 들은 글자 모양을 구별하여 쓰고
있는지.

　지저분한 글짜다.

■ 모르니까 용감해

　김 삿갓이 어느 지방에 가서 파자를 한 일이 있다. '食具, 朋出, 豬種,
可笑' 이야기인데, 다음과 같이 파자를 했다.

　'食 → 人良, 具 → 且八, 朋 → 月月, 出 → 山山, 豬 → 豕者, 種 →
禾重, 可 → 丁口, 笑 → 竹天'

　그러나, 그 가운데 반 이상이 틀렸다. 食은 亼(집)·皀(간)으로 풀어야
한다. 亼은 集으로서 今, 令, 合, 僉, 會 들의 윗조각이며, 皀은 그 본자
皀(흡)으로서 낟알이 향기롭다는 뜻이니, 食은 낟알(皀)이 모여서(亼) 구
수한 밥이 된다는 뜻이다.

　具는 目(목)·八(팔)로 풀어야 한다. 目은 具의 획이 준 것이며, 八은
廾(공)으로서 共, 兵, 與들의 아랫조각이 그것이며, 두 손을 뜻한다. 따라
서 具는 보배를 두 손으로 받들어 갖춘다는 뜻이 된다.

　朋을 月月(월월)로 풂은 위험하다. 글짜 모양으로는 月月 같기도 하고,
肉肉 같기도 하고, 舟舟 같기도 한데, 중국에도 정설이 없다.

　出은 山山이 아니라 屮(철)·凵(감)으로 풀어야 한다. 凵은 凶, 函 들
의 아랫조각이다.

笑는 竹(죽)·夭(요)로 풀어야 한다. 夭는 妖, 喬 들의 음부다.

중국 10억 인구가 싫다고 할 수밖에 없겠다. 우리가 열 사람 가운데 일곱, 여덟 사람이 쓰는 '苦憫, 坊坊谷谷, 城廓, 移舍, 依持, 氣慨, 累次, 名儀, 不徹晝夜, 緩化, 適定價, 草路人生, 土候國' 들은 과연 옳게 쓴 것인지?

'更新, 琴瑟, 喫飯, 內人, 落魄, 病狀, 食人, 上下, 召史, 一切, 祭酒, 合著, 好惡' 들은 음이 두 가지고 뜻도 다르다는데, 귀찮지 않은지.

한자의 극히 일부를 살펴보았거니와, 모르면 부처가 되기도 하지만 용감하기도 하다는데, 그래도 한자가 좋을까?

1981. 6. 5. 《한글새소식》

우리말 잡아먹는 한자

일본에서는 한자를 써도 거의 훈독하니까 일본말이 없어지지 않는다. '天照'를 '덴쇼오'라고 음독하는 법이 없고, '아마테라스'라고 훈독한다. 지금도 '取扱'을 '슈큐우'라고 음독하지 않고, '도리아쓰카이'라고 일본말로 읽는다. 이렇게 일본에서 한자를 훈독하는 것은 우리가 '東京'을 '새벌'이라고 읽는 우리 이두 읽기를 갖다 준 때문으로 알고 있다.

그런데 막상 우리는 중국 위세에 눌려 우리 말글을 없애고, 중국식 말글을 채택하여 음독만 하기 때문에 아래처럼 우리말이 많이 없어져 버렸다.

말한 → 마한	고깔 · 곳깔한 → 변한	새한 → 진한
크리 → 고려 · 구려	밝잣 → 백제 · 백잔	새라 → 신라
한마로 → 대대로	밝붉은네 → 박혁거세	곰마로 → 김수로
마리한 → 마립간	뿔한 → 각간 · 서불한	

세 나라 때 말이 살아 남은 것은 신라 '서벌'이 '서울'로 변했고, 백제 때의 '임실'이 그대로 남아 있는데, 그것마저 한자로 취음하여 써 오므로, 마치 한자말인 양 잘못 알고 있을 정도다.

'온, 즈믄, 골, 잘, 울'도 '백, 천, 만, 억, 조'에 밀려, 흔적만 남기거나, 없어져 버렸거나 하여 처량한 신세다.

이러한 현상은 지금도 있다. 왜말 '이자' 때문에 '길미'가 없어지고, '역할' 때문에 '구실'이 없어져 간다. 이 '구실'이 없어지는 데에는 한자말 '口實'이 한몫 거든다. 우리에게 '핑계'란 말이 있으니까, '口實'만 '핑계'로 쓰면, '핑계'도 살아나고, '구실'도 쓰일 것이다.

한자의 운명

중국 한자 개혁은 한자가 생기면서부터 있었다. 그 간체자가 갑골문, 금석문, 소전, 예서, 해서에도 있고, 당·송 이후에도 발달하고, 근대 태평 천국(1851~1864) 때에는 실용화하기도 했다.

중국 간체자는 우리 반자, 일본 약자와는 달리 거의 표음자다. 20세기에 들어서 1900년에 왕 자오(왕조)가 닿소리 50, 홀소리 12, 성조 4개로 2천 음절을 적을 수 있는 ‘관화 합성 자모’를 발명하고, 1918년에 ‘주음 자모(닿소리 21, 홀소리 16)’를 공표했다.

루 페이쿠이(육비규)는 1921년에 ‘정리 한자적 의견’을 냈고, 첸 쉬안퉁(전현동)은 1922년에 ‘감생 현행 한자적 필획안’에서 “문자를 표음으로 바꾸어 쓰는 것은 근본적으로 해결하는 방법이고, 필획을 줄이는 것은 일시적 해결 방법이다”라고 했다.

그 뒤 1926년에 ‘국어 로마자 병음 법식’이 발표되고, 1928년에 ‘국어 로마자’가 공표되었다. 이어서 ‘송·원 이래 속자보(1930)’, ‘국음 상용자 회(1932)’, ‘간자 표준자표(1934)’, ‘간체자보(1935)’, ‘간체자전(1936)’, ‘상용 간자표(1936)’, ‘간체자표(1937)’ 들이 나왔고, 1941년에는 ‘중국자 라틴화 운동 연표’를 펴내, 로마자 운동이 계속되었다.

공산 정권이 들어선 뒤에도 ‘제일비 간체자표(1951)’를 공표한 데 이어, 우 위장(오옥장)이 1955년 4월에 전국 정협 보고회에서 ‘한자 간체화에 관한 문제’라는 제목 아래 “한자 표음화 이전에 간체화해서 쓰는 데 어려움을 줄일 필요가 있다.”고 하였고, 1956년에는 ‘한자 간화 방안’을 정식으로 공표했다.

1958년에 중국 베이징에서 ‘중국 문자의 개혁’이라는 영문 소책자가 나왔는데, 그 책에 저우언라이(주은래)의 '중국 문자 개혁에 관한 당면 과업'이란 글이 실려 있다. 그 글에 다음과 같은 대목이 있다.

"… 한 가지 남은 의문은 중국 한자의 운명이다. 우리는 모두 한자가 지울 수 없는 공헌을 역사에 남긴 것에 대해서 동의한다. 한자가 앞으로도 영구히 변함 없이 살아 남을 것이냐, 원래의 형체에서 변할 것이냐, 또는 표음문자에 의해서 대체될 것이냐, 그 대체 문자가 라틴 문자일 것이냐, 또는 그 밖의 어떤 표음문자일 것이냐. 우리는 거기에 대해서 성급한 결론을 내릴 필요가 없다. 문자의 변천에서 실증하는 바와 같이 모든 언어가 과거에 변하였고, 또 장래에도 변할 것이다. … 인류의 언어 발전 추세는 모든 언어가 서로 접근한다는 것이며, 그것은 드디어 각 언어 사이에 커다란 차이가 없어질 때까지 계속 된다."

이 글에서 우리는 '그 밖의 어떤 표음문자일 것이냐'에 주목한다. 그 표음문자는 무엇을 두고 한 말이겠는가?

중국 문자 개혁 위원회는 1964년에 '간화자 총표'를 펴냈는데, 2천 238자 가운데 '簽, 須' 2자가 겹쳐 2천 236자를 수록했고, 1986년에 공식으로 발표했다. 그 뒤에도 7백여 자를 더 간화하려고 했으나, 표음자는 한자와 맞지 않는다고 더는 받아들여지지 않았다.

그러는 한편으로, 로마자는 일부에서 실용화하고 있다. 약상자에도 중국 베이징 동인당에서 만든 '동인 우황청심환'이란 한자 옆에 중국음 '동런 뉴황칭신완'을 로마자 'Tongren Niuhuang Qingxinwan'으로 적고들 있다.

중국에서 쓰고 있는 한어 병음 적기는 1986년에 유엔에서 채택한 것이다. 대만에서는 2000년 10월 7일에 통용 병음 적기를 채택하여 2001년부터 소학교에서 가르치고 있다. 두 안이 비슷하지만 '興, 大龍'을 중국에서는 'Xing, Dalung'으로, 대만에서는 'Sing, Dairung'으로 적는다.

중국 과학원 어언 연구소 사전 편집실에서 엮은 《현대 한어 사전》 앞

표지에도 아래쪽에 한자로 책이름을 적고 그 위쪽에 로마자로 'Xiandai Hanyu Cidian'으로 적고 있다. 그 음은 '셴다이 한위 츠뎬'이다. 뿐만 아니라 한자 벌임 차례도 획순이 아닌 로마자 'ABC' 차례이고, 낱말마다 로마자로 음이 달려 있다.

실제로 중국 말글살이에서도 '외설'을 한자로는 몰라도 그 음을 로마자로 적은 'weisie'로는 다 안다. 그 이야기를 1984년 4월 20일, 일본에서 강연할 때에 하면서, 칠판에 '猥褻'을 한자로 썼더니, 초·중 교사 840명 청중의 입에서 일제히 '와아' 하고 경탄성이 터져 나왔다. 그들도 한자로는 못 쓴다는 것이다.

중국에서 일반 국민은 표음화한 것을 쓰더라도 리 진시(여금희)도 1950년 11월 5일에 《광명일보》에 보낸 글에서, 한자에 대해 다음과 같이 쓴 바 있다.

언젠가는 없어지되, 언제까지도 두지 못해
잠깐은 꼭 남겨두되, 갑자기는 없애 지 못해

한쪽에는 한자의 명맥을 이어 놓아야 고금 단절이 없을 것이다.

우리 한자 문제는 국민 전부의 문제가 아니다. 일부 필요한 사람만 따로 가르치고 배워야 한다. 중국에서도 한자 맞춤법을 일부에서만 배워 내려오고 일반 국민은 모르듯이, 우리도 당분간은 없애지 말고 일부에서 외교도 하고 장사도 하고, 옛 문헌도 번역하고 해야 한다.

우리가 한글이 없을 때 중국 한자의 신세를 졌으니, 이제는 그 빚을 갚아야 한다. '합성 자모, 주음 자모, 로마자, 간체자' 들보다는 '한글'이 낫다. 중국에서도 '동쪽 오랑캐' 생각을 버리고 한글의 우수성을 인정해야 한다.

〔붙임〕
이 글은 《한말글 연구》들 다른 데에, 필자 안배 따위의 편집 형편상 다른 사람 이름으로 발표된 일이 있다.

환갑부터는 '수연 축하'

축하에는 사돈(결혼) 축하만이 아니라 생일 축하도 또한 많다.

'돌'부터 비롯하여 '난날'을 생일(生日)이라고 하며, 높여서 '나신날'을 생신(生辰)이라고 하는 것을 글로는 수신(晬辰)이라고도 한다.

나라에 공이 크거나 덕이 높아 사회적으로 숭앙받는 사람의 생신을 탄신(誕辰)이라고 한다.

생신이나 탄신을 생신일이나 탄신일이라고 하면 군더더기다.

난날 가운데에서는 60돌날이 으뜸이다. 우리 나라에서는 환갑(還甲)이니, 회갑(回甲)이니 해 온다.

중국에서는 화쟈(花甲)라고 하는데, 十(열 십)이 6개, 一(한 일)이 1개라는 華자를 이용해서, 61살이 시작되는 첫날이라는 뜻으로 역시 화쟈(華甲)라고 한다. 그 말이 우리 나라에서도 '화갑'이라고 쓰이며, 일본에서도 '가코오'라고 한다.

일본에서는 주로 간레키(還曆)라고 하는데, 혼케가에리(本卦回 · 本卦還) 또는 슈우코오(周甲)라고도 한다. 난날(생일) 잔치를 돌잔치부터 수연(晬宴)이라고도 했다.

환갑 잔치부터는 중국에서 서우옌(壽筵, 壽讌), 우리 나라에서 수연(壽宴), 일본에서도 쥬엔(壽宴)이라고 일컬어 왔다. 모두 "오래 삶을 축하하는 잔치(祝壽之宴)"라는 뜻이다.

예순 살 잔치 축하 글귀로 '축 수연(祝壽宴)'이라고 하거나 '예순 살 잔치를 축하합니다', '삼가 회갑을 축하합니다'라고 하며, 그 이상 나이에도 아래와 같이 '수연'을 같이 쓴다.

축 수연

수연을 축하합니다.

기쁘신 수연에 축배 드립니다.

예로부터 일흔 살을 고희(古稀)라고 해 온다. 두보의 곡강시 "··· 人生 七十古來稀"에서 온 말이다.

근래에 희수(喜壽: 77살), 산수(傘壽: 80살), 미수(米壽: 88살), 졸수(卒壽: 90살), 백수(白壽: 99살)라고들 하는데, 일본에서 장난으로 하는 말들이니 점잖은 자리에서는 삼가는 것이 좋다. 그 대신 다음과 같이 해 봄직하다.

일흔 일곱, 여든 ··· 살(또는 '수')을 축하합니다.

··· 살(수) 잔치에 축배 드립니다.

1992. 5.《제일은행》

찾아보기

ㄴ

ㄷ

ㄹ

ㅁ

◯

기타